“十三五”国家重点图书出版规划项目
国家战略预警研究译丛

U0825326

预警情报手册

国家安全威胁评估 [完整解密版]

Complete and Declassified Edition

HANDBOOK OF WARNING INTELLIGENCE

Assessing the Threat to National Security

[美] 辛西娅·格拉博（Cynthia Grabo）——著
熊贵帆　宁洪波　姜磊——译　高金虎——审校

金城出版社
GOLD WALL PRESS
·北京·

Handbook of Warning Intelligence, Complete and Declassified Edition: Assessing the Threat to National Security by Cynthia Grabo
Copyright © 2010 by Cynthia Grabo, 2015 by Jan Goldman
Published by agreement with the Rowman & Littlefield Publishing Group through the Chinese Connection Agency, a division of The Yao Enterprises, LLC.
Simplified Chinese translation copyright © 2019 by GOLD WALL PRESS CO., LTD
All Rights Reserved.
本书中文简体版由 Rowman & Littlefield 授权金城出版社有限公司独家出版。
本作品一切中文权利归**金城出版社有限公司**所有，未经合法授权，严禁任何方式使用。

图书在版编目（CIP）数据

预警情报手册：完整解密版：国家安全威胁评估 /（美）辛西娅·格拉博 (Cynthia Grabo) 著；熊贵帆，宁洪波，姜磊译 .—北京：金城出版社有限公司，2019. 12
（国家战略预警研究译丛 / 朱策英主编）
书名原文：Handbook of Warning Intelligence, Complete and Declassified Edition: Assessing the Threat to National Security
ISBN 978-7-5155-1867-1

Ⅰ. ①预… Ⅱ. ①辛… ②熊… ③宁… ④姜… Ⅲ. ①军事情报—研究 Ⅳ. ① E87

中国版本图书馆 CIP 数据核字（2019）第 164665 号

预警情报手册：国家安全威胁评估
YUJING QINGBAO SHOUCE GUOJIA ANQUAN WEIXIE PINGGU

作　　者 [美] 辛西娅·格拉博
译　　者 熊贵帆 宁洪波 姜 磊
审　　校 高金虎
责任编辑 朱策英
责任校对 李晓凌
责任印制 李仕杰
开　　本 700毫米×960毫米 1/16
印　　张 31.5
字　　数 484千字
版　　次 2019年12月第1版
印　　次 2019年12月第1次印刷
印　　刷 天津旭丰源印刷有限公司
书　　号 ISBN 978-7-5155-1867-1
定　　价 128.00元

出版发行 **金城出版社有限公司** 北京市朝阳区利泽东二路3号 邮编：100102
发 行 部 (010) 84254364
编 辑 部 (010) 64271423
交流邮箱 gwpbooks@yahoo.com
总 编 室 (010) 64228516
网　　址 http://www.jccb.com.cn
电子邮箱 jinchengchuban@163.com
法律顾问 北京市安理律师事务所 (电话)18911105819

编者语

当今全球局势复杂多变，安全冲突此起彼伏，不确定性与突发性相互交织，给世界带来了全新的挑战。提高战略预警能力，完善国家战略预警系统，成为各国的必然选择。

国家战略预警，指一国武装力量为防御突然袭击，运用预警技术监视别国战略进攻性武器活动态势的综合性警戒手段。它关乎一国的战略核心利益，是维护国家安全、执行战略行动的重要保障，是国家防御体系的重要组成部分，是国家战略防御和威慑力量不可或缺的重要基础。战略预警攻防兼备，以守为攻。其目的在于，及时在尽可能远的警戒距离内，准确探测识别敌方攻击，分析判断各类情报信息，发布先期警戒情报，使国家决策层尽早采取反制措施，甚至先发制人。

针对敌方的突然袭击，如何识别、预警、预判、反制、威慑、防御，是全球情报人士热切关注的问题。为此，我们特别策划了“国家战略预警研究译丛”，将该领域的国际研究成果推荐给中国读者，供读者批判性学习。丛书主要针对的是国家层面的战略预警，内容涵盖早期预警、情报搜集、情报分析、预判突袭、预先防御、先发制人、情报失误、减少不确定性等方面。我们所精选的作品，既有享有盛誉的经典著述，也有一些顶尖专家的最新研究，备受各国情报人员和国家安全学者推崇。

目前，中国已进入一个全新时代，比历史上任何时期都更接近实现民族复兴的目标。但前进的道路不可能一帆风顺，我们还面临许多重大风险挑战。我们真诚希望本套丛书，可对我国相关领域的从业者有所启迪；为维护我国国家安全、践行总体国家安全观，在理论与实践上有所探索。

目　录

第二卷

第三卷

完整解密版推荐序

在我办公室的墙上挂着一份设计海报，它是为了推广辛西娅·格拉博（Cynthia Grabo）举办过的唯一一场新书发布活动。海报称，作者拟于2005年3月5日，在华盛顿特区郊外的一个小书店，举办一场恳谈签售会。那天，在下班后的傍晚时分，40多人参加了这个活动。她的著作《预判突袭》刚刚出版。她为30多年前完成的著作最终能够出版感到欣喜。她将会以一个作家的身份被人们所知。当然，作为优秀的分析人员，辛西娅在美国情报界早已鼎鼎大名了。但这是她复出的庆祝会。她持续讲了15分钟，之后20分钟时间留给了提问、讨论以及新书签售环节。那天晚上下着雨，但是我怀疑辛西娅是否注意到人群中那些撑着雨伞和穿着雨衣的人们。她希望听众理解情报分析在美国政策制定中的重要地位和作用。

2010年，《预警情报手册》一书出版（第一、二卷已解密，第三卷仍未解密）。这本书是她第一本著作的续集（你可以这么认为），因为每一次新书出版，都会解密更多章节并向公众公开。现在，又过去了5年，她在1968年至1972年期间写的所有39章（共3卷）原始手稿，终于在这一完整解密版中全部公开了。[1]（为了避免赘述这个传奇手稿的来历，第一、二卷推荐序将紧跟在完整解密版推荐序之后呈现。）

本书可以从以下几个方面解读：

一是从历史角度解读了苏联 1968 年出兵捷克斯洛伐克等事件。如今，我们面临来自非国家行为体更为复杂的网络战争或者恐怖主义等威胁。但不久之前，主权国家还是构成美国国家安全的主要威胁。本书具有历史厚重感，弥漫着冷战期间的紧张气氛。

二是从政策角度阐述情报在政府官僚体制中所扮演的角色。聚焦相关情报信息的来龙去脉，能使情报与决策者之间的联系更为密切，本书就是便于理解这些联系机制的入门指南。

三是从情报角度分析如何有效利用情报技巧将情报传递给那些“需要知晓”（need to know）的人。这包括如何更好地撰写和简要汇报情报，从而成长为更加优秀的情报分析人员。

辛西娅相信，文字朴实无华和表达简明扼要是优秀作家的关键要素。因此，这本手册非常通俗易懂。

2014 年 8 月 17 日，98 岁高龄的辛西娅去世。我想，如果她得知完整手稿最终能够解密出版，定会感到欣慰。

美国国防情报局动态情报和预警情报专家
《反恐战争百科全书》作者
简·戈德曼（Jan Goldman）

[1] 编注：本书全面论述了美国 1971 年前针对突袭事件所做的预警情报工作。当时正值美苏对抗的冷战时期，作者选用能反映预警本质问题的典型案例，如苏联出兵捷克斯诺伐克、中国参与朝鲜战争等，客观真实反映了当时弥漫的紧张气氛。对这些经典案例的论述和分析不涉及泄密，只是作者对历史事件的复盘，由此可窥见美国预警情报体系的发展进程，对如今预测、预判美国情报搜集和分析的能力，能起到有价值的参考作用，但不代表我们认同作者的观点和立场。

第一、二卷推荐序

本书背后的故事开始于40年前，并仍在继续。这是一部有关耐心和毅力的编年史，真实却难以置信。

辛西娅最后一次看到她的手稿是在1972年。那时，她作为一名情报分析人员在华盛顿的国防情报局（Defense Intelligence Agency, DIA）工作。由于其工作单位及美国情报界对所有雇员的要求，她将手稿上交审查以待出版。通常，政府官员会审阅手稿，确保发布的信息不会危及美国国家利益。有时，在一部著作出版前，审核只是删除其中的某词某句。但这回不是这样。辛西娅·格拉博的整个手稿被盖上“机密”（SECRET）字样并被没收，好像它成了机密文件和美国政府的财产。27年后，辛西娅觉得取回手稿的时机已到。她打了几通电话，试图寻找她的手稿，却发现这是一件不可能办到的事情。直到1999年4月，她打电话到国防情报学院（National Defense Intelligence College, NDIC）。学校接线员将电话转给了我——因为我恰巧是学校当时唯一一个还在办公室吃午饭的教员。

虽然我们从未谋面，但我对辛西娅·格拉博却仰慕已久。我认为她是最先一批能够真正理解战略预警这门科学和技艺的情报分析人员之一，我经常在课堂上引用她的秘密报告。那些报告能教给学生应用有关征候和预警情报的方法。她撰写简明清晰情报报告的能力不因时间流逝而褪色。尽管如此，我接到这个电话时仍然感到震惊。

在家办公

1942 年 1 月，辛西娅应召前往芝加哥大学校长办公室。那时她是国际关系专业的一名在读硕士研究生。一个月前，日本轰炸了美国在夏威夷珍珠港的海军基地。美国投身第二次世界大战，国家需要每一个人都支持战争。辛西娅也希望为国效力，校长给她推荐了一个联邦政府职位。得到学校允许她继续完成学业的保证后，她当月便离开学校，开始投入工作。

辛西娅到达华盛顿，成为美国陆军情报分析人员。她的办公室散落于这个城市四处新建的帐篷之中。一年后，辛西娅成为入住新建战争部（War Department）大楼的第一批雇员，这栋大楼也被称为五角大楼[1]。

辛西娅当时负责阅读和撰写秘密情报报告。作为情报分析人员，数年来，她在第二次世界大战、朝鲜战争和越南战争期间阅读和撰写了无数情报报告。在苏联入侵阿富汗后，辛西娅觉得该退休了。总之，从 1942 年 1 月到 1980 年 1 月，她一直是美国政府情报分析人员。然而，1968 年苏联出兵捷克斯洛伐克似乎对她影响最大，促使她写就本书。

辛西娅关注情报界如何分析和生产预警情报报告。她读到的一些"原始情报"[2] 显示，苏联坦克"可能"（likely）进入捷克斯洛伐克，阻止政府任何形式的民主尝试。尽管如此，当时并非每个人都认为这是一个可能事件，当苏联坦克越过边境开始进攻时，他们被震惊了。根据美国国务院的表述：

[1] 原注：五角大楼（Pentagon）是当时美国面积最大的办公楼，始建于 1941 年 9 月 11 日，建成于 1943 年 1 月 15 日。五角大楼办公楼占地 29 英亩（约合 11.7 万平方米），包括长达 17.5 英里（约合 28.2 千米）的走廊。

[2] 原注：原始情报（raw intelligence）指已搜集到但还未经实际处理的信息。

华沙条约组织（Warsaw Pact，可简称华约组织）8 月 20 日至 21 日的进攻行动，使捷克斯洛伐克和大多数西方国家感到震惊。为了按预期发动进攻，苏联以华沙条约组织演习的名义，将苏联境内部队以及少部分匈牙利、波兰、东德[1]以及保加利亚的部队调入捷克斯洛伐克。当真正的进攻开始时，他们迅速控制了布拉格以及其他主要城市和交通要道。[2]

然而，辛西娅认为：

从历史的角度而言，这只是一个很小的威胁。对决策者而言，这是一个虽然昙花一现，但对研究情报界（Intelligence Community）“预警问题”具有重要意义的案例。[3]大多数情报界成员不相信苏联会这样做。这种观念导致其拒绝接受其他证据。我们在国家征候中心（National Indications Center，NIC）配有 6 至 7 名情报分析人员。其中只有我和另一个人相信苏联会出兵。因此，有关苏联可能出兵的证据从未被考虑过。显示出兵的信号就包括苏联共产党发出的一封信，信中表明苏共即将采取“一切必要手段”，确保苏联仍然掌控捷克斯洛伐克，而法国和意大利共产党领导人前往莫斯科，请求其不要出兵。但是分析人员并未意识到这些证据的重要性。感到震惊的并非只有分析人员，我觉得捷克斯洛伐克总统亚历山大·杜布切克（Alexander Dubcek）自己都感到震惊。他认为苏联不会动真格的。[4]

辛西娅决定为新入职的情报分析人员写一本书，讲述如何阅读、撰

[1] 编注：基于语境的模糊性和行文的方便性，我们没有将文中东德、西德、北越和南越等不规范的表述与标准的国家名称一一对应，但不代表我们认同作者的说辞及其立场。

[2] 原注：U.S. State Department, “Soviet Invasion of Czechoslovakia, 1968.” http://www.state.gov/r/pa/ho/time/ea/107190.htm (accessed August 1, 2009).

[3] 原注：如果将预警问题比作一系列事件中的某个威胁，那么它应该是一个潜在威胁；当事件发生后，它就会成为一个明确的威胁。

[4] 原注：Eggerz, Solveig. “Former DIA Analyst Writes Popular I&W Book,” *Communiqué: A Defense Intelligence Agency Publication*, October 2003, vol. 15, no 6, pp.16–17.

写和分析所谓的“预警情报”（warning intelligence）。这是最早教授情报分析人员的专业教材之一。这本手稿既是一部教科书，也是一份调查报告。作为教科书，它教授分析人员如何生产准确的情报报告和简报；作为一份调查报告，它注重阐述每一名分析人员都会面临的问题，即如何将“坏消息”传递给决策者。那时，辛西娅已经具备25年的情报界工作经验了。从1968年到1971年，她从五角大楼回到家中，饭后就坐在打字机前撰写这本著作。当她完成近700页的手稿时，还有一个重要“细节”需要完成。她需要将其移交给国防部安全办公室审查。当时，作为美国情报界的一名雇员，辛西娅有责任在其著作公开出版前提交审查。辛西娅深知这一规定，因为觉得没什么涉密的，她自信该著作一定会通过审核并公开出版。正如辛西娅在第一卷前言中指出的那样：

> 本书并不是一个官方项目的产物。它的写作，既非任何机构的官方授意，也不代表任何机构的观点。本书是我利用闲暇时间完成，仅代表本人观点。[1]

不幸的是，这就是出错的开始，政府官员并不认同辛西娅有关手稿不会危害美国国家安全的观点。根据政府官员所言，该手稿不应公开出版。该书被定为“机密”，成了美国政府的财产。[2]

一份机密的政府出版物

鉴于这本手稿非常重要，不应该被摆在书架上无人问津，因此，政府

[1] 原注：Cynthia Grabo, *A Handbook of Warning Intelligence*, p. v.

[2] 原注：由美国政府生产或为美国政府生产，并由其所有和管控的信息，被划分为不同密级（classification level）。对这些信息划分密级的主要依据是，如果其向未授权人员公开后可能对国家安全造成的危害程度。根据危害程度可分为三个等级：未经授权发布将会对国家安全造成**极其严重危害**的信息为绝密（Top Secret）；未经授权发布将会对国家安全造成**严重危害**的信息为机密（Secret）；未经授权发布将对国家安全造成**一定危害**的信息为秘密（Confidential）。

出版了辛西娅在家撰写的这份“机密文档”，共印了 417 份。[1] 由于未知原因，政府出版局以三部曲的形式出版了这份《预警情报手册》。这三部曲分别是：1972 年 7 月出版的第一卷（第 1 章至第 18 章）；1972 年 11 月出版的第二卷（第 19 章至第 29 章）；1974 年 6 月出版的最后一卷（第 30 章至第 40 章）。这些书籍在美国情报界内部发行。它们极其畅销，于是加印。本书目录涵盖了三部曲的所有章节（属于机密的最后 10 章虽未能出版，但也列在目录中）。[2]

1980 年，在五角大楼地下室工作了 38 年后，辛西娅圆满完成了其政府职业生涯。即将退休，她希望自己的书能够解密。她从未放弃这个念头，想让民间出版社公开出版此书，以便让情报界以外更广泛的读者也能阅读。她希望决策者和所有情报用户（包括公众）能够意识到情报分析和情报生产工作的艰辛。在她的退休仪式上，辛西娅荣获“情报杰出成就国家奖章”（National Intelligence Medal of Achievement），但她并没有得到解密其手稿的许可。

在辛西娅撰写此书 30 年后，也是她退休近 20 年后，她仍在寻求解密这份手稿，并希望拥有稿件的所有权。1999 年，她决定再次尝试。她想到一个好的理由，并相信要回手稿的时机成熟。没有了共产主义威胁，政府官员不会要求此书保密。该书大部分内容是为应对那些损害美国外交政策的国家及其威胁，而苏联已经不复存在，东欧各国也不再受华沙条约组织的控制。尽管如此，辛西娅却遇到一个比打败敌人更棘手的问题：她需要找到其手稿的复本。柏林墙倒塌了，她的手稿复本似乎也随之消失了。

辛西娅打电话给情报界所有单位，并尝试了一切资源和人脉。几近绝望之时，她致电联合军事情报学院[3]。秘书将电话转给了我。我办公

---

[1] 原注：我们只知道有 417 份手稿已出版，因为每份都进行了编号，且在封面上可以看见编号。

[2] 编注：这里指的是部分解密版，并非本完整解密版。书稿正式出版时删减为 39 章，后文第 38 章对此有说明。

[3] 原注：联合军事情报学院（Joint Military Intelligence College）坐落在华盛顿，属于国防情报局的一部分。2007 年，该校更名为国防情报学院。

室的官方名称是敏感机密情报系，我整天被机密材料包围着。作为唯一一所美国政府授权可以颁发情报学学位的大学，本院有一个特殊的规定，你必须有绝密的权限才能参与相关项目，其他规定则与正常学校一样。

不带任何官腔，辛西娅开门见山地自我介绍道："我叫辛西娅·格拉博。我在寻找一本书，不知道您是否能帮助我。"辛西娅继续描述这本有关预警情报的书，并表示距离上次见到其官方发行本已经过去快 20 年了。辛西娅认为，让这本书解密和出版的时机已经成熟，但她首先必须找到它。我靠在椅背上瞥了一眼自己的书架。书架上有一堆书标记着"机密"或"绝密"的字样。"辛西娅女士，我想我有这本书。"我答道。

那三卷书就散落在各种机密报告和书籍之间。在第一卷书上，盖着"总 417 册，第 173 册"字样，封面是橙色的薄纸板，在顶端和底端均标有"机密"字眼。

1994 年，我从五角大楼完成任务回到学校时，发现在我新办公室里堆了十几个大箱子。我的第一个任务就是要处理这些装满论文、书籍和杂志的大箱子。它们是一位离职的同事留下的，如果我要搬进这间新办公室，就需要处理这些箱子。(当然，我有责任销毁任何不想留存的东西。)大多数书显然已经过时，也很少使用，上面布满的灰尘就说明了这一点。那天黄昏时，大箱子里的许多书被放进碎纸机销毁。然而，辛西娅的书对讲授情报分析的教员们非常宝贵。我在课堂上就曾引用过该书的部分内容。

部分解密本书

第二天，辛西娅和我见了面。午饭后，得知有人拥有其著作的复本后，她显然感到如释重负，也非常感激。我难以置信，我在课堂上曾引用的有关朝鲜问题和古巴导弹危机的情报报告，正是眼前这位女士撰写的。尽管如此，由于 1980 年辛西娅就从政府机关退休，现已不再具备接触秘密的权限，因此，我们也不能讨论这本书。这就是“卡夫卡现象”[1]，她已无权阅读自己写的书。[2]

不久，我申请并获批了一项特殊权限，允许辛西娅来国防情报局阅读她自己的著作。在阅读这本书后，她更加坚信，这本书应该解密和出版。在以后的三年间，我帮助该书成功实现了部分解密。无任何理由，政府只解密了三部曲的前两卷，本书目录中出现的最后一卷仍然保密。

每到周末，我和辛西娅就将最重要和最相关的信息加以浓缩，变成一本阐述如何开展预警情报工作的具有可读性的简本。我知道有许多有关情报的著作，但鲜有论述如何做情报的。本着指导和鼓励之意，对未来一代情报分析人员而言，辛西娅的著作具有太多的有用信息。由于 2001 年“9・11”事件后情报界大肆招募人员，这一点就显得尤为明显。最后，我们从 450 页的原版著作中选出了 169 页。这一简本浓缩了有关预警情报分析方法的精华，但舍去了她从几十年经验中得出的许多观察和感悟。

2002 年末，《预判突袭：战略预警分析》（*Anticipating Surprise: Analysis for Strategic Warning*）由联合军事情报学院出版。该书印了几千册，数月之内被抢购一空。政府体系内外的学校都使用该书来讲授情报分析，而历史学家则通过该书更好地了解到冷战期间情报的生产和使用。四年之后，美利坚大学出版社（University Press of America）再次出版该书。[3] 当前，这本书越来越流行，被诸多文章和著作引用，并被列入大多数与情报和国家安全相关的必读书单。“9・11”事件后新开展的许多情报项目中，也都在本科和研究生教育课程上使用该书。2005 年，这本书获得美国历史协会（American Historical Association）提名奖。

你们即将读到的这本书是公开的辛西娅原版手稿，未经删节，只是缺

---

[1] 译注：“卡夫卡现象”（Kafkaesque）意指超现实的、神秘怪诞的现象。

[2] 原注：通常，当一个人从情报界退休后，她（他）仍然享有 5 年接触秘密的权限。不幸的是，当时辛西娅已经退休 19 年了。

[3] 原注：Cynthia Grabo, *Anticipating Surprise: Analysis for Strategic Warning*, Lanham, MD: University Press of America, 2006.

少了第三卷（也是最后一部分）。第三卷仍属于机密，等待政府进行出版审查。尽管如此，这部分内容的目录仍然被保留下来，因为其他两卷中会出现这部分内容。由于这是完整版本，因此决定按照其原有书名《预警情报手册》（*Handbook of Warning Intelligence*）出版。一旦政府允许公开第三卷，我们将出版完整解密版（2015 年已解密）。

1968 年，辛西娅开始这个项目，目标是希望其著作能够原原本本地出版。虽然最后一卷仍然保密，但这并不影响该书的精华内容。这本书可以让人获益良多，许多情报界新手需要这样的智慧，即"在其位谋其政"。数年来，辛西娅成为我的良师益友，更多应是朋友。2008 年底，我俩在一家小咖啡店吃午餐时，墙上的电视正播放着驻阿富汗美军在公路边遭受袭击的场景。毫无疑问，冷战后的世界及我们面临的威胁已发生变化，但我们必须学会如何成为优秀的情报分析人员，这一点没有改变。而在辛西娅的著作中，你可以读到许多有益的好故事。

（作者的观点不代表美国政府、国防部以及美国情报界任何机构。）

美国国防情报局动态情报和预警情报专家

《反恐战争百科全书》作者

简·戈德曼

第一卷前言

多年前，由数个情报机构人员组成的一个团体，正在讨论有关征候分析（indications analysis）和战略预警（strategic warning）的问题，其中一人提醒道，曾有情报分析人员使用征候方法（indications methodology），准确预测了朝鲜攻打韩国和中国出兵朝鲜。一位情报新手说道："是的，但你所做的工作不可能完美，因为没人相信你。"这个无意的揶揄正好反映出预警情报存在的问题。为何没有一个人（这样说多少有点夸张，但并不离谱）会相信征候方法，尽管它在上述以及其他危害国家安全利益的危机中表现良好。人们不愿相信它，部分原因是否在于他们不理解征候分析的本质，或者缺乏现实预警问题的经验？

近年来，改善我们所谓预警能力的努力，被集中于情报搜集、危机管理和自动数据处理等方面。作为一个分析性问题，人们较少关注预警。然而经验表明，在危机情况下，某些类型（如果不是完全相同）的分析性问题会一再出现，而过去的事件的确有许多教训值得我们吸取。

从分析角度而言，这本手册是 20 多年征候与预警情报实践经验的产物。就我所知，这是总结有关预警问题的首次尝试，书中提出了一些指导原则，能帮助分析人员和未来参与预警流程的其他人员。虽然编写此书的初衷是服务于在职情报分析人员、其直接上级以及参与情报训练课程的人员，但我也希望它能对更高层次的情报人员有益，且能对那些依赖于战略预警情报的决策层有益。这些决策人员有必要像基层情报分析人员一样，甚至比他们更有必要理解预警情报的本质。

本书并不是一个官方项目的产物。它的写作，既非任何机构的官方授意，也不代表任何机构的观点。本书是我利用闲暇时间完成，仅代表本人观点。

本书中，第 1 章到第 18 章是第二次印刷出版。本书所有内容最初曾被国防情报局情报和作战部门内部使用，或被分发给其他情报机构和对此感兴趣的政府官员。再版内容并没有实质改动，只有少量结构的调整。

本书其他部分（第 19 章至第 40 章）将于 1973 年完成。它可能会分成两卷发行，一卷于 1972 年秋天完成，另一卷于 1973 年完成。鉴于对此感兴趣的人很多，我们也在考虑公开出版。虽然征候分析的基本原则和技巧以及内容目录是非涉密的，但本书中使用的一些例子在一定时期内仍然需要保密。

在此，我希望感谢那些支持我继续完成此书并提出相关建议的人。他们包括：前国家评估办公室主任谢尔曼·肯特（Sherman Kent）博士、美国空军首席历史学家托马斯·贝尔登（Thomas G. Belden）博士、历任及现任国家征候中心主任、国防情报学院教员，以及国防情报局其他职员，特别是国防情报局情报分局负责印刷和发行此书的工作人员。除此之外，我还要感谢两位高效且具有合作精神的职员，格特鲁德·特鲁多（Gertrude Trudeau）女士和凯思琳·史密斯（Kathleen Smith）女士，是她们打印了手稿使其得以出版。

辛西娅·格拉博

1972 年 6 月于五角大楼国家征候中心

第一卷

第一部分

预警情报的目的和内涵

第 1 章
问题本质

预警情报的职能

预警情报（warning intelligence），又被称为征候情报（indications intelligence），很大程度上是在第二次世界大战后发展起来的。具体来说，预警情报是美苏冷战初期的产物。正是在那个时期，我们开始感觉到苏联等共产党国家开始进行一些不利于自由世界利益与安全的敌对行为，这些敌对行为甚至可能恶化为对西方国家的军事突袭行动或公开入侵。第二次世界大战中我们敌人的行动——尤其是日本对珍珠港的偷袭——也破除了此前我们对战争一般如何开始的原有历史观念。我们害怕敌人会再次不经宣战或发出其他传统的公开警告，就悍然发起毁灭性的军事突袭，而这一担忧变得非常实际。现代化武器的出现和远距离的投送系统，进一步加大了我们遭受突袭的危险，也迫使我们更加需要通过预警来避免遭受突袭。

当然，军事突袭及不宣而战的行径绝非现代产物。历史上有关突袭的记载很多，至少可以追溯到希腊人将木马运进特洛伊古城。第二次世界大战中主要参战国的军事情报机构，都花费大量时间去搜集和分析涉及敌人作战计划、意图及能力的情报，为的就是能准确预测敌人未来的行动。当今我们论及的与征候或预警分析相关的许多问题与技巧，在二战期间就已经被人们熟识和应用了。人类战争史不但记录了许多准确预料敌军行动的出色情报工作案例，也记录下了诸如日本偷袭珍珠港、德国入侵苏联和“突出部战役”[1]等著名的情报失误事件。

所以，我们今天所说的预警情报并不新鲜。不同的是，当今的预警情报已经被公认为是情报工作的一个突出功能，只要拥有强大军队的敌对国家可能会攻击我国及我们的盟友，我情报系统就必须实时关注预警问题，而不分平时、战时。今天的预警情报尽管与动态情报（current intelligence）、评估情报（estimative intelligence）和基础情报（basic intelligence）密切相关，却具有独特的性质。预警情报的功能在于，在尽全力搜集和分析情报后，预测敌人未来可能采取的行动，特别要预测敌对国家是否准备在可预见的将来发起针对我方的军事行动。预警情报的作用在于，向政策制定者和军事指挥官尽早提供最佳判断，告知他们有损于我国国家安全的行动可能已迫在眉睫。

目前，世界上有可能发生各种损害美国利益的事件，并可能需要美国在政治上或军事上做出反应。不论是玻利维亚（Bolivia）的政变、刚果（Congo）爆发的内战、外交官在危地马拉（Guatemala）被绑架，还是印巴冲突再起、苏联再次向阿尔及利亚海运军援物资或某国的一位亲西方首脑遇刺，以上种种情况及其他军事或政治事态动向都是美国必须关注的。情报部门的职能正是尽可能准确预测此类事态动向，并向政策制定者发出警报。从这个意义上来说，“预警”可以说是情报系统的一种无限责任；为此，几乎全世界任何地方出现的任何动向，都需要情报部门予以关注。负责动态情报的情报机构每天都要处理此类事态。而整个情报系统，无论国家级情报机构、驻外情报机构，还是各行动中心、预警中心和各监控站点，都在日夜关注此类事态和潜在的危机。

如果预警情报机构也要处理近乎无限数量的此类事态与危机，显然会

---

[1] 译注：“突出部战役”（Battle of the Bulge），即 1944 年的阿登战役，是希特勒利用盟军急于求胜的心理，在阿登地区向美军发动的一场反击战。

导致代价高昂的重复劳动。如果预警情报机构也试图去应付政策制定者或指挥官关注的所有潜在危机与意外动向，那么预警情报机构就会在很大程度上成为另一个动态情报机构。更糟糕的是，预警机构有可能被一些次要问题分散精力，其主要职能反而可能会受到损害。

本书中的“预警情报”这一术语自二战以来常被使用，它通常仅指：“(1)敌对共产党国家针对美国及其盟友发动的直接军事行动，无论其是否使用正规武装力量；(2)此类敌对共产党国家已经或有可能直接卷入并影响到美国安全利益的其他重要动向；(3)敌对共产党国家针对其他国家（非美国盟友）发动的军事行动。”

显然，我们事先不可能制定绝对的指南或指令来界定，在何时或何种情景下，何种特定事件或地区应当成为预警情报机构分析或判断的对象。有些事态严重威胁美国军事及安全利益，显然属于预警问题，如中国出兵朝鲜以及古巴导弹危机。其他一些情形，虽然没有直接威胁美国的利益，但可能会升级或导致其他国家卷入，同样属于预警问题，中东地区的一系列冲突和危机都属于此种类型。有些地区问题，如多年来的柏林问题以及几乎一直持续的东南亚问题，则一直是长期的、几乎是周期发作的预警问题。其他情况，如台湾海峡危机，时常会成为预警情报严密关注的对象。共产党国家间发生的现实或潜在冲突，如苏联控制匈牙利的“十月事件”、苏联出兵捷克斯洛伐克、中苏边界冲突等等，也是预警分析与判断的对象。此外，许多较小的危机和潜在危机或行动的威胁，也是情报机构常年关注的对象，它们要向高层官员提供对这些事态的判断。

无论是危机迫在眉睫，还是已经存在威胁，预警情报的职能还应包括，持续关注任何可能表明某敌国正准备或可能正准备采取行动、损害美国安全利益的新动向，并定期报告（若需要则应每天报告）。预警情报机构应审视整个共产主义阵营（如需要也包括其他国家）发生的军事、政治及经济方面的动向、行动、可能的行动或计划，这些情况或许能够提供线索，来了解这些国家可能的政策变化或准备采取的进一步敌对行动。针对“国家是否面临新的军事威胁，决策者是否应该警惕当前军事行动的性质可能发生变化”等问题，预警情报应给出一个“是”或“否”或适当的答案。预警情报通常还应包括对手头证据的分析论述，以支持其预警结论。

因此，预警情报职能包括日常的情报保障及突发的危机处理。例行的日报或周报可能反映不了什么情况，其最终结论也可能是否定的，但能确保已对所有征候或可能的征候都进行了认真的研究、分析、评估，确保不会遗漏潜在征候所蕴含的重要信息。在危机或潜在危机出现时，预警情报的作用就体现出来了，它可以尽可能清晰、明确地预测敌方可能准备采取的行动。

美国预警情报简史

在本书中，如果要全盘描述美国预警情报工作演进史，得多花去许多篇幅。对本研究的目的而言，这是不必要的。相比之下，就美国预警情报系统的发展做一番简单的探讨，对学习预警情报方法的学生而言更为有用。

杜鲁门（Truman）是一位非常喜欢看情报报告（intelligence report）的总统。据说在 1948 年柏林封锁（Berlin blockade）开始时，他就担心涉及苏联战略意图和计划方案的情报互相矛盾，以及相关谣言数量过多。据说他曾经这样发问 :“究竟是什么人在跟踪所有这些征候？”不管这个故事是否属实，也不管杜鲁门的发问是否直接促成了美国建立专门的预警情报部门，可以确定的是，专门预警情报实践的发端大概可以追溯到这一时期。苏联对柏林的封锁，再加上显示苏联正执行扩张主义路线的其他种种迹象，刺激美国情报机构及英国情报机构，使它们试图努力汇总有关苏联计划与意图的各种零散征候。到 1949 年初，美国至少成立了两个专职预警情报小组，负责筛选和整编与共产主义在欧亚军事政治活动及计划有关的信息。一个小组由中央情报局主办，跨部门的机构定期碰头联商；另一个设在陆军情报部（Army Intelligence），虽然定期生产许多非正式的情报报告，但这些报告分发量有限，政策制定者也许从未看到这些报告。这当然非常不幸，因为在1950年春，与日俱增的各种征候表明共产党阵营正准备在一个或多个地区发动军事行动，这两个小组对此忧心忡忡。全盘来看，当时这种征候的数量之多已非常明显，前景看来非常不妙。

1950年6月25日，朝鲜战争爆发（一些分析家认为，要不是当时美国的干涉，还会有其他军事行动）。这一事态促使美国立即大力发展其以机构间合作为基础的征候工作，也使这一工作更加正式化。（当时美国情报机构间根本不存在合作研究和正式的协商报告制度。已经习惯如今美国情报机构合作机制的人，可能会对此感到难以置信，但当时情况确实如此。）在朝鲜战争爆发后几周内，美国就形成了由陆军部主导、由空军和海军派代表参加的每周例会制度，并在此基础上成立了联合情报征候委员会（Joint Intelligence Indications Committee, JIIC）。不久，来自国务院、中情局、原子能委员会（AEC）和联邦调查局的代表也加入进来。到1951年1月，该委员会正式更名为监视委员会（Watch Committee），它是情报咨询委员会（Intelligence Advisory Committee）——美国情报委员会（United States Intelligence Board）的前身——的一个下属机构。自1950年8月联合情报征候委员会成立以来，监视委员会每周提交的报告都按时间顺序编号。从1950年到1954年，监视委员会的研究和文案工作主要由陆军部承担，空军部和海军部也提供一些帮助。

1954年，在进一步拓展了预警情报研究工作之后，预警情报机构进一步扩编重组。监视委员会新设名为国家征候中心的跨部门工作机构，由一名中情局高级官员担任监视委员会常任主席。1958年，国家安全局（NSA）正式成为监视委员会的机构成员。1961年，在监视委员会中，国防情报局取代了各军种情报机构的席位，后者成为该委员会的观察员。除去以上这些变动，监视委员会的构成和职能自其成立之后变化甚少。国家征候中心至今仍是唯一一个全时执勤、专职负责情报分析与报告的跨部门机构。

那一时期发生的比上述机构形式改变更重要的事情，是整个情报系统都逐渐认识到了预警和征候的重要性。如今，几乎各大情报部门内，都有一些人员和部门专门或主要负责征候工作。此外，在国防情报局的支持下，美军各大司令部都设立了各自的征候中心。各大司令部的这些征候中心大都设有自身的情报监视例会，每周向各自防区分发特定问题的情报监视报告。英联邦国家也有与美国监视委员会相似的机构（尽管这些机构的职能比美国监视委员会更为宽泛），这些委员会互相交换每周情报报告。

另外，目前各情报部门的情报分析人员都积极参与征候工作。他们参与的方式既包括自己提供情报产品，也可以是听取所在部门监视委员会代表们的简报，或是直接参加监视委员会例会，还有的负责审核该委员会的情报报告初稿。预警指标表（indicator list）以前是以非正式的方式编制的，如今经过与来自各情报部门的专家协商，内容已经得到极大充实（参阅本书第 7 章“预警指标表”）。由美国、英国和加拿大三国认可的“三方预警指标表”的编制过程采用广泛协商，内容得到定期审核。

毫无疑问，如今预警情报的地位已经牢固，1948 年至 1949 年间诞生的跨部门征候合作机制也将延续下去。时至今日，我们已从昔日的几乎零协调，到了完全协调的地步。如果说当前我方预警情报体制存在潜在威胁，那肯定不是征候不被重视，而恰恰是过多形式上的合作，过多强调意见一致，导致情报部门的判断力减弱，少数派意见被压制。这些问题将在以下各章讨论。

近年来重大预警问题

自 1946 年以来，美国一直面临的危机或潜在危机威胁，都涉及共产党国家对我方使用或可能使用武力的问题。1953 年至 1965 年间，美国军队没有在亚洲直接卷入战争，但同期在柏林、中东、台湾海峡、越南、老挝和古巴等地发生的一系列事件，均对美国构成威胁，使预警情报系统一直紧张运转。这期间，没有一位预警情报分析人员会感到无所事事。

由于本书中将反复提到这些危机事件，为了帮助本书读者回忆，我在此列出自 1950 年以来预警情报分析人员关注过的重大事件。我没有把这些事件按时间顺序排列，也不是基于美国政策制定官员或军事指挥员对事件的重视程度，而是按事件作为预警问题的重要性，来对这些事件进行粗略分类。

（一）重大的预警问题

此类预警问题极为经典，学习征候分析的人员都希望自己能投入大量精力进行研究。需要指出的是，虽然其中的古巴导弹危机，可能是美国自二战结束以来面临的最大威胁，但在这四个案例中，美国只有一次动用了军队。这四个案例都有以下几个特点：敌人都进行了大规模的军事行动准备；进行秘密的和明显的军事部署；试图欺骗我方；事发前存在各种政治征候；最后都导致了武装冲突（其中仅古巴导弹危机有惊无险）。

- 1950 年 6 月，朝鲜战争爆发，及 1950 年 10 月至 11 月间，中国出兵朝鲜；
- 1956 年 10 月至 11 月间，匈牙利事件和苏伊士运河危机（这两个事件同时发生，但互相独立）；
- 1962 年 10 月，古巴导弹危机；
- 1968 年 8 月，苏联出兵捷克斯洛伐克。

（二）长期持续的预警问题

列入此类的预警问题年复一年困扰着美国情报部门。尽管这一类案例不像上述重大预警问题一样富有戏剧性（其中的柏林危机甚至最终没有导致武装冲突），但还是可以给预警分析人员提供很多经验教训。以下三个案例都在不同时期给预警情报机构带来了严重的危机。

- 柏林危机：自二战结束以来长期困扰我方，在 1948 年至 1949 年间、1958 年至 1962 年间变得极为严重，在 1961 年夏天曾发展为一场全面的危机。

- 越南问题：形成于 1950 年，在 1954 年、1965 年和 1968 年三度演化为危机；是一个持久的征候问题和军事问题。
- 老挝问题：与越南问题一样，形成于 1950 年，在 1960 年、1962 年和 1964 年几度变得非常严峻。

（三）较小但也很重要的危机，或潜在危机

近年来美国预警情报工作所面临的重大预警问题，未列入以上两类的，则大部分可以归入此类。这几个案例鲜有共同点，但都涉及敌方威胁使用武力或实际使用武力。以下按时间顺序列出这些案例：

- 1957 年夏，土耳其—叙利亚危机；
- 1958 年 7 月，黎巴嫩危机；
- 1958 年 8 月，台湾海峡危机；
- 1962 年 10 月，中印边境战争；
- 1967 年 6 月，阿以“六日战争”；
- 1969 年夏，中苏边界冲突，这一问题持续存在，但在 1969 年夏双方矛盾激化。

读者也许注意到，尽管以上列出了大量危机问题（有些较小的问题可以继续列举），真正重大的预警问题发生的频率并不像有些人认为的那样高。尽管美国一直面临各种严重的国家威胁，但在近 20 年，大概只有十几个事件值得作为征候问题来研究，对分析人员来说，称得上有长久研究价值的预警情报经典案例就更少了。此外，这些危机覆盖区域广，遍布整个共产主义阵营及古巴。卷入这些危机的有朝鲜、中国、越南、老挝、阿拉伯、以色列、苏联和华约组织各国。很少有分析人员经历过三个以上的上述危机，即使是那些长期负责关注某一区域的分析人员也是如此。尽管这些危机发生的地域好像各自独立，但作为预警情报案例来说，上述危机事件中有许多相似之处。例如，作为情报分析方面的问题，中国出兵朝鲜

与苏联出兵捷克斯洛伐克十分相似，但亲身参与过这两个危机的分析人员为数极少。

重大的预警情报案例可以为训练预警情报分析人员提供最有价值的经验教训，然而此类真正预警问题的发生频率并不高，这也正是预警系统面临的重大难点之一。与其他各种情报分析类型（例如战斗序列情报、武器生产情报、军费预算情报）不同，预警情报所关注的对象可能不会给分析人员提供大量持续鲜活的相关研究材料。在其整个职业生涯中，某位分析人员可能只有幸亲身经历一两次重大预警问题。他可能不得不在自身经历的第一次危机事件中自我训练，且没有任何经验和背景知识可以参考。

本手册是为帮助那些从未亲身经历重大预警问题的分析人员编写。当然，任何经验都不能替代亲身经历。尽管如此，笔者还是希望后面各章能够让分析人员从真实事件中获得一些间接经验。

第 2 章
术语的定义及其用法

不同于其他专门学科，研究预警情报只需知道为数甚少的玄妙术语。预警情报使用的术语大都与动态情报或评估情报所使用的术语相同。对预警情报产品的要求之一，就是要让不熟悉什么术语的入门读者（决策者）和军事专家能看得懂。

在预警情报领域，有许多术语经常被使用，并具有特殊的意义。无论是预警情报的撰写者（生产者）还是读者（用户）都能够很快熟悉这些术语。一些术语有既定用法，它们出现在参谋长联席会议（Joint Chiefs of Staff, JCS）发布的《美军军语联合用法词典》（*Dictionary of US Military Terms for Joint Usage*）词条中，因此，有被他人普遍理解或接受的含义和标准用法。还有一些术语则从未有过精确定义，经常会有不同解释。因此，下文对术语给出的定义并非最终的权威解释，但在预警情报领域得到广泛认同。

征候与征候情报

“征候情报”（indications intelligence）被认为是“预警情报”（warning

intelligence）的同义词，关注的是有关“敌人将要做什么”或“可能要做什么”的各种信息。参谋长联席会议发布的《美军军语联合用法词典》对其定义是：“用于对潜在敌人采取或放弃某种行动的意图做出不同程度评估的信息。”在普通词典中，“indicate”暗含某事物不确定的意思。而“indication”（征候）则指的是标志、指标、暗示、推理基础、相信某观点的逻辑基础，等等。因此，选择“征候”一词来解释“预警情报”的本质，正是比较现实地承认了预警本身就是不确定的，预警也是建立在不完整、难以解读、难以估测的信息基础之上的。

任何一种事态的进展都可以算作是“征候”。具体来说，它可能是已被证实的事实、可能的事实、某事物的缺失、信息片段、观察报告、照片、广播宣传、外交照会、预备役动员、部队部署、军事警戒、间谍报告等等。唯一的条件就是，只要有助于洞察敌人可能行动的信息就可算作征候。征候的结论可以是肯定的、否定的，或是模糊、不确定的。例如，若发现苏联在中苏边界持续增兵，这就是一个肯定性征候，表示苏军在为可能发生的中苏武装冲突做准备；如果发现苏军并没有加大军事动员，或没有异常的军事物资采购举措，这就是一个否定性征候，说明苏军并不会在短期内采取实际行动；如果发现苏联主动提出与中国进行外交谈判，这就是一个模糊而不确定的征候：苏联可能是真心想通过外交手段避免冲突发生，也可能只是为赢取时间在使用缓兵之计欺骗中方。如果对现有事态的发展无法做出准确的预判，通常可表述为“这是某事可能发生的征候……”，“它可能预示……”或“它暗示……”。如果无法判定信息的有效性，我们也可以如上这样表述，但更严谨的表述则是“如果这份信息属实，则表示……”。

还有一些事态进展可以被看作是“征候的征候”（indications of indications），它们并不直接表明某种异常事情的发生。例如，如果发现某国给预备役人员发放新的应征卡片，这可能暗示这些人员即将应征入伍；进而，这可能预示该国正计划进行部分国防动员，也可能只说明这些预备役人员只是被征召进行例行复训。还有一种可能，就是这实际不算什么征候，只是该国对征兵程序做了一些修改，因而需给预备役人员重发新的应征卡片。

“指标”（indicator）是一些众所周知的或理论上的步骤，可表明敌人在准备采取敌对行动时应该或可能会先实施的行动。我们预测敌人很可能要实施这些步骤，所以将所有这些行动步骤编制成预警指标表（indicator list）（见第 7 章），以便据此时刻关注这些指标。（如果敌人确实将一些步骤付诸实践，那么这样的信息就构成“征候”。）区分“指标”与“征候”这两个术语是有益的，预警情报领域的人员一直强调必须区分这两个概念。“指标”是一种预期，“征候”则是一种现实；“指标”是一种理论，而“征候”则是最新发生的事态。很多人难以仔细分清这两个概念，错用“指标”指代“征候”，用以表明一个已经发生的事态进展。不过，倒没有人糊涂到误用“指标中心”（indicators center）或“指标情报”（indicators intelligence）这样的错误词语搭配，这说明大家实际上普遍能够理解“征候”与“指标”这两个词在词义上的区别。

战略预警与战术预警

在美国情报理论与作战实践中，“战略预警”（strategic warning）这个术语并没有单一、公认的定义。预警情报人员通常认为，那些应由预警情报系统提供的，时效较长，且或多或少与“尽早发出警报”类似的情报就是战略预警。因此，从这个意义上而言，只要敌人正在准备进行大规模的兵力部署，或已公开其政治立场，表明某些行动将会导致其动用武力，我们就有希望提前数周甚至数月发出警报。这种对某项军事行动在未来发生可能性的判断，与该军事行动是否迫在眉睫无关。要想预判某军事行动的可能性，既可以是某项敌对行动确实迫在眉睫，也可以是某项军事行动远未发生。从这个意义上来说——也是情报界常用的含义——战略预警就是对敌人决定动用或可能动用武力的分析判断。至于敌人到底何时准备将这一决定付诸行动，则是另一码事。政策制定者需要尽早地获得警报。

在作战实践层面，战略预警一词另有含义。参谋长联席会议的《美军军语联合用法词典》对该词的定义是："就敌人发起迫在眉睫的敌对行动发出警告，用户收到这种警告的时间可能是在上述敌对行动发生前数分钟、数小时、数天或更早之前。"因而，按照这个定义，决策者或指挥机构所期待的此类"警告"是,（通过情报或作战渠道获取的）有关当下敌人进攻可能迫在眉睫的某种提示性信息。战略预警势必促成随后政府最高层的决策。从收到战略预警情报到敌对行动真正爆发，这一时间间隔可分成两类，一是决策前的时间（pre-decision time），二是决策后的时间（post-decision time）。

读者如果继续阅读本书，可能就会感到上述各种定义都有些不符合现实之处。例如，假如先前已获得敌方准备采取某种行动的证据，那么，决策者不可能推迟至敌方行动迫在眉睫才做决定。在实际工作中，战略预警不是意识到敌人迫在眉睫的行动，而是意识到敌人可能采取这种行动。无论理论上如何定义战略预警，对预警情报系统而言，战略预警是有关敌人行动可能性而非其紧迫性的判断。然而，非常重要的一点是，情报系统也应该认识到战略预警在作战层面有具体用法。

"战术预警"（tactical warning）的定义就容易多了，不过也有些分歧。严格来说，战术预警甚至不是情报系统的职能（至少不是国家情报系统的职能），而是作战部队的职责。战术预警是指挥官从前线或通过雷达系统或其他传感器获得的警报，这种警报表明敌人的攻击部队已经向着我方的目标移动。《美军军语联合用法词典》对战术预警的定义是："有关敌人已开始敌对行动的警告。指挥机构可从敌人发动攻击到敌人达到目标之间的任何时间获得这种警报。"按照这种定义，情报系统显然已经来不及在这段时间内形成任何判断，并将其传达给政策制定者或指挥员；所有的情报评估和应对措施都只能由作战机构自己去做。在实际工作中，战略预警与战术预警的区别有时并非泾渭分明。如果情报机构发出一个判断，认为敌人的进攻近在眼前，很多人会认为其发出的是一个战术预警，尤其是在情报机构先前已经数次发出敌人可能将要发起进攻的判断的时候。例如，关于 1968 年“春节攻势”（Tet Offensive）的一连串警报，哪一个时刻之前发出的算是战略预警，之后的算战术预警？1968 年 8 月 20 日午后，美国情报机构发出的有关苏联将出兵捷克斯洛伐克的预警，究竟算是战略预警还是战术预警？

对预警情报系统来说，只有一个简单的规则：该系统的功能应该是战略性的，真正意义上的战略性。如果预警情报系统只能在事发前数分钟发出警报，那不管如何定义这种警报，都可以断定该系统未尽其能。我们不必纠缠于战略预警或战术预警的定义分歧，所有预警都必须足够提前，以便给政策制定者留出一定的考虑时间，使其能够做出决策；必须给军事指挥官留有足够长的时间，以便采取一些必要的应对措施。

时间的定义

与确定敌人是否准备发起进攻或采取其他行动相比，确定敌人到底准备何时发起进攻同样困难，以致情报领域用很多术语描述预计敌人发起攻击的时间。这一问题甚至影响到做出否定性判断：例如，我们是该说某项敌对行动并非迫在眉睫，还是在不久的将来或可预见的将来不会发生？迄今为止，就如何清楚合理阐述此类术语的定义，人们仍然没有达成一致意见。以下是近 20 年间，国家情报系统形成的关于相关词汇使用的一般准则。

迫在眉睫（imminent）：在肯定性判断中使用时（例如“进攻迫在眉睫”），这个术语指敌对行动即刻就要发生，发生的可能性极大，不容任何拖延，可能立刻发生，最迟几天内发生。在否定性判断中使用时（例如“进攻并非迫在眉睫”），则暗指事件在几天或几周之内不会发生；或目前我们认为其不会发生，不过如果不久后该事件发生，我们也不会感到惊讶。

即将（immediate future）：这个术语使用频率颇高，通常用在否定性判断中（例如“我们不认为阿以之间即将爆发敌对冲突”），通常指“一周左右的时间内不会”。不过还要看上下文和具体情况。如果在一份周报里使用这个词，则“即将”涵盖的是从本次周报到下次周报之间的时间段。

不久的将来（near future）：这个术语涵盖的时间区间比“即将”要大，不过很不精确。“不久的将来”可以指近到一周或数周，远到数月后，有时候与“可预见的将来”同义。在否定式判断中，这个术语通常用来表示“预警结论”（例如“我们的结论是苏联在不久的将来不会对我发起敌对行动”）。

不久后（soon）：这个术语涵盖的时间区间也不精确，通常与“不久的将来”同义。

可预见的将来（forseeable future）：这个术语涵盖的时间区间也不精确，但一般来说，其意近似于“不久的将来”。使用这个词通常并不是在讲时间，而是在表达对某事的确定性。例如，“我们预计，在可预见的将来，敌对国家对美国的敌意不会改变”，其表达的意思实际是：我们认为敌对国家极其顽固，一段时间内都不太可能期望其改变。如果我们的判断不是那么确定，我们就不会使用“可预见的将来”这个词，而会用一些含有更多怀疑意味、涵盖较短时段的其他词汇。实际上，在很多情报报告的结论中，我们本来应使用“可预见的将来”，却使用了涵盖较短时段的词汇（如“不久的将来”），其实际意义就是指我们能力所预见的将来。我们这样保守用词，是想表示我们对自己能预测多远的事也有疑问，我们对自己是否所知甚多也有疑问。这是一种慎重的提防。

第 3 章
预警是什么

在继续详细讨论预警流程及预警分析技巧等问题之前，我们有必要澄清一些广泛流传的有关预警情报的误解。首先从预警不是什么开始。

预警不是什么

（一）预警并非实体

预警情报并非是分析人员、情报界、决策者或某一国家实实在在拥有（或没有拥有）的东西。它经常会被误解，例如有人会问：“我们是否接到有关苏联出兵捷克斯洛伐克的预警呢？”特别是在脱离上下文时，这种误解会体现在官方高层的文件中，譬如几年前的一份文件这样表述：“我们无法确定美国是否将拥有战略预警。”

预警不是一个事实，不是一个可触摸到的物质，也并非一个确定无疑的事物，或是一个可以证实的假设。即使拥有最优秀的情报搜集系统，我们也不能指望获得全面的预警信息，或某些可以递交给决策者的东西，并表示：“我们搞到了，拿去吧。”

预警是触摸不到的、抽象的，它是一种理论、推论、感知或观点。它是逻辑推理的产物，是一种假设，直到事情发生时，才能印证其是否正确。像其他一些理念，尤其是像一些新的或者复杂的理念一样，每个人对预警情报的理解和相信程度都不一样，这主要取决于诸多因素，包括：这个人对假设背后事实的掌握程度；是否愿意倾听和尝试去理解；对敌人可能采取行动的先入之见；对对象国的战略目标及军事与政治学说的认知；对历史和先例的了解；自身的客观性和想象力；个人冒险的意愿；其他分心的事物；上级的态度；对向其报告情况的人员的信任程度；对他人的依赖性；身体健康状况；甚至早餐吃了什么；是不是刚和妻子吵了架。以上种种及其他因素都可能影响到个人对预警情报的接受度。

有些时候，可证实的证据大量存在，显示可能爆发战争的事实如此之多，以至于大家都认为战争不可避免。正如二战爆发前那样，特别是前一周，当时即便是街上读过报纸的路人，都能像国家领导人那样做出准确的战略预判——大战即将爆发。在这种情况下，每个人，从战略层面而不是战术层面而言，“已经得到预警”。

但另外一些时候，尽管我们掌握日本积极集结兵力和在太平洋策划进攻行动，就像希特勒（Hitler）在欧洲所表现的一样，但事实上，显然几乎没有人，特别是与之相关的人士，得到了日本将偷袭珍珠港的“预警”。

没人能够预测第三次世界大战前夕将是何情形。我们只能说，在二战后发生的一系列小规模冲突和危机，都不像1939年9月那样明显。因此，更可能出现的情况是，在未来许多年内，预警仍是一件不确定的事。

（二）预警并非动态情报

这种观点无疑会让很多人吃惊，因为他们把预警看作是动态分析（current analysis）的天然副产品。军政动态情报分析人员的职责，是持续关注每一个事件动态和快速突发事件，对于可能即将发生的敌对行动，难道还有谁比他们更有资格侦察和上报有关征候吗？为了得到预警，难道我们不是最需要了解最新的动态情况吗？

答案不是肯定，也不是否定。分析人员迫切需要及时接收并跟踪每份新信息，因为这可能是一个敌对行动的征候。那些生产预警情报的分析人员，为防止遗漏关键重要信息，必须时刻跟踪掌握大量最新情况。信息的搜集和处理必须尽可能做到实时，因为我们知道，曾经发生过因信息接收延误数小时导致得出错误判断结论的例子。

尽管如此，仅仅基于对当前情况认真细致的梳理，并不能自然而然地得到最佳的预警分析。最佳的预警分析是一个综合产物，是对几周或几个月前所有与当前形势相关的信息，进行持续细致的回顾和分析，并较好地掌握敌人的目标、学说、行动、组织架构等情况。

尽管最新的信息需要得到研究分析，但它并不是对预警判断最有用、最直接的依据；至多，它可能与几周前获得的信息有关，或可以印证分析人员手头一直没有把握却至关重要的情报碎片，这些可能是几个月前获得的。仅在少数突发事件当中（例如，1956 年匈牙利“十月事件”），征候和预警分析才多少与动态情报分析具有相同的意义。绝大多数危机的爆发都有很深的根源，一般都是爆发之后我们才发现其根源比我们想象的还要深。很多战争准备和潜在战争，一旦作为一个现实威胁清楚呈现时，相关指标往往在几个月前就出现了。如果分析人员能把这些信息保存下来并将其填入当前模型，就会发现那些可疑的、不可靠的甚至荒唐的情报，竟会和当前情况有很大关联。此外，几个月前收到的信息（这几乎不能被称为动态情报）可能至关重要。一个征候并不会因为其是几个月前发生的，就变得毫无作用或失效，只是直到今天你才发现它的重要性。这一点可能表明，为冲突所做的准备工作比你想象的规模更大、更为重要。

平时，动态情报分析人员要处理大量的材料。在危机期间，他可能会不堪重负，除处理大量材料之外，还要满足上级对简报、分析报告、紧急评估等材料迅猛增加的需求。难怪在这种情况下，分析人员几乎很少能集中精力评估上个月接收到的情报，也很难抽空重新审视一系列自己近乎忘记却有助于评估当前情报的信息。例如，夜间值班情报官员可能最了解当天所有动态情况，但他们根本不会去回顾几个月之前发生的情况，虽然这些情况对现在来说可能很重要。

另外，真正蓄谋或“出人意外”的敌对行动发起前的几周或几天，此类敌情的征候也许比之前更少。或者，有时这样表述，攻击前十天或两周前，“我们已经没有更多的预警信息了”。（这和暴风雨前的平静是一个道理，如何解决这一难题，我们将在第 28 章讨论。）在这种情况下，如果用处理动态情报的方法来进行研判，就会产生误导，并导致危险的后果。因为没有更多的新敌情征候上报，动态情报产品就可能传递威胁有所减弱的印象（分析人员也可能会相信），而实际情况是威胁仍然存在甚至可能不断增加。

我们必须意识到危机临近时会发生许多反常的动向情况，这一点很重要。动态情报分析人员比以往更需要借助一些军事基础知识来辅助分析，例如军队动员情况、部队发展历史、后勤知识、军事学说等其他军事知识。即使是对一些生僻术语的理解，也能在情报分析中起到关键作用。因此，有必要将动态情况和基本情况结合起来分析，从而避免一些重要信息被遗漏或误读。

动态情报和预警情报的处理流程还有一点不同，就是撰写情报报告的本质和内容。动态情报分析人员的主要工作，是生产高质量的动态情报，而非撰写预警情报，他需要从每日报告中略去大量已有或潜在的征候。这样做的原因有很多，例如：征候过于零散；与其他情报相矛盾；部分征候不具有时效性；内容太过繁琐以致无法全部上报；不合时宜；部分征候（有时是最重要的征候）因为密级太高，而不适宜出现在日常动态情报刊物中，或者导致情报分析人员使用受限等等。一些调查预警情报处理流程或试图对危机进行复盘的人认为，最好的方法就是去看看动态情报产品。在某种程度上，这样做也没错，在当时的情况下也是可以理解的，但是没有人能从这些动态情报产品中弄清整个事件的原委。举个典型的例子，从 1962 年 10 月 15 日美国发现苏联导弹出现在古巴，到 10 月 22 日肯尼迪（Kennedy）总统宣布发现这一情况，在这一周的时间里，整个美国情报界根本没有任何日常动态情报产品报告此情，其原因显而易见。

以上论述了预警分析、动态分析以及情报报告之间存在的一些区别。

正是由于这些原因，征候或预警分析人员只有不被动态情报分析人员所担负的任务拖累或分散精力，才能集中精力于潜在征候和深度分析。为了完成这些任务，分析人员必须重视基础情报的价值，并很好地理解敌人是如何做战争准备的。（这方面问题将在第四部分详细论述。）

（三）预警不仅仅是对"事实"的整编

预警并非是对可能或潜在事实及征候的整编，无论这些征候和事实多么有用。当然，本书的目的并非在于贬低费尽心血且富有想象力的征候搜集工作。它们是预警的基础。可掌握的确凿证据越多，征候就越重要越有效，搜集到不容置疑的事实越多，做出的预警判断就越准确，至少理论上是这样。说起来容易，当我们面对现实而非理论时，往往觉得很难。但事后回顾时，它却看起来如此清晰。

事实上，对事实和征候的搜集和整编只是预警流程的一个步骤，如同在法庭上展示证据也只是帮助陪审团和法官做出裁决的一步。就像有充分理由支撑的案件最后未必能够得到裁决一样，掌握大量的征候也未必能做出准确的预警判断。而在某些情况下，少量的事实或征候足以说服人们（尤其是关键人物），敌对行动或其他关键行动已一触即发。某些事实明显比其他事实更为重要。已存在、已上报或可能的事实各式各样，其总体数量的多少并不如其背后隐藏的含义重要。有很多事实和征候值得质疑：为什么它们看起来如此显而易见呢？在我们观察到的事件背后一定有更深层的含义。

本书一大部分将主要探讨事实与用于预警的征候的关系，在此并不展开。借用法庭上的案件做类比，有几个原因能够说明，为什么事实的陈述和证人的证词未必能说服陪审团和法官做出裁决：

- 控方关键证人的证词遭到其他证人的反驳；
- 目击证人被证明是不可靠的，或者对事实的陈述存在疑点；
- 无法找到其他重要目击证人，因此无法进行讯问；

- 尽管证据很多，但多是间接证据；
- 在最近几年，被告拥有较好的声誉，并没有犯罪前科；
- 没有明显的犯罪动机；
- 陪审团成员尽管经过仔细筛选，却被媒体的主流倾向左右；
- 法官作为掌有法律解释权的权威在解释法律时非常严谨，认为某些重要的资料不能作为证据。

（四）预警并非来自大多数人的一致意见

鉴于预警的重要性，以及预警流程中常会涉及不同领域的分析人员（及其主管），我们需要大量人力参与预警情报的生产过程。大量不同领域的专家被召集过来，陈述他们对各种不同事实的观点和看法。（比如，铁路运输的最大载运量是多少？苏联坦克师的编制和装备参考表［table of organization and equipment, TO&E］如何？）这当然都是为了最终情报产品。情报界和决策者需要借助各个领域的专家来解答此类问题，如果没有这种援助，没有人能够顺利工作。

这并非就意味着，参与预警流程的人员越多，得出的判断就越好。经验表明，各类人员——协助分析该问题的人员及其主管、负责评估的人员、对该问题感兴趣的人员——所做出的一致判断可能并不准确。相比之下，对其他预警问题富有经验的情报分析人员，以及全面掌握当前动态情况的分析人员，或许能做出更为准确的判断结论。让更多人参与到情报判断过程的结果通常是：为了达成一致意见而导致判断不准确。

尽管这种情况令人惋惜，但事实是，过去几年的几场危机中，做出近乎最正确判断的往往是少数人。这并不意味着某个部门做出的决定是正确的，其他部门是错误的，也不是说政情分析人员会得出正确结论，而军情分析人员得出错误结论，或者相反。通常情况下，所有情报机构的大多数人的判断都是错误的，或者至少是不准确的。这种情况并不意味着要设立异见部门，因为在每一个部门中，持反对意见的人都属于少数派。

显然，没有人会对此说些什么，因为从珍珠港事件到苏联出兵捷克斯洛伐克，这种现象是普遍存在的，并且还会一直如此。（本书希望在一定程度上可以帮助人们走出这一误区，促使更多情报界人员理解预警流程的本质，以及情报分析和情报表述可能面临的难题。）这一点很重要。希望参与预警分析的人员，尤其是决策者能明白，过去案例表明，在预警情报处理过程中，应充分听取那些有经验的少数人的意见。

预警是什么

（一）预警是综合研究的产物

虽然我们前面已指出，仅通过对事实和征候的简单整编无法做出预警，但在预警流程中，我们需要对已有事实、潜在事实、可能事实或其他征候进行细致和准确的整编分析，这一点非常重要。对预警而言，再怎么强调全面研究的重要性都不为过。历史上每次重大的危机过后，人们都会发现，当时出现的并且可获得的很多事实和相关信息碎片，由于种种原因，并没有被情报部门用作评估依据。这还不包括每次危机爆发前稍微来晚了一些的情报，如果情报搜集人员能够早点认识到这些情况和线索的重要性，许多时候，这些情报本可以及时提供给分析人员及其情报主管（详见第 4 章“预警与搜集”）。

所有那些与预警工作紧密相关的人员，无论是低层分析人员还是决策者，首先最应该警惕的，是那些仅基于少数证据就对敌方行动做出判断的人，他们并没有详尽研究已有的直接或间接相关证据。尽管这一建议看起来很普通和理所当然，但在危机情况下，很少有人能够理所当然地做到。事实上，经验表明，在危机情况下这类人（常常包括那些判断和声明举足轻重的关键人物）进行的判断，要么忽视了重要事实，要么没有意识到已知特定信息的重要性和它们之间的关联性。在危机发生后，征候和动态情报分析人员都会惊讶地发现，情报部门中有很多具备较高理论水平的人，完全没有意识到对预警分析而言最关键的许多信息。回头看到自己未能利用或者考虑那些已经掌握或可以获得的信息，预警分析人员往往会觉得非常懊恼。

怎么会发生这种情况呢？美国情报体系如此强大，在许多方面具有强大的情报搜集和综合分析能力，为什么会在预警时，无法有效利用所有事实或缺少必要的分析研究呢？答案是复杂的，其中一些原因我们将在接下来的几章中详细讨论。在此，我们只讨论两个较明显的难题，它们阻碍了相关研究工作，掩盖了所有相关事实。

第一，建立情报分析系统的主要目的，是分析某些信息，即我们现在所说的情报“门类”（discipline），它的研究范围包括战斗序列、经济生产、武器发展和外交政策，等等。危机期间，大量新材料，包括一些不常见的，都突然涌入这一系统。为此，情报部门常常设立专门任务小组，让分析人员投入大量时间和精力，以及采取其他措施等，以确保万无一失。尽管如此，即使意识到这些信息具有较高的相关性和重要性，情报机构依然很难保证不遗漏信息。而当这些信息的相关性和重要性十分模棱两可时，其被搁置也就不足为奇了。人们如果没有亲历过政治和军事惊人发展演变的危机，就无法体会到高速运转的情报搜集系统将会提供多少洪水般的材料。分析人员需要处理的重要情况数十倍地增长，出现这种情形也不足为奇。筋疲力尽的分析人员可能会回想起数周前那些与手头工作相关的材料，也敏锐地意识到需要做一些研究，但实在没有时间和精力去做了。更糟糕的是，分析人员甚至没有时间与其他分析人员和搜集人员进行交流和沟通，而他们可能拥有更多信息并能提供帮助。当最需要沟通交流时，分析人员却往往因为没有时间而放弃。

第二，也更危险的是，当危机期间各种动态之间的内在关系不够明朗，尤其涉及两个或多个地域时，越是严重的危机反而越难以察觉。在这种情况下，特别是当来自两个地域间的情报看似模糊可疑而互不相容时，分析判断的难度就会增大。只有随着危机的进一步发展，分析人员才能发现不同地域之间的情报存在相关性。只有回顾性分析才能发现这种信息的重要性，而这种重要性在最初收到时却未被重视。

上述情况在两次重大危机中得到充分体现。一次是 1968 年苏联出兵捷克斯洛伐克，另一次是 1962 年的古巴导弹危机。在苏联出兵捷克斯洛伐克事件中，美国情报界获得了大量真实有效的情报，政治和军事两个方面均表明了此次出兵的可能性。然而，许多与评估苏联出兵意图紧密相关的重要情报，却没有被呈递给情报界高层官员，更不用说给决策者了。原因之一（当然，根本性判断失误可能是更重要的原因）是，收到的情报数量巨大，无法逐一上报，而且在筛选过程中，一些关键性征候没有得到重视。

古巴导弹危机则是另一种情形。1962 年初，情报界就发现了苏联一系列反常表现，一些敏感的分析人员产生了疑问。但数月后，他们才逐渐发现苏联的反常行为与在古巴所获的情报之间的关系。直到在古巴发现了战略导弹，两个独立研究小组（苏联—柏林组和拉美组）开展了大量的独立分析，这些分析大都没意识到，苏联当年寻求解决柏林问题的途径与古巴即将发生的动向相关。直到古巴危机解决以后，与这些局势发展相关的大量基础性研究才完成。事后回顾发现，苏军在当年 9 月就骤然提高了战备等级，首批战略导弹大约也是在那时运抵古巴。在侦察发现战略导弹和总统发表公开声明的那一周时间里，美国才仓促完成大部分相关的分析研究，确定了苏联在古巴军事行动所处的大致位置和可能的行动性质。

对这几个案例的简单讨论，并不足以说明分析研究在整个预警情报分析过程中的重要性。预警情报分析判断失误的原因很多，但我们不能将原因主要归结为分析人员没能做出必要的分析研究。在很多情况下，不是分析人员本身，而是其上级或情报系统本身存在问题。尽管如此，不管是否情有可原，分析研究不充分或者没有把相关情报加以综合研究，都是预警情报不准确的一个主要原因。征候分析人员及其他参与预警分析的人员，不能想当然地认为大家都已经掌握了所有的情报，或者已经真正理解了这些事实及其寓意。大多数人没能成为幸运儿。

这证明我们应该设立独立的征候办公室，雇用专门的预警分析人员，使其可以投入全部精力，心无旁骛地进行预警情报分析。预警分析人员必须清楚知道，这才是他们的根本职责。综合分析所有的情报并做出准确的预警判断是很难的，但不分析研究就做出判断却是万万不可的。

（二）预警情报是对“事件可能性”的评估

正如我们前面所言，战争苗头一般不容易发现，敌人的侵略意图也很难准确判断，预警并非绝对准确，也并非人人都可以得到预警。在很多情况下，即使存在大量有关敌人的情报，搜集部门也尽力而为，在对敌人计划或意图的判断上，仍会存在一定程度的不确定性。当信息有限，重要信息模糊不清，或者信息接收明显滞后时，这种不确定性将显著增大。或者最糟糕的是，关于敌人是否已经计划好某些敌对进攻行动，我们甚至缺乏足够确切的数据来提出这一问题。

有关预警问题的研究多次提醒军事指挥官和决策者，不要期望预警能够完全确定。理论上，大家都认可这一观点；但面临真正危机形势时，人们往往会忘记这重要的一点。尤其是面临敌人的入侵威胁而亟须做出正确决定或及时反应时，军事指挥官或决策者就会比以往更希望从情报系统那里得到一个准确的判断：敌人会还是不会、有没有打算发起攻击。尽管情况本身具有不确定性，但官员们一方面会向情报系统施压，要求其做出肯定的判断，另一方面希望得到某些绝对无法获得的“证据”。

当然，谁也无法预测某事一定发生，因为这取决于人们的主观决定或行为，而不取决于自然规律。即便在 1939 年 8 月底二战在欧洲爆发前一周，所有人都认为战争即将发生，但我们也只能说战争爆发具有极高可能性或者几近爆发。

相反，日本偷袭珍珠港的可能性有多大？ 1950 年 6 月朝鲜攻打韩国的可能性有多大？ 1961 年 8 月东德关闭边界、修建柏林墙的可能性有多大？这些行动的可能性很大，只是我们没有估计到而已。然而历史表明，我们当时认为危机发生的可能性是较小的，原因是我们对这些事件发生可能性的研究分析不够，或整个情报部门及决策层没有认识到事情会发生，因此当危机爆发时，我们感到大吃一惊，至少第一反应是感觉遭灾似的。然而回顾这些事件可以看出，任何危机的爆发都具有可能性，只是我们没有给予足够的重视。

本书第 36 章将详细讨论概率评估的因素，第 5 章将讨论判断敌方意图和判断敌方能力之间的关系等。以下是一些具体的原则：

- 在潜在危机和预警的情况下，情报系统应对敌方行动的可能性做出尽可能准确的评估，这一点不是必需的，能做到则是再好不过。
- 不仅最终的评估判断结果非常有价值，而且其试图判断可能性的过程也将会给我们呈现很多有价值的事实、可能性、历史先例和启发，而通常我们很可能会忽略这些情况。
- 对历史、案例及学说的掌握在进行可能性评估中具有重要作用。引用案例不仅可以支撑判断，而且有助于那些犹豫不决的人做出肯定的判断。（如果敌对国家军事理论和以往实践表明，需要配备三分之一的部队用于进攻，且该国已经完成此部署，就会促使决策者做出敌人可能发起进攻的判断。）
- 我们要充分认清自身知识和搜集能力的局限性，而不能对不可能事物抱有幻想。例如，因为拥有更快捷、更强大的情报搜集手段，我们评估苏联在欧洲军事行动的能力远远超过我们评估中国问题的能力。我们对朝鲜和中国西藏的动向知之甚少，要评估这些地区相关行动的可能性，需要将这些因素考虑在内，并在撰写报告时有所言及。
- 决策者必须明白，预警不可能在绝对有把握的情况下才发布，何况最好的情况也只是一种对可能性的评估。决策者必须认识到，自己常常需要接受这样的预警判断结论，它们可能是不太肯定的，或支持这些结论的依据是不太确定的。这些判断并不一定能达到他们的期望值，但仍然有必要对此给予鼓励和肯定。

（三）预警是供决策者参考的判断

预警有一个标准：只有将信息传递给决策者并使其得到提醒后，才算真正意义上发出了预警。只存在于分析人员头脑中的预警是没有意义的，他必须千方百计地向他认为需要了解该信息的用户传递其观点。

从决策层面上来说，这是区别预警情报和其他情报的一个最重要的因素。即使没有大量来自情报界整编的信息，决策层每天也可以正常运转。只有少数官员乐于接受情报，并会仔细了解战斗序列、武器装备、内部政治动向、经济发展计划等等。大体上，考虑到决策者担负的繁重责任，他们收到有关各事项的详细报告格外多。对大多数决策者而言，只需要给他们看必须知道的且经过认真筛选并提炼压缩的情况概要，除非是关乎国家利益的特别重要的事务。他们工作繁忙，没时间了解中国步兵师、苏联预备役或者波兰空军的组织架构等。事实证明，近年来，情报界耗费大量心血，与其他情报人员交换信息或为其准备情况简报，而不是与高级官员打交道。

然而，如果涉及美国或其盟友国家安全利益的紧急危机，或需要美军介入，情报分析人员向决策者提供的情报绝不能如此简单、概要。对类似动向情况发展变化可能性的判断必须清晰，且需要向决策者多次报告，使其关注形势发展，清楚了解事态发展的潜在严重后果及可能对国家政策的影响。在这种情况下，需要给决策者提供大量而非零星的事实；详细而非笼统的情报评估；清楚如实地描述各种可选择项，而非模糊不清的可能性；以及有关敌人能力、可能意图等清楚肯定的报告。

情报撰写人员和情况报告人员必须牢记，决策者是非常繁忙的，因此，如果评估报告无法对敌人可能的行动给出准确、清晰的预警，或不能向决策者精确传递其判断结论，则可能不会被决策者采纳或重视。有些评估报告常这样写道，如果敌人选择或决定这样做，那么他们就会如何如何。这种评估会传递一种不确定性，甚至进一步让人误以为敌人还未做出任何决定，而事实上大量证据表明敌人已经决心这样做了。如果在报告中，有关事态恶化可能性的判断埋没于长篇大论的事实描述中，那么就无法给决策者提供足够的预警，因为他往往只有空阅读报告的开头部分。事后，情报部门常常从当时提供的情报周报中摘取上述片段，以证明危机期间该机构就事态发展做了良好的报告。单独来看或脱离背景而言，那些报告的确提供了一幅危机图，但只有把重点单列出来，或在当时向决策者反复警示，使其没有错过这些信息，才能凸显这些报告的价值。

一位优秀的政治情报领域官员经过几年的观察发现，无论出了什么错，决策者总是会怪罪到情报部门头上。当危机发生时，分析人员会提醒决策者，之前一个月已经在多份情报简报中报告过此事可能会发生，但决策者却会说："是啊，但你们提醒次数还不够，强调力度也不够。"

因此，凡是涉及预警，情报部门必须确保要向决策者反复提醒和强调有关情况。不能因为一条预警信息上周报告过了，就认为本周没必要再次报告了。预警之所以一再无效，往往是因为判断结论仅存在于分析人员头脑中或口头上，并没有形成文件上报。或者有时该预警情报是合作完成的，或经过一系列情报整编人员的修改润色，而致使分析人员希望传递的观点丢失了。当军事行动迫在眉睫时，往往没有时间咬文嚼字。所以，如果决策者没有得到有关预警情报，这就不是他的错了。但这往往事先并未声明清楚。

（四）预警情报是为采取行动提供的确凿依据

我们现在假设情报系统工作出色，他们搜集资料，展开大量分析研究，判断军事威胁的可能性，并通过情报评估和预警情报报告向决策者传递相关判断。这样做的目的，是让决策者根据递交的这些情况和判断，做出最佳决策，必要时采取军事和政治行动来应对具有威胁的攻击。如果决策者没有被说服，或者因为某些原因没有采取必要的措施，情报系统所做的努力就白费了。情报显示部队将被包围，但指挥官却忽略这些信息，就如预警从未发出过一样，部队将会覆灭。在这种情况下，即使情报工作再出色，如果没有采取任何行动，国家也会灭亡。这正是预警情报的最终作用。

如果情报部门发布了一个明确的预警，指挥官或决策者很少会完全忽视这一预警情报。更多的情况是，预警情报本身不够准确，或者是对事件发生的时间、地点、攻击性质等情况出现重大误判（这些将在后面几章展开讨论）。但无论如何，没有采取措施应对危机，这种失误是由情报人员、指挥官及决策者共同造成的。

近年来常出现的情形是，由于对情报系统不满意或不信任，或是出于对情报的好奇心和掌握更多第一手资料的希望，决策者往往自己生产情报。这样做也有它的优点，它可以快速满足政策需求，但也存在很多隐患。这看起来像是政治层面已经采取了行动，而情报没有直接发挥作用，或是决策者们已经跑到传统情报流程的前面，来预测敌人和潜在敌对国家可能的敌对行动。

当然，并不是所有军事行动都是美国安全利益的潜在威胁。例如，1956 年苏联控制匈牙利的“十月事件”及 1968 年出兵捷克斯洛伐克，都不会对美国及北约构成任何军事威胁，也无须我们采取任何军事应对措施。尽管如此，从政治上对这些行动的可能性多一些了解也是有益的，苏联出兵捷克斯洛伐克就引起了北约一定程度的关切。

不管情报和决策机构之间如何相互作用，也不管决策层对情报部门的依赖程度怎样，最重要的是在必要时采取适当的行动，保护美国及盟友的安全利益。否则，不管情报搜集和分析系统付出了多么大的努力，预警系统的作用也无法得到体现。

对上述原则的几点说明

我们可以用 1950 年 10 月至 11 月间中国出兵朝鲜的例子来对上述原则加以说明，这仍是反映预警本质问题的典型案例。[1]

我曾与当年 11 月在朝的美军官员以及研究美国前线部队档案的分析人员进行过交流。他们常说：“我们当然得到了预警，我们的部队已经和中国部队接触了。我们俘获了战俘，并辨认出了他们的部队。”这确实是事实。

军事分析人员可能会回顾有关中国军队在东北集结以及中国大陆备战的种种迹象，并承认情报部门对中国军队备战这一判断反应迟缓，中国的

[1] 原注：10 月 26 日美军在朝鲜首次与中国军队接触，11 月 27 日中国军队发起大规模进攻。

整体军事实力被低估。但除非华盛顿高层和麦克阿瑟司令部表示认可，他才会承认中国军队正在集结。接着他会说："我们当然做出了军事预警。"

政治分析人员会记起，中国官方在 10 月 3 日照会印度大使时曾说，如果"联合国军"越过"三八线"，中国军队将进入朝鲜，同时 11 月初中国和国际共产主义的宣传口径突然转向全面支持朝鲜。分析人员会说："难道我们还期望能得到其他更多的政治征候吗？"

预警分析人员发现，10 月 15 日杜鲁门总统和麦克阿瑟在威克岛会面时仍然做出了错误评估，认为中国不会出兵朝鲜。但分析人员重新研究了 11 月 15 日联合情报委员会（当时负责评估敌方意图）所做出的判断结论后发现，那时（在中国发动大规模进攻 10 天前）得出的判断已经为中国可能大规模出兵提供了真实的预警，虽然这一预警没有那么清晰、响亮或明确，但确实是一个真实的预警。分析人员可能反问道："究竟是怎么了？我们的报告有人看吗？谁会相信我们的报告？情报界绝大多数人都认同这一判断吗？参谋长联席会议和总统对此信服吗？"至今没有人知道，哪些人看了这一报告，哪些人相信这一报告或者知道其价值。但他们都同意一点，我们的确发布过预警。

为何中国出兵朝鲜常常被认为是一个导致军事灾难的巨大情报失误呢？因为对于这些情报和判断，高层**并没有采取相应措施**：决策者没有下达命令，要求美军和"联合国军"停止向鸭绿江方向开进，也没有做好准备，防止中国军队可能的突然袭击。拥有多少情报，或是谁发布了预警，这都不重要，关键是这些情报必须对后续行动产生积极影响。无论华盛顿情报界做出何种判断，如果当时哪怕能有一名参谋军官在合适的时候说服合适的人（当时为麦克阿瑟将军），让其相信中国可能参战，这将极有可能改变战争的进程。

第 4 章
预警与搜集

本章内容本来可以作为上一章的一小节，题为“预警不是情报搜集”，但这样处理对本章要涉及的如此重要的话题显然不够重视，因此还是单列了一章。预警当然非常倚赖情报搜集，所以出现一种将两者视为同义词的倾向是可以理解的。

倘若情报搜集工作能以理想状态运行——不但对敌人的军事部署和准备了如指掌，而且对敌国的政治决策进程洞若观火——那么预警确实可以等同于情报搜集。假设搜集手段不会存在被削弱的危险，其他大部分情报系统便可弃之不用。如果我们能够得到一份内容包含装备、训练和给养的敌军战斗序列详情，在这些方面绝大部分的研究当然没有存在的必要。如果我们能确保及时搞到敌国内阁或政治局的会议记录、高层政治文件或军事命令的复件，那么通过二手消息来源或间谍得到的消息去猜测以上机密内容的实质，就完全是多余的。我们极少研究盟友的军队及政治活动，原因并不是它们对我国不构成威胁（或至少通常不会），而在于通常我们可以随时获取所需的大部分信息。我们有时候也会很惊讶地发现，其实我们并不能随时获取盟国的信息（例如我们在 1956 年并不知道英国参与对埃及的入侵），不过这通常不是一个严重的问题。

一个明显的事实是，正是因为敌人或潜在的敌人极力掩盖其军事活动或政治决策，才使得我们首先需要努力搜集情报。又因为搜集工作往往是不完美的，所以要做好预警工作不只需要情报搜集，还必须包括一些复杂而不确切的分析和报告流程。

美国情报界不时被要求分析评估我方的“预警能力”，这种任务有两种形式：一是以国家评估报告的形式，评估美方对苏联或其他共产党国家发起的进攻做出预警的能力，另一种形式是要求进行相关主题的专题研究。有趣的是，一段时期以来，如何理解这个问题存在两种不同的理念。持第一种理念的人倾向于认为，情报机构预警能力的大小仅仅取决于情报搜集能力的大小。有些专题研究报告只考虑我方到底有多少种情报搜集方法和系统，来搞到有关敌方军事及政治行为的信息，几乎完全没有考虑情报分析人员和决策者在收到情报之后如何进行分析处理。那么，这种研究报告可以让我们知道，如果中国大陆正朝台湾海峡方向大规模调动部队，我们到底要花多长时间才能发现；也可以显示出我们打探北京方面政治决策机制的能力有多强。但是，这种研究报告却没有很好地回答如下问题：就敌人已决定采取的军事行动及该军事行动的规模及目标等问题，我们应该向决策者发出何种预警。因此，这类研究报告只对预警问题做了一个过于简单的形象化描述；与其说这类报告评析的是美国的预警能力，倒不如说其评析的是美国的情报搜集能力。

然而，有些人在理解这个问题时采取了另一种理念，他们往往完全忽视美国的情报搜集能力（他们声称这样做的原因是情报搜集能力时常上下波动、难以预测），并且在评估美国的预警能力问题时，总是避免涉及某个具体的环境。这种研究理念几乎只考虑这样的哲学视角：所涉及的分析难题、判明敌方意图的难度，以及自始至终困扰预警的不确定性。数年前，有人问道：如果苏联对欧洲发起一次进攻，那么美国情报界到底能为决策者提供多少预警信息？对于这一问题，一个主要负责研究苏联预警问题的小组，几乎全员一致拒绝回答。不仅如此，当被问道如果苏联在东欧开展大规模军事集结（不论这次军事集结是否意在向北约国家发起进攻），美国发出预警的能力有多强时，该小组也拒绝回答。在另一个高层次的研究项目中，该小组给出的结论是：即使假设美方已经发现华约组织国家开始军事动员，美国情报界也不可能确定这种军事活动是防御性的、潜在威胁的，还是表明敌方已决意发起进攻。该评估根本没有把美国的情报搜集能力考虑在内。

在有经验的预警分析人员看来，以上两种有些极端的理解方法中间，存在一个较理智折中的方法。美国的预警能力固然非常依赖于对对象国和对象区域的情报搜集能力，但是仅仅依靠搜集工作，往往无法为我们提供明确的、不模棱两可的预警信息。

纵观全球，几乎所有人都相信一点：美国对世界上某些地区的事态发出较及时精确预警的能力，往往比其他国家强一些，这很大程度上是因为美国在某些地区的情报搜集能力更强、更迅速。比如，与中国西藏的情况相比，我们能更好地预测老挝共产党的活动；与中蒙边界相比，我们能更好地预测东欧的事态。这完全要归功于我们在老挝、东欧的情报搜集能力要比在中国西藏、中蒙边界的情报搜集能力强得多。话又说回来，即使情报搜集工作做得再好，获取再多的高层情报，也不能保证我们的情报机构能发出态度坚定的预警情报。苏联出兵捷克斯洛伐克事件的情况正是如此。如前文所述，预警情报不仅仅是对事实的堆砌和整编。

对预警至关重要的情报搜集原则

情报搜集方面有哪些原则对预警情报工作很有价值？情报搜集系统对得出预警判断最大的贡献是什么？本书不打算详细比较各个具体情报搜集系统的优缺点，那些内容足以另写专著。但我们仍然可以发现，对身处危机或需要做出预警的分析人员而言，情报搜集工作中的几个原则非常有意义，分述如下。

（一）情报来源和评估的可靠性

情报分析人员最沮丧、最易被误导、最浪费时间的事情，就是收到搜集人员提供的大量来源不明、可靠性未知的情报，且情报搜集人员对该情报的可靠性没有提供评述和评估（搜集人员的评述本可以有助于分析人员评估这些情报资料）。令人遗憾的是，在危机或潜在的危机事态发生时，情报搜集人员往往会提供这样可靠性不明的情报。这主要有三个原因：第一，在危机时情报搜集系统往往也竭尽全力广开情报来源，因此不免要使用一些可靠性不明或一时难以确定的情报。第二，一些志愿者在意识到危机存在时会主动提供情报，他们提供的情报有的是优质的，有的则完全不可靠，其中甚至还包括一些完全为赏金而私自伪造的假情报。第三，敌方情报和安全部门为其自身利益而主动释放假情报。

在这种情况下，情报搜集系统应比往常更注重情报来源的准确性和可靠性，在将情报传递给分析人员时，应一并提供该信息获取方式及来源情况的评估性意见。如果只是通过代码隐晦地告知情报来源，例如仅向情报分析人员提供代号“F–3”，而不说明情报来源，这样做几乎毫无用处。另外，各路情报如果来源不清、可靠性不明，可能导致多个表面上看起来独立的情报，实则来自同一来源。这样，同一来源的情报互相“印证”彼此的真实性，会对情报评估造成严重危险。

另一种可能出现的极端情况是，某些来源极其可靠的情报本来应该仅让有限人员知道，但在危机中，由于这类情报价值极大而向所有情报分析人员发布。这样往往导致一种令人极其遗憾的情况：情报搜集人员冒着暴露情报来源的危险，向情报分析人员提供了这些具有重大价值的情报，而后者收到这些情报后却因为并不知道这些情报的可靠性，认为其价值并不大而未予重视。

越是到危机即将爆发的时刻，情报搜集人员和情报分析人员越需要多沟通交流，以免情报分析人员将宝贵的时间和精力浪费在追查虚假线索、研究同源报告、分析来源极可疑的信息上去。在这种时候，尤其在确保安全的情况下，需要将情报来源知情权的限制放开一些。

当情报搜集人员已经有理由确信某份情报是伪造或故意泄露的假情报时，情报搜集人员有责任告诉情报分析人员，该份假情报到底是某个人为赏金而私自伪造的（这种假情报通常来自第三方），还是由敌方情报机构故意泄露的。如果可以证实有人是单纯为了谋取金钱利益而在编造假情报，将其剔除出情报搜集系统即可。但如果是敌方情报机构为欺骗和迷惑我方而伪造情报，情报分析人员就必须分析这种假情报出自何处，敌方制造假情报具体目的是什么。

几乎可以说，二战后情报实践的最大进展，就是情报搜集系统变得日益复杂庞大。这不仅仅是因为情报搜集技术（如照相技术等）取得了重大突破，这些新技术如今可以提供大量宝贵的、不可替代的信息，还是因为情报搜集人员在剔除曾严重妨碍和迷惑分析人员的假情报方面取得了巨大进步。例如在 1950 年夏，美国情报机构确实收到了大量关于中国策略与意图的假情报或伪造情报报告，这些情报严重影响了美国对当时已经掌握的可靠情报的分析。那一年夏天，美国情报分析人员可能把一半以上的时间用在阅读、分析和报告这些假情报上。与 20 年前相比，如今情报搜集系统不仅早就解雇了绝大多数被证明不可靠的情报线人，并且通常能够更好地向情报分析人员提供有关情报来源和可靠性的描述。

（二）现场观察和第一手情报来源的价值

如果情报分析人员亲身经历过危机，那他就能体会到第一手观察报告（first-hand observation）和可靠来源情报的价值，这些情报来源在我方控制之下，且可就有关问题进一步提供细节。所有其他二手来源的情报，如间谍、线人、第三国（无论多么可靠）、媒体和其他开源情报，即使数量再大，也取代不了能够直接接触核心机密的搜集方法。通常以下三类情报来源可以获取第一手情报或观察报告：被派驻到对象国的武官和外交人员；通信侦听和截收到的军政命令、决议或文件；拍照。

第一手情报的价值被业界普遍承认，本书在此无须赘言。一名称职的武官有关某区域已知或疑似军事集结部署的详细报告，很可能比十几个二手情报来源的报告都更有价值，即使这些二手情报来源确实是可靠的。一张照片通常胜过千言万语。对我方来说，真实的敌方军事信息、文件和命令等材料绝对是非常宝贵的。情报分析人员正是要靠这种第一手的可靠材料，才可以自信地得出对敌方军事能力与军事计划的合理判断。在有些情况下，这种第一手材料还可以帮助情报分析人员深刻洞察敌方的政治态度和决策。

第一手材料情报的价值之大，本来是显而易见的，本书之所以强调这一点，唯一原因是有时候有些对此心知肚明的人会忘记这一点。有时候，一些来自可靠性不确定的情报搜集人员所提供的比较夸张的情报报告，得到了本不该有的关注和重视。由于这类夸张的情报通常较简短且内容简单，它们易于通过电子通信手段进行大范围分发，因此也易于引起高层官员的注意。与此同时，另一些听起来不太“有趣”，却有用得多、可靠得多的情报，可能反而只受到较少的关注。一些驻外武官经常惊奇地发现，他们提供的第一手观察资料并不被国内分析人员采信，而一些在武官们看来明显虚假的低层次情报报告却吸引了极大的关注。

情报搜集人员和情报分析人员都应牢记的一个基本原则是，优质的情报来源和优质的情报是相辅相成的。只要有合理接触敌方机密的途径（这是非常重要的前提），几乎总会发现敌人的一些重要动向（尤其是有关军事斗争准备和部队调动的情报）。不同的情报来源会报告这些动向，而这些不同来源的情报往往基本内容相同，只是有些细节不同。与各种未经证实谣言的模糊性和不确定性相比，当某事件确实开始发生时，各种信息在数量与质量上存在千差万别，这令人印象最为深刻。接着，这些零碎的情报渐渐拼凑起来，情报分析机构会收到几十条确证某情报的信息（如果不是一下子收到，也肯定会陆续收到）。出现这种情况倒是情报搜集工作优良的标志，而衡量情报分析人员优劣的一个标准，是看其是否能区分虚构的事实与真实的事件。

当我方缺乏上述直接接触敌方机密的情报来源或渠道时，或这种直接接触受限或被拖延时，就会出现最严重的情报搜集和分析问题。在这种情况下，情报分析人员只得依靠一些可靠性不确定的二手来源情报报告，或一些可能可靠但尚不能满足需求的情报来源。敌人可能调动军队的一个显著的标志，就是会提前加强安全防范措施。而正因为敌人加强了防范措施，我方训练有素的军事观察员就无法在现场获得第一手的观察报告。情报分析人员不能获得这类直接的证据，就只有依据一些不太令人满意的证据去得出结论，并不得不给他的判断加上一些限制条件。出现这种情况时，情报分析人员应该向其上级官员说明：他所获得的事实证据不足，或由于情报搜集能力尚存缺陷，他本人对结论也不太确定。这一点很重要。

还有一种情况也不是没有可能发生：大量可信度较低的情报报告也可以互相支持和印证。尽管单独看每一条报告的可靠性都很不确定，但海量的类似报告还是会增加其可信度。例如，经验表明，如果当地居民或者其他来源不断报告，称某区域有大量部队机动，即使这些报告所描述的部队规模和兵种互相矛盾、过分夸张，往往事后证明这些报告并非空穴来风。

（三）具体细节

情报分析人员面对一个潜在的预警危机时，不但希望得到来自第一手情报来源的高质量情报，还希望了解大量具体细节，如军用车辆和车队的具体数量、各种装备的详细描述（如果观察者军事知识丰富，他通常还可以准确报出这些装备的确切名称和型号）、关于军用飞机和海军舰艇的详细细节描述、铁路交通状况的准确分析等。大量军事细节是一种决定性因素，决定情报分析人员能否准确判断敌人正在开展的军事行动的类型、性质和规模。专门负责战斗序列分析的情报分析人员总是希望得到上述细节；在敌人军事集结期间，由于分析人员几乎无暇核实收到的情报，这些细节就变得至关重要。1968 年 7 月末，苏联开始将大量部队调到波兰境内，准备武装干预捷克斯洛伐克。当时，有许多在波兰旅游的美国及其盟国的游客观察到了这一举动，迅速向美国大使馆报告了这一情况。但这些报告很不详细，美国难以判断这究竟是作战部队调动还是后勤补给活动，也难以判断敌人到底动用了多少部队。指出这一点，当然不是指责那些主动暂停行程、向美方大使馆报告情况的游客。他们并没受过情报搜集训练。举此例只是为了说明，细节对军事情报分析人员来说是多么重要，在敌人军事集结时，情报搜集人员有义务竭尽所能搜集此类细节，并告知情报分析人员。

线人报告细节的能力和所报告细节的准确度，通常决定了其观察敌情的能力，以及我方对他的信任。这也是评估敌方叛变人员价值和可信度的标准，早已被情报机构普遍接受。比如，一个来自敌对国家的叛逃者，尤其是军人，通常只能掌握（也应该掌握）其所在部队或单位的详细细节。除此之外，他也许可以通过朋友或其他观察，对其他单位的情况有所了解。除非某位叛逃人员在敌营中原来身居高位，能够接触一些高层机密，否则，如果他声称自己对其他许多情况都有广泛了解，特别是了解所谓的作战计划，通常会令其行为可疑。

以上原则同样适用于对隐蔽线人的甄别。比如，在一个独裁体制国家，对于尚未宣布的政治决策和军事作战计划，真正能接触到的人数量非常稀少。线人如声称其掌握了此类高层机密，却不能证明其确实拥有接触此类机密的权限，且对本该了解的人员、地点和术语等许多细节问题不甚了解，那么这种人就值得高度怀疑。在朝鲜战争期间，有一次，白宫要求召开紧急会议评估一份情报。带来这份情报的线人声称，共产党军队计划进攻日本。除了该线人不可能接触到如此高级的核心机密外，还有一个情况令人生疑：此前他还提交过一份所谓某司令部的“命令”，称苏军在中国东北地区设有司令部，而这份命令明显是假的，所用术语与苏军惯用术语完全不同，由此美国认定此人提供的情报完全不可信。

有一点至关重要：情报搜集人员和分析人员都应注重情报的细节。危机事态发生时，应减少来来回回传递相同的信息，而应尽力向情报分析人员提供其第一时间需要了解的所有细节。

（四）及时性

最令征候分析人员感到沮丧的情况是：某个重要情报只晚来了一会

儿，经常只比敌方开始军事行动晚了几个小时。如果早几个小时收到，情报分析人员就很可能对敌人可能或即将发起的军事行动做出准确预判。还有些时候，当事后回顾时，人们才意识到某些信息的关联性再清晰不过了，这都是事后诸葛亮。人们倾向于忘记那些迟到的错误情报或尚无定论的情报，但总是感叹那些虽然正确但却姗姗来迟的情报："为什么我们没有早获得这些情报呢？"对情报失误的一些调查往往关注此类迟到的正确情报，认为是一些重要情报的迟报导致了情报失误。其实这些情报如果及时收到，也未必能起那么重要的作用。就像一位老父亲，总是会觉得那个回头浪子比其他所有儿子都重要。

如果不去考虑人们常犯的这个事后诸葛亮的毛病，那么毫无疑问，及时搜集和迅速上报是预警情报中的决定性因素，在很多案例中决定了预警的成败，也决定了战争的胜负。特别是那些能表明敌军确实已展开进攻或准备即刻发动进攻的关键性证据，如能及时搜集、迅速上报，则预警成功、战争取胜；如未能做到，则预警失败、战争失利。

有时，情报搜集机构按计划或偶然搜集到某份至关重要的情报，进而影响了整场战争的胜负——这种情况不常发生，但也不是不可能。如果真的发生了，那么就可以说，在合适的时间开展合适的情报搜集工作，确实可以改变历史的进程。

人们一下就能联想到的最明显的例子是珍珠港事件。就算美国在军事或政治的评估和计划上出现失误，但只要有那么一次准确及时的情报搜集活动，就足以拯救美国舰队。本来美方应不断派舰载机和部署在夏威夷群岛的陆基飞机开展侦察活动，寻找已不知所踪数日的日本海军舰队。只要发现日本特遣舰队正在靠近夏威夷，美国绝不可能坐以待毙，必然将珍珠港内的军舰疏散。而且如果侦察到日本特遣舰队的行踪，那么美国极有可能完全改变那场战争的进程。

在古巴导弹危机中，如果美方能早一点搜集到"关键性"情报，也将极大改变那场紧张对峙的进程。学者有时候谈到古巴导弹危机时，总是说那是史上用一张照片就说明敌方策略与计划的唯一案例。那张照片也是当时唯一能完全令人信服地确证敌方计划的证据。确实，有关苏联在古巴部署进攻性导弹，当时就算获得再多的旁证或看似可靠的证据，也不能作为提交给联合国的有力证据，只有那张照片确实证明了美国的合法立场，使得美国可以放手展开封锁和隔离古巴的措施。但是，在获取这张关键的照片之前，还存在一些表明苏联正准备将导弹运往古巴的证据，我们在理论上是能够搜集到这些证据的，但我们没有做到。如果搜集到这些更早出现的证据，理论上我们就可能更早、更坚决地采取对策行动，也许就能遏制住苏联，阻止导弹运往古巴并得到部署。比如，如果一艘满载战略导弹开往古巴的苏联货船，碰巧在土耳其海域触礁，导致其所载货物暴露，那谁知道整个古巴导弹危机的事态会变得怎样呢？

其实，我们不用举这么戏剧性的案例，来说明及时搜集到情报对预警的重要性。确实，无论在战略层面（预测敌人是否可能发动进攻）还是战术层面（预测敌人发动进攻的时间和地点），情报搜集的及时性对预警情报都是至关重要的。

潜在危机发生时如何管理情报搜集

通过上述讨论我们已经很清楚，在潜在危机发生时，对情报搜集人员及情报接收者来说，哪些原则能发挥作用。但还需要考虑其他因素，因此本书将继续探讨如何采取几个更加重要的关键步骤，以保证我方情报搜集机构能开展最佳的情报搜集工作，并及时分发所搜集的情报。

一是要确保情报搜集人员和分析人员之间存在紧密的沟通机制。该机制可保证把分析人员想了解的问题切实传递给一线搜集人员，使其了解分析人员希望他们优先搜集哪方面的内容。如果有必要，遇到需优先紧急处理的搜集需求，应先把日常搜集需求放一放，不能因过多地协调需求或论证其必要性，而耽误这些需要优先处理的搜集需求。紧迫时刻应减少繁文缛节，且不应增加阻力。

二是当遇到潜在危机事态时，需要对情报来源做更多具体、详细的甄别评估工作，并且应注意，对情报来源可信度的评估报告与其提供的情报应一并派发，而不应分开。因为如果将两者单独分开分发，分析人员看完一份情报后，如对该份情报来源的可信度有疑问，还要专门向搜集人员发送附加搜集需求。等搜集人员再次发回报告，一来一回至少要耽搁 48 小时，有可能为时已晚，还有可能因忙乱导致这两份报告到最后都没被放在一起，无法供情报分析人员一并对照分析。

三是最好让某个具体情报的搜集者和使用者（情报分析人员）能有机会见面交谈。如果管理秘密情报来源的搜集者能够当面向情报分析研究人员介绍情况（前提是采取适当的安全保卫措施），就可以让后者更好地理解前者能搜集到些什么，情报来源可信度如何。这样的面对面交流还可以回答情报分析人员提出的许多问题，如可否向某个情报来源追问更多问题、多久才能收到该来源对这些问题的回答等。

四是在潜在危机事态发生时，需要建立机构间情报搜集需求协调机制。这种协调机制也许不可或缺。我们在情报研究和报告等层面的机构间合作下了很大功夫，但在情报搜集指导方面的机构间合作却着力甚少，这种现象比较奇怪。在情报搜集指导方面的合作，可以确保将具体的情报搜集需求信息下达给相关情报机构，或者让最有能力去获取所需情报的那家机构去完成搜集任务。一方面，如果缺乏协调机制，一个简单的情报搜集需求可能最终都没有落实到任何一家机构去做。另一方面，协调可以减少重复劳动，情报如果可以相对公开地获取，就无须浪费秘密资源。人们已经发现，如果负责预警工作的跨机构联合委员会和联合工作小组在情报搜集过程中也享有一定的指导发言权，也是很有用处的。在详细审视各种征候的过程中，各个情报机构搜集能力方面的差别就显而易见了。参加预警情报联合工作会议的各情报机构代表，往往可以迅速达成共识，决定由具体哪家情报机构去处理哪些情报搜集需求。在这样的联合工作会议上，情报分析人员也可以得到极佳的机会，向跨机构联合委员会提出一些具体的情报搜集需求，让后者定夺是否将其作为任务派发，这种提议经常能取得非常有用的成果。

五是为了确保迅速及时上报情况并报告足够的细节，最重要的可能是让情报搜集人员意识到，其所要搜集的情报具有重要性与及时性。如果没有人提醒情报系统（尤其是本章所讨论的情报搜集人员）将发生的严重事态的危险和可能性，那么很可能会导致关键情报未能及时上报。情报系统（既包括分析系统也包括搜集系统）自身的警觉程度，是预警情报工作中一个非常重要的因素（将在第 37 章中进一步讨论）。

警示搜集部门可以避免灾难

要想让情报系统升级到非正常的高度警觉状态，首先必须有这样做的充足理由，这理由往往是情报系统搜集到某个非同寻常的情报。反过来，为了让情报搜集系统搜集到非同寻常的情报，有时又必须先提醒其注意不寻常的东西。未能在合适的时机开展合适的情报搜集工作，会直接导致灾难性的后果。换言之，适时启动适宜的情报搜集工作可以帮助我们避免灾难。

由此可以推论，在某些情况下，尽可能做好所有搜集工作，是征候系统（或称预警系统）能做的最大贡献。要想就潜在敌人的计划与意图得出确切的结论，也许是不可能的；要让上级或决策者确信某种巨大的危险迫在眉睫，更是殊非易事；但是，要让其他人相信得出准确判断需要获取更多情报，倒不是难事。对某种侵略活动能发出的最早预警，可能并不是（通常都不是）对事态确切的分析性结论，而是一种可以向其他人传达的强烈的不安感——应该针对可能发生的危机采取一些预防性行动。对于政治领域的决策者而言，这些预防性行动可能是通过外交手段进行发声。对军事指挥官来说，这种预防性行动可能是让部队提前进入警戒状态，或进行有限的部队调动。而对情报系统来说，这通常就是搜集更多情报。有时预警情报系统所能做的，就是采取此类预防性行动，加紧情报搜集活动。

如果情报系统不能发出明确的预警，它至少也应该采取措施，保证在最坏情况发生时我方不会感到吃惊。只要情报系统确实已经竭尽所能搜集情报，并确保就危机爆发的可能性向决策者和领导层发出了合适的警报信号，那么情报系统即使对事态的分析判断并不完美，至少也算履行了职能。

在一定程度上，1950 年 6 月朝鲜攻打韩国是一次成功的突然袭击，因为美方完全没有预测到朝鲜可能会发起进攻，因而并未加强相关情报搜集工作。现在回头去看无法确定的是，如果当时开展更加密集的情报搜集工作（比如空中侦察），那么美国的预警工作能做得比实际好多少。但可以肯定的是，美国决策者一定会收到更好的警报。如果美方发出了全面加强情报搜集的预警，至少美国驻韩武官在攻击发起的前一天，不会发回一份与往常完全一样的例行性情况报告。该份报告在朝鲜发起攻击数小时后才到达华盛顿，大概内容为："在 38 度线以北有相当规模的部队调动和武器装备的机动，尚不能判断这些活动的严重性。不过敌人可能是为部队机动在做准备活动。"

第 5 章
意图与能力

判断敌方的能力

情报的作用不是去判断敌方的意图，而是判断其能力。长期以来，这条著名的军事原则一直产生着重要影响。有时其意思被进一步延伸，指情报**只能**判断敌方的能力，**无法**判断敌方的意图。

说情报只能判断敌人的能力大小，实际上源自前线指挥人员的需求。面对来犯的敌军，或者准备向敌军发起攻击时，指挥官必须最准确地掌握敌军的作战能力，针对敌人有能力进行的行动采取应对措施，而非试图猜测敌军会怎么做。毫无疑问，如果不能遵守这一点，很可能会导致战斗甚至是战争的失利；如果指挥官过于关注敌军意图而不是其能力，也将导致危险。（在 1950 年 11 月中国部队参与朝鲜战争的事件中，美国及其盟军遭到近乎灾难性的打击，直接原因就是没有遵守这一原则。由于没有考虑到中国军队具备介入能力，“联合国军”之前错误地认为中国不会参战，因而没有做出任何防御性准备。）

但这并不意味着在国家和战略层面，情报部门也仅限于对敌人能力进行评估。事实上，各级情报部门，尤其是那些能够辅助决策的情报部门，都应该重视对敌方意图的判断。不论是政府行政机构、国会还是公众，都认为情报部门的职能不仅要弄清敌人甚至盟友能做什么或可以做什么，而且要弄清他们想要做什么。考虑到当今在情报上人力和资金的投入，以及由于误判敌方意图导致的潜在后果，人们对情报部门的这种期望也是可以理解的。

应该注意的是，所有对情报失误的指责及对情报能力的批评，几乎都集中在为什么没能在事发前做出预警。虽然情报部门对敌人的能力常常无法做出准确评估，但决策者或者相关国会委员会很少在这方面抱怨。他们常抱怨的是："你们根本没说这将要发生。我们对此毫无准备，所以觉得很吃惊。"或抱怨说："你们花了上百万美元用来搜集情报，却没能告诉我们这事可能会发生。"在这种情况下，任何辩称情报部门曾经就事件可能性或敌人能力做出过预警，都是没有意义的。无论如何，情报与判断敌人意图这一问题紧密相关。不管情报部门在其他方面如何成功，最终判断其能力的标准，是预测可能性事件时的准确性。事实上这就是预警情报应该做的。

有一种观点认为，我们可以相当准确地判断敌方的军事能力，但在判断意图时却没有这种把握，因此不能期望通过情报分析判断敌方意图。怎样才能提前预见事件的发生？这难道不是一个过分的要求？与此相对，分析人员却可以轻易告知在某一区域敌人部署了多少部队，这些部队可能做些什么。

这些观点为何能够盛行并被广为接受，这是一个谜。在实际工作中，最有经验的军事分析人员也承认，即使有关信息容易获取，他们也很难准确评估一个国家的军事能力。如果一个领域存在情报拒止，其基本军事信息从未公开，且对手采取了严格的保密措施，在这种情况下，精确评估对方的战斗序列和部队的作战能力，那就更为困难（该问题将在本书第四部分的第 14 章至第 16 章进行详细讨论）。如果有充足的时间（通常是几年而不是几周或几个月），情报系统应该能够对大多数敌对国家的部队战斗序列等情况做出相对准确的评估，但部队整体实力仍然很难评估，而且对敌整体实力看似准确的情报评估即使当时是精确的，在经过数年后也难以保证其准确性了。况且此处我们谈论的情况，是敌方军事实力和部署保持相对静止。假如情况出现变化，尤其是当新部队动员或秘密的大规模部队调动时，对其整体实力评估将变得更不准确。

通常情况下，情报部门会低估部队（尤其是地面部队）的实力增加，也会低估敌军动员和调动的规模。近年来很多案例中，后续获得的证据都反映了低估对方实力这一情况。情报部门虽然意识到 1950 年 6 月朝鲜准备发起进攻的部队规模很大，但还是低估了它；1950 年 11 月底，中国入朝前在东北集结的兵力，至少是美国估计的两倍；1965 年至 1966 年，北越军事动员的范围也被大大低估。1956 年 10 月底，苏联为应对匈牙利事件派遣了部队，但外界对部队的数量及战斗序列信息一无所知，美国至今仍未准确估计苏军在那里部署的兵力总数。美国也不知 1968 年 6 月苏军以华沙条约组织“苏玛瓦”（Sumava）军演为幌子，到底派遣了多少部队进入捷克斯洛伐克，但显然美国低估了这一情况。况且，进入捷克斯洛伐克的苏军战斗序列信息也未被获取，其中数支部队到最后才被发现。

要想评估武器弹药、油料及其他进攻急需物资的后勤供给能力，则更是困难。事实上，许多对后勤投入规模的评估，并非基于任何实质性的证据，而是假定所需物资将与部队一起运往前线。物资供应得力显然对实施战争至关重要，也是区分高效后勤保障与无能后勤保障的关键。然而，情报搜集常常无法提供有关重要物资运输的详情。因此，评估敌人何时能完成后勤保障以及何时才能拥有其书面宣传中的作战能力，是十分困难的。

我们可以将讨论再进一步，评估敌人是否存在特殊武器，尤其是具备大规模杀伤性的新型或先进武器系统。现在众所周知，几年前我们所谓的美苏“导弹差距”（missile gap）实际上是一种情报差距（intelligence gap），美国因无法精确估算苏联导弹部队的能力，而事实上高估了苏联在这方面的能力。显然，当美国在广岛投下第一颗原子弹后，日本对美国实力的评估发生了翻天覆地的变化。苏联 1962 年 10 月在古巴是否部署了核武器？我们认为它部署了，但不完全确定。

除了明确的、可测量的因素外，不确定因素（例如训练水平、领导能力、士气等）在评估敌人和敌国能力时也至关重要，因此，我们评估其能力时可能会出现失误。几乎所有的西方国家不仅经常误判他国意图，也误判他国能力。简而言之，这不是一个简单的问题。

判断敌方的意图

如果说能力很难判断，是不是对敌人意图几乎无法判断？我常常让坚持这种想法的人把自己置于1944年德军最高统帅部的位置上，换位思考。当德国领导人看到英吉利海峡对岸盟军大量集结兵力时，他们是否会判断，“尽管盟军拥有强大的力量，但我们现在还无法准确判断其意图，也许他们是虚张声势，也许他们准备从法国南部进攻，也许他们根本没有下定决心”。举这个例子，仅仅是为了反驳对敌意图无法做出合理判断的谬论。**显然**，纳粹德国知道盟军准备渡过英吉利海峡发起攻击。认为盟军集结如此大规模兵力却无意用兵，或者盟军还没做任何决定，这样的假设是很荒唐的。

在此，读者也许会说，你列举了一个世界历史上最极端的军事例子，因此不能从中得出普遍规律。在其他情况下，意图不可能这么明显。的确如此，其实对意图做出准确判断虽不是一件简单的事，但也不像很多人认为的那么难。如果我们从对事件可能性、以往先例、国家目标以及可行选择等角度考虑，而不是从“非此即彼”的角度考虑，情况就更是如此。本书前面已有论述，现在再强调一下，我们进行预警情报处理，是评估可能性而非确定性，并且要用合适的词汇将所做判断表述出来。与人类行为有关的任何活动在发生之前都是无法完全确定的，即使一国已下定决心要做什么，也可能会临时改变主意。但我们可以判断，某些行动在某些特定情况下或多或少可能发生，或者貌似敌人正计划做什么。虽然预测国家和个人的行动有些困难，但是我们做出合理的评估仍然是可能的，而且经常具有一定的准确性。

虽然一些分析人员可能没有意识到这一点，但情报的日常流程，就是对敌方或其他国家的意图做出判断的过程。这些判断并不局限于国家评估和预警情报。所有的分析人员时刻都在对他们收到的信息做出判断，并评估这些信息是否意味着，某些国家已准备好采取某些不寻常或不同于往常的行动。通常，大多数国家的行为方式保持着连续性，并常常会继续遵循相同的行为方式，其目的和意图不会发生重大变化，不需要对其目的和意图做出新的判断，也不用对已被广泛认可和接受的事物不断重新评估。即便我们时常需要查证对他国意图的判断，这些判断也主要是隐含的而非明确的。举一个例子，长期以来，没有必要数月或数年重新评估中国大陆在不久的将来是否会攻打台湾地区，因为没有迹象显示它准备这么做。正如对其他地区和事件的判断一样，情报部门对此的判断一向是正确的，除非该地区发生明显变化。但必须做出一个“情况无新变化”的否定性判断，因为没有新的事件发生。

人们通常会认为，情报部门不能也不应该对敌方意图进行判断，除非出现突然或重要变化，需要对其做出新的判断，尤其是需要判断敌人是否计划发动进攻。那些迄今为止一直偏向于做出“情况无变化”或“一切正常”之类否定性判断的分析人员，即使突然意识到他们再也无法信心满满地做出此类否定性判断，也不愿意做出新的肯定性判断。因此，他们认为，情报部门不能或不应该对意图进行判断，虽然他们过去一直这么做，未来在其他情况下还会这么做。（我们将在后面讨论分析方法和判断过程的章节中，阐述在新情况出现时，有哪些影响因素导致分析人员不愿做出判断。）

情报处理过程是对意图不断进行判断的过程，尽管有时会出现失误，但那只是例外情况。通常我们会发现，在某些情况下，判断敌人意图比判断其能力更容易。这往往是事实，越南和老挝战争就是例子。毫无疑问，北越一直试图通过老挝狭长地带，向其在南越的前线部队提供补给，但我们却难以判断实际的补给量，更无法得知哪支部队具体得到多少补给。同样，我们能够提前几天判断出北越可能发起一次进攻行动，但是执行该进攻任务部队的实力却难以判断，且往往会出错。有时，来自越南和老挝的俘虏和审讯报告能准确描述整个季度的作战计划；北越执行这些计划的意图可能很坚决，但其他因素，包括最重要的内部因素，可能导致其执行能力受损。

再次，我不想让读者误以为，我在某种程度上相信对意图的评估比对能力的评估更重要，或者我在鼓吹对能力的评估已经过时的军事理念。事实胜过一切。不论是成功还是失败的历史，如果我们能从预警情报的历史中学到一点什么，那就是对预警而言，没有什么比准确实际地描述敌方的能力更为重要。不仅是前线指挥官，决策者也最需要掌握敌方的能力。脱离能力去评估其意图，可能是危险的，在国家和战略层面上可能更加危险。军情分析人员能用准确和实际的语言，向不了解情况的人们解释敌方军事能力如何、优势有多大、后勤能力和军事活动有何异常，这是他们对预警所能做出的最大贡献。但决策者以及层级低一些的官员经常意识不到敌人可能展开军事行动，部分原因是情报人员没能用清晰明了的语言描述敌人的能力。

战争史证明，敌国异常的军事力量扩充活动，通常能成为判断其意图唯一最有效的重要指标。意图与能力并不是个相对的问题，通常是根据能力大小对意图做出合乎逻辑的判断。事实上，如果没有动武的意图，国家通常是不会进行大规模军事实力扩充的。大规模、突然的军队部署，以及后备力量大规模的动员，向前线调动大批后勤物资，往往是其进攻意图最好的证明，除非确实存在某些真实或令人信服的相反证据。军事实力扩充的规模越大，军事行为越异常，则越有可能表明敌方正在策划军事行动——这不是肯定性结论，而是可能性判断。就如同有人常说："跑得快的不一定在比赛中取胜，强者不一定在战争中打赢，但这仍然是打赌时最好的下注方式。"

在敌对行动已经开始时，以下这条原则通常会被普遍接受：分析人员一旦认为一国要发动战争，大多能根据某些特定区域兵力的集结对其意图做出大致正确的判断。但当战争还没有爆发，其诉诸武力的意愿还不强或者还没被普遍接受时，分析人员则很难从军事现象中得出结论。而放在战时，这样的证据很容易被采纳。心理上的障碍是影响其做出正确预警判断的重要因素。在一些情况下，一大部分分析人员无法从大规模军事集结中得出直接或明显的结论，而是会提供一些其他观点，有时是让人难以相信、不合逻辑的观点，来解释这些部队集结的原因。

与战时有所不同，研究冲突爆发前的大规模军事集结，还需要考虑一个重要因素。即使一国已决定通过军事行动来达到目标，未来也有可能通过和解避免战争。这可以是该国参与政治协商，或接受调停，也可以是另一国在面临威胁时选择了投降。但不可否认的是，在上述例子中，除非出现另一种令其满意的解决方案，否则该国已决心在必要时通过武力实现其目标，或有意发动进攻。很显然，如果能用别的方式达到同样目标，一国通常是不会采用危险且代价高昂的武力方式。但有人会反驳以上关于判断意图的论述，他们声称，因为 1962 年 10 月美国并没有攻击苏联在古巴的导弹基地，所以应该说苏联其实无法判断美国的意图。这一逻辑完全似是而非，回避了问题。美国没有打击导弹基地是因为不需要，苏联同意撤走导弹是因为考虑到美国很有可能会对其进行打击，而事实上确实如此。

分析人员合理分析敌方行为时，发现其意图太令人惊恐或不受欢迎，于是往往无法充分评估敌人的能力，这样的错误倾向也需要避免。在危机或潜在危机情况下，军事分析人员尤其要注意，他实际上是在向其上级传递对军事形势的合理评估。他与前线指挥官负有同样的责任：先判断敌方能力，不考虑自己对敌方意图的判断。分析人员如果让自己先入为主的印象，影响到自身的分析及军事线索的上报，则没有什么比这个更危险了。很遗憾，的确出现过这种情况。因为与其先入之见不吻合或不一致，某些分析人员拒绝承认敌方已发动的军事行动，所以就没有重视，甚至没有报告一些征候，而这些征候恰恰表明敌方正在进行大规模兵力部署。

靠实力说话。与基于缺乏军事细节或缺乏评估依据的一系列“评估性判断结论”相比，对敌方军备增强情况的确切描述，往往能更好地表明事件发生的可能性。客观准确地掌握敌方能力情况，是准确判断敌方意图的前提条件。

第二部分

组织和技巧

第 6 章
组织与管理的问题

从最初创立到现在，预警情报机构的规模已经大大扩张。近年来各部门纷纷设立了各种征候与情报监视办公室、战情室（situation room）或者预警中心，其职能是负责 24 小时监视事态进展，并向相应的用户发出警告，让其关注某些事物。目前在战略情报层面和作战层面，甚至上至白宫都设有许多这样的机构。尽管这些机构的职能不尽相同，但主要都是关注各种需要我方立刻采取行动应对的动向情况。这些机构规模较小，没有能力从事重大情报分析工作，而是将绝大部分分析工作留给了负责全球相应地区的情报分析人员去做。在这个问题上有过一些概念混淆，认识到这一点非常重要：很多预警情报机构被冠以“征候中心”这样的名字实际上是错误的，很多人看了这名字就认为这些机构做的是与其他机构相同的工作，是重复劳动。其实不然，这些叫征候中心的机构，真实的职能主要是作为夜班岗哨值班，与按区域划分的其他相关办公室联络，向合适的情报分析人员或上级机构发出警戒信号，分发所收到的材料，以及与其他预警中心联络。毫无疑问，这种类型的情报办公室也是我们所需要的。但是本书关注和讨论的，是能快速深度研判战略征候且发出切实预警情报的机构。

独立征候办公室的利与弊

表面上看，分设唯一职能为征候与预警情报的各种独立预警办公室或预警中心的益处很多。所有对情报职能问题有所研究的学者，不管是官方的还是非官方的，几乎都深信设立上述独立的专职征候机构利大于弊。有一种看法是，假设有一天美国真的受到攻击或遭遇其他较小的各种危机时，多设几个征候机构至少有点保险的作用。毫无疑问，分设独立的征候中心，尤其是跨部门合作的此类中心（此类中心在华盛顿已运行 15 年了）确实有很多优点，列举几点如下：

- 由于这些征候中心没有按地域分组且本身规模小，可以很快把所有与某个特定预警难题相关的信息（不论来源和涉及地区）整合起来（至少在理论上是这样）。
- 情报分析人员不需要再把时间花在其他各种动向问题上，而可以把全部时间专注于整合和分析潜在的与预警情报有关的问题上。
- 这些机构的组织极其灵活、易调整，可以很快就将人员从某个地区或与某个危机有关的问题研究工作中调离，去处理另一个地区或与另一个危机有关的问题。这种组织结构还允许情报分析人员个人去研究涉及两个或两个以上主要区域的问题。
- 这类独立的征候机构可以保证预警情报问题研究工作的连续性，这一点在整个情报系统中独一无二。尤其是如果这些机构中有经验丰富的分析人员，他们可以提供有关征候与预警危机通用研究方法（对所有区域都适用）中不可或缺的相关知识和专业技能。
- 当众多情报部门需要就某个具体的征候或危机问题交流信息的时候，这些分设的独立预警机构可以发挥现成机制和渠道的作用，还可以为跨部门征候联合会议提供会议场地和记录情报监视报告的工作人员。

• 理论上，这些分设的独立预警机构可以不受各种限制和各种协调问题的困扰（在大型综合情报机构中经常会有此类限制和困扰），自由从事独立的征候分析工作，从而确保重要的征候材料不被忽视。

话又说回来，分设独立预警机构的做法也有很多严重弊端。有人甚至认为这些弊端非常严重，应该完全否定这种做法——他们认为它完全不能达到设立的初衷，且对情报工作毫无裨益。实际上，近几年来谈到这个问题的人更多了。除非这些情报机构本应服务的决策者确实收到了有关什么事就要发生的警报，否则他们可能会当这些独立预警情报机构根本就不存在。

产生这个问题的根源在于：如今各种情报和决策办公机构规模已经极其庞大，其职能和协调机制复杂多样却又有所重叠。随着整个情报系统的扩张，经多方协调后编写的正式情报报告，日渐倾向于取代以前情报分析人员撰写的不那么正式的情报报告（甚至连各情报部门首脑个人的意见也被取代）。在情报部门内部，趋向于统一观点的压力已经增大了，因此决策层听到的将是单一、协调的观点（大家认为这样的观点好像就是最优的）。随着决策层对“经过协调的情报”的要求不断增加，其对协调机制的要求也强化了，以致各种评估和研究报告、其他各类文件都被要求上报到跨部门联合办公室审查，这种审查通常非常广泛、彻底详尽。在朝鲜战争爆发前，美国情报界几乎没有任何协调机制，到如今我们却发展成了“大协调”的体制。正式表达各种不同意见的空间，甚至做独立而有创新性分析工作的空间都已经缩小了。较低层级情报分析人员的少数派意见，要想通过正式渠道让决策层知晓，虽然不能说完全不可能，但也可以说是极其困难。

整个情报机构出现的这种行为方式的转变，已经影响到了预警情报机制。这种影响很正常，并不令人感到惊讶，而其对各部门分设的独立预警情报办公室（这些办公室在整个庞大的情报部门中只占极小的比例）的影响特别大。

在此影响下，真实发生的情况是预警情报工作面临一个潜在的危险：一份有关某个具体问题的征候分析报告，需要提交给多个部门的情报分析人员和主管重新协调和审查，而这些高层情报分析人员很可能已经就同一个问题或同类的范畴更大些的问题写出并上报过自己的情报分析报告。由于被迫要与相关部门就该具体问题已经确立的立场保持一致，这些高层情报分析人员十有八九不会在新收到的表达不同意见的情报报告上盖上审核通过的印章。因此，与原有观点抵触的情报报告通过协调审核这关并上报到决策层的机会微乎其微。别的情报部门也会遇到这种少数派报告被压制的问题，但在分设的预警情报办公室更加严重。其原因是，这些分设的预警情报办公室在整个情报系统地位卑微，在情报界顶层无代表为其观点辩护。这些独立的小办公室规模太小，情报界有些人甚至没有听说过这些小办公室，或经常忘记它们的存在。

还有一个难处，就是这些小规模的独立办公室通常没有独立的通信渠道。（因而在预警危机来临时，除非通过其他渠道，否则就无法向在外的情报搜集人员派发情报搜集需求。）主要部门都有的印刷厂和情报分发处，这些小办公室都没有。所以这些办公室的研究报告和分析报告分发范围极其有限，极少有机会发送给各级政府部门和海外的各办事机构和司令部。在这些小的预警情报办公室供职的情报分析人员，即便对当前面临的具体问题有所研究，通常也不会被邀请参与联合情报分析小组的工作。

除非对此进行反省和检查，否则整个情报系统就是这样运作，各个征候办公室成了象牙之塔。虽然情报工作存在巨大的智力挑战和无限的研究机会，但是在预警情报领域的情报分析人员会发现，自己为了最现实的目标而几乎游离于情报界生活之外。如果一个预警分析人员的研究报告不能找到渠道发表，那么他的研究做得再详尽再细致，分析再透彻，也无济于事。这种情况的恶果是可能会把最优秀的情报分析人员逐出预警情报机构（实际上优秀的情报分析人员很少选择留在预警情报机构），并导致在预警情报机构中形成服从、平庸的风气。这种状况成为主流时，可能只能挑选最好的情报分析人员参加一些短期（为期大约一到两年）的情报保障任务，在这期间这些人固然可以贡献非常优秀的工作业绩，但在任务结束后他们将离开预警情报机构，进而导致预警情报工作缺乏连续性。

上述情况还导致迄今为止情报界中大多数有丰富经验的情报分析人员都认为，最优秀的情报分析人员应该待在按地区国别划分的情报分支机构（各局、组），而不应该待在预警情报分支机构。因为如果一个人在前者供职，那么其发表有创造性或有用的研究成果的机会比在后者大得多。一个在预警情报机构中对某具体问题拥有丰富经验的情报分析人员，如果看到自己的工作成果多次被上级机构中比自己年轻的情报分析人员改写或拒绝采用，那么他难免不对整个情报机构感到失望。

如今，情报系统当然不应再出现上述状况，而很多人得知现在还经常出现上述情况时都感到惊讶。在理论上，独立的征候分支机构既然设立，就应该获得与动态情报分支机构平等的发言权，就像情报评估应该与动态情报一样受到重视。而要想保证几个机构获得平等的发言权，首先要保证各个机构间的机会平等。要做到这一点，又必须获得各情报部门负责人有力、主动、持续的支持，还必须得到决策层的理解。没有来自他们的支持，征候系统作为负责国家安全的独立监视机构将毫无地位可言。出了错，倒是会把征候系统当作替罪羊，但是设立该系统的初衷却不能实现。各个情报分支系统的地位最终都要看顶层决策者的意愿、理解和个人兴趣，征候分支系统尤其如此。

预警机构的选人问题

人们作为局外人去调查研究征候机构的工作流程时，往往对最优秀的情报分析人员并没有在该系统供职而感到惊讶。事实上在该系统供职的优秀分析人员确实很少，或者可以说几乎没有。情报界最优秀的人员向上流通的渠道通往情报评估机构、情报部门主管、决策层、军事指挥机构，还有情报系统外的私人法律服务业；但他们不会在预警情报机构中久留。

前文已经列出了这种现状存在的几点原因。不管在其他方面多么合乎心意，如果缺乏展现其才能的机会，那么预警情报机构的工作职位就不能长期吸引住这些优秀的情报分析人员。不过这还不是问题的全部。

还有一个必然要面对的难题：除了要分析处理某具体问题的长期基本方面以外，预警情报工作在很大一部分时间并不需要最优秀的情报分析人员。绝大多数时候，在处理日常事件时，征候和动态情报工作的区别并不明显，预警分析人员并没有很多新的分析工作要做。对大部分动向事态的分析处理并不需要去做独立的预警分析工作，因为大部分动向事态（包括许多热点危机事态）并不会导致两国的敌对行动和冲突。对独立预警情报分析工作的需求并不频繁（这一点在第 1 章已有所提及），因为很少有其他国家试图隐瞒其正准备对我国发动突袭，进而威胁我国安全或逼迫我国履行海外责任承诺。对真正完全独立预警情报分析的需求也不稳定，要么根本没有这种需求（大部分时候正是如此），要么是迫切需要。需要的时候，这种预警情报分析工作可谓是极大的智力难题，必须找到最优秀的情报分析人员来仔细地关注和处理。

问题的实质在于，要及早发现某个迫近的危机事态或重大预警难题的存在，并确保指派了合适的情报力量去关注处理这一事态和难题。大部分情报机构往往在危机事态已经很明显时才建立专项工作组，但是这对早期的细致预警分析工作来说往往为时已晚。这些专项工作组通常在危机已经爆发后才成立，只能分析危机行动层面的问题。对情报分析人员来说，这种应对危机行动层面的分析当然要比在危机还没爆发、事态还在累积阶段的分析耗费更多时间。

危机爆发时，独立分设的预警情报办公室极少得到人员补充。因此，这些办公室通常采取在内部重新分配工作量、集中力量处理关键问题（还包括延长工作时间）等方法来解决人手不够的难题。从预警情报的角度来看，没有一个参与过某个危机事态累积扩大阶段（如中国出兵朝鲜和苏联出兵捷克斯洛伐克两例）的情报分析人员，会认为自己足够称职地完成了工作。在这一类案例中，情报分析人员越是倾其全力、越是勤奋，事后的挫败感就越强。他事后总是后悔有些线人本来应该见而没有见，有些分析工作没有来得及做，有些分析报告由于时间紧迫没有写出来，本来可以说服几个上级相信自己的判断，最后也没有做到。

即使整个情报系统给大家提供更多的资源，上述问题也没有简单的解决办法。在危机迫近时，加强独立的小型预警情报机构的人力是可取的，但前提是这些人的资质要符合要求。如果补充的分析人员本身资质不够好，或对预警情报方法缺乏信心，那他不但于事无补，还可能阻碍预警情报工作开展。经验表明，在危机中具有建设性的预警工作往往是由为数不多的几位优秀情报分析人员完成的。我们需要的是人员的质量，而不是人员的数量。

这里还要提一下人员选配工作的重要性，尽管这一点在前文中已经表述得很清楚了。仅仅将某人选配到预警情报分支机构从事预警情报工作，并不能保证他能自动成为一个勤奋而称职的情报分析人员，连让他本人相信预警情报本身的作用都不能保证。实际上，妨碍做出有创造力的分析报告的最大危险因素之一，就是选派了不合适的人员，来担当预警情报工作的重任。如果分配到预警情报分支机构工作的都是只知道唯上、对预警工作毫无兴趣、缺乏自信、懒惰的情报分析人员，那还不如不要设立预警情报分支机构。因为上述四类人员会在我们需要预警情报的时刻无所作为，这样反而会给我方制造一种“预警情报工作已经做过了，没什么需要警惕”的虚假安全感。

本书后面几章将论述征候分析方法的基本原则、优秀预警分析人员必备的素质等问题，并提出一个疑问：是否可以通过传授征候方法技巧来训练预警分析人员？显然，在预警情报领域，还有大量的工作有待我们去做。从管理的角度来看，有一点是极其可取的：提前确定已表现出一定预警情报工作能力或至少有一些预警情报工作经验的情报分析人员，一旦需要，立即从中挑选人员，指派其参加预警情报工作。如果我们能做充分的研究，进而研发出一套测试工具，以测验某人的预警情报分析能力，那么上述提前甄选人员的做法是可以实现的。即使暂时没有研发出这么一套测试工具，经验丰富的情报分析人员或觉察力强的主管，也能够凭观察识别出对预警情报工作感兴趣、有天赋的人员。要做到在合适的时候分配合适的人员去从事预警情报工作并非全靠偶然。

如何管理才能保障好预警情报工作

要想改进和保障好预警情报工作，需要从管理方面做到几点。最重要的一点是：如果动态情报、评估情报与预警情报在事态发展方面意见不一，要确保决策者能听到独立的预警情报分析的声音，并给予同样的重视。要保证做到这一点，负责任的上层官员应积极鼓励情报人员提出少数派观点：他们必须经常**主动询问是否**还有他们没有听到过的少数派观点或不同意见存在，并要求将这类观点上报他们。他们必须经常主动发问，才能获得正确的答案。要想确保研究工作完成得好，决策者必须首先积极关注是否把研究任务分派给了合适的人员。这听起来是最基本的东西，好像无须赘言。但是要知道，预警情报工作的失败无非有两个原因：一是被指派去参加研究任务的人并不称职，二是决策者提出的问题就不对。以为所有必要的工作会自动完成的假定是完全虚幻的。面对迫近的危机，很多工作是不会自动完成的。由于情报系统的组织和人员构成都是为处理日常事态而设置，当发生异常情况时，可能会出现大部分非常重要的工作不能及时完成的情况。

上级主管和决策层另一个极重要的责任，是保证做到让预警情报系统确实能够获得所有相关的信息。信息隔离（compartmentalization of information），既包括对情报资料设置特定知情权限，也包括对政策或作战指令限制行政范围。这在平时就是个严重的问题，当潜在敌对行动迫近时，这种做法就可能是灾难性的了。因为受到知情权限的限制，参谋长联席会议和办公室一级的情报分析人员之间的信息鸿沟可能过于宽广。国家安全委员会知悉的作战与政策方面的信息，情报分析人员可能一无所知。当敌方确实正在准备采取某种敌对行动时，情报分析人员本应知悉各种极其重要却又令人迷惑的信息。然而，事实并非如此，知悉权限被严格限制在情报搜集系统内。平常时期，是否让情报分析人员享有对上述重要情报的知情权，也许并不会带来多大差别：情报分析人员可能由于不知这些情况做出一些小小的错误判断，但国家安全不会因此受到威胁。但是，如果是在敌方正准备发起突然袭击时，情况就大为不同了。在这种紧急时刻，情报分析人员可能与决策者一样，需要甚至更加需要享有对机密信息的知情权。

如果不采取措施，填平情报分析人员与决策者或军事指挥官之间的信息鸿沟，各方都可能成为根本性和危险性错误假设的受害者。决策者往往假设（通常是误以为）情报部门已经掌握了法律规定其可以掌握的所有信息，他可能并不知道其实由于很多中层保密官员的限制，情报部门不享有对很多情报的知情权。决策者还可能不明白情报部门**为什么**一定需要享有对某些情报的知情权。顶层的官员通常想当然地以为，在低层级情报分析人员和最高层某官员之间存在某个平台，能将所有情报和作战信息整合成某种有意义的表达模式，并且没有遗漏、忽视任何信息。如果他这么想，那他通常是错误的。此外，情报分析人员可能完全不知道自己对多少信息的知情权被剥夺，对多少正在发生的情况一无所知。由于对重要信息全然不知，情报分析人员可能将另一些极其相关的信息误认为不重要，或者因为不能理解这些信息而弃之不用，或者也许想等待更多信息确认后再向上级主管发出警报。情报分析人员（尤其是那些对预警情报工作没有多少经验的分析人员）还可能想当然地以为，在某个层级已经有人将所有信息的基本整合工作完成了。通常来说，洞察力强、老练的情报分析人员会比决策者更早察觉到，自己已被阻止获悉某些重要情况。决策者要晚些时候才会发现，因为没有人将可能会发生的危险告知情报部门，所以情报部门也就未能向决策者汇报相关情报。优秀的情报分析人员都有一种近乎第六感的意识，能靠直觉感觉到好像有些信息上层知道而他们不知道，但是光是这种直觉并不能帮助他们去从事正确的研究并上报相关的情报，除非他们被告知决策者到底想知道什么、为什么想知道这些。大部分情报分析人员在已经觉察到自己不知道某些上层已经知道的信息时，仍然倾向于选择静待决策者给出指令或明确告知需要了解哪些情况。

上述这些问题当然无法轻易解决。很少有人会真的建议让所有人知道所有情报，或者建议应该让情报机构中所有人都知道关于所有作战或政策的计划和行动。我们相信，那些有关情报搜集系统的信息仍将继续受到严格保密，这些搜集系统正是为各种紧急情况而设置的。尽管如此，决策层还是意识到过分保密问题的严重性，并已经采取一些措施，逐步确保对情报分发的限制不再过于随意和武断。他们正在研究相关指令，要求将最新战场情况向情报界发布（目前这一工作经常得不到落实）。有些信息发布政策的前后矛盾看来几乎是荒谬可笑的。经常有一些重要的信息被某些官员以所谓“不录音不记录”的方式透露给媒体记者，与此同时最高级别的情报专家却因为知情权限而对此信息一无所知。所有情报分析人员早就知道，要想得到政策或作战信息，还得阅读美国公开发行的报刊，并且已经熟练到可以凭感觉判断，哪些专栏记者获得最精确消息的可能性最大，他们可以依赖这些信息。

二战后最烫手的一条情报，可能要算发现苏联在古巴部署战略导弹。尽管这条情报一开始高度保密了一周，但随后立即告知了需要了解这一情况的情报一线人员（当然包括征候分析人员）。不过这些情报分析人员却并不知道美军各部队已被部署到佛罗里达州，也不了解美军备战的其他举措，而参与这些军事部署的数千军人及其家属当然知道这一情况。在古巴导弹危机过去数月之后，情报界开展一项研究，想确定苏联最早是何时从美军的戒备升级和军事部署行动中，推断我方已经发现其部署了导弹。参与这一研究的分析人员提出一份正式要求，想知道美军军事部署的准确时间，但他们的要求被拒绝了。1962 年 10 月 26 日，赫鲁晓夫总书记写给肯尼迪总统的那封著名密信一直没有向美国情报界公布，最终却在埃利·阿贝尔（Elie Abel）撰写的危机回忆录中公之于世。“普韦布洛”号（Pueblo）被扣押之前，绝大部分情报人员并不知道这艘美国侦察船已经前往朝鲜海岸，自然不可能去提醒上级注意他们所掌握的朝鲜海军一些微小反常的活动情况。与上述情况类似的例子举不胜举。

如果要求情报界在决策层最需要的时刻履行好为决策层服务的职责，决策层必须确保情报界知悉决策层将要采取哪些行动，也应该将一些有关作战计划和行动的信息通报给情报系统。此外，还应采取措施确保在事关国家安全时，让情报分析人员知悉高度机密的情报，而不是不恰当地封锁消息。由于大多数保密规定都极其严格死板，而情报分析人员要想进入密室，必须获得特定权限，并通过审查手续，因此，非常高级别的决策人员应下令，在情况紧急时可简化某些繁文缛节以使这一工作更顺畅。实际上，当“需要知晓”制度被广泛接受时，各种安全保密规定几乎总是放松尺度的。经常发生的情况是，分析人员和决策者几乎是偶然获悉了高度机密的情报材料，却没有意识到其所获得的材料是需要高度保密的，也不知道为何该材料被定了这么高的密级。在这种情况下，如果让已经获悉一些情况的人了解更多信息（而非相反），就能更好地确保信息安全。对信息安全威胁最大的，是一些已经获得绝密材料知情权的人，却不知道他们所看到的材料是绝密级，也不知道该份材料为什么是绝密级。

开阔征候系统的视域

为防止征候分析工作成为孤立的、脱离整个情报系统实际的小作坊，除每日或每周的例行分析工作以外，若能安排征候分析人员参加其他情报活动将大有裨益。至少应该给予他们与动态情报、基础情报分析人员同样的机会，可以参加情况通报会、研讨会、学习培训，乃至旅行。经验证明，如果邀请征候分析人员参加联合工作小组或与其专长相关的情报评估工作，将对所有参与人员都有帮助。毕竟，无论是征候分析和情报评估，还是动态情报和基础情报，它们之间并不存在严格、死板的界限。它们都要面对和处理同样的数据，只不过目的不同罢了。让这些分析人员交换意见，参与共同的研究项目，有百利而无一害。

若采取以上措施，还有一个必然的后续措施也应采取，就是让征候分析人员有机会在各大情报机构所编辑的各种动态和基础情报书籍、刊物上发表研究报告和文章。缺乏表达观点的渠道，连在情报机构内部各刊物发表文章的机会都没有，这大概是最令预警分析人员感到挫败的一件事。因此，利用预警解决问题的方法——无论是从预警情报的视角去处理某个具体动态情报问题，还是将预警情报作为一种理论分析方法——至今在整个情报界都默默无闻。从事动态情报或基础情报分析工作的新手分析人员都有机会发表文章，而即使是资深的预警分析人员也没有发表文章的机会。

如果能使预警情报部门与狭义情报界之外的一些部门（例如各部所属的作战实施或作战计划部门）建立联系，也会给预警工作带来很多好处。毕竟，预警情报系统本来就是为了在危急时刻为这些部门服务的。因此，我们应使各职能部门彼此熟悉，并了解和知晓彼此工作内容和进展。国防部的许多主要分支部门——例如国家军事指挥中心（National Military Command Center）、系统分析中心（Systems Analysis）、各军种作战支援办公室——的关注方向与预警情报部门相近。这些部门与预警情报部门应利用合作的机会互相学习，了解彼此的活动内容。预警情报部门需要了解作战部门正在做什么，需要何种支援。反之，作战部门及决策层若能对预警情报的本质有更深的理解，也可以从中大大获益。

同样基于上述原因，应该让征候系统的人员去别的部门轮岗，而不是让他们在预警情报部门一个地方待得太久。轮岗制度确实会妨害预警情报工作的连续性，但在一定程度上，这一困难可以通过各种措施克服，如建立特别的危机与征候档案文件、编写并出版有关预警和危机情况的研究报告、在明显急需加强人力的时候重新召集专家回到预警岗位等。也许最好的解决方案是一种折中的方法，即让大部分人参加轮岗，仍保留一部分人在预警情报部门工作较长时间。至少从预警情报部门运行至今的情况看，最显著的问题还是在预警情报部门长期工作的情报分析人员因为没有参与研究及发表研究报告的机会而感到沮丧，而总的来说被分配参加过预警情报工作的人数又太少，因此情报界大部分人对预警情报部门究竟如何运转一无所知。

第 7 章
预警指标表

预警指标表（indicator list）被认为是二战后才出现的产物，虽然在此之前人们可能也使用过相似的方法。大约 1948 年，美英情报部门开始制作一种列表，它记录下敌方（尤其是苏联）在发动敌对行动前采取的或可能采取的措施。从此以后，美国（以及英国、加拿大等国）的情报部门逐步制作了一系列预警指标表。早期的这类指标表将共产主义阵营看作整体的对象进行研究，尤其是针对当时所谓牢不可破的“中苏阵营”（Sino-Soviet Bloc），并没有花太多精力去区分行动的发起者是苏联、中国、朝鲜还是越南。20 世纪 50 年代，人们逐渐认识到，世界范围内不同地区冲突的性质及冲突的准备过程不尽相同，为应对发生在东南亚、台湾海峡及柏林等地的危机，分析人员制作了许多特殊的列表。这些早期的预警指标表在相互协调、规范程度以及内容结构上有很大差别，但绝大多数是为一线人员准备的，是便于分析人员、外勤部门、司令部等使用的工具。

20 世纪 50 年代后期以来，情报界开始试着去减少这些列表的扩散，整合情报部门资源，最终形成一个单一的、相互协调的、正式发布的预警指标表。但随着中苏分裂及中苏两国国家和军队建设性质的迥异，目前针对这些地区分别使用相互独立的预警指标表。

预警指标表的内容及编制过程

任何一个准备发动全面或局部战争的国家，都会采取某些措施（包括军事方面、政治方面或经济方面），而情报分析人员和搜集人员如果能提前确定对象国究竟采取了或可能采取哪些措施，并尽可能详细地识别这些措施，则对情报工作大有裨益。这是编制预警指标表背后的原理。由于一个大国在发动敌对行动前或与别国间紧张态势加剧时期所采取的措施复杂多样，编制出来的预警指标表总是非常详细、项目繁多。例如，当涉及战争动员问题时，在预警指标表中不会仅仅列出“人力动员”这样粗略的一项，而是会列出十多项敌人可能采取的具体动员行动。这样详细的列表方法通常是为情报搜集人员服务的，但对情报分析人员也非常有用。由于列表过长，有时候会编制一份简表，将精选过的事项进行合并，作为指南。一旦发生表中这些行动，那么对预警的意义则最为重要。人们发现，这种简表也是很实用的。

在编制预警指标表时，分析人员需要掌握三方面的知识：逻辑学或历史先例；有关对象国军事学说或军事实践的具体知识；有关对象国在近期战争或国际危机中表现的经验总结。

显然，首先掌握逻辑学或历史先例至关重要。不管我们对某国作战理论或近期作战表现等情况掌握多少，历史都告诉我们，所有国家在采取敌对行动前总会做一些事情。他们至少要向前线部队提供必需的作战物资，重新部署部队，提升战备等级或者下达作战命令。根据作战范围、作战地理位置及影响范围等因素的不同，他们可能会展开相应的进攻或防守行动。大部分国家都会做好保护己方平民以及应对国际舆论的准备。此外，如果冲突规模较大，或者有可能持续时间较长，这些国家还可能会在战争爆发前对其经济资源进行重新配置。

除了上述老生常谈外，分析人员和搜集人员都希望能够得到更详细的指导。为此，了解、掌握对象国的军事或政治理论以及具体做法就很有价值。事实上，过去20年来，我们从各种渠道获取潜在对手的知识，日益了解其军队组织、军事学说、行为模式等情况，因此得以对各种预警指标表进行修改和完善。例如，如果我们能更多了解苏联战时空降兵部队使用的军事理论和学说，或苏联关于爆发核战争时如何保护人口的民防计划，我们就能够更好地制定出预警指标表，知道哪些事项需要一直关注。

对于预警指标表的整理编写者来说，一个国家在危机中的实际表现同样重要，只是这种资料相对来说经常无法得到。无论懂得多少理论也不能替代对敌人实际行动的观察。如果已经有一系列预警指标表明危机真实存在，那么分析人员会偏好危机最终导致实际战争或诉诸武力的先例。如果一场危机在形势缓和或者冲突爆发前便已经得到解决，那么就失去了借鉴作用，因为这就无法确定所观察到的哪些敌方行动是为战争准备的。危机越严重，其前期准备工作就越多，越是有助于未来发挥征候的作用。此外，越是新近发生的危机，越能反映敌人当前的行为准则和习惯。尽管对中国出兵朝鲜的有关情况进行分析研究非常有益，但由于中国军队、相关程序及其他因素的变化，一旦中国再次遇到类似情况，其政治领导层和军方是否会做出类似决定？这些研究已经不能作为判断的绝对指南。同样，研究苏联军队和华约组织各国军队在1968年出兵捷克斯洛伐克时所做的准备工作，要比回顾苏军1956年控制匈牙利的“十月事件”的行为更有价值。实际上，二战后我们获得的有关苏联在战争动员和后勤准备方面的情报，主要来自苏联出兵捷克斯洛伐克前的准备工作。根据这些情报，我们完善了有关苏联及华约组织的预警指标表。

很明显，一份经过慎重研究、精心准备的预警指标表应该包含不同类型的各种信息，既有理论性的，也有从实践中归纳总结出的，后者包括潜在敌人可能采取的各种行动模式。尽管如此，没有哪份预警指标表堪称完整，没有哪份列表能够包罗万象。每一次危机或冲突，不论是潜在的还是实际的，都会出现一些预警指标表上没有记录的意外情况，而这些情况只在特定情形出现，可能以后也不会再现。

更为重要的是，在重大危机情况下，敌人会采取诸如举国动员、部署部队及许多明显的政治宣传动向等行动，然而这些可能只是一份全面预警指标表中的一小部分。针对敌人所采取的上述诸多行动措施，即使是最优秀的情报部门，也不能完全观察到。即使在最好的情况下，一些最重要的动向，特别是那些在敌对行动即将爆发前出现的征候，也不太可能被察觉到，或者不可能被及时侦察到。这类指标项，即便出现也难以察觉，但还是要列入预警指标表中，因为情报搜集系统可能最终因为偶然的机会而察觉到它们。就像有人曾说，预警指标表是一个“迫切需要得到之物”，但它并非绝对意味着所列出的情况都会发生，更无法说明在实际情况下我们能得到哪些情报。

人们一度把预警指标表分成军事、政治和经济等不同的类别，而且按时间段分为长期、中期和短期。如此分类有赖于一种假设，即有些敌对行动的准备时间本身就比其他行动要长，执行起来也要花更多时间，而有些敌对行动仅会在攻击发起前的很短时间内发生。这在理论上是成立的，但实际经验告诉我们，根据时间长短预判敌方行动可能会导致误判，甚至带来危险。一些准备过程可能时间很长（例如着手建造数艘新式潜艇），以至于在未来某个时候，人们会怀疑其与敌对行动之间是否存在关联性。其他一些耗时较久的后勤准备工作（如建设几条对作战行动有用的公路），既可能是为长期打算，也可能是为短期打算，如敌人只是想尽快做好这些准备工作以尽快利用。

同样，根据情况，在真正的军事进攻或行动发生数周或数月之前，一些短期性的行动可能会发生。（例如 1968 年 5 月 7 日至 8 日，苏联便开始在苏捷边境展开动员和部署部队，并令这些部队连续保持战备三个月以上。据一个从该部队叛逃到美国的士兵回忆，他所在的团 5 月 9 日那天就领到了基准量的弹药，随后又被收回了，而这些部队最终正式进入捷克斯洛伐克是在 8 月 20 日至 21 日。）此外，急剧升级的危机需要立即采取军事行动，所有准备过程可能被压缩在几天之内完成，如 1956 年苏联控制匈牙利的“十月事件”。还有一个要考虑的因素是，对某一军事行动的情报搜集工作可能会滞后数天或数周，因此有些行动看似近期才发生，实际上早就开始，已经持续很长时间了。

由于上述及其他原因，如今我们在编制大多数预警指标表时，已经不再按时间区分敌对行动的准备情况。同时，有些准备活动持续时间过长，其作为预警指标项的可信度都值得怀疑，因此已经被排除在预警指标表之外了。如今，我们集中注意力搜集和评估所有指标，看某国是否开始为展开可能的敌对行动而做准备，而不去管它是为短期还是为长期打算。对于敌人的这类活动（预警指标表上的某一项或相关联的几项）究竟是为短期还是为长期打算，已经成为情报评估与解读工作流程的一部分，而不再属于编制预警指标表时需要考虑的问题了。本书后面的章节将会详细讨论有关征候评估与解读的各种问题。

预警指标表的用途

与其他情报机构一起合作，编制一份详细的预警指标表，这会让情报分析人员学到很多知识。事实上，预警指标表最大的作用是，参与编制列表的分析人员必须一一查验，确定未来敌人发起进攻前可能采取的行动。对刚入行的情报分析人员来说，编制预警指标表并对其进行修改完善，是十分宝贵的工作经历；甚至有经验的情报分析人员也能从编制和修订这类列表中学到新知识。这一过程提供了一个用处极大的交流平台，供基础情报分析人员（掌握大量基础知识）和动态情报分析人员（具有较强预警理论知识，明确知道该关注哪类情况，但对具体细节却不甚了解）协调沟通。因此，即使是仅仅参与共同编制预警指标表，而没有进一步研究，参与人员的时间和精力也不会白费。

通常，编制预警指标表的目的，是为了将其广泛分发给情报分析人员、情报主管、情报搜集人员以及情报站，使他们知道我们需要哪些情报。至少在理论上，每名驻外武官都应配发一份预警指标表（当然还包括其他情报搜集指导手册等资料），每位动态情报分析人员都会时常参考预警指标表，对照查看哪些指标确实出现，情报搜集在哪些方面存在差距。

对于新入行的情报分析人员来说，预警指标表似乎就是他们手中的《圣经》，或者至少像一本大师级指导用书一样，引领他们关注哪类情报。新手们也经常会被上级要求："让我看看你填的预警指标表文件吧。"

当然，正如前文所述，情况也并非如此简单。对于驻外武官来说，领到一份预警指标表（有时还领不到），仅仅是又一份情报搜集指导，或又一份需要放进保险箱的文件而已。实际上，武官从来不会收到命令，要他就预警指标表上某一指标项去查证。他收到的很可能是有关预警指标表上某一主题情况的搜集要求，但也可能与列表无关，且无须对照预警指标表去搜集。而肯花时间去仔细对照预警指标表的驻外武官或其他一线情报搜集人员，很有可能发现：（1）预警指标表上有太多项目是他无法搜集到的，也不是他本人所处场所能够搜集到的；（2）那些他有能力去搜集证实的指标项，又列得太笼统宽泛，无法应用；（3）他对本人所在地区哪些事态重要、哪些状况反常、哪些进展可以算作征候等问题的了解，比情报分析人员发给他的预警指标表所能传递的有关知识还要多；（4）有时候他确实发现了在他看来的重要征候或潜在重要征候，但在预警指标表上却找不到这一项，因此无法填写，只能就这一事态的潜在含义撰写一份较全面的说明。当然，他根据一线情况进行解释是完全正确的。而且，当有不祥指标预示危机出现时，一线情报搜集人员要做的不是坐下来重新阅读他手头的预警指标表，而是按照具体的搜集要点（找什么、到哪里去找）去查看他所负责区域发生的各类情况。此时，还应免除情报搜集人员一些日常的情报搜集职责，让他可以全力搜集当前最重要的情报。这时候应该让他知道，目前可能会发生迫在眉睫的事态（有时候除非本国的机构告诉他，他不会意识到这一点），他必须拿出更大的精力去开展外勤搜集工作，并更加迅速地上报。并且，他负责区域以外的同类主题情报，也应该分发给他一份，这样有助于开展情报评估。

是否可以就此认定，预警指标表实际上对较小的外勤情报站并没有多大的价值，因而干脆不要发放给他们倒更省事。很多人会对这个问题做出肯定的回答，他们还认为，对情报搜集者来说，研读通用预警指标表最适宜的时间和地点，就是在他们离开总部去执行任务前。能对这个问题做出最好回答的，可能还是那些亲身参与过外勤情报搜集工作的人员。回答这一问题最大的难处在于，只有在确实有危机发生、确实可以观测到有各种征候发生并将其上报的时候，才能对各种预警指标表的价值做出判断。

为了使情报搜集要点更加具体，同时也为了减轻外勤情报站的压力，现在情报机构正在尝试制作更为精简和具体的预警指标表，便于在特定城市和区域内应对潜在重大敌对行动时使用。显然，只有特别熟悉某一特定区域情况的情报分析人员，才能编制这样的预警指标表。尽管这需要针对某一区域做大量搜集、整编工作，但的确能收到很好的效果。预警指标表从一般到具体，在将来可能会比现在发挥更大的作用。

对于总部的情报分析人员来说，预警指标表有什么作用呢？他们会怎样对待预警指标表呢？他们很有可能将其束之高阁，很少有人常去参考这些列表文件。如果某位情报分析人员一开始就参与了这些表的编制，他就更不用去参考它们了，因为该分析人员已对表上的内容了然于胸。当他收到一份情报时，几乎能自动地觉察出这份情报是否可以填入预警指标表的某个指标项。更好的情况是，分析人员经常查阅预警指标表，尤其是当其开始发现一些动向预示着冲突或危机即将发生的时候。在这种情况下，即使是经验非常丰富的情报分析人员，也会用到一种非常实用的办法：比较已有的征候、尚未出现的征候和不掌握信息的征候。在比较时，也可以给情报搜集人员下达某些具体的外勤情报搜集指导，例如："该地区民用卡车大量减少的情况，到底是因为军方已经征用了这些卡车，还是因为你能力有限、无法在该地区找到这些民用汽车？"只要情报分析人员对预警指标表的期望值不要过高，并且牢记在最好的情况下自己也只能探测到预警指标表上一小部分指标项的事态发生，那么他就会发现预警指标表是一种有用的指导，使他对当前危机形成自己的观点。

通常情况下，当事态平静、没有令人烦恼的军事或政治事件发生时，预警指标表是没什么用处的，除非需要定期让某人放心，让他知道情况确实一切正常。只有在某些危机情况出现时，预警指标表才有可能发挥作用。有些危机可能十年我们才真正遇见两次，一旦出现，情报分析人员不应指望仅靠预警指标表就能解决预警问题。仅仅靠填写和核对预警指标表的各项指标就能成功发出预警，这可是从来没有过的事，将来也不会发生。预警指标表仅仅是一个工具，而不是解决预警问题的万应灵药。

在下一章中，我们将介绍预警分析人员其他几个常用的分析工具，并将就填写预警指标表的内容和方法给出一些有用的提示。在此我们先介绍一个填写误区。不要根据指标表的所有指标项设立具体标题，然后待指标出现后将其填入。如果这样做，你会发现列出的标题过多，而能填入的内容太少，另外又有大量指标项无法归入这些标题。相反，应该根据预警指标表上宽泛的大类设定标题，并允许情报分析人员将有关研究对象（例如动员举措）的总体趋势和基本情况信息填入其中。这样做的话，一旦发生各种异常态势，可以提供有益的背景知识。但是，在填表时，只列出很多极度反常情况作为大类也不妥，因为这类反常情况发生的频率太低了，这样填写的指标项很可能只能一直空着，显得没什么用处。例如，即使你毕生从事征候监视工作，在你整个职业生涯中，可能也没有及时收到过这样一份情报，说敌军向驻守在前线的一个连下发了边界一带的战术地图。一旦你收到了发生上述反常情况的信息，无须预警指标表，你立刻就能判断这是很重要的征候。如果真到了这个地步，不等你有时间去将这一情报填表归档，战争恐怕已经爆发了。

第 8 章
对征候的整编

本章的内容是为基础征候（basic indication）和动态情报分析人员所准备的，不在此类工作岗位上的读者可以略过不看。多年以来，笔者多次被问到哪些情报值得整编，哪些整编方法最好、最可靠，怎样整编才能方便情报的查找和分析。本章就是对以上问题的回答。

所有情报分析人员都明白，我们可以在很短时间内搜集大量关于某一动向的情报，而且涉及该情况的情报越多，无价值信息的数量也越多。在极短的时间内，分析人员就可以像在越南战争期间那样得到大量的原始情报、动态情报以及专题研究报告等。有时，危机的重要程度可以由分析人员生产的报告数量来衡量。在应对古巴导弹危机、华约各缔约国军队为出兵捷克斯洛伐克而大肆准备等紧急事态的时候，美国情报部门上报了海量情况报告。这些情况报告并非都是原始报告，很多是在不停地重复两天前所掌握的原始情报，因此，分析人员几乎没有时间通读所有材料，更别提对其进行整编归档以备需要时查找。

解决此问题的灵丹妙药并不存在，至少目前还没有找到。笔者以下要提出的几个解决方法，无论是在应对危机还是在平时，都不一定是最好的工作方法。没有任何方法可以替代分析人员的好记性、对情报重要程度的认知及整合情报的悟性。

分析人员在处理预警情报问题时，要注意以下四个方面：一是提炼具有潜在征候价值的原始情报材料；二是将情报材料按照主题或区域分门别类整编成便于参考使用的表格；三是妥善处置短暂的突发危机情况；四是保存具有长期预警性和征候性的情报材料。

提炼征候材料

首要的原则是，如果情报材料内容多，且带有原始的注释、评论以及相关时间信息（并非仅仅标注该情报材料的获取时间）等要素，征候分析人员必须对这些原始的情报材料进行提炼或摘录。分析人员可以摒弃所有的动态情报概要、专题情况报告及其他材料等（除非含有新的资料），但绝不能没有最基本的原始情报材料。

一个经过验证的实用且运作良好的情报整编系统，应要求征候值班岗位的工作人员每天从各种情报中提炼出有征候意义的原始信息，编写一份简报，供征候分析人员及意欲迅速了解当天重要征候的情报主管使用。除了征候值班人员实时编选的征候信息项外，征候分析人员可能还会要求补充一些新的征候信息项，有时还会附上他们的评论和解读。之后，征候分析人员就可以从所有信息卡片中挑选有用的卡片，重新编在适合的主标题下。一个比较理想的方法，是把这些信息都写在 5×8 的卡片上，或者将写有信息的纸张裁成卡片大小。也可以将写有信息的纸张按照主题，分门别类放入不同的文件夹，但这种方法通常没有前一种卡片法令人满意。显然，在编目时需要遴选，应注意保留有持续征候意义的情报，同时剔除下周就变得没有征候意义的动态情报。如果分析人员缺乏此类实时情报的支持，那么只能靠祈祷来获得提炼情报征候时所需的信息了。

为便于预警情报研究，原始情报材料应该根据事件发生的时间顺序而非情报上报的时间进行归档。分析人员关注的是某一时间发生的各个事件之间的关系，而不是自己什么时候得到了这些情报。

如前所述，预警指标表中的主标题也可以作为部分文档的标题，但是通常情况下不宜使用表中具体的指标项作为文档标题。分析人员要有灵活的归纳体系，可以根据需要创建新的标题，修改相关文件名或将一些标题分解为次级标题。分析人员要避免陷入死板的体系中，这样的体系无法随着事件的发展而不断扩充和完善。因此，在卡片上方最好是用铅笔做标记，而不是用钢笔标注或打印出来；也不宜按顺序编号，这样才利于随时调整。我们创造这个体系的目的是使之为分析人员服务，而非让分析人员来适应这个体系。

如果你在归档多个区域的文件，最好各自分类。千万不可将中国军队向中越边境移动的情况与中国军队向中苏边境移动的情况混淆在一起，那样就无法发挥作用了。

按照国家名称和关键词编制索引，并用微缩胶卷记录，对检索具体条目非常有用。然而，分析人员应该记住，在自己经手整理归档文件的过程中，他们实际上已经做了大量的研究工作。如果分析人员单纯依赖图书馆系统检索查询，就不得不一条一条地去查找，几乎一切要从零开始。当需要查找的条目比较多时，这样做会耗费他大量的时间。微缩胶卷索引确实可以为简要查阅某个具体的问题提供较大的帮助，但是对持续深入的研究则帮助不大。

整编征候概要：征候大事表

即使有了一套良好的卡片分类系统或类似系统，且有人经常整理，征候分析人员如果想要对动态征候问题有个总体了解，仍然需要梳理海量情报资料。此外，仅仅依靠卡片分类存档，还有可能让分析人员忽略不同标题下征候项之间存在的联系，并忘记一些重要的项目。当然，任何人要使用分类卡片资料都必须先浏览所有卡片。

笔者认为，到目前为止，要处理征候，没有一种方法比征候大事表（indications chronology）更有用处和意义。这种方法既可以处理常态情况，记录概要信息，也可以应对往往有大量情报涌入的危机萌芽阶段。尽管这种方法的优点很多，但制作这样的表需要情报人员投入大量时间尽责工作，这也是征候大事表数量很少的主要原因。

征候大事表的主要目的，是按时间顺序（以事件发生的时间顺序而不是报告的时间顺序），简要记录所有已知的事态进展、上报的事实、有人声称敌人正采取的行动或计划、各类谣言，或其他任何预示进攻行动或反常行动即将发生的征候。在编制一份征候大事表的初期，只需要将信息记录下来，而不需要分析它们之间的内在联系（当然事件之间至少有一些微弱的联系）。最好补充说明信息的可信度（尤其是不太确定或仍然有些可疑的信息）、信息的来源等，但一定要尽可能简明扼要。征候大事表里也要记录我方（或其他国家）采取了哪些重大行动，这些可能导致敌人做出进一步反应或可以解释某些敌人的行动。

在进展缓慢、持续数月的危机中（通常意义上的危机而不是异常的危机），如果按时间先后记录信息，新旧情报材料之间的内在关系可能会突然变得明朗起来。我们可以更明显看出，敌方为何在某一时刻下定决心，或者为何会采取某项行动。每当敌方展开重要军事行动时，很可能会同时采取许多其他措施。起初看起来相互没有关联的事件，可能突然呈现出某种关联。更重要的是，这种方法能确保分析人员不会遗漏重要信息，因为分析人员起初收到该信息时，或许根本不了解这些是重要信息，也不知道如何将它们归档。大事表可以记录所有的异常情况，尽管不是所有异常情况都可能导致危机，但危机简直可以说就是由一系列异常事件所组成的。

征候大事表要经过调查研究且没有事项遗漏，而且，起草的大事表必须很快定稿并优先发放下去，使分析人员可以很快依据大事表上的证据撰写书面分析报告或总结报告。如果有大量新的信息涌入，可以按每天加一页纸的速度更新且随时添加情报，保证大事表所反映的是最新情况。

这种方法也便于记录在一段时间内，某一特定国家或地区（比如苏联及东欧地区、中苏边境、老挝）发生的所有重要情况，即使当时没有危机的明显迹象。

此外，在把某一征候信息项简明扼要地记录在征候大事表里后，可以抛去记载有大量冗余信息的纸张。这样可以节省很多文件储存空间。

事关重大危机的征候大事表，如果编制得比较好，可以无限期保留（其他大部分数据资料便可以销毁）。而对分析人员来说，这些征候大事表将一直是他们最需要、最有用的有关危机事态的文件。

短期紧急危机

虽然最好采用上述整编方法，但是当出现重大危机时，由于时间紧迫，我们可能来不及编制征候大事表，甚至在危机结束前都没有时间去整理情报文件。在情况紧急时，仅应付不断涌入的新材料、满足上级对动态情报的要求，就足以让情报分析人员疲于奔命。这时候，若能将各种情报材料编入某种临时分类系统，以便于查找情报要点，就已经不错了。不幸的是，在最需要基本研究报告和详细征候大事表的时候，情报分析人员却没有时间去编制大事表。

这时应注意分清轻重缓急。比整理文件更重要的，是对其他人可能会忽略的某些征候项的重要性做出分析、总结和评论。因此，还是要尽量找个地方，来分类和保存你最需要的情报材料。如果可能，可以找一个助手帮忙完成这项工作。如果整理文件、编制征候大事表可能会让你忽视应及时分析和上报的新情报材料，则应果断放弃整理和编制。

一些需要长期保存的预警情报文件

与动态情报材料很快过时不同，好的预警情报材料的价值会随着时间推移逐步升高。例如，当前美国情报部门保存的最有价值的文件之一，就是中国出兵参加朝鲜战争的那少数几份文件，因为与之有关的大部分研究报告文件已被销毁，几乎不可能再去查证原始情报材料。

征候分析部门能做的最有用的工作之一，就是把危机时期的情报及预警情报材料归档、留存。这应该包括以分类卡片形式提炼的征候材料、整理出的征候大事表，以及专题研究成果等。我们可以事后分析事件的发生经过，看当时情报人员是如何分析的，我们又是如何报告的。这对我们未来的预警情报分析方法研究大有用处。如果这类征候文件整编得比较好，有关同一危机的动态情报就可以直接销毁了。有关某个危机事态的征候文件即便老旧或多年用不上，也不能轻易丢弃或销毁。关于苏联 1956 年控制匈牙利的“十月事件”的研究材料被束之高阁达十多年，但在 1968 年夏天突然成了关注的重点。同样，有关苏联如何应对 1956 年苏伊士运河危机的研究材料，到了 1967 年 6 月“六日战争”（six-day war）爆发时，也变成了急需的材料。

此外，分析人员还需要注意积累和保存的另一种文件资料，就是某个国家如何开始准备并走向战争的基本情况资料：警戒及作战准备程序、动员法规、重要军事训练和演习的相关研究资料、民防法规及习惯做法等。平时可能很少需要这些情况信息，但一旦出现敌人动用武力的威胁时，掌握这些信息便极其重要（参见第 9 章）。

第 9 章
可否借助计算机进行整编

我并不具备计算机或自动数据处理（automatic data processing, ADP）领域的专业知识，也不了解这种自动数据处理技术及所处理数据的种类。但是，对在预警情报工作中引入自动数据处理流程的潜在用途这一问题，征候分析人员至少有资格从以下角度表达自己的观点，即“在一场危机期间，在时间紧迫的情况下，分析人员最需要了解什么”。至于引入自动数据处理流程到底是否具有可行性，可以留待相关领域的专家去研究和评判。

利用计算机做出判断的危险

总体来说，计算机技术最适用于事物的量化或数理问题（例如，何处可以得到一个确切答案）和重复性的问题（在研究这类问题时，可以依据一个庞大的数据库，以频率或概率来衡量该数据库中的常态或异常分布情况）。而对于一些抽象、不能以数字量化、唯一、几乎不重复的问题，及一些其他问题（在研究这种问题时，需要依据相互作用的各种因素来判断研究对象的人类行为），计算机技术毫无用武之地。众所周知，如果在编程过程中输入某条关键信息时出现了一个小错误（如录入错误或将其遗漏），最后经过计算机计算出的结果就会出现巨大的错误。在选举日统计选举结果时，我们有时就会见到这种错误。因为在给计算机输入数据时有疏漏，最后出来的结果也就大错特错了。

由于以上几个原因，大多数征候预警情报专家都认为，计算机在辅助战略预警分析方面作用有限，事实上如果我们过多地依赖计算机去做出“判断”，不但无益，而且危险。因为预警问题不仅涉及复杂的分析，而且本质上是无重复循环性的、非数理性的，要求情报分析人员必须对人类行为的可能性做出判断。分析人员还必须依据一个不精确、肯定不完整的数据库来做出判断。而且，在这个数据库中，某些最重要数据的真实性也不可保证。此外必须说明的是，在危机发生期间，将何种信息输入计算机是一个非常关键的因素，关系到计算机最终得出何种判断结论。就像人选择采信各种不同的征候，就会得出各种不同的观点一样，选择将不同的情报或征候输入计算机，计算机最终也会做出完全不同的判断。因此，借助计算机辅助分析征候时，最关键的决策过程居然是决定将哪些征候输入电脑，而完成这项工作的人通常不会是官阶较高、经验丰富的专家。这导致的后果是，从理论上来讲，将征候输入电脑的普通情报分析人员对最终决策判断的影响力，比决策层的影响力要大。

本质上，计算机进行分析判断使用的是定量分析法，而非定性分析，所以我们有理由认为，如果敌方使用狡猾的欺骗（deception）手段，计算机比警觉、见多识广的情报分析人员更易受骗。敌人在采用成功的欺骗手段时，往往会故意向我方透露一些本质上确实非常可能和可信的计划，或看起来比其真实计划还要可能和可信的计划（即使实际效果不一定如此，至少骗局的设计者希望能达到如此效果）。能够识破敌方欺骗意图的情报分析人员，必须依靠定量分析法之外的分析方法。只有识破了证据表面上虚假的合理性和一致性，他才会感到哪里有点不对头，才能够发现或怀疑我方之前的判断可能有误。无论其他手段多么先进，经验丰富的情报分析人员所具备的这种复杂的感知能力（近乎直觉），都是无法用数学方法来测量的。

计算机的用途

即使是在最理想的预警条件下，我们能否指望电脑分析比某一位或几位情报分析人员用人脑完成得还要好呢？如果电脑不能比人做得更好，那能不能做得和人一样好呢？就连这两个问题，我们都要打个问号。至于我们是否应该相信电脑做出的判断（特别是在国家安全受到威胁的时候），这个问题就更要紧了。

这是否意味着，计算机或自动数据处理技术在预警系统里就毫无用处呢？答案是否定的。恰恰相反，只要我们明白计算机的局限，并且不因有了计算机就逃避用人脑做判断的责任，我们就可以通过多种方式利用计算机，使其为预警情报工作做出贡献。

首先要明白，预警或征候分析人员所要面对和处理的情报，与动态情报、基础情报、情报评估三个领域的情报人员所要处理的信息基本相同，对于其中大部分信息的处理要求也基本一样。预警分析人员对诸如敌军某个机场、敌军某支地面部队、某国国防预算或敌军萨姆导弹发射基地等问题的信息没有什么特别的要求。他需要的信息，与动态战斗序列分析人员或后勤情报分析专家需要的信息并无二致。因此，任何计算机自动处理系统，只要能够帮助动态情报分析人员简化流程，或加快种类繁多的基础情报的还原速度，都能对预警分析人员的工作有所帮助。

在使用计算机处理数据时，有一个特别重要的因素必须牢记，这就是必须确保情报的及时性，确保将所有具有征候价值的新数据都输入到计算机自动处理系统中。多次危机的经验表明，情报分析人员和整个情报系统通常无法持续跟踪不断涌入的信息流，并将其作为关键的动态情报上报，更不用提那些不需要他们立刻满足的工作要求了（例如要求对数据整理归档并录入计算机）。如果我们简单地以为，只要自己能够在危机迫近时采取一些行政措施，或可以在匆忙中找到更多人手来帮忙把数据输入计算机，问题就可以得到解决，我们也未免太乐观了。

情报搜集系统的设计用途是战术预警，或是探测敌军反常的调动部署和反常的战斗准备，因此，这种情报搜集系统搜集到的信息数据易于被输入计算机。我们已经逐渐开始，或者至少正在考虑，使用计算机处理一些通过传感装置或电子发射器搜集到的数据。在敌人即将发起突然袭击的时刻，或敌军正在进行大规模秘密部署和其他战争准备措施时，上述几种信息的数量可能会剧增。显然，能否借助自动数据处理系统将所有这些数据集中起来，并迅速（或实时）对其进行评估，对预警情报工作至关重要。对可能出现这种征候扎堆显现的情况，我们必须有所准备和计划。也许有关敌军各种反常情况的情报会在某一天突然一起出现，此时若要临时想出办法，来处理、评估或展示这些情报材料，肯定是来不及的。在危机时刻，数据处理系统必须要能尽快、尽量集中地关联各种数据。此时，战略预警与战术预警之间的界限就不那么分明。如果因为时间紧迫，导致正常的数据处理流程不起作用，而情报界又未能借助自动数据处理系统尽量关联各种数据，那预警分析工作的重担就会从情报界转到高层决策者和军事统帅肩上。决策必须及时。为了避免这种最坏情况出现，显然可以用计算机辅助情报处理，其作用也得到了认可。

人们较少关注计算机在另一方面的作用：在危机事态下，计算机可以帮助情报分析人员和决策者识别和评估某条信息的重要性。由于每一个现实危机都具有独特性，敌人通常会采取一些准备措施，在正常的环境下，这样的措施很少被发现。这就导致情报系统会突然面对一些从未见过的动向情况，并无法正确认识其重要性。这些情况正是真正的征候，而非军事演习。它们表明敌方部队已经进入了高度戒备的状态，敌军或许已经向战士们发放了和平时期没有下发过的武器装备，或从和平时期的组织结构转换成战时组织结构（或仅将和平时期组织名称改为战时组织名称）。

在各种预警指标表和各种情报搜集系统中，上述独一无二或特别的准备活动都被视为预警情报的关键信息。我方要花费大量人力、财力，试图去获取敌人的机密军事文件或其他有关以下重要事实的可靠证据，例如：核武器的使用由谁掌控；敌军诸多备用军事指挥所的地址；战时行政指挥中心的名称与状况；敌人将如何发布疏散平民的命令；敌军进行化学战的物资储藏在何处；敌军作战部队要进入完全警戒时会采取哪些措施等。

然而，当危机发生时，经常发生的情况是，尽管上述这类关键基础情报能够帮助我们对动态情报做出更好的解读，但我们却无法轻易获得上述信息。某种关键情报也许只有某个叛逃者上报过一两次，或是在某份含义模糊的文件中提到过一两次，然后就被丢进资料室或某位分析人员的文件保险柜里，基本被人遗忘。情报分析人员要想识别某一件看起来简单事件的重要性，或辨别出某一个军事术语的含义和真实性，首先要花时间做大量的基础情报研究。而情报界或决策层又确实没有时间，来等情报分析人员做这种基础性的研究。古巴导弹危机刚刚爆发的时候，美国收到的第一批情报就显示，苏军部队已经进入“一级战备”（combat readiness number one）。然而，负责预警情报的众多情报分析人员还真的不知道，“一级战备”到底是苏军最高级的战备还是最低级的战备，而且一时也找不到现成的相关资料可以参考。然而，相关信息其实就在苏联公布的文件里，我方直到古巴导弹危机结束时才找到。

上述事例并非孤例，而是在危机事态中常常发生的典型情况。例如：预备役人员是在半夜被突然征召，还是会提前写信通知他们？敌军对某种化学炮弹的准确称呼是什么？敌军动员时，是否会将配属于一个师的医疗分队规模由一个连增强到一个营？对于上述这些五花八门的问题，情报分析人员可能是在某一次真实危机中第一次碰到，以前从来没有人去关心。

在危机事态中，我们的情报机构要做的事情很多，很多工作要花费大量时间。但他们没有时间从资料库中寻找此类关键基本信息，甚至连确认资料库中是否存在此类关键基本信息的时间都没有。我们应该全力改进，尽量使上述关键基本信息随手可得，可以很快就找到，而不能依靠某一位情报分析人员的记忆或文件记录，因为危机爆发时他可能正在休假。我们还应该确保能够调阅使用最新最权威的相关信息资料，不管该资料的密级如何。最后这一点很重要，因为有些关键的数据是绝密的，如果通过普通渠道去索要调阅，有关部门会予以拒绝。

异常事态尤其是军事动向发生时，计算机虽然不能完全解决上述问题，但可以帮助寻找上述关键基本数据，节省大量时间和精力。简而言之，就是可以将有关战争的语言（Language of War）全部存储到计算机中。在预警情报工作中使用计算机，不是让计算机做日常工作，而是让计算机处理一些特殊情况。它应该充当记忆库，储存敌人走向战争时会采取哪些行动、采取行动时会使用哪些术语等精确资料。以下仅举数例，说明有哪些信息可以存储到计算机的记忆库中。

- 敌军军事术语词汇表（原文并附上情报界约定俗成、通行的译文），其中应该包括有关敌人各种警报、战备程度、动员、核武器或其他非常规武器的各种术语和专门用语。
- 敌军各预备役、复员部队的名称列表，包括其掩护机构的名称。
- 敌军对各种武器、各种动员情况的俗语称呼。
- 敌国特别战时立法条文中会使用的各种术语，仅在战时才会启用的政府或军队机构的准确名称及其职能介绍，行政指挥中心在战时的名称。
- 敌军使用的民防和医疗方面的术语。
- 敌军以下设施的位置：备用或战时军事指挥所或总部、备用或辅助机场、海军疏散港口或海域、地面部队集结区域、民防总部、政府机构疏散点、核武器或化学武器储藏点。
- 在过去发生的危机或战争中，敌国曾经使用过的一些政治、宣传方面的术语和词汇。对于相关研究已经认定的政治、宣传方面的术语和词汇，一旦出现，就预示着紧张局势即将发生。

上述几种存入计算机的信息资料，必须是最优秀的情报分析人员尽最大努力得出的最认真的研究成果，而且情报界负责人应该确保，一些机密信息资料也被允许存入计算机。对于上述两点怎么强调也不过分。如果某条绝密信息只能肯定、确证其他众所周知的信息内容，那么不将其存入计算机也没关系。但是，如果它与其他众所周知的信息矛盾，那么标记这条信息就至关重要。此外，要想让计算机切实发挥作用，就必须由本领域货真价实的专家定期审查、更新信息库。如果请那些不太称职的人员进行这种工作，那还不如不做。一定要请真正的专家，外行可不行。

为了确保此类计算机信息资料库系统内信息数据的精确性和质量，必须在情报机构负责人的指导和帮助下，每年对这些信息数据审查一次。这种计算机信息资料库应得到与《国家情报评估》同等的关注和重视，并享有同等的权威性。

第三部分

分析方法介绍

第 10 章
征候分析的基本原则

本章以后的各章节，大部分内容都是从各个角度讨论征候分析工作的方方面面。我们既会讨论征候分析工作中一些较具总括性的理论和原则问题，也会涉及一些具体问题，如在反常事态或危机发生时，如何分析敌人的战斗序列和后勤情报。我们还将考虑与征候分析工作最终产品有关的问题——如何得出对态势或预警形势的准确判断，并将该判断上报给决策层。

整个情报系统所做的预警情报工作可以划分为不同层级的几个步骤。尽管在实际工作中，步骤与步骤之间难免重叠，但是为了描述方便，我们分列出以下几个步骤：

- 搜集原始情报数据——这显然是必需的第一步。
- 从海量涌入的信息中挑选出与敌人行为进程或意图有关的信息——将征候或潜在、可能的征候单独挑选出来。
- 对挑选出来的征候进行评估，分析其可信度、含义和重要性，看其是否可以帮助构建**事实**，以证明相关问题（例如，看这些情报报告和征候合起来，能否为敌人正在进行战前动员这样的判断提供证据）。

- 分析与敌人可能行为进程有关的事实的含义。例如，综合手头所有的事实证据，可以表明敌人可能意欲何为。
- 为决策层或军事统帅准备一份报告或简报（例如向情报用户发出预警报告），这一过程也是对事实证据进行评估的过程。

以上五个步骤中，每一步都很关键，忽视其中任何一步都会妨碍做出正确的预警判断。尽管在极少数案例中，从情报搜集直接跳到判断敌人意图也是可能的，但绝大多数情况下，都必须先经过寻找各种征候间的相互关联、对事实信息进行评估和分析等艰辛的步骤后，才能得出最终的预警判断。通常，我们要经过一段漫长的工作流程，先判断出事实到底是什么，然后才能判断出这些事实的含义。疏忽和轻视整个流程中的任何一步，都可能带来危险。

有人也许会说，和其他类型的情报分析过程相比，预警情报分析和判断的流程看起来似乎没有什么区别，那么为什么要专门研究预警情报分析工作呢？两者的区别是什么？

许多人坚持认为，两者之间确实没什么区别，征候分析不过是一个时髦的新名词，情报部门一直以来都在做。所以，任何分析人员（至少可以说优秀的分析人员）都可以胜任征候分析工作。

有趣的是，从事和研究预警情报工作的专家基本上赞同以上观点。一个普遍的规律是，在别的情报领域干得非常优秀的分析人员，干起征候分析来也很出色。如果分析人员善于分析问题，他就可以胜任两种以上领域的分析工作。勤奋、细致、想象力和客观性这几种素质，可以帮助一个人胜任情报界所有领域的分析工作，其中当然包括预警情报。

尽管在某种程度上，进行预警情报分析最必需的要素和方法也适用于其他类型的情报分析，但预警情报分析与其他情报分析之间最大的区别在于繁杂程度不同。无论如何，预警情报分析问题即使并非独一无二，也比其他类型的情报分析更加复杂和困难，需要特别关注。

下面就让我们首先考察一下征候分析的一些基本原则，所有从事研究工作的分析人员、他们的情报主管及更高层的官员都应对此有所了解。

我们对信息的掌握是有限的

预警分析人员首先要务实地掌握，对敌方或潜在敌人控制区域内**每日动向**情况，我们到底了解多少、是否准确。许多人，尤其是大部分不从事针对敌控区域情报搜集、分析和研究工作的人，对目前我方掌握真实情况的实际数量以及我方情报搜集能力的实际大小有相当扭曲的认识。

大多数时候，不了解详细情况的人会误认为，我们已掌握了比实际更多的情报。这种夸大自我能力的倾向是由多方面原因造成的。其中最重要的原因可能是，我们对对手全面、长期的基础情报确实掌握得不错，甚至掌握得极好。我们可能清楚地掌握了中国的道路运输系统情况、苏军各部队的驻地及实力、波兰的军工生产能力，以及有关这些国家能力和战略意图的情报。那些经验不足的分析人员可能无法意识到，掌握如此之多的信息需要多长时间的辛苦搜集和细致分析。他们可能也不了解，虽然我们掌握了一些最有价值的信息（例如由叛逃我方的敌方高层官员透露的信息或通过秘密手段获取的文件），但它们所反映的活动，可能在我们得到这些信息的几个月前甚至是几年前就已经发生了。而在动态情报中，能够实时获得如此高质量信息的情况是很少见的。

不可否认，某些情报搜集部门的主管常常给人一种印象，让人误以为他们掌握或上报了很多当前情况，实际上却不是这回事。各种事后回顾和情报失误检讨常被当作臭名昭著的工具，通过列出各种详细的军事事实及情报分析人员的解读，以证明情报分析人员在事发时就已经得到了这些情报资料。情报搜集部门这种夸大自身搜集能力、自私的做法，也许对于获得预算经费来说非常有用（事实上这可能是出现这种不正常现象的主要原因），但对情报系统的其他部门确实会造成危害。难怪外部调查机构（如国会专门委员会）往往错误地高估我方动态情报搜集能力，因此把情报失误的责任算在情报分析部门头上，而事实上，情报分析环节的问题只占一部分。

还有些情报部门上报的成品情报会使人觉得情况刚刚发生，而实际上已经过了一段时间。关于敌人的战斗序列，情报部门有时会上报某一支部队部署或调防的情况，而实际上这已经是数月之前甚至几年前的情况，但上报时通常不会注明信息究竟是哪年哪月的旧情况。在报告其他重要的基础情报数据时，类似的时间滞后问题也会出现。对于这种时间上的滞后，可能只有情报分析人员能迅速意识到这个问题，但大部分其他情报读者却分辨不出，误把旧的基础性信息当作最新的信息。

还有一个更为微妙的因素是，决策者要求整个情报系统每天都对当前形势进行研判（包括跟踪掌握军事准备和战备状况），而这些国家几乎习惯性隐藏其全部战略信息。尽管如此，情报部门通过对整体形势的观察，可能会认为似乎没有什么是明显异常的，即：形势处于常态，敌人所有兵力仍在往常地点驻扎，部队处于低战备状态。事实上，这些每日或每周上报一次的情况判断，可能仅是对当时一些表面现象所做出的判断，存在严重误判的可能。当然，这些判断也很有可能是正确的，这不是因为我们对情况有多么充分的掌握，而是因为实际上，大约 95% 的时候都处于正常状态。因此，即使没有接收到新的动态信息，我们也很有可能得出正确的结论，并使大多数读者误以为这些判断结论有大量证据基础。读者会认为，这说明我们知道什么时候是“正常”状态，进而想当然地以为，如果什么时候情况出现“异常”了，我们也一定能知道。

目前，我们确实可以跟踪一些国家的日常动向，发现其军事和政治的异常变化。在军事行动方面，敌方在前线或交通运输线沿线开展的军事动向，尤其是军事机动，往往容易被发现，在这些区域，我方具有很强的探测能力。政治方面的异常举措，例如领导人取消原计划的访问、罕见的外交或宣传行为等，即使其意图不确定，都可以被视为异常情况。然而，这些明显的动向可能仅仅是敌方发动进攻前所开展的一小部分行动，而为未来敌对行动所做的一些准备可能完全被隐藏了。

美国日复一日地监视敌对国家的动态情况，但即便是在美国情报搜集能力、基础情报优势最明显的地区，观测到的这些情况其实也不过是冰山一角。很多自然或人为的灾难性事件，诸如起义叛乱、重大内部政治斗争（甚至包括领导人被赶下台）、人数成千上万的部队动员和其他军事准备活动等，都一再瞒过了我们的双眼。大部分人对敌人的隐蔽能力总是有所低估，只有一小部分与情报工作相关的人（情报人员及情报用户）对此能有客观认识。大部分人只有在发现敌人突然展开军事行动，而我方完全没有预料到时，才会意识到敌人的隐蔽能力之强。在这方面，美国情报系统经常吃亏，近年来也吃亏不少，且没有从中吸取教训。

人们大多关注古巴导弹危机中令人吃惊的各个方面，关注美国对古巴境内出现战略导弹的侦察滞后等问题，却忽略了一个重要问题，就是在古巴导弹危机爆发前的 1962 年春夏，苏联在其境内做了大量准备，要将其战略导弹及配属部队运往古巴。我们往往忽略了一个事实，即我们对事态的了解完全依靠对古巴本土和公海的监视，甚至直到今天，我们对当时苏联境内准备活动的了解仍然十分有限。至少两万人的作战部队从苏联的几个不明地点被运往古巴，连同可以装载数个萨姆导弹营（SAM battalion）和中程弹道导弹团（MRBM regiment）的装备。此外，还有大量坦克、短程导弹、空军和海军的许多装备及电子装备被秘密地运往古巴。我们对苏联境内的监视竟然没有发现一丁点情况。数千部队从波罗的海港口城市加里宁格勒（此城市距苏波边界不到 40 千米）登船，却连一个传言都没有传到西方阵营。后来，运送这支苏联远征军的一小部分船只被我方卫星侦察到，我们才发现事情不对头。在苏联看来，此事件的安全保密工作是一次重大的成就，但对我方却是一个严重的教训。这件事可以提醒我们，有时我们对敌人动向情况的掌握可能少得可怜。

1961 年 8 月 13 日凌晨，苏联和东德关闭柏林边境，这也是敌人成功瞒过我方监测的案例。[1] 那些经常抱怨现存的征候被忽视或不受重视的预警分析人员，这次很难找到被忽视的证据。事实上，所获征候已被认真分析过，但却被认为不足以证明苏联和东德会关闭边境。当时在美国看来，

[1] 原注：与普遍认为的观点相反，柏林墙并非当晚就建造的，而是在苏联关闭全部边境的 10 天后才开始建造。该边境最初利用路障、铁丝网和部队进行封锁。

这些情报说明，为了防止大量难民通过边境逃往西方，苏联和东德只会关闭东柏林的边境，而这一举措阻止逃难人群的效率，虽然不如关闭全部边境那么高，但也不那么激烈，不会违反和挑战四大国达成的有关柏林现状的协议。而实际发生的情况是，苏联和东德竟然关闭了全部边境。他们准备关闭柏林过境点的行动，几乎是在西方巡逻人员的眼皮底下进行的，我们对此感到震惊。在我们自认为情报能力较之其他地区更有优势的柏林及东德地区，敌方能如此成功地隐藏其行动，更应该值得我们反省。总的来说，我们的情报部门之所以犯错，是因为对我方在这一区域的情报搜集能力过于自信，误认为这一区域敌对国家的行动计划总会有某种形式的泄漏，我们总能据此洞察出他们可能会采取的种种行动。

通过这类事例，情报分析人员应该从中吸取以下两个教训：

- 我们观察到的明显异常情况，也许只是实际情况的冰山一角，必须意识到更多的事情正在发生，只是我们尚不能察觉；
- 即使是在我方情报搜集能力很出色的地区，我们获得的信息也可能是有欺骗性的，敌人采取隐蔽措施的能力也远超我们正常预期。

多年以前，在情报部门的办公室上挂有“推理应严格依据你手头的数据”的标语，但现在这样的标语早就不再张贴了。这是因为情报分析人员，尤其是预警分析人员，不能以为他手头的数据是充分完整的。他必须意识到自己对许多正在发生的情况并不知情，他必须具备从未知进行推理的能力。

假设遭遇突袭

鉴于我们所掌握知识的有限性，进行征候分析的另一条基本原则是，要假设敌方经常试图突袭我们。即便敌人无法完全隐藏其准备采取的行动，也至少会采取一定的措施隐蔽其部分行动计划和准备。

因此，预警分析人员必须持一种本能的怀疑态度，去研究每天掌握的敌人或潜在敌人的动向情况，必须每天问问自己，敌人的意图有没有值得怀疑的地方。分析人员必须仔细研究每一份不寻常的信息和报告，判断其是否是敌人将发起军事进攻和其他突袭的最初预兆。即使从当时的态势来看，并没有什么特别需要警醒的理由，也必须这样做。分析人员不能轻易放弃任何一份未经自身验证的具有潜在预警性的重要情报，除非这些信息被证实是错误的，或者有其他足以令人信服的证据解释当前的异常情况。分析人员不能轻易接受对某些异常事态极其轻描淡写的解释，这些异常事态可能随后被证明是坏兆头。情报分析人员必须有意识地严格按照分析程序处理有关情况，对一些无法解释的异常情况要时刻保持警觉，并始终关注那些具有潜在预警情报价值的碎片信息。

尽管基于同样的基础信息，但预警分析人员使用的情报分析方法，与动态情报分析人员、基础情报分析人员甚至专职情报评估人员等并不相同，在有些案例中甚至迥然不同。预警分析人员的职责是时刻保持警觉，随时关注其他国家可能已经开始准备采取的敌对行动，不管这种可能性在目前来看有多小。至少在理论上，预警分析人员要比其他部门的情报分析人员更早感知到上述可能性。如果情报系统运转正常，预警情报分析部门应该持续地去拷问敌人可能采取行动的动机是什么，提醒其他情报人员关注一些已被其忽视的相关情报，并提出更多涉及重要预警信息的情报搜集需求。预警分析人员要做所谓的“魔鬼代言人”（devil’s advocate），在情报系统内扮演吹毛求疵的角色。这种方法有时也可以称为“最坏的情形”（the worst case）。

情报界对预警分析人员的这种分析方法误解甚多，许多人甚至嘲笑预警分析人员只不过是一伙动不动就大喊“狼来了”的人。在有些人（特别是那些与其接触较少的人）眼中，预警情报没有什么好名声，他们认为预警分析人员总是危言耸听，对情报做出最坏最严峻的解释，他们这样做要么是为了证明自己的存在，要么是为了对得起自己拿的薪水。因此，预警分析人员**发出**认为情况最坏的预警，幸运的是聪明人的意见占了上风，动态情报和评估流程有所让步，而预警分析机构这些“谣言散布者”继续存在。

本书在这里有必要重点驳斥一下这种观点：有些人认为，即使是经验丰富、感觉敏锐的预警分析人员，也是一群缺乏理智不靠谱的人，总是冲到上级情报主管面前去夸大其词地发出警报，大惊小怪。事实上，任何负责任的预警分析人员都不会轻易根据每一个低级传言而提出“可能的最坏”（worst possible）观点，也不会不停地为每个正常事件寻求最坏的解读。他们从来不会因为一个单独的情报报告或征候而向整个情报界发出警报。预警分析人员总是试图保持开放的思维和怀疑的精神，踏实勤奋又充满想象力地去搜集和分析有关证据，但这并不是说他们遇事不经深思熟虑，也不能说他们就一定会成为一群浮躁、鲁莽、仓促行事的人。

经验证明，称职的预警分析人员往往因为对手头的事实证据熟稔于胸，不但不是危言耸听说法的制造者，反而常常能扮演相反的角色。有时候，尤其是在国际局势紧张或危机气氛浓郁的时候，恰恰是他们才能抑制和平息由未证实的情报或谣言引起的潜在恐慌。通过不懈搜集大量的事实证据，预警分析人员能够做出更加合乎逻辑、更加客观的分析判断。

扩大相关信息的范围

经过辛勤地搜集各种事实和可能的事实后，征候分析人员应该能够组合并分析所有相关信息，而不仅仅是那些最新得到的或是显而易见、令人易于接受的信息。预警情报工作不仅要去处理那些明显的事实，更要去分析那些不太明朗的情况。必须考虑手头掌握的所有信息。既然接受了有可能遭受突袭的假设，分析人员就应该明白，敌人到底意欲何为，这个问题的答案不会那么显而易见，也不应满足于看似合理的答案。

本书第 3 章已讨论过细致的分析研究和掌握大量基本原始数据对预警情报分析的重要作用，这一点怎么强调都不过分。本书第 8 章还介绍了编制征候大事表的方法，分析人员可以借助此方法，将许多与问题有关但暂时不能发现其相关性的各类情报报告和零散信息，集中在这张表中备用。

以上几种分析方法都极有价值，绝不能弃之不用。它们可以保证情报分析人员在获得（几乎）所有潜在相关信息后，能够整合纷杂的相关数据形成某种有意义的模式，并依据事实数据来检验各种假设。但是，这几种分析方法本身并不能解决相关性的问题。这些分析方法可以帮助分析人员思考、得出一个令他人信服的论点，但是并不能证明某条情报与问题相关，或在评估敌人的意图时应考虑该条信息。说到底，判断哪条情报相关或哪条不相关还只能靠人本身，而不能靠某种分析方法。

在重大危机即将到来、某国做出重大决定或准备采取某些特别行动的时候，总伴有大量的异常情况出现，我们也总会收到大量未经证实、无法解释、令人遗憾的情报或者其他传言。这些情报或传言中有些情况属实，但未必重要；有些情况是假的，但该情况过几天如果真的出现，就非常重要；有些情况属实或者部分属实，且具有重要价值；但还有很多情况很难轻易判断是否重要，也无法判断与事件是否相关。非常有趣的是，即使是随着时间的推移，危机事件过去了，也不能完全证明哪些情报与事件相关。时间无法证明或否定某些信息之间的相关性。这也是为什么人们在真相大白之后再去分析某些问题时，仍然无法达成一致意见。

究竟哪些事实、已知事件、上报的动态和谣言与敌人将要采取的行动有关，以及存在多大的相关性，这是预警情报工作面临的一个最困难问题。甚至可以这样说：在确实复杂的情况下，没有两个人能对此问题达成完全一致。预警情报分析方法总是把所有异常的或无法解释的情况都看作是潜在的不祥指标，并且认为它们相互关联，这一方法常遭诟病。征候大事表这种分析方法常常罗列同一时期内发生的许多情况，认为其相互关联，但实际上它们之间是一点关联都没有，这种方法也常遭批评。显然，如果征候分析人员确实把各种可信度和重要性都不确定的情报硬是拉扯到一起，来证明它们之间的相关性，说这些信息合起来构成一个不好的兆头，那么前述指责是不无道理的。

尽管如此，为了公平地评价预警情报分析方法，必须指出：危机结束后，我们在事后回顾时会发现，当时大多数人认为没关联的信息间确实存在关联。事实无一例外地证明，在分析情报的关联性时，与其拘谨、平实地去分析，倒不如想象力丰富一点。能够从报告或事件表面看似无关的情况中发现其内在关联性，是预警情报分析过程中一项非常重要的能力，对于这一点情报界还没有给予足够的重视。注重达成一致观点的传统和情报工作的形式流程，往往会抑制预警分析人员独立而有想象力的思维。“时事短评”式的、大胆臆测的分析方法和成果，应该受到鼓励而不是被压制。只要是与所面临问题可能具有相关性（不管是否能够证实该相关性）的情报，在预警分析评估过程中都应予以考虑。我们之所以很晚才察觉到苏联1962 年夏季正准备进行的那次战略冒险行动，正是因为我们未能发现当时发生在苏联、东德、古巴三处的各种事件彼此间存在关联。

在特定情形下，我们判断事态之间是否具有关联时，总要遵循一些通常可信的重要规则。总的原则是，任何国家准备采取的军事行动规模越大、冒险程度越大、结果越重要、采取行动的决定越关键，事件造成的影响就可能越广泛。因而，当一国准备重大紧急行动时，各种可观察到的异常情况出现的范围和领域也就越广泛。在这种情况下，许多看似不相关的事态会与当前的局势存在直接或间接的关联。这些事态是当前局势的一部分，这种气氛会让人感觉到不安：形势不对头，敌人正在酝酿什么诡计，要出大事了。丢弃一系列不相关的信息片段对当前局势而言是一种损失。此种情况下，准备充分的情报部门常常会提前做好准备，他们会在更广范围内研究情报的相关性。如果情报部门已经觉察到一系列反常情况，那么在这一重大事件真的爆发时，他们就能更好地去接受和应对。正如法国科学家路易·巴斯德（Louis Pasteur）所说：“机会总是青睐有准备的头脑。”

客观性和现实主义

能否在分析数据时始终保持客观，对形势做出合乎实际情况的判断，是决定预警情报分析成功与否最重要的一个因素。客观性，就是要把自己之前关于对象国应该会怎么做的先入之见搁置一旁，尽可能现实地看待所有的情报，这是预警情报分析成功的关键，也是确保每一阶段都能做出准确判断、发出预警的保证。某人在预警情报领域的经验越多，就越会深信，能做到像“旁观者”那样客观地看待形势，是进行预警情报判断最重要的因素。个人或团体如果未能客观看待证据，凭自己主观感觉得出结论，可能会造成预警情报失误。这样的案例太多了。

我曾告诉一名美国政府高层官员准备撰写本书。他是美国一流的预警情报专家，他听后问我道：“你要写些什么内容呢？每次情报失误就一个原因啊，分析人员总是不相信征候嘛（言下之意是他们只相信自己的主观感觉）。”

拒绝相信与自己的假设或先入之见不相符的事实，拒绝接受或相信可能让上级不快的事实，这两种错误的做法在人们分析问题时出现的概率，比大多数人印象中要大得多。预警情报分析工作中可能遇到的最常见也最让人抓狂的情况，就是碰到某个分析人员固执地说：“是的，我知道你已经获得了所有这些所谓的‘征候’，但我就是不相信敌人会这么做。”在1950年朝鲜战争、1956年苏伊士运河事件、1956年匈牙利事件以及1968年苏联出兵捷克斯洛伐克事件等案例中，我们都不缺少征候，甚至其中不乏大量肯定性征候，但有太多的人不愿相信我们掌握的征候数据。

对现在大部分人来说，如果听到你说他们没有客观思考的能力（即便仅仅是暗示），也会感到恼怒，好像这是对他们智商和人格的侮辱。他们会反驳你说，能够客观思考的人恰恰是他们，不能客观思考的人才是你。是你喜欢从不完全可靠的证据中草率得出结论，而他们是在保持开放头脑并考虑全部可能性。在这种情况下，整个气氛会变得剑拔弩张，参与争论的人都很容易被主观情绪支配，各方立场强硬，互相寸步不让，观点更不容易调和，随后各方看待问题时就更难保持客观立场。

如果想在预警情报分析过程中取得进展，我们必须首先承认，没有人能做到完全客观的分析。在某种程度上，我们每个人都会受到自身先入之见、信仰信念、教育水平、早年受训情况以及其他多种经验性因素的影响。确实有些人在分析时能够比其他人更客观（其中原因尚未完全被人们理解）。更准确的说法应该是，他们在分析某些问题时比旁人要客观些，但没有总能保持绝对客观的完美分析人员。

我们也必须意识到，客观地思考问题未必需要很高的智商，有些人在某一领域能够客观思考问题，而在其他领域就不一定能做到。宗教和政治活动史上有大量例子，有很多思想卓越的人在其专业领域仍心存偏见或恪守教条。也有一些杰出的科学家，在各自专业领域自然能够做到客观，然而在从事其他工作时，却表现出难以置信的天真和不切实际。很多大的社会群体乃至国家，如历史上的马萨诸塞州人、萨勒姆人和纳粹时期的德国国民，都是全民集体疯狂行为的受害者。外人根本难以理解他们怎么会如此不理智。没有人能保证自己永远不会失去理智。人既有理智的一面，也有感性的一面。

无论是对分析人员个人还是情报界整体，认识并直面这个问题非常重要。我们的情报工作要想改善，就不能不讨论这个问题。我们总是避讳在公开场合挑战同事，更不用说质疑上级的观点了：我们从不会质问他们为什么不相信某些证据，他们持某种观点的原因是什么。但这两点可能是他们得出其分析结果的关键因素。在这种情况下，如果让其（也许是你的上级）尽可能清楚地解释他的思考过程及他持某种观点的背后原因，将会大有裨益，因为这样就可以帮助他认识到，他在分析问题时可能并没有客观对待证据，而是受到自身先入之见的影响。如果能让完全没有参与分析的分析人员也来听听某人的自我解释，看他是如何得出观点的，效果会更好，毕竟局外人更容易看出他的破绽。

多年以来，经验丰富的征候分析人员一直都认为，预警情报领域的很多问题应该由心理学家去研究。为什么某些分析人员无法更客观地接受某证据，且一再抵制对其他分析人员而言真实性显然无须证明的证据呢？为什么同样一条信息，有的分析人员认为它特别重要，有的分析人员却认为它不太重要甚至要完全弃而不用呢？不同的分析人员对同一条情报的评价为何会截然相反，差异如此之大呢？

近年来，学术界也认为，预警情报涉及更多的是心理因素而非智力因素。社会科学家做了多项研究，探究个体和群体观点的形成、本质及二者与国家决策之间的关系。他们得出如下研究结论：

- 分析人员并非都能客观理解和评估所有新的情报；他们可能按照以前的理论或概念模式处理现有信息，或许会完全拒绝新的信息并将其视为与本事件“无关”。
- 如果分析人员已经认为一件事发生的概率很低，或者是极不可能发生，那么他会忽视或拒绝与其判断相悖的新信息。
- 要让分析人员改变立场或推翻其原有的判断，甚至是要让其承认某事物的可能性，需要大量新的、清晰准确的情报。
- 如果分析人员总是不能吸纳与他思维框架相矛盾的信息，不能用新信息来修正他之前的观点，那么他可能形成了一种感情用事的封闭思维，顽固地坚守他的旧观点。[1]

情报分析人员无视和排斥新信息的现象，在预警案例中屡屡出现。毫无疑问，这种现象也出现在以往的危机事态中，并对预警的发布造成了危害。

要解决这个问题，第一步是要承认这个问题确实存在。我们首先要承认，客观性在预警情报分析工作中是一个真实而且非常严重的问题，缺乏客观性是从上到下各级分析人员都会犯的错误。在这一点上，如果本书能够提醒人们意识并承认这个问题的存在，也算达到笔者的写作目的了。实际上，本书的大部分内容是为了帮助情报分析人员、情报主管和决策层，能够更客观地分析、评估，进而得出更客观、更精确的结论。

需要迅速做出判断

预警情报分析是一项十分复杂的工作，有时需要在信息不充分、对证

[1] 原注：有关此问题非常精妙的研究可参见：Loren R. Larson entitled “Objectivity in Intelligence,” published in *the DIAAP Journal of Intelligence*, January 1970。

据的核实和评估也不充分的情况下做出判断。分析人员通常没有更多时间开展进一步的情报搜集和分析，也不可能在掌握了所有证据之后再做出判断。从某种意义上来说，分析人员之前所学的谨慎研究的情报分析方法，如看完所有材料再做决定、核实再核实、有条不紊而非匆忙下结论等等，有时不得不被抛弃。分析人员所受的教育程度越高，就越倾向于恪守上述几种分析方法或习惯，如果真正遇到预警情况，也就越难摆脱和修正上述固定的分析方法和模式。有些人甚至永远无法改变其习惯使用的情报分析方法。这些人可能在研究长期性的基础情报领域成为优秀的情报分析人员，但不应从事时效性要求更强的征候分析工作。

无论对情报分析人员还是整个情报机构来说，预警情报分析工作的许多要求，看起来是相互矛盾的。对敌国的真实意图和可能采取的行动（敌国会采用一切手段尽可能掩饰其意图和计划）这个难以捉摸的复杂问题，情报分析人员和整个情报机构必须做出一个明确的判断。因为等第二天再做出判断，可能就太迟了，所以情报分析人员必须根据手头掌握的尚不充分、极度矛盾、虽可靠但其实不一定与主题相关的各种情报证据，在当天就做出判断。如果第二天再发出预警也不迟，那么手头可能会有更多的信息，但是这些新信息又不一定能让形势变得明朗或能使我们做出扎实的判断。一方面，新的信息可能反倒会导致我们需要考虑新的因素，使得情况更复杂，我们的疑惑更重。另一方面，第二天得出的结论可能与当天得出的结论迥异。形势几乎总是高速变化的。

在形势如此多变的情况下，情报分析人员或团队不愿做出明确的判断，这是可以理解的。这不只是因为他们担心今天得出的结论明天就要被推翻，也不是因为他们胆小、不敢犯错（关于这个问题，本书第八部分将详细讨论）。就算情报分析人员努力坚持客观，他还是可能对手头证据的内涵感到疑惑和不确定。面对相互矛盾、意义含糊、难以捉摸的证据，他可能确实不知道该如何思考和推理。此外，随着新信息不断涌入，他自己的观点可能每个小时都会变化。

然而，意义含糊、不确定性、充满疑惑、矛盾重重正是预警情报难题的特点。有些情报的相关性、含义和可靠性，只有在进行事后回顾时才能确认。还有为数不少的情报，其相关性、含义和可靠性永远都搞不清。在进行事后回顾的时候，大多数当时不确定的事情要么被人们忘记了，要么似乎不见了。即使是积极研究此问题的人，也容易在事后回顾的时候误认为当时他看得还是蛮清的。实际上他当时看得并没有他事后认为的那么清楚。而局外人——包括那些受命调查情报失误、批评失误环节的人，永远也弄不清楚当事人当时面对的问题有多难、多复杂。

在事后回顾时，要想完全重现参与真实预警情报分析和评估的分析人员的所有思维过程，简直是不可能的。我们不可能完全复盘已经过去的真实场景。在回顾中根据原始材料和工作记录来重新分析情报是有用的，但是并不能复盘当时的气氛。要想完全复盘整个分析过程中的思考和情感经历，需要与事件相关的每个人都时刻写下完全真实的日记。在某些危机中，还真有不少人记下了这种日记。例如在古巴导弹危机中，就有些人事后出版了回忆自己亲历危机的著作。学习预警情报分析的人常被要求阅读这些著作，因为这些著作可以部分还原出当时笼罩在整个情报界和决策圈头上的不确定性和疑惑感。

某些描述危机爆发时真实情况的著作，尽管描述得不是很形象贴切，但是可以帮助新手增强些许自信。实际上，如果你工作干得不错，你心里就会存在一些困惑和不确定因素。没有任何一个试图客观看待所有手头证据的人，能够得出完全确定的判断结论——一点疑问都没有是不可能的，至少你对还没掌握的消息总会感到疑惑。

在这种情况下，过度确定可能是封闭思维形成的标志，有些人之所以对情况非常“确定”，是因为他们不愿再去客观地看待证据，怕新的证据会推翻他们脑中预先构想形成的假设。

情报分析人员对情况感到不确定，有疑惑，这是很正常的现象。如果他在有疑惑的情况下还能尽力得出一个结论来，推断出有最大可能的那种结论，他就具备预警情报分析能力。如果他在纷乱的情况下犹豫不决，不能果断地给出一个结论，那就应该把他指派到别的岗位上去。

第 11 章
具体的分析方法

推断、归纳和演绎

从前面的讨论可以看出，分析征候并得出预警判断，几乎常常是一个推断的过程，在很大程度上，这也是一个归纳而非演绎的结果。简单来说，这就是人们通过某些事实（准确地说，应该称之为人们以为是事实的证据）得出一些预警推断，进而根据这些事实判断其影响，或得出一个最终的结论或一系列结论。这些结论并非肯定、绝对的结论，而是有不同可能性的判断。这一过程带有强烈的主观色彩，无论是推断还是结论都不一定是完全基于事实的，因此不一定可证明真伪。这就导致每个情报分析人员得出推断与结论的意愿都不相同。有的人很愿意得出结论，有的人不太愿意。

本章并不打算深究逻辑的本质，因此，我们可以使用《韦氏词典》中对“推断”“归纳”和“演绎”较简单的定义。

- **推断**（inference）：由已知为真的一个或多个命题、陈述或判断而推定另一个命题、陈述或判断为真。
- **归纳**（induction）：由部分到整体、由特殊到一般、由个体到整体的逻辑推理过程。

- **演绎**（deduction）：由一般到特殊、由整体到个体、由给定的前提到其必然结论的逻辑推理过程。

由于预警分析人员手头的情报和证据本身总是含有很大的不确定性，因此他们别无选择。在这种情况下，他们必须从支离破碎的情报、从一些特殊情况中，去归纳总结出一般的结论。况且，他们手头不会有必然会引出某些结论的前提可以参考。他们必须在仅了解研究对象的一小部分事实（他们还经常搞不清楚，自己是否确实了解了一小部分极其重要的事实）的基础上，得出有关事实及其含义的结论。科学家在从事研究时可以自选研究对象，通常还可以判断出他手头的抽样数据在统计学上是否有效。情报分析人员可没有这么幸运，他们只能根据偶然发现的点滴事实去研究，即使这些点滴事实可能根本不能代表情况的真实趋势。尽管如此，他们必须根据手头的数据尽力而为，因为在预警情报研究中，时间可不等人。

要有多少证据才能得出确定的推论或某种概括性的结论呢？这个问题特别适用于分析处理战斗序列及军事动员等军事方面的预警情报问题（本书下一部分将详细讨论军事征候分析的具体问题）。但在这里有必要指出，征候分析方法与传统的战斗序列分析（Order-of-Battle Analysis）方法有着根本性的区别。

研究战斗序列（确定敌人作战部队的实力和所处的地点）的常规方法，是对敌人的作战单位一个一个地去研究。理想情况下，战斗序列分析人员在获得所有有关敌人的信息之后，才会对敌整体作战力量做出判断结论。他们通常在获得有关每支部队的确切信息后，才会做出以下结论：部队重新装备了更多现代坦克或性能更优的作战飞机；敌军经过动员增加了更多人员和装备，从而达到了战时水平等。传统军事分析人员通常极不愿承认敌人已经增加了新的部队或者正在组建新的部队这一事实，除非找到其所处地点，且确认其达到战斗序列部队的标准。同样，即使有其他大量情报表明敌人已经开始进行大规模人力动员，在得到确证前他们是不肯承认这一事实的。在处理敌方军事调动情况时也是如此。即使收到的大量情报表明敌人的地面部队和飞机已经开始调动，也是不够的，战斗序列分析人员希望得到哪支部队已调动的具体证据。他们的分析方法是完全限制性的而非扩展性的。他们不会做出超过其所拥有情报范围的判断结论，手头上若只有“一两支部队开始调动”的证据，就绝不会说成是“几支部队开始调动”。

预警分析人员则不同，他们需要意识到其所见或所能证实的情报可能只是敌人整体行动的一小部分，因此，他们必须据此做出更为宽泛的结论。如果手头的情报（即便是不确定的情况）显示敌人可能在进行大规模的征兵和动员，且其能监测到的某些部队也确实正在进行动员，预警分析人员就必须考虑到，这也许表明还有其他一些部队很有可能也在进行动员。如果有一支驻守在危机发生区域的部队已经发放了战时基本量的弹药，那么可能其他部队也这样做了。如果获悉某支部队正在向前线或危机发生区域调动而其他部队情况不明，预警分析人员可能会比常规军情分析人员考虑更多情况，认为其他部队有可能也在进行调动。至少预警分析人员会认为，其所能够证实的敌人正在进行的活动，几乎总是敌人实际采取活动的一小部分，而不是一大部分。

预警分析人员之所以采取这样的方法做出判断，不是因为他们想基于不充分的情报做出更为宽泛的判断结论，或是其天生鲁莽喜欢妄下结论。他们这么做，是由预警问题的本质所决定的。常规情报分析方法得出结论所必须耗费的时间，在危机情况下，我们可能耗不起。我们可能没有时间等到情报充足后再做决定，通常只能依靠手中仅有的信息或能够掌握的任何信息进行分析判断。究竟掌握多少信息就可以作为得出结论的依据呢？在不同情况下，对这个问题的答案也不同。但不论在任何时候，这个问题貌似都是预警分析人员和其他较传统的军事情报分析人员争论的焦点。问题的关键在于：尽管这种不完全归纳推理出的结论通常是初步的，而且会存在一定误差，但在危机情况下，我们仍然必须承认这种分析方法的合理性和有效性。本书第 5 章已经提到，从预警情报工作历史的角度来看，情报界更常犯的错误是低估了危机中敌方部队部署和动员的规模。

这一分析方法能够根据有限的信息得出较普遍的结论，这当然也适用于处理在潜在危机期间接收到的其他类型信息。即使是在评估政治信息或宣传导向的含义和重要性时，我们也必须基于一个确实存在的事实样本，这种推断本质上同样属于不完全归纳。由于大量政治计划和准备过程都可能被掩饰，而其他政治活动的证据又可能非常含糊或不确切，因此在危机事态中，对政情的分析判断要比对军情的分析判断更复杂、更主观。

接受新数据

在很多涉及调查和分析工作的领域，新类型信息或某种不常见数据的出现总是会带来一些难题——调查和研究人员对其的反应总是极其保守的。情报界的情况就是如此。造成分析人员这种保守主义或迟迟不愿接受甚至处理新信息的原因有多种。首先，保证高质量研究的基本法则就是，在得到大量明确信息并确证其含义和重要性之前，我们不能轻易做出判断。其次，我们缺乏现成的处理新情况的方式方法。因为接收的是新情况，分析人员没有十足把握去分析处理，通常需要更多的时间去思考和征询他人的意见。另外一个非常重要的因素可能是，情报部门没有安排专门人手分析处理这种新类型情况，对此毫无准备，因此这些情况就被搁置起来，甚至没人知道它们的存在。最后，有些分析人员甚至某些情报部门整体，都本能地不愿去费事过问这些新出现的、会引起争论的问题，尤其是这样的问题往往是上级官员或决策层不愿听到的坏消息。

上述几方面的因素及其他可能的因素会单独或共同地阻碍情报分析人员，使其对情报系统中新信息的接受推迟数周、数月甚至数年之久。不在情报分析工作职位的人可能从来没有意识到这一点，但我们可以举出很多新信息的分析与上报存在延误的案例。事后回顾，这类延误几乎是不可理解的错误。即使具有较强发散思维和极具洞察力的分析人员，也可能在某段时间里完全没能察觉出有新情况出现或情况已经发生改变。同样的证据，此时他们可能不愿接受，而在其他情况下，尤其是在存在大量先例时，他们可能就会毫无疑问地接受。

为防止日后有读者指责笔者在这一点上夸大其词，试举数例如下。

在 20 世纪 50 年代中期，有情报称苏联准备向中东地区出售武器。曾经有一位专攻苏联政治情报的资深专家数周内都拒绝相信这一判断，而且最后还在脚注中否定其真实性。当时已经有大量确证可以证明这一消息的真实性。尽管如此，这位专家仍然拒绝接受，而且他给出的原因居然是，苏联以前从来没有向共产党国家以外的国家和地区出售过武器，因此以后也不会。

在分析敌军调动、其他战斗序列改变或战争动员等信息时，也出现过许多延迟接受新信息的案例。这些新的信息之所以不被接受，不是因为它们不够确切，而仅仅是因为它们来得较晚。考虑到本书第四部分还将详细讨论有关战斗序列情报的问题，在这里仅举发生在越南战争中的两例，即足以说明问题。

在 1964 年至 1965 年的那个冬季，北越将首批 2 个团的部队部署到了南越境内，当时美国战斗序列分析人员得到了相关消息，但拖了近 10 个月才接受和承认这一变动。（另有 1 个北越团于 1965 年 2 月被部署到南越境内，美方战斗序列分析人员在 1965 年 7 月接受和承认了这一变动。）美方战斗序列分析人员还接受和承认了 1965 年期间另外几个北越团被部署到南越的变动，同时也接受了北越正在将整团的部队大量调往南越境内部署这一事实。在此之后，从北越部队发生调动到美方战斗序列分析人员确认和接受该调动的时间延迟，就基本不会超过 2 个月了。

北越从 1964 年开始扩充其武装部队，并在 1965 年完成了一次大型的军事集结和动员。当时关于此次大型动员的证据，大部分是来自北越官方的公开声明及其他表明北越正在大规模征召新兵的非直接证据。传统的战斗序列信息没能反映出这一情况。（在很多案例中，在河内方面已经公开声明其在进行大型动员后数月甚至数年后，美方战斗序列分析部门才肯接受和相信这是真的。）河内方面明说自己要扩军，并公开表示在“前线”

的战斗（指在南越境内）需要补充数千（有时数万）的士兵，但美方情报分析人员就是不愿接受这是事实。这一点时至今日亦令人费解。造成这种失误的原因无疑至少有两点：一是过度依赖传统的战斗序列分析方法；二是坚守一些错误的教条，比如“敌人明说的任何话都应该被看作是虚张声势的宣传”。还好到了后来，美方逐渐认识到河内官方媒体和无线电广播评论的情报价值。数年后，美方情报分析人员才开始将敌方关于其要征召新兵、扩充军队的公开声明作为证据采信，同意这种公开声明也能作为证明敌人确实在征兵扩军的证据。而此前，大概在 1965 年至 1966 年期间，美方情报人员对这种信息是绝对不会采信的。（有关北越 1965 年大型动员的问题，本书第 15 章还将详细讨论。）

举以上几个例子，仅仅是为了证明本节的观点。在战争史中，我们肯定可以找到因拒绝接受新信息而导致更严重失误的许多战例。预警情报工作中一个非常严重的问题，是情报分析人员有时不肯处理和接受新类型的数据，情报部门的主管应该对此常怀戒心。只要将预警分析人员编制上报的预警指标表草表和情报界最终打印发布的预警指标表做一番对比，就可以发现，征候分析人员通常总是能在整个情报界之前（有时候要早上几个星期）接受新的情报。令人欣慰的是，征候分析人员与综合情报分析人员接受新情报的时间差正在缩小，这也反映了情报界已经比过去更愿意采用预警情报分析方法，也比过去更愿意接受新的数据了。

情报分析人员必须在保持客观的同时，具备察觉某种变化已经发生的能力，还必须注意接受和考虑某些尚不能完全证实的新情报。这是预警情报分析工作要取得成功的一个基本要求。在预警情报工作中，任何延迟都可能导致致命的错误。无论是情报分析人员个人还是整个情报系统，都必须充分做好接受各种新变化和新信息的准备。

有趣的是，经验表明，能够做到这一点的不一定是该领域的专家。坚持认为 1950 年中国不会参与朝鲜战争的，正是那些“中国问题专家”；最不情愿相信苏联会在古巴部署战略导弹的，基本上都是“苏联问题专家”。这表明，具有专门知识特长的专家更有可能被旧有观念束缚，从而比其他人更不愿改变自己的固有立场。有一位研究这个问题的学者曾经得出结论：使用某种理论模型去研究苏联问题的专家，与不使用理论模型的分析人员相比，更不可能发现能证明某种变化已经发生的证据。他在其论文中这样写道：

美国媒体记者和民间观察家比情报界被称作“苏联问题专家”的人，更可能察觉苏联方面的形势变化，这一现象并非偶然……我们必须严肃地考虑一种情况，就是那些“专家”可能仅仅为了捍卫其自身理论立场，而对意义模糊的数据做出偏向于自己固有观点的解读。[1]

了解敌人怎样思考

本节的标题有点误导人，因为没有人能指望自己真的能够完全了解他人的想法，尤其是他国和敌对国家领导层的真实想法。一位专门研究苏联的资深研究员奇普·波伦（Chip Bohlen）曾经自嘲说，他和人交谈时最后最喜欢说的两句糊涂话分别是“我喝酒没事”和“我太了解苏联人了”。对于预警分析人员来说，他们常吹嘘的事还包括声称“我了解对手”。

试图了解其他大国的目标、动机、决策过程，是一件充满艰险的事情。尽管如此，勇于尝试很重要。分析人员、情报系统、决策者和军事计划制订者可能都不得不尽责而富有想象力，努力尝试站在对方的角度思考问题。对敌人可能采取的行动做出最荒谬的判断和最严重的错误评估，多是由于未能察觉和理解敌人的思维方式。多年来，个人或集体在危机期间常犯这种认知错误，这显示我们必须特别注意这样的问题。

能够感知或试图感知他人的想法，表明一个人已经是多个领域的专家了。有个优秀的桥牌报刊专栏作家发现，桥牌高手的一个重要素质就是：

[1] 原注：Raymond A. Bauer, “Problems of Perception and the Relations Between the United States and the Soviet Union,” *Journal of Conflict Resolution* Vol. V, No. 3, September 1961, p. 227.

“能够利用自己所学察觉对手的想法，即在看待某个具体牌局形势时，不但以自己的立场去看，还能以对手的眼光和思维模式去看。”但打桥牌时，并非人人都能轻易拥有这一能力。有时候，对手根本没有费力去掩饰其对牌局的看法，甚至将其看法暴露无遗，但是你还是未能洞察他的看法。连续几个月的情报显示，苏联决心维持对捷克斯洛伐克的政治控制，苏军在捷克斯洛伐克边境大量集结，但为何那么多情报分析人员仍不相信苏联会出兵捷克斯洛伐克？这只能归结为分析人员根本没有试图去理解苏联是如何看待捷克斯洛伐克问题的，他们不知道对苏联领导层来说东欧有多么重要。他们自欺欺人地认为，对苏联来说，同美国缓和关系比在东欧保持地位和维持华沙条约组织更为重要。

缺乏这种感知——无论是不能还是不愿从对手的角度去看待问题——的深层原因是复杂的。首先，分析人员个人、团体或整个国家对研究对象抱有某种固有态度与僵化印象。其次，还有一些简单的原因与情报分析人员个体有关：情报分析人员对某一问题的知识储备有多少？其审查的情报材料数量有多少？其在分析问题时发挥了多少想象力，等等。再次，能否客观、现实地分析问题也很重要。此外，主观认为其他国家“应该怎么做”而不是客观分析其“正在做什么”，会导致误判，而这种误判与缺乏感知有很大关系。

美国人的民族性格特点阻碍我们去洞察对手的想法，尽管这种观点还不是很站得住脚，但是以下两种美国人看问题的习惯态度还是会让人觉得，美国人的民族性格特点确实阻碍他们理解对手的思维模式。

一是由于美国孤立、繁荣、民主的历史传统，美国人历来对国际事务持乐观态度，并且常常过分乐观。20 世纪 30 年代，孤立主义论调在美国盛行，很多美国人认为不会爆发二战，就算打起来美国也不会卷入其中。美国不相信日本会背信弃义偷袭珍珠港，不相信中国会参与朝鲜战争，也不相信 1956 年我们的亲密盟友——英国——会因为苏伊士运河事件而发动战争。此类教训不胜枚举。在个人生活中，保持乐观心态有益身心，是件令人羡慕的事，但在职业情报分析工作上，我们要防止出现盲目的乐观态度。

二是很多美国人（尤其是军人）深信，由于美国超强的军事实力和科技实力，军事准备不足的落后国家很少敢叫板美国。这也许是为什么美国人不愿相信装备落后、教育水平不高的中国军队敢于在朝鲜战场上与美军作战。这种想法也盛行于越南战争初期，尽管这一次我们比在朝鲜战争中清醒得早一些。

有些国家的人民为了国家事业与目标，坚持与比自己强大的军队（当然包括美军）开战，这在我们看来是不理智的错误选择。强国总是胜过弱国。我们应回顾一下过去所犯的错误，记住对预警来说至关重要的是，理解敌人是如何思考的，搞清楚对其而言何为重何为轻、其不惜一战究竟为何。这甚至比掌握敌人作战部队的位置和作战能力更为重要。

在研究政治性征候预警情报时，一种关键能力就是要洞察和理解其他国家的各种重大目标和优先选择，或其他国家在某个具体问题上的战略重点。本书在后面讨论有关政治性征候的章节中（特别是在第 19 章和第 20 章），将更加详细地讨论这个问题。

考虑各种假设

为解读一整套数据而设置多种或替代假设，是科学分析的基本方法。但令人惊奇的是，我们在解决预警情报问题时，却很少用到这一方法。人们对某一特定的情况或信息，可能有不同的解释，比如一幅有关最新建设活动的照片，看上去既有可能是刚开始建造的导弹发射基地，也有可能是一个民用工业建筑。尽管如此，通常情况下，没有人会耗时费力去分析所有有关复杂形势的情报，看它们是否存在证实敌人各种活动的多种不同可能性。美国情报部门有时会编制《国家情报评估》特刊（Special National Intelligence Estimate, SNIE），来探讨事件的其他可能性，但即使是这种报告，也做不到在处理所有事实、考虑所有可能后再做出判断。即使是这种报告，通常也只是泛泛地讨论一下情况的各种其他可能，而不会对相关信息进行细致的分析。也有例外，比如对一些关键军事主题，我们倒是可以细致分析各种可能性。但是，总体来说，各种情报评估报告都不会去细致地考查大量详细信息，也不会去考虑可以解读这些信息的各种假设。情报界召开的其他各种研讨会，就更不可能细致考虑各种其他可能性了，除非有关方面特别强调要这样做，这还必须是在允许所有能研判该情况的人都参与的情况下。

理想情况下，预警情报部门应该能召集一个论坛，来考虑各种其他可能的假设，但实际常常并非如此。掌握大量最详细知识的分析人员，应该时常与其他部门的分析人员坐下来，共同研讨有关预警情报问题，但实际也并未能做到。通常情况下，各个部门通过对有关情况的分析得出本部门的“意见和观点”，而在跨部门研讨时，讨论的正是这些“意见和观点”，对具体情报本身根本不讨论。这将导致我们不能对各类不同的假设给予足够的考虑，有时甚至不进行任何考虑。整个情报系统没有一套制度可以确保，系统内有一家情报机构可以分析所有的证据，并且完全细致地考虑所有可能的解释。

导致这种现状的一个原因是，在危机期间或萌芽阶段，会有海量的信息汇集到分析人员那里，仅是筛选和初步的处理就会占用情报分析人员绝大部分时间。简单地说，不管你以什么方式去处理这些信息，你都会觉得人手不够，更不用说耗时费力，把每条信息与各种替代假说逐一进行比对分析了。

这的确是个严重的问题。在这种情况下，分析人员的确需要时间去思考——要耗时费力地仔细分析手头每条信息，分析它到底意味着什么，或可能意味着什么。就像在本书前几章提到的，在危机情况下，大量事实可能会被遗漏，这些被遗漏的事实有些极其重要。假设能对这些重要的事实做充分的评估和考虑，本来是足以改变原有情报判断结论的。

在这种情况下，情报部门的主管们或情报委员会的主席们最需要做的，就是想办法确保所有相关或可能相关的信息，能够汇集到一起，集中研究，同各种假设或可能的路径进行比对分析。在各种假设被验证之前，我们必须确保详细考察所有的事实。

如果这些都能做到，那么我们就能根据各种替代假设，客观考虑每一条信息的含义和重要性，这会让我们大开眼界。任何方法，只要能使情报分析人员个体或团体仔细审查和评估每一条信息，几乎都能改善我们的分析工作。情报分析人员根本不需要使用高深的数学定理或者统计学方法，来确保这些情况的“可靠性”或“客观性”。我们审视信息的目的，只是要确认每一条信息“是”“否”或“可能”预示着敌人准备采取以下几项行动；（1）敌对行动；（2）和平；（3）全面战争与绝对和平之间的多种不同阶段；（4）非上述三种假设。

要求分析人员仔细分析每一条信息，并对信息本身、信息有效性或信息与不同假设的相关性得出判断结论——这实际上是各种信息研究体系或理论中的基本观点，旨在帮助提高信息分析工作的客观性。这些理论或方法中目前最受欢迎、最著名的是“贝叶斯定理”（Bayes’ Theorem, 本书将在第 36 章详细讨论这种方法及其他相关分析技巧）。在采用“贝叶斯定理”时，对每一条信息做出分析和判断只是第一步。接下来，分析人员列出每一条信息的可能性比例，然后汇总这些结果，使用数学方法计算特定假设为真的可能性分别是多少。这种分析方法背后的理论认为，分析人员在分析处理特定信息时还能比较客观分析问题，而要其在大量信息的基础上得出一个总体结论时，他就不那么能保持客观了。因此，运用“贝叶斯定理”可确保得出的最后结论更加客观。

“贝叶斯定理”应用到预警情报分析中是否有其优点与价值，笔者没有资格断言。这种方法还处于实验阶段，其价值有待证实。然而，赞同采用这种分析方法的人却忽视了，其最可取之处是它的第一步，最要紧的也是第一步，即设立各种假设并要求情报分析人员将所有情报对照着各种假设去评估。只要在所有危机中都能做到这一步，不管是不是接着使用了数学公式和量化分析方法，情报机构的分析工作就已经进步了。因为“贝叶斯定理”（或任何其他类似方法）的优点恰恰就在于，它可以引导情报分析人员面对与他已经采信的假设相抵触相矛盾的信息，通过思考去客观评估这种信息，而不是对其视而不见。

在预警情报工作历史上，预警分析人员和各种监视委员会取得的巨大成功有一个共同点，即都对各种信息本身及其与战争或和平的相关性做了仔细和客观的分析评估。任何需要个人或集体应用类似准科学方法进行数据分析的系统分析方法，都会对改进预警分析工作带来益处。一位杰出的前美国监视委员会主席曾反复强调：情报报告的内容和报告的行文组织结构都不甚重要，确保认真细致地查证并评估每一条潜在征候才最重要。

这一方法的优势不仅在于不遗漏有价值的情报事实，更重要的是没有遗漏任何一种假设，尤其是那些令人感到恐惧、不受欢迎、与主流意见相矛盾的假设或“舆论氛围”。要处理好预警情报，最根本的一点是使情报部门能够客观地考虑各种假设，尤其是那些与多数派意见、已接受的既定原则及现成的评估观点相左的假设。除了要求分析人员更加努力地进行分析外，还需要确保分析人员能够在分析问题时保持分外的客观，并乐于直面少数派观点，即使这些少数观点可能会要求采取积极、艰难或危险的应对行动。

就预警而言，我们不需要去关注已经被多数人接受的观点。我们应该关注的是那些还没有被多数人接受的观点，这些可能仅仅是初步的假设，还没有得到大多数人的认可。人们脑中普遍存在一种不愿接受新观点的惰性；除非形势出现特别异常的变化或者出现一点都不模糊或确凿的新证据，否则人们很难改变秉持已久的旧观点。即使涉及的问题不那么重要，人们还是不太喜欢改变已有观点。当涉及特别重大问题时，如果新的观点不受欢迎或与当前我方的国家政策相悖，那么前述那种对新观点或假设的冷淡态度，甚至会恶化为公然、彻底的敌视态度。预警部门必须确保不出现这种恶化的情况。无论各种新的假设和新的观点有多么不受欢迎，与主流观点多么不同，都必须根据其情报价值给予同样的重视。

第 12 章
何为优秀预警分析人员

据笔者所知，到目前为止还没有人研究过预警分析人员的必备素养这个课题，也从来没有著作讨论过这个具体问题。因此，笔者提笔时未免有些踌躇。不过，好在越来越多的心理学家和其他研究人类行为的科学家，已逐渐开始深入研究人们是如何思考的，人们的基本智力和心理态度在多大程度上是在早年时期就形成的，又在多大程度上可以通过后天训练来修正。运用这类研究成果，我们可以深入研究如何选拔和培训各类情报分析人员（尤其是预警分析人员）。

不过，本章的大部分内容只是会提到上述心理学家的研究成果，并不会完全以这些心理学家的研究为基础。本章内容的基础来自笔者在历年来多次危机事态中对很多情报分析人员种种表现与态度的观察。因此，本书对这一问题所持的观点可以说是比较主观的，也无疑会引起一些争议，但它们并非只是我从亲身经验中得出的直观感受。

任何曾经在情报领域从事过分析工作或其他类似脑力工作的人，都可以从众多情报分析人员同事中分辨出哪些人值得信任，他能看出来哪些人工作努力、判断认真，他能分出“好”“坏”。（情报分析人员的上级主管领导们也能有这样的眼力就好了。）以下将要列出的几种智力能力和个人素养，对从事任何领域的研究工作可能都很重要，但其中有些素养和能力要求显然是专门适用于预警情报分析的。

基本的情报素养

优秀预警分析人员（及优秀情报部门主管）必备的素养和能力有很多，但以下几项尤其重要。

1. **对知识有强烈好奇心**。比起其他各类情报研究工作，征候分析更需要情报分析人员具备将各种可靠性不确定、含义可疑的情报碎片拼合起来的能力。除非情报分析人员着迷于未知情况和问题，并将每一个新的信息碎片都看作是对自身想象力的一个挑战，并且具有不解决所有疑问、不找到所有信息间的关联就决不罢休的精神，否则，他们会感到预警情报工作毫无吸引力，简直是漫长的苦役。最适合从事预警情报分析工作的，是那些喜欢追求真相、不满足于对问题只给出现成或简单答案的人。这些人会觉得正在酝酿的危机是有趣的谜团，他们对这个谜团总是割舍不下，片刻不能忘怀，非要解开它不可。只有对预警情报研究有如此强烈爱好的人，只有好奇心永远难以满足的人，才可能成为一流的预警分析人员。

2. **具备开展深入研究的能力**。不幸的是，预警情报分析这项极富吸引力和挑战性的工作，也包括一些不那么具有吸引力的具体工作。就像自然科学研究中，人们经常不得不重复做一些看起来没完没了的实验及其他单调乏味的工作一样，在研究预警情报时，也有大量磨人耗时的工作要做。情报分析人员要一点点积累无数情报碎片，并将其分类、编辑，没有任何设备可以免去这种苦役。有人认为，计算机可以替代分析人员从事部分单调的工作，但是对各种碎片信息进行挑选、分析并输入电脑的工作还是要人来做，而且这种工作还只有经验丰富的分析人员才做得了。所以可以说，不管采取何种辅助分析工具，大概别想能找到法子，帮助情报分析人员干那些耗力而单调的细活。优秀的预警分析人员仅靠对工作的兴趣是不够的，他们还必须具备从事细节研究工作的能力和意愿。

还要补充说明一点，这种关注细节的能力不仅是优秀预警分析人员必备的素养，对各级情报主管乃至各情报部门的领导来说，从事细节研究工作的能力也是至关重要的。据我个人的经验，如果一个情报主管不愿对所有细节性、实质性的工作负责，不愿看细节性的基础情报材料，或认为主管的职能应该仅限于单纯的行政管理或监督方面，那他肯定算不上一个优秀的主管。美国情报系统自中层直至最高层的领导当中，既不乏杰出人物，也有不少平庸之辈。杰出领导必备的一项素养，就是要完成自己的家庭作业。

有一句古老的俗语，一般是对那些想张罗一次完美无瑕晚宴的女主人说的："细节可以成就完美，但完美可不单是靠细节就够了。"这句话也可以用来形容征候分析人员的工作。

3. **具有想象力**。本书之前的章节提到过这一点。从最基本的意义上来讲，正是想象力使得情报分析人员能够透过事物的表象，去理解异常或特殊动向的暗含意义，并能像其他人一样设身处地地了解情况。这是一项所有具有创造性思维的人都必备的素养，情报分析人员自然也不例外。尽管单是靠想象力丰富不能成为优秀的情报分析人员，而且人们在分析问题时如果太富于想象力，也会对现实情况视而不见，但我们仍不能否认想象力丰富是杰出情报分析人员的一个共同特点。在预警情报工作中，很少会出现形势清晰明了、显而易见，且无须整编"事实"和利用想象力去分析问题的情况。毕竟，如果我们面对的形势都是那么浅显易解，那可能根本就不需要去做什么情报分析工作了。

4. **有好记性**。有些研究成果表明，良好、持久的记忆力是完成任何分析工作都必需的最重要因素之一，而且记忆力这个因素在智力成果中所起的作用被严重低估了。姑且不论这些研究所说是否确实，但拥有良好的记忆力对情报分析人员来说无疑价值巨大。在几天或几周前被我们抛弃一旁且几乎忘却的信息中，可能就有我们错过的重要线索。时间紧迫是情报分析人员面对的最大困难之一，如果某位情报分析人员能仅凭记忆就迅速记起貌似渺小琐碎的某条信息，而不用去文件夹中费力查找，那与其他记忆力不好的人所做的工作相比，他的分析工作就更胜一筹。记忆力的好坏甚至可能决定分析结论的正确与否。事实证明，动机和兴趣是决定记忆力好坏的关键因素。人们通常能记住自己感兴趣且认为重要的东西，记不住或会忽视对自己来说不重要的东西。拥有惊人记忆力的优秀情报分析人员，可能能够记住其他人都忘记了的重要征候，却不一定能记住不如征候重要的其他事实。因此，对优秀的征候分析人员来说，过滤型记忆——既要基于个人兴趣和专业知识选择性记忆，又要有那种对事情（不管其重要与否）普遍记得清记得牢的单纯抽象记忆能力——是必需品。

5. **能分清事情的轻重缓急**。还有一项素养，就是要能够分辨哪些是不重要的信息，或哪些是与手头待解决问题无关的信息。即使是在各自的专业领域，人们分辨重要与非重要信息的能力也有很大差别。很多情报分析人员和情报主管易被并不重要或与问题并不相关的信息干扰，其人数之多令人惊讶。当前，情报问题都非常复杂，预警情报问题更是最复杂的问题之一。情报分析人员通常都要在巨大的压力下工作，很容易迷失在大量涌入的可信度不同、重要性各异的情报资料中。如果情报分析人员不能区分何为重要信息、何为不重要信息，他们就很有可能在大量信息中迷失方向，看不到本应该考虑的重要信息。他们可能会被一些危言耸听、华而不实的不精确情报报告所蒙骗，花费过多的时间去研究一些惹眼但实际上与问题不相关的信息，同时却忽视、错过了另一些与问题相关且重要的基础情报。

究竟是什么导致分析人员不能分辨对解决问题来说重要的情报，并错误地分配了自己的精力呢？当然，部分原因是分析人员智力不足。另一个原因可能是，分析人员缺乏足够的教育和培训，无法区分所考虑问题或所处理信息的类型。本来，我们不应该让不具备某专业领域资格的人（不管他有多机智）对该专业领域具体问题做出分析判断，但不幸的是经常发生这样的情况。（分析人员也常抱怨其专业特长被忽视。）但是，人们还是会自然地感到，除了以上两个明显的原因外，还有其他原因。这些原因有：有些人不仅智力不足，在“常识”方面也有所欠缺；还有些人习惯于模糊思考，缺乏逻辑，因此就不能发现重要信息并集中精力进行研究。出现上述情况时，富有远见的情报研讨组主管或委员会主席应该专门对所面临的问题给出清晰精确的定义，然后要求分析小组或情报分析人员对每一条信息的重要性及其与所面临问题的相关性做出评估。这种做法往往能帮助情报分析人员把注意力集中到那些重要且相关的信息上来，而不去白费精力关注那些不太相关的信息。这种简单的做法可以起到惊人的效果。是否具备这样的能力，是区分情报分析人员优劣和情报主管优劣的一个标尺。

6. **善于接受各种假设**。我们在前面的章节中已经讨论了，情报分析人员在分析问题时充分考虑其他可能假设（包括不受欢迎的或少数派观点）的重要性。不幸的是，并非所有受过大学教育的情报分析人员都具备考虑多种可能答案的能力，这与人们的认识有所出入。这种能力明显和看问题的客观性相关。在各种关键的征候或预警情报工作中，总是有人只考虑唯一一种假设或唯一一种问题解决方案。他们好像铁了心坚持对对象国可能采取的行动只做出一种判断，他们不是根据数据来得出结论，而是只挑选与其结论相符的数据去支撑其固有判断。他们的逻辑思维完全被感情和先入之见所取代了（更多有关此问题的讨论可参阅本书第 10 章）。

情报分析人员即使努力刻意要求自己在分析问题时保持客观，不要受感情干扰，要想做到完全不带感情地去考虑两种或两种以上假设，也并非易事。特别是在无论是用主观感情的标准还是用科学论证的标准都无法证实某些事实的情况下，或者根据经验判断很难确定这些事实与各种假设的相关度高低时，更难做到这一点。再加上我们常说的“数据本身并不会说话”，就导致在预警情报工作中考虑多种假设虽然如此重要，却是如此困难。千万不能想当然地以为做到这一点很容易。在分析工作的每一步，我们都必须刻意确保要像看待主流观点那样，重视和考虑各种不受欢迎的假设（或那些如果确实为真，军事统帅或决策者将不得不采取某些艰难行动的假设）。面对问题时，情报分析人员若能不带个人感情地客观评估各方不同意见，将是一笔巨大的财富——不过这还要有个前提，就是给他们表达观点的机会。

7. **能严谨地表达观点**。如果情报分析人员能够准备好一份推理严密、论证符合逻辑的情报分析报告（书面报告及口头报告），他们就更有机会向上级当面汇报，让自己的观点被上级听到。分析工作做得再出色，如果不能以可读性强的形式将思考的成果表达出来，并分发给需要知道该情况的相关人员，那也无济于事。当然，并不是所有研究工作做得好的人都能很好地表达自己的观点。有些优秀的研究人员文笔很好，但写不出好报告。还有些人则是文笔好，但口头表达能力非常差。听过这种人一次口头报告，就不想再听第二次。让这些写作或口才差一些的人接受适当的培训当然有所帮助。尤其是让那些口才差的人接受公共演讲方面的培训，并给他们一些参加情报工作口头报告会的机会，是能收到较好效果的。他们在提高了口头表达能力后，就可以得到更多的机会，让自己的观点被上级听到，反之就会缺少这种机会。

本人（或让其他人）将自己的研究成果以比较好的文字或语言表达出来，是一项非常重要的能力。有些经过认真研究的成果，只因为表达得太差，反而没有那些表达比较流畅但没有太多内涵的研究成果有说服力。如果某位情报分析人员没有表达方面的天赋或没怎么受过这方面的培训，那么他必须努力改进，或请他的情报主管提供帮助，而情报主管则应该安排他人帮助其完成书面或口头报告，并代他口头汇报，这样就不会仅仅因为没有表达能力强的合适人选，而白白浪费了优秀的研究成果及其背后的心血。

8. **能做到客观公正**。我们在前面讨论过这个问题，但在这里还要强调一下。可以说，所有情报分析人员都应该追求“客观、客观、再客观”的目标，征候分析人员尤为如此，征候分析人员的上级主管和更高层的各级领导也是如此。情报部门的各类从业人员必须共同尽责努力，确保不出现感情和先入之见战胜理智的情况。

性格和脾气方面的素养

对于情报分析人员和情报主管来说，仅具备前述智力方面的素养还不够，他们还需要具备一些性格和脾气方面的素养。

1. **兴趣与动机**。兴趣与动机的重要性怎么强调也不过分。情报分析人员光在知识方面有了难以满足的好奇心还不够，必须要对某些问题产生浓厚的兴趣。这些兴趣可以驱使他们将其强烈的好奇心应用到对手头问题的研究工作中去。一个人显然不能对太多问题都充满好奇心，也不能不加区分地让自己被这些问题吸引，而应该将自己的精力用于研究最感兴趣的某个特定问题。简单地说，成功的预警分析人员不能让自己被所有难题普遍地吸引，而只能将自己的兴趣集中于预警和征候方面的难题之上。这点至关重要。无数的研究成果表明，在通往成功的道路上，强烈的兴趣、动机和激情是比聪明的大脑更重要的促进因素。优秀的预警分析人员有一个共同点：他们都是在自己感兴趣的专业领域取得超出预期的成绩。

2. **兢兢业业**。再聪明、再有想象力、记忆力再好的人也不能坐享其成，而要付出努力去研究问题。光是脑袋聪明，不卖力气下功夫去研究情报材料是没有用的。面对危机时，仅仅是单纯的体力好，能长时间加班熬夜，也是很重要的一种能力，有时这种能力甚至比其他智力方面的能力更重要。即使不在危机时期，只要情报分析人员对所研究问题存在高度兴趣，就会产生某种激动情绪，这种情绪可以让其长时间保持研究问题的热情。在没有人要求情报分析人员做特别的分析工作，也没什么人对其研究的问题感兴趣时，情报分析人员仍应坚持勤奋工作。显然，在所面对的问题和研究对象都不太受关注的情况下，之所以有人愿意加班努力研究，主要是因为他们自身想研究该问题，而不是因为受到外来的激励。

3. **主动进取**。预警问题比较独特，出现频率较低，没有明显危机时人们对征候的兴趣并不高，种种这些原因要求预警分析人员必须在工作中有极高的主动进取心。研究其他问题的情报部门中，上级总是会不断提出各种情报需求，情报生产流程一般都会相对固定，而预警分析人员通常必须自己主动地去发起对某个专题的研究项目。此外，他们还必须要为自己发起的这个研究项目创造市场，寻找愿意购买的买家。从笔者在预警情报部门工作20余年的经历来看，在所有预警情报研究中，应上级或某方要求而完成的预警情报研究占比不会超过10%（每周一份的例行预警报告除外）。撰写本书也是笔者自发的。几乎所有有用的预警情报研究都是由分析人员主动发起的，因为他们觉得常规的情报体制对某个问题或危机重视得不够，需要给予更多关注。然而，预警分析人员主动独立发起研究项目的努力很可能会遭到敌视和抵触。他们不会受到赞扬，反而会因试图吸引关注而受到非议。不用讲，在这种逆境中顶住压力、坚持主动发起研究项目，需要预警分析人员具有极强的主动进取心。

通常，提出新观点不会获得奖赏。大部分情报分析人员会发现，想让日子过得舒坦，就不要主动发起什么新的研究项目。最打扰其他情报人员安稳日子的方法，就是提出一些新的观点，认为整个情报界错过了某条重要的情报，对某条重要情报做了误判，或指出已经出现了情报失误，逼迫决策层很快做出艰难而危险的决策。

4. **独立判断**。在属于少数或气氛不利于己的情况下，分析人员要想仍然提出某些倡议，必然需要具备进取心和意志力。在做出各种判断的时候，预警分析人员总是会发现自己必须独自做出决定。实际上，只有那些具备独立判断能力的人（这种独立判断可能与大多数人的主流观点相左），才适合从事预警情报分析工作。那些轻易就附和主流观点或仅因其他人反对（特别是其上级反对）就动摇自己观点的人，对预警情报分析工作是没有什么贡献的；反之，他们实际上会成为预警情报分析工作的障碍。有些部门是专门为生产独立情报分析产品这一目的而设立的，但被分配到上述部门的一些情报分析人员，却根本无法提出有别于其上级主管或上级部门意见的观点，不能唯实，只会唯上。一些被称为所谓“忠诚”的雇员，总是坚决维护本部门利益，遇事的基本原则是“不管对错，都要支持本单位的观点”。整个情报部门中无疑也有适合这种人待的地方，但是预警情报机构中应该不需要他们。在预警情报部门中，总是赞同多数派流行观点的人是没有意义的，还不如干脆不要请这样的人。

一个人只有在对自己的能力和观点有充分的自信时，才可以做到独立判断，并在自身观点受到批评时捍卫和坚持自己的观点。通常来讲，通过积累自身经验或阅读历史资料的方法，可以帮助人们树立自信心。本书前面几章提到过，历史表明，在许多（也许可以说是大多数）涉及危机预警问题的事件中，做出正确判断的都是少数几个人。这少数几个人独立做出的推理严密的判断，往往就是正确的判断。

5. **敢于犯错**。大概没有人喜欢承认自己错了，让人承认自己智力判断出错和论点出错，就更让他难为情了——这种认错就是承认自己有点傻嘛。这种错误有损自己的职业尊严，而不像赌马或玩牌，搞错了无关紧要。在各种脑力工作中，这种尊严感是很重要的，在情报研究工作中也是如此。对决策者而言情报的准确性非常重要。因此，任何情报部门或情报分析人员都不愿在决策者面前，承认自己对某个关键问题的判断结论出了错。这会导致两方面的结果。一方面，无论是情报分析人员还是情报部门都会试图避免给出特别明确的判断，因为明确的判断总有可能出错。另一方面，情报分析人员或情报部门做出判断后，为了怕认错就不管对错始终坚持自己的观点，所以出现错误判断后极难主动纠正。一位杰出的前美国决策层官员（也曾是情报界的高级顾问）说过："人们不顾是非维护自己固有立场和观点的恶习，是情报界最危险的困难和阻碍。"

情报界和决策层认为情报机构不能犯错，或认为情报机构就算犯了错也绝不能承认，这种错误的老观点早该纠正了。如果情报分析人员因为怕犯错就不敢得出结论，或总是不愿承认自己犯了错，可能会导致情报工作的停滞。他不仅会因为过度谨慎而不能集中精力工作，还可能无限期地推迟撰写任何与其之前情报报告的观点相矛盾的报告。他甚至可能因为害怕承认自己错了，就完全压制能驳倒他之前观点的证据。

情报分析人员个人承认错误的能力，或甘愿冒犯错风险的精神，并非仅仅源于其道德的高尚，也源于他的成熟，他对自己能力及所做判断的自信。只有那些由于各种原因对自己的职业素养和个人能力没有自信和底气的人，才总是坚定地为自己先入为主的观点辩护，才最不情愿承认自己可能犯了错误。

这个问题不是情报分析人员个人的问题，整个情报界（上至最高决策层）都应该接受情报机构可能犯错的现实，不可能指望情报机构永远正确。权威人物期待情报工作完美无缺、万无一失的想法不仅可笑，而且危险。人难免犯错，只要能得出有用、不模糊的判断就好。这种判断只要大部分情况下是正确的就好，偶尔有误也正常。再怎么样也比根本不敢、不愿拿出一个不模糊的判断要好。在预警情报中，不敢、不愿拿出一个判断的做法，才是最致命的错误。

6. **淡泊名利**。如果情报分析人员兼具上述所有优秀品质，他注定要顶撞整个老旧的情报系统，不断与官僚主义抗争，还会时不时冒犯自己的同事和上级。他完全不应该指望能获得多少传统意义上的奖励和认可。

优秀的情报分析人员也不应该期望自己广受欢迎。实际上，他的工作干得越出色，他可能就越不受欢迎。那些总是对事实提出挑战性看法、对其他人（尤其是上级）的推理和分析提出质疑的人，是不可能受到高度赞赏的。尽管他是正确的，但是这丝毫不能帮助他获得别人的赞赏。矢志在预警情报领域做出杰出工作的人，必须从一开始就接受一个事实：他的工作不会得到很多认可，他不大可能成为诸多奖项的获得者。如果他的观点与同事有尖锐冲突，他还可能不得不与朋友争吵一番。

预警分析人员还可能不断被挫败感所困扰。因为在平时，大多数人对预警征候不感兴趣，他们不愿意被看起来还很遥远的麻烦难题所打扰。到危机来临的时刻，情报分析人员又很难让人们听到自己的观点，更难说服人们相信他所说的话。在这两种时刻，情报分析人员都可能发现，愿意咨询他意见的人并不多，因而会感到自己所做的工作大部分是无用功。

要说认真做预警情报分析工作的情报分析人员会得到奖励，恐怕只是自己主观上的感觉，而不是可以看到的实际奖励。这种奖励来自对相关问题的浓厚兴趣与痴迷本身，还来自情报分析人员对未来的希望——希望紧要关头总有人最终会听他的观点。

7. **敢于担当**。最后但绝非最不重要的一点是，优秀的情报分析人员必须对他人有一份责任感。情报分析人员必须意识到，他个人的工作（即使他所做的工作是错误的）有可能为情报界形成判断做出贡献，而情报界的结论对保障美军及盟军的安全都至关重要。

如果情报分析人员并没有这种对他人生命安全和福祉的责任感，而只是像搞学术研究一样去研究预警问题，或者觉得自己只是负责分析，应对和解决问题是别人的事，那么在真正的危机中，他就不能真正地胜任预警情报分析工作。令人惊奇的教训是，在 1950 年夏天，美方有些分析中国军队问题的专家们好像根本没有意识到，他们对中国军队动向的判断可能会关系到数万驻韩美军将士的生命安全。他们总是觉得，可以等到下个月或次年再去判断成千上万中国军队调动的目的地在哪、其意图何在。他们似乎忘记了这不是学术研究，也好像不理解如果他们对中国能力和意图判断失误，其危害程度是要用美军士兵的生命去衡量的。他们好像觉得打仗是别人的事。

的确，情报分析人员可能只是庞大情报机器的一个小齿轮。这台机器越是庞大，机械结构越复杂，每一个小齿轮的重要性也就越低。尽管如此，情报分析人员必须相信自己所做的工作可能影响全局，也必须意识到自己对国家安全负有责任。他不能认为，对国家安全这种大事，他不管自会有人管。

在预警情报工作中，你就是战友和同胞的守卫者。

预警分析人员可以训练出来吗

乍一看，本节的标题似乎提出了一个愚蠢的问题。对这一问题的回答好像自然是肯定的：当然可以通过训练培养出优秀的情报分析人员，事实上我们也一直在培训相关情报分析人员。优秀的预警分析人员自然也可以通过训练培养出来。但问题其实没有这么简单。

以前人们一直认为，可以在人成年后对他进行重新教育，训练他，教他如何思考。但是近年来一些有趣的研究成果对此提出了怀疑。这些成果表明，这是不可能成功的。例如，在 1968 年 12 月召开的美国科学促进会（American Association for the Advancement of Science）年会上，罗伯特·B. 里弗顿（Robert B. Livingston）博士提交了一篇论文，认为人类大脑的思维模式（不只是心理思维模式，还包括生理思维模式）在 12 岁之前就已大致固定，在 12 岁之后意图改变人的思维模式是非常困难的。这其实不是新观点，只是给老观点提供科学论据罢了。不是有句俗语——“三岁看小，七岁看老”？

一些以人类大脑思维为研究对象的科学研究项目，旨在探究不同个人或作为组织和文化群体一员的个人，在各种不同场景下是如何思考和反应的。这一类研究可能最能启发和帮助我们加深对情报分析过程和决策过程的理解。笔者认为，对人类自身思维模式等行为科学的研究，对改善情报工作大有裨益，而且比起当前情报界全身心投入到计算机辅助分析领域的研究，这一类研究更能改善我们的情报工作。不过，行为科学的研究取向也是一个极富争议的领域，实际上也可以说这个研究领域是危险的。

一个人在预警情报领域待得越久，就越能认识到预警工作其实主要包括以下方面：人们如何思考；如何推理；如何综合地看待各种事实证据；通常需要掌握多少证据才愿意给出判断结论；通常需要掌握多少新证据才愿意推翻自己先前的判断结论。我们先要更好地认识到这一点，然后才能决定应该给预警分析人员开展什么样的训练。我们要搞清楚，对于预警情报分析而言，到底是否存在一种基本的分析能力——这种基本的分析能力应是在人成年以前就习得了的，若没有习得，人成年以后再想去教他也是枉然。我们当然都见过那种对有争议的问题持过于保守态度的人，还有那种除非面对极肯定的证据否则就不愿给出任何判断结论的人，这两种人在预警危机事态中简直可以说是毫无用处，甚至会帮倒忙。对于上述两种性格的人，恐怕再怎么培训，也没有办法把他们变成感觉敏锐的预警分析人员。这些人基本上可以说是无法改变的。这并不是说这些人选择从事情报工作是入错了行，只是他们确实不适合在预警情报领域工作。

有的人具备了上述那种在少年时就习得的情报分析能力，也有把预警情报分析工作干好的热情。但我认为，这还不够，他们还有很多要学的东西，或者说有很多东西可以教给他们。我们也应该为各级情报主管和有情报需求的各级政府官员安排大量培训，也有很多东西应该教给这些人。如果一个人善于接受从真实预警情报案例中得来的经验教训，他可以学到很多有益的东西。总之，从历史和他人的经验中，我们可以学到很多东西。这也正是我要写本书的原因。

第四部分

军事分析的具体问题

第 13 章
军事征候的重要性

由于各种原因（其中有些原因很明显，有些原因大家认识还不够），对军事情报资料和征候的搜集和分析，在预警情报分析过程中占有极重要的地位。到目前为止，预警指标表上列出的大多数项目，关注的都是敌人的军事活动及其相关活动。同样，到目前为止，情报搜集工作的大部分精力，都花在了对有关敌方军事实力、作战能力和部队活动情报的搜集上。近十年来，我们花在军事征候搜集上的精力越来越多，这主要是由于搜集技术有了许多突破，将来我们能搜集到的军事征候的数量还将继续增大。搜集能力的提高是否能大大提高我们整体的预警工作能力，目前尚不确定，不过美国情报搜集的时效性确实大大提高了。可以肯定，情报界花在军事征候搜集和分析上的精力将会越来越大，因此，军事征候的地位和作用将更加重要，至少征候分析人员在军事征候分析上必须比过去花更多的时间。

为何军事指标如此重要

本章将讨论为何情报界在军事征候上花费大量精力，以及为何该征候如此重要，这些内容虽然显而易见，但值得一提。(政治征候与军事征候恰如一枚硬币的两面，本书后面的章节还将论述政治征候为何也很重要。)

第一，也是最明显的一点，军事准备活动是发动战争的前提。如果其他国家不具备针对美国或盟国发动战争的军队和武器库，我们就不会存在预警情报问题了。那些在军事上没有准备好的国家，即使与美国之间存在其他纠纷，从战略预警的角度而言也不值得我们去关注和重视。我们关注的重点是敌方对美国进行军事打击的能力有多大，而不是其在政治上对美国的敌对性有多强。因此，我们花在军事征候搜集上的力气，也比花在政治征候搜集上的力气要多。

第二，许多军事准备活动（尽管谈不上全部军事准备活动）是易于觉察的，或至少是可能被我方识别的。如果情报搜集力量部署到位，部队及装备调动、扩充等情况都是可以观察到的。历史表明，一般来讲，军事准备活动声势越大，征候越明显，就越容易被观察到。但是大规模杀伤性武器及远程武器输送系统的出现，显然可能改变上述情况。当前从理论上讲，装备齐全的一国在不进行任何明显实质准备的情况下，就可以实施灾难性的核打击。大多数分析人员认为，一国在实施如此可怕和危险的核打击行为时，不可能不出现其他潜在可察觉的军事征候或政治征候。大多数人认为不会出现那种完全意义上的核突袭：敌方在两国关系未明显恶化或未做任何军事准备活动的前提下，就直接对美国发动突然性核打击。还有一种情况，就是两国关系已经逐步恶化到敌人可能对美国发动核打击的程度了。这种情况下，核打击时代的到来并没有降低军事征候的重要性，而且恰恰相反，情报部门得花费更多精力搞清楚敌人发动核打击必须采取哪些辅助性军事准备活动，并想出各种方法去搜寻此类活动的踪影。

我们在近几年几场危机事态中得到的教训是，那些传统上被认为是敌人发起攻击前通常会采取的可觉察的军事准备活动，仍然是重要的指标。在中国参与朝鲜战争、苏联出兵匈牙利和捷克斯洛伐克等几次事件中，军事征候的价值凸显。军事征候不像政治征候那么模糊暧昧，在衡量和预测敌人可能即将采取的行动时，军事征候是更好、更可靠的依据。此前不久，情报界一直有一种颇为流行的观点，认为苏联有可能悍然发起对西方各国的袭击，而西方对此种军事准备将毫无辨识能力。情报界为此深感担心和害怕。（结果，苏军及华约缔约国军队在出兵捷克斯洛伐克前进行了大量军事准备活动，这减轻了我们的担心和恐惧。）军事征候有时也被称为“硬证据”，其在预警情报中仍然具有重要地位。

第三，另一个导致军事征候愈加重要的因素是，展开军事准备活动的成本很高，而且是越来越高。实施政治宣传战或进行军事、政治威胁，甚至小规模调动部队（比如几个团的兵力），这些行动的成本是较小的。但如果是动员多达 50 万预备役军人，大规模远距离调动主力部队，或者要紧急生产大量新型战斗机或登陆艇，其人力物力的投入显然是巨大的。

这种大型且代价昂贵的军事准备活动，尤其是那些耗费大量纳税人税金的军事准备活动，或者以损害国内消费者利益为代价将大量民用国家资源转为军用的活动，能反映出一国或至少该国领导层如何看待其所面临问题的严重性和重要性。因此，这些昂贵的大型军事准备活动是表明国家优先事项的重要征候。毕竟，敌人如果仅是为了达到宣示武力的政治效果或虚张声势，可以用其他很多不那么昂贵的办法，大可不必如此兴师动众。

当然，这种大型的军事准备活动或大规模调动国家资源的行为，并不一定可以作为显示国家准备发动侵略行动的确凿证据，该国也许是出于自卫的目的，或者是该国认为国际形势逐步恶化，自身可能不得不卷入冲突中，因此才被迫采取相应行动。但这些行动征候是真实、重要而有意义的，的确可以传达出一个国家意欲何为、为何而战等信息。这些征候还可以表明，采取这种大规模行动的国家已经做出了一些重大的决定。

军事资源分配、军事态势或优先事项的重大改变，不仅仅是实际而具体的征候，也是非常有价值的长期性征候。我们可以据此提前调整自己的优先目标，不仅能在情报搜集和分析方面做一些相应的准备活动，更重要的是，可以对军事准备和资源分配做出相应的调整以应对不测。如果我们正确地认识和理解敌人这些动作背后的意义，那么即便我们的短期或战术预警失败，我们也能避免遭到战略突袭。

理解一国怎样发动或参与战争

了解对手。目前，这个基本原则在情报领域比在战略军事预警方面更受重视。分析人员要想明白对手在面临危机时可能会采取哪些行动，首先要学习各种研究材料，了解对手会怎么准备发动或参与战争。

如第 7 章所述，这条基本原则正是我们编制预警指标表的理论基础和依据。经过精心准备和细致研究的预警指标表，包含敌对国家的军事学说、惯例及作战计划等内容，反映了我们对敌国通常进行战争准备的认识。随着我们这方面知识的增长，我们还能编制出更好、更容易使用的各种预警指标表。

但是，一份预警指标表不可能囊括国家发动战争前的所有准备活动项目。当涉及多个国家（例如华约组织各国）时，如果编制一份预警指标表，将我们所了解的各敌国战争计划、具体部队的任务、战时组织和术语、民防准备等情况全部整合在一起，那么这个表往往会因为内容过于庞杂而无法使用。除了针对非常具体的问题或特定地区编制的指标表外，一般情况下，预警指标表的内容都比较笼统。很显然，预警分析人员需要的远不止这些。

在假设其他能力相等的情况下，最能迅速地察觉到某国已开始为可能敌对活动做军事准备的人，是那些对该国的军事学说理解最深刻、对其军事理论著作阅读较多的人。但遗憾的是，基础情报研究与动态情报分析常常是分开进行，因此分析人员对当前动态情报的重要性做出迅速判断时，可能并没有及时掌握准确而翔实的基础资料（相关内容请参阅第 3 章）。

敌人为实施军事行动所做的准备是实实在在的，这是区别于演习或其他和平时期正常活动的一个明显特征。敌人真准备动手的时候，我们可以观测到很多在平时极少能观测到的活动迹象。当然，各种演习演练相当于是对行动计划一定程度的预演（经常是以最小规模的指挥部演习的形式），但绝不会像实际备战那样调动兵力（对此观点有质疑的人应该回顾下苏军为出兵捷克斯洛伐克所做的军事准备）。因此，必须了解并掌握敌方军事学说、军事理论、最近一次实战中的表现、近期部队实际活动中的变化等情况，这些情况在帮助我们预测敌人未来行为方面价值巨大、不可或缺。

所有国家在使用军事力量时，都会在很大程度上严格遵守条令条例和作战理论。参谋人员在学校学了特定情况下该如何应对的知识，那么他将来很可能也会这么做。如果作战理论要求在特定战术环境下合理使用空降部队，那么实战中很可能会照此执行。如果某单位制定的动员方案包含了从民间企业征用卡车的内容，那么部队在准备战斗前十有八九会这么做。如果某国的紧急状态法或战争法规定，紧急状态时要成立一个最高军事委员会（或类似最高指挥机构），或把全国军区直接改编为各作战集团军，当现实中确实出现上述情况时，美国的情报分析人员和情报界应该马上意识到事态的严重性。如果某国兵役法（通常是公开的法规）规定，和平时期征召预备役人员的时间不得超过三个月，若实际情况超过三个月，则可以推断该国可能通过了秘密的战时紧急条令。研究这类问题的专家还可以举出不计其数、不太明显的类似例子。

但遗憾的是，熟稔此类问题的专家通常分散在各个部门，（即使在危机正在迫近时）进行长期性的基础情报研究工作。应该建立一种机制，确保在危机时各方面的信息不会被忽略、遗忘或扔进资料库不管。（应对该问题的一种方案可详见第 9 章。）

要想掌握敌方采取了哪些敌对行动，了解这些基础性资料非常重要，但国家的各级情报部门中，有多少从事动态或征候分析的人员阅读过或研究过它们？多少人知道从哪里可以立即获得所需的已归档或现成信息？无疑，有些官员和分析人员比其他人准备得更好些，但经验表明，没有任何情报部门目前真正做好了完全充分的准备，以应对我们主要潜在敌人所采取的敌对行动。每次重大危机至少都证明了这一点。那些决策和监督层面的人，显然对大量基础信息了解很少，而在危机时这些信息是非常重要的。

那些很少被上报、不受重视的基础性资料，可能在将来的某一天对预警工作至关重要，因此需要由预警情报专家和动态军事征候分析人员进行回顾、研究和整编。相关军事资料的范围非常广泛，包括：条令条例、作战理论、后勤方面的弱点与战时要求、适用法律、动员理论和实践、军事术语、重大军事演练和战争演习、战备状态和警戒程序，以及其他类似的基本问题。此外，我们还应重视研究潜在敌人在近几次危机中的表现，尽管在下一次危机出现时，各种情况不会完全相同。更进一步说，在距今时间较久的二战中，也有很多有用的经验教训值得我们去研究学习。例如，德军发起“突出部战役”前及盟军在诺曼底登陆前实施的欺骗，都是欺骗成功的经典案例。这两个案例可以提醒我们，实施欺骗的作用有多么大（相关内容请参阅第 29 章）。1945 年 8 月，为了对占领中国东北的日本关东军发起攻击，苏军逐渐增兵，这一案例可以生动地说明战略预警和战术预警的区别所在。研究一下 1945 年苏军攻击日本关东军的战役及其之前在同一地区开展的一系列军事行动，我们也许就可以预测，如果现在驻扎在中苏边境的苏军要对中国军队发起攻击，将会怎样采取行动，采取哪些行动。

第 14 章
危机态势中的战斗序列分析

军事分析中最为人所知、最令人尊敬、声誉最佳的领域，正是战斗序列分析。广义的战斗序列几乎包括敌军部队的全部活动。狭义的战斗序列按照参谋长联席会议《美军军语联合用法词典》中的解释，是指“一支军事力量的番号部别、战斗力、指挥体系、人员及组织配备、装备部署情况”。本书全文都使用后一种狭义的定义。

对于预警情报而言，确定敌方战斗序列的相关数据显然具有决定性意义。事实上，预警最终是要以事实数据为依据的，相对而言更复杂的一件事是确定这些事实的内涵并对其做出某些解释性判断，而这是预警工作中最重要的一个因素。其他事实可能也与预警相关或对其具有重要意义，但战斗序列情报中包含敌方军事力量的位置、实力和装备等因素，没有什么比这更能决定敌方有能力做什么了。如第 5 章所述，对于敌方能力的正确理解和评估是判断其意图的前提条件。相反，如果不能正确认识敌方能力则是非常危险的。因此，显然，在预警情报分析过程中，战斗序列分析人员在发布预警中发挥着关键作用，战斗序列分析人员肩负重任。

战斗序列分析方法

由于大部分国家处于和平状态，因此其部队的驻地和战斗力通常保持相对稳定（若有改变也是缓慢变化），对其战斗序列的分析往往是一个慢慢研究积累的过程，分析人员对新数据的接受持保守态度。经过一段时间，分析人员已经逐渐形成一套成熟的方法和标准（这个方法和标准都比较保守），来判定某支部队是否“符合”列入战斗序列的标准。尽管同一条标准不能适用于不同国家、不同类型的部队（例如某条标准可用来判断某支朝鲜空军部队的存在，但对苏联陆军、越军游击队来说就不适用），但这些标准却几乎都是僵化死板的。分析人员还要掌握相当确凿的证据表明某支部队确实存在，包括实力、编队以及驻地等，才肯将其纳入敌军的战斗序列中。战斗序列分析人员还非常希望能获得某支部队准确的番号或代号（至少是一些可以确定的数字或称号）。他们如果对某支部队的存在情况尚有疑问，通常会在战斗序列中将其标记为“无法确认”的状态。这是为了防止重复计算，即这支部队可能正是敌人的另一支部队（已经被我们列在其战斗序列中别的位置上），它秘密换防了，而我们没有发现。分析人员需要对战斗序列进行跟踪整理以防发生变化。在理想状态下，所有部队的存在都是经过确认的，它们的位置、准确番号、指挥员、装备情况都是清楚的，且该支部队的满员率和战斗序列分析中的编制和装备参考表一致。

但是，我们极少能实现这种理想化的战斗序列分析，尤其是当敌方企图隐藏其军事实力时。许多原因都可能导致最后形成的战斗序列分析变得陈旧过时，包括：情报搜集困难或迟缓，战斗序列分析人员承认某新单位存在的标准过于保守，情报分析人员个人观点的偏差，情报机构间或国际情报界间协商的要求，甚至是报告、编辑和印刷过程的迟缓等等。对某些部队的分析可能滞后几年——分析人员一般不愿意承认这一点，而外行根本意识不到这一点。但在战斗序列分析中，战斗序列分析人员往往要间隔两三年，才能确认新部队组建、部队撤销、部队实力提升或下降、驻防变换、番号变更、隶属关系改变、部队转型、部队被一分为二或分成更多分支等。在战斗序列分析中，经年累月地一直弄错某些部队代号，却不能及时发现的情况比比皆是。我们往往是偶然间才会发现，某部队的代号在5年、10年甚至更长时间里一直是错的。通常，对一支部队的各种情况，我们最后搞清的就是其代号。

总之，我们以为的敌方战斗序列和实际的敌方战斗序列，可能永远不是完全相同的。我们最多只能希望自己的分析能比较接近事实，且对于敌方实力和能力的判断没有出现严重错误。过一段时间，我们总会获取相关资料，对战斗序列进行更新纠正——并在下一次印刷战斗序列表时纠正某部队的驻地、名称等信息。有时，太快做出判断会导致出错，又不得不推翻原判。这就不如慢一点或迟一点做出判断，留有修改余地。这是战斗序列分析的基本原理。本文作者只是描述了战斗序列分析中常见的一些基本事实情况，而不是在批评战斗序列分析的现状。

通常情况下，出现这种情况无关大碍，这也是人们对这种战斗序列分析中常见的滞后不太重视的原因。没有人因为战斗序列分析的错误或信息的延迟（如没有及时确认敌军某部队的组建、加强或调动）而受到伤害。即使对外军实力或外军部分兵力的评估出现极大错误（如美国在20世纪50年代末对苏军导弹数量和能力估计过高），也没有对我方造成任何真正的伤害，甚至还有人认为这种过高的估计对帮助军方获得更多财政预算是有益的。很少人在乎这种对敌人实力估计上的误差，也不会因为这种误差丢掉性命。

但当我国或盟国受到袭击威胁、需要进行预警情报分析时，我们就会很在意这种误差。此时，能否及时更新战斗序列情报中的细节就非常要紧，甚至能决定成败。当敌人的部队开始增强、调动、动员或以其他方式准备作战时，战斗序列情报的精确性和实时性就很重要。如果出现不准确的情况，将会造成人员的重大损失（历史上也曾出现过）。

然而，敌军状况的突然变化（包括重新部署多支部队用于可能发起的战斗），却往往不能让战斗序列分析人员改变评估的方法，他们总是缺乏想象，反应迟钝。事实上，他们接纳敌军实力和驻地调整的标准有待完善，即使清楚得知敌军正在大规模调动部队这一情况，他们也不肯修正过于保守的准则。

敌军部队位置的突然变化，尤其是大范围、秘密的重新部署，无疑会给战斗序列分析人员带来很大挑战。我们很少能一开始就发现确凿、精确、完全的证据，来确定敌人到底调动了多少兵力、敌人正部署哪些军种的多少支部队，更不用说所部署部队的番号、来自何处这样的细节问题了。我们需要时间分类整理情报资料，对于我们怀疑可能已经重新部署的部队，我们需要去打探其原驻地情况，看看有没有证实这支部队确实已经离开原驻地的情报。以上工作都要耗费时间，有时需要花费几周或几个月的时间，才能得到所需的信息。有时甚至需要花费数年时间，或者永远无法得到所需信息。直至今日，我们只部分重建了 1956 年 11 月苏联控制匈牙利的“十月事件”时所动用部队的战斗序列，而有哪些苏联部队参与了军事行动，我们可能永远也无法知道。

战斗序列分析通常会收到一些原始的情报报告，这些报告既包括一些极可靠的观察所见和其他较确凿的证据，也包括小道消息和未经证实的报告——它们可能显示，大量番号不明的部队正从不明区域向未知目的地移动。不出意外，战斗序列分析人员对这些情报报告的正常反应是选择等待。分析人员手中的战斗态势图上，哪些部队可能会移动呢？分析人员手头没有验证材料，也没有坚实的证据表明这些部队究竟来自哪里。战斗序列分析人员不确定敌军这次是调动了一个师还是十个师，他们既会质疑较小的数字，又会怀疑他们的许多情报来源会极为夸大事实。这种情况会使战斗序列分析人员进退维谷。在没有搞清楚应该移动战斗态势图上哪支部队的标志之前，移动任何一支部队的标志都有违情报准则。对于动态或征候分析人员来说，可以概要而模糊地描述部队调动情况，但战斗序列分析人员必须做到具体、精确。他们必须对参与调动的具体是哪几支部队（有的部队是新建的，他们还不知道其存在），给出“是”或“否”的明确判断。面对这种两难的困境，战斗序列分析人员在未获得进一步确证的信息之前，只有选择在态势图上不做任何移动。

用征候方法分析战斗序列

与征候分析人员形成对比的是其他动态情报分析人员，他们不太关注战斗序列的细节。他们关注的是我方整个情报界及决策层是否意识到敌人正在大规模部署调动部队，且敌人进行的这些准备行为非常危险，极有可能用于真正作战。他们总是请同行和上级关注敌人正在干什么，而同行和上级总会就此事去咨询专门研究战斗序列情报的专家，并得到“尚不能采信战斗序列已改变”的回答，对此动态情报分析人员又会几近抓狂。有时候，上级甚至会要求征候或动态情报分析人员不要再上报有关某地区潜在威胁正在增加的报告，其逻辑是：根据我方绘制的敌军战斗序列态势图，敌军在该区域并没有任何增兵行为，威胁怎么可能正在增加呢？有时，根据态势图显示，敌军在该区域甚至一支部队都没有部署。

上述情况并非虚构的假设，也不是征候分析人员在噩梦中才会遇到的情形。除非有一个公正不偏袒的仲裁者处于权威位置，且愿意倾听双方意见并调解双方的分歧，否则上述双方争执不下的情况实实在在会发生。由于战斗序列分析人员的标准严苛，因此这可能会阻挡征候分析人员发出警报（有时会延迟数周时间），成为妨碍发布军事预警的一个最严重因素。以下举的几个实例，更能说明问题。

1950 年 6 月，美军和“联合国军”参加朝鲜战争之后不久，美国就收到中国国内部队向北方调动的情报报告，许多报告都只认为大批部队正在离开位于中国最南部的几个省份（此前正是在这几个省份有大量的增兵行为，其目的是解放中国大陆尚未被解放的地区）。到 7 月下旬，情报清楚显示，第四野战军大部队已离开中国南方。与之相反，也有大量报告认为，中国军队不仅离开了南方，还往北走得更远。其中，有的认为部队正向中国东北开进，但具体有多少部队尚不清楚，还有的认为有些部队已被调动到福建省，具体有多少部队也不清楚。8 月份不断有报告传来，表明大量中国军队正向北机动（来自中国中部城市汉口的情报报告称，观测到了火车昼夜输送兵员），但美国还是没有掌握具体某支部队的行踪，也没有足够证据对部队调动的总数做出一个可靠的估算。征候分析人员和战斗序列分析人员就这个问题展开了争论，预警分析人员恳请情报部门重视中国在东北地区大规模集结兵力的可能，而战斗序列分析人员却声称并无“充分证据”表明这一点。直到 8 月底，美国才正式印刷并发布了经战斗序列分析人员审查修正的观察报告（watch report），在报告里终于提到第四野战军的部分兵力开往东北地区（征候分析人员本来提议在报告中使用四野的“主力”已经开往东北的说法，但被战斗序列分析人员否决了）。直到 10 月 1 日，战斗序列分析人员才肯认定，东北地区驻有第四野战军的六支部队，直到这时他们才首次正式承认中国军队在东北地区的兵力有所增强。由于分析人员接受战斗序列已改变的标准十分苛刻，从而实际上导致中国在东北地区集结兵力这一预警情报至少被延迟六周才被采信。此外，征候分析人员和战斗序列分析人员对“哪些信息可以作为证据上报或可以被‘采信’”这一问题的分歧，一直延续到 11 月下旬中国军队发起进攻，甚至在那以后仍然存在，只是这类分歧不像开始那么厉害了。如果分析人员能不那么古板，早点采信中国在东北地区进行兵力集结的预警情报，也许美军和“联合国军”会为应对中国志愿军的大规模攻势做出更充分的准备。

1956 年的匈牙利事件也表明，战斗序列分析方法和征候分析方法的取向有所不同。这个例子简单一些，因意见分歧导致的危害也小一些。苏联为应对这一突发事件，派了大量兵力从其边界地区的每一条公路和铁路进入匈牙利。我们清楚，苏联确实派出了非常多的部队，至于到底派出了多少部队，我们当时并没有可靠的情报。在苏联喀尔巴阡军区（Carpathlari Military District）部队重兵开进的同时，罗马尼亚实施了一条旅游禁令，禁止所有西方国家驻罗使馆的武官前往布加勒斯特（Bucharest）以北的各个铁路枢纽站所在城市。这时候，也有人向美国驻罗大使馆报告，说苏联的运兵列车正在穿越罗马尼亚向西北方向行进。从预警情报角度来看，征候分析人员认为这些证据充分证明，苏军极有可能正在从其敖德萨军区（Odessa Military District）向匈牙利调动（尽管具体是哪支部队及部队数量都未知），而战斗序列分析人员却认为这样的论断站不住脚。他们断然反驳说，他们不能采信上述一类未经证实的情报报告。直到半年后发现原来在苏联敖德萨军区的一个师的代号出现在匈牙利，战斗序列分析人员才肯认定这个师确实部署到匈牙利，并立刻据此修改了其所编制的苏军战斗序列表。

1968 年夏天，苏军为进入捷克斯洛伐克进行军事准备，此时我们的搜集和分析能力有了一定提升，或者可能因为我们有了更多的时间，所以可以做得更好。不管怎样，征候分析人员和战斗序列分析人员之间的分歧减少了。征候分析人员对战斗序列分析人员针对苏军战斗序列变化确认得过迟或数量过少的抱怨也少了。然而在 7 月末，却出现了关于苏军是否已增派部队进入波兰境内的争论。这场争论说明，当仅知道敌军在调动，却不知道被调动部队的番号时，关于敌人部队是否调动的争论还是会成为影响我们发出预警的严重障碍。最初，在波兰境内游玩的游客报告称苏军正开进波兰境内（后来搞清楚，有来自苏联环波罗的海军区的五个师及来自更南部地区的两个师参与了此次行动）。在苏军开始进入波兰约 48 小时到 72 小时期间，就有五六个游客分别主动向美国驻华沙大使馆报告，说在几个公路交叉口看到苏联的大量部队正进驻波兰境内。几天后，西方各国的武官就弄清了这些苏军部队的两个集结地区，一个在华沙北部，一个在华沙南部，这两个地区都禁止西方各国的武官进入。此时，征候分析人员和动态情报分析人员（尤其是前者）基本确信，大量苏军部队已进入波兰，并准备上报这一情报。他们认为这些部队进入波兰，显然是作为进攻捷克斯洛伐克行动的后备支援力量（苏军同时还在捷克斯洛伐克边境线一带增派了大量部队）。不过，在那一年的 8 月初，即使是通常被较保守的同行认为总是喜欢夸大危险的征候分析人员，也不敢相信当时进驻波兰的苏军已经有十一二个师的兵力（平常驻波兰的苏军只有两个师的兵力）。事后证明，初期有人报告说在波兰见到其踪影的这十一二个师居然早已进入波兰。而战斗序列分析人员更不相信这一情况。他们还是按照其固有的分析标准，只要还不能确认在波兰出现的是哪支部队，或不能确认某支部队确实已经离开其原驻地，就绝不承认该部队已经进入了波兰。他们的这种做法延误了我方对苏联向波兰增派军队这一情报的采信。

各类军事机动中的侦察与反侦察

对敌方各类作战单位状态的改变及其各种类型的机动，我方探测能力如何？以下评论也许会有用。

本书前面的论述只涉及敌军地面部队的相关问题，这样做的原因有两个。一是在大多数军事增兵活动中，最主要的部分都是动用地面部队，因此我们主要关注的是敌军地面部队的状态与能力。二是地面部队的活动最容易掩盖，我方也最难及时探测到，所以对于预警情报工作来说，战斗序列方面遇到的最大难题常常就是探测敌方地面部队的活动和行踪。

地面部队的活动易于掩盖、难以探测的原因相当明显。尽管敌人地面部队人员和装备的数量比海、空军都要大，但是敌人在部署和调动其地面部队时，可以将大部队拆散成小股部队，然后使用各种方法运送这些小股部队。很容易就可以将人员和大部分装备掩盖或伪装起来。可以部署这些部队的地域很广阔，我方的侦察范围难以完全覆盖这些区域。即使我们以较高的频率展开较细致的空中侦察，还是有可能发现不了敌军地面部队的人员和装备（敌军部署在极开阔无法隐蔽的地区或沙漠地区的情况除外）。如果我们采用的是比空中侦察差一些的其他侦察手段，甚至可能完全探测不到敌军大部队的存在及大规模的机动。

敌方空军或海军部队单位虽然数量少，但是其外形大、难以掩藏，其活动通常也就更容易被探测到。敌方空军的飞机只能从机场或在开阔地带临时修筑的跑道上才能起飞。尽管飞机本身可以部分或完全藏身在隐蔽的机棚或山洞里，但大规模部署战机却要求使用一些固定的大型地面设施。只要我们掌握某些主要的情报搜集手段，敌方要想完全掩盖数百架战斗机或轰炸机的转移部署行动，是极其困难的。此外，由于飞机的总数较少，只要把我们侦测到的飞机一个个地数一数，我们就可以精确地掌握其战斗序列情况。这比掌握地面部队战斗序列的情况要容易得多。

海军单位可以在辽阔的洋面上活动（至少有时候是这样），这似乎是一个易于掩藏其活动的优势。但实际上，除了潜艇，除非天气极其恶劣，敌海军水面舰艇在外海的活动是逃不过我方侦察的。一旦我方使用海上或空中侦察手段发现了敌海军舰艇的踪迹，海军机动情况就暴露无遗。此外，舰船像飞机一样，总数少，容易数清。一旦被发现，其舰名和身份也很容易被我方识破。

以上几段话并不意味着，历史上从来没有秘密部署、大规模调动大量战机和舰船的成功案例（日军偷袭珍珠港时就取得了这种成功）。传统战斗序列分析方法的缺陷以及战斗序列分析人员与征候分析人员的争执，无论在针对哪个军种的研究中，都会在一定程度上存在。只是大多数情况下，在对敌方陆军的情报分析中，上述争论更为明显，而且从征候分析人员希望发出警报，到战斗序列分析人员愿意接受敌人某些战斗序列已发生改变这一事实，两者之间的时间差也最大。

敌方使用何种方法运送兵员和装备，是决定我方能否及时探测到敌方兵力调动活动的一个重要因素。通常来说，如果敌方在不太允许我方情报人员进入的区域用铁路运输其兵员和装备，这种情况是我方最难探测到的。因为通常来说，平民百姓不可能一眼识别军事装备和货物，且很少有人会注意到铁路运输时刻表的大规模调整。敌方若使用公路运输兵员和装备，可能会打断正常的公路交通，当地居民会发现这些异常情况，因而我们收到平民报告的可能性比敌方使用火车时要大。如果敌人使用飞机或舰船大规模运兵，我们能够侦测掌握到这一情况的可能性就更大了（当然，除非敌人对其使用飞机或舰船运兵的情况掩盖得非常严密，以致我方搞不清敌人运的是兵是民，还是货物）。例如，我们对苏联在 1962 年大规模将舰船发往古巴的反常情况也有所警觉，但起初我们不能辨别他们到底在运什么。

增强预警在战斗序列分析中的话语权

在习惯使用的分析方法、准则和技巧方面，战斗序列分析人员和征候分析人员的差异和分歧是巨大的，这种差异和分歧过去已经对预警情报工作造成了损害，将来仍有可能造成损害。确实，在真正严重的危机事态中，敌方会使出最高级的保密和欺骗技术手段，在这种情况下，如果战斗序列分析仍然固守一些过于保守的准则，可能会带来灾难性的后果。然而，很少有人认为，应该完全抛弃虽有些缓慢但总体来说在和平时期运行良好的战斗序列分析方法，转而采用更富于联想、精确性差一些、以征候为导向（indications-oriented）的分析方法。

面对两难的困境，究竟该如何处置？正确的做法是，在危机事态中，要给战斗序列分析人员和征候分析人员表达各自观点的机会，而不应把是否采信某份情报、是否向上发出警报的最终权力交给战斗序列分析人员。面临即将与敌方摊牌的危机事态时，成功发出预警要比单纯恪守传统的战斗序列分析方法更重要。即使我们所掌握的情况还不精确，也必须让上级部门知道敌人正在进行大规模增兵或调动。否则，如果因为不精确就不报告，上级部门可能根本不知道有这回事。

战斗序列分析人员和征候分析人员的意见分歧，应该让上级部门去仲裁。再也不能像过去一样，让战斗序列分析人员拥有最终权力，审核和完全否决征候分析人员和动态情报分析人员的情报报告。征候分析人员和动态情报分析人员往往经过深思熟虑，认为这些报告的内容具有重要的预警意义。大多数战斗序列分析人员习惯于拥有某种程度独立自主的权力，自主决定哪些战斗序列情报可以采信。而征候分析人员和动态情报分析人员则不具备这种权力，他们和其他军事问题分析人员一样，一开始都没有战斗序列分析人员认为天经地义的专断权力。例如，政治分析领域几乎所有人（不管有多少经验）都认为，自己可以质疑政治分析专家的判断，自行解读敌方宣传声明的含义。军事分析领域也是如此，人们对各种军事信息可以自由讨论和分析，即使不掌握本领域的研究专长，也可以对这些信息的重要性提出各种不同的观点和论断。而由于某种原因，战斗序列分析（还有其他几个技术含量较高、专业性较强的领域）却一直被认为是战斗序列分析专家的禁脔，不容他人置喙——通常，只有这些专家才有权对敌军某一个单位是否存在、是否已被调动部署这些问题做出评估。不管他们给出了评估和判断，还是迟迟不给出评估和判断，上级部门对其判断的论据和原因都从不质疑。在分析有关部队调动部署和其他战斗序列方面的情报时，除非给予征候分析人员或其他动态情报分析人员一个平等表达自己观点的机会，否则情报部门的主管们和决策层的官员们可能完全听不到任何与战斗序列分析人员观点相左的意见。

套用一句名言，我们可以说：“战争的事太要紧了，可不能只交给战斗序列分析人员一家去处理。”我们完全尊重战斗序列分析人员的丰富经验和专业知识，只是在特殊的危急时刻——此时必须尽快给出结论，以免发出警报的时候为时已晚——我们十分期望战斗序列分析人员能改变承认战斗序列发生变化的分析技巧、方法和准则。

在危机事态下，整个情报界的正确做法是，必须花同样的时间听取战斗序列分析人员和征候分析人员阐述各自的观点。一方面，情报界的官员们需要听取战斗序列分析人员的分析和判断，而他们通常会恪守其传统、保守的分析技巧。情报部门主管一层的领导必须对这些传统、保守的分析技巧和准则有所了解，甚至深入了解，这样他们才能意识到，战斗序列分析人员一般需要掌握多少坚实、不模棱两可的证据，才肯承认敌军战斗序列状况已经改变。这些领导也应该认识到，在我方发现敌军单位踪迹，到最后确认其存在或调动部署，这中间存在一定的时间差。他们应知道，我们大概要花多长时间，才能掌握到可以确证敌方战斗序列状况已发生改变的证据。在这种监督之下，情报主管们还应该像非危急时刻一样，继续上报已经得到“证实”或被“采信”的敌军战斗序列状况报告。

另一方面，还应该关注征候报告，这涉及的是“什么可能正在发生或应该正在发生”的情况。既然战斗序列分析人员通常总是不愿意对其不能“采信”的信息给出判断，那么我们就必须给另一群情报分析人员以同等的机会（这些人不那么刻板，不受战斗序列分析准则观念束缚），让他们上报有关战斗序列状况正发生改变的征候，并对这些情报的重要性和含义给出初步评估。以前这种“什么可能发生”的征候，常常因为不符合传统的战斗序列分析准则，而被战斗序列分析人员否定，今后必须保证不再出现这种情况。

不能再让传统的战斗序列分析方法阻挡我们发出预警。确保有关敌军扩军的征候得以充分上报，而不是只上报那些被战斗序列分析人员“采信”的情况，应该是情报部门主管一直以来最重要的职责。主管们在解决战斗序列分析人员与征候分析人员之间的争论时，绝对不能再因为“战斗序列分析人员是战斗序列情报方面的专家”，就轻率地把最后的决定权交给战斗序列分析人员。如果这样做，将会对预警判断造成致命伤害。多年来，征候部门与情报界其他各部门最大的争议就是这个问题。在有关敌军扩军的情报分析中，完全不给征候分析人员与战斗序列分析人员同等的发言权，这简直是对整个征候系统的嘲笑，也有违设立征候预警情报部门的宗旨。如果在这个关键问题上没有发言权，那么所谓“独立”的征候预警情报工作，在情报界就完全没有地位可言。

在本章的末尾，我们必须指出，上述情况已经得到部分改善。不提这一点，笔者就有点误导读者了。经过多年的实践，人们已经意识到，常规的战斗序列分析方法在危机事态中可能不那么管用，也过于缓慢。危机过后的事后反省调查，总是证明征候分析人员的观点是对的，比起那种坐等确凿铁证的传统战斗序列分析方法，征候分析人员的方法更有助于精准、迅速地解决问题。近年来，由于各部门内设了众多小型征候预警情报办公室，情报界在军事分析方面越来越下功夫，虽然在某些方面有些重复，但这些举措有助于避免战斗序列分析人员垄断敌军部队调动情报的上报权。战斗序列分析人员传统的分析方法和技巧，也越来越多地受到其他分析人员的仔细审视。不过，战斗序列分析人员过于专断这个问题，仍然需要整个情报界各级从业人员时时警惕。尤其是在局势正朝着某种反常的方向发展，敌方显然可能正在进行非同寻常的部队调动时，整个情报界必须采取具体的步骤，既确保战斗序列分析人员上报一份得到确证的情报报告，证明敌人哪些单位确实已经部署，也要让征候分析人员上报一份征候报告，表明敌方战斗序列状况可能在发生改变。

第 15 章
对战争动员的分析

传统上，不管是大国小国，通常在预感到将爆发战争时（有时当战争爆发后）都要举国实施战争动员。所有的发达国家和绝大部分欠发达国家都会制订全国总动员的计划。从历史上看，某国宣布全国总动员，这就几乎肯定预示着战争一触即发、不可避免——就像覆水难收，战争的赌局已经开始。例如，在第一次世界大战爆发的前夕，情况正是如此：

1914 年 8 月 1 日，柏林街头人头攒动，皇宫前万人齐聚，喧声冲天。人们神情焦虑，情绪紧张，心情沉重……这时德国发给俄国的最后通牒所宣称的截止时间已经过去。人群中，有一位记者感到空气中迅速散布着谣言的气息。众人相互转告，说俄国已经申请延长谈判时间。交易所人心动荡，弥漫着恐慌。这一天的下午都是在几乎令人无法忍受的焦虑中度过的。下午 5 点整，皇宫门前来了一名警察，向人群宣布了战争动员令。人们便顺从地唱起了国歌，“现在我们一起感谢上帝”。许多汽车在街旁的椴树下疾驰而过，每辆车上都站着几名军官，他们一边舞动着手中的手帕，一边高喊：“发布动员令了！”

动员令一经宣布，征召、装备和运送 200 万大军的巨大机器，便自动地轰隆隆运转起来了。预备役军人前往指定的兵站集合，领军服、装备和武器，先编成连，然后编成营，再增添骑兵、摩托兵、炮兵、医疗队、炊事车、铁匠车和邮车，接着按照事先制定的铁路时间表，被陆续运往靠近前线的集结地。在集结地，他们被先后编成师、军和集团军，整装待发。德军共有40个军，仅仅调运1个军，就需要使用共6010节车厢（组成140列火车），其中170节车厢运送军官，965节车厢运送步兵，2960节车厢运送骑兵，1915节车厢运送炮兵和给养车辆。而运送供1个军全员用的粮食补给物资又需要另外140列火车。从动员令发出的那一刻起，一切事务都按照一份预先制定的时间表紧锣密鼓地开展起来。这份时间表制定得非常细致，甚至对在某一时间段内应该共有多少节车厢通过某座桥梁都有规定。[1]

由于举国动员是一种关键性、主动性的行为，因此一国发动举国动员必然会对其敌国产生巨大的影响，也会使敌国产生戒心。另外，因为在一次总动员中要动用巨量的国家资源，所以有些国家有时会选择在战争已经爆发后才开始举国动员。例如，在二战中，尽管在1939年8月23日苏德两国宣布签订《苏德互不侵犯条约》（German-Soviet Non-Aggression Pact）时，英、法两国就已经认为战争即将爆发、不可避免，但直到当年9月1日德军入侵波兰后，两国才宣布进行全面总动员（当然，在9月1日前，两国也采取了许多重要的部分动员措施准备迎接战争）。两国的领导人为了确保国内民众的支持，认为只要德国适可而止，只要波兰不被入侵的希望一丝尚存，两国就一直推迟进行关键的总动员。

不用说，在两次世界大战爆发前夕或战争爆发后，各国采取的举国动员措施很少是秘密的，各国（包括主动侵略他国的德国）甚至都没有费任何心思去秘密地进行总动员。两次大战，似乎都是在开打前就显而易见不可避免，爆发前还伴随有像两国间互递最后通牒这样传统的公开外

[1] 原注：引自巴巴拉·塔奇曼（Barbara Tuchman）的名著《八月炮火》（*The Guns of August*）第六章。

交活动。在这种情况下，不需要去试图掩盖全国总动员的行为，也不可能办得到。

自二战结束以来，举国动员这一类敌对行动征候的重要性并未有丝毫减弱。尽管目前很多国家为了掩盖其战略意图，不会公然宣布进行全国总动员，但是举国动员仍然是显示战争即将爆发的最重要的有效征候。有人认为，在当今核武器时代，敌我双方互相进行核打击的话，战争只会持续几小时或几天，因此我们的潜在敌国不像过去那么重视全国总动员。这种看法并不正确。还有一些人认为，现代战争的军事变革使得举国动员这项措施已经过时，不那么重要了。敌对国家之所以还很重视举国动员措施，只是因为他们没有认识到这一点罢了。这种看法也不正确。情况恰恰相反，美国的敌对国家反而比以前更强调要制定各种详细的动员方案，执行起来也比以前更加小心翼翼。所有的作战部队都制订了明确、清楚的动员计划，所有的预备役人员都清楚地知道实施总动员的时候该去何处报到。各种动员计划方案非常受重视，还有人负责审查和修订这些计划方案。之所以会如此，其中一个显然的原因正是核大战（尽管当今时代的战争不一定会不可避免地演变成核大战），它要求各国必须迅速完成总动员，时间比以前要短得多。要想在核大战中幸存，就要在战争看起来即将到来的那一刻，或者各作战部队进入最高等级的战备时，立即实施各项动员措施和方案。延误动员就可能打乱整个军事部署，无论对防守一方还是进攻一方来说都是如此。因此，目前各国开展大型战争动员的可能性不是变小了，而是变大了。但是，更有可能发生的情况是：我们的敌对国家会努力尽快完成动员部署（它们特别强调其军队要具备对局部动员快速反应和快速进入全面战备的能力），以致留给我方发出警报的时间可能会非常短。

此外，从二战后的一系列危机中，我们已经学到：非完全动员措施明确地预示，某国正在为有限的敌对行动做准备，或者说至少存在这种可能。我们还学到：即使是我方认为已经处于非常高战备水平的部队，在战前也需要进行动员，至少需要对一些支援保障该部队的其他因素进行动员。美国情报部门从苏军出兵捷克斯洛伐克中学到了许多东西，其中一点就是：为展开这次相对来说风险较低的军事行动，苏联一方竟然也需要做如此之多的动员准备工作。这使得我们更加认识到敌方动员情况作为一种征候的重要性，也让我们更清楚当遇到危机事态时，我们应该关注哪一类动员情况的征候。

动员的种类

一国的动员活动可以分为许多种类和层级，其中既包括经济方面的措施，又包括单纯的军事手段。因此，可以用通用的术语对一国动员活动的各个步骤分别定义。

非完全动员（partial or selective mobilization）：非完全动员通常包括征召预备役人员，充实某些力量不足、编制不满的作战单位，或组建一些预备役部队（如美国的国民警卫队）。有时候（并不总是这样），在有限地征召、组建预备役部队的同时，还会推迟已到服役年限的军官和士兵的退役时间，并比平时征召更多的新兵参加入伍训练。敌方只有认为在不短的一段时间内，其部队需要补充更多人力和兵员时，才会采取最后一种措施。如果是遇到一个持续时间较短的危机，那么，只征召已经受过训练的预备役人员或延迟到期军官和士兵的退役时间，显然是最好的对策。因此，从对象国采取具体哪种非完全动员的措施，就可以看出其对危机或局势的看法。总之，一国采取某些非完全动员措施的可能原因主要有三个：一是一国感到其敌国正开展一些必然会导致冲突的行动，因此不得不采取紧急的防范准备措施（如在1961年夏的柏林危机中，美国征召部分预备役人员）；二是一国正在准备发动短期有限进攻活动（如苏联在准备出兵捷克斯洛伐克前的做法）；三是某国预计在未来相当长的一段时间内，都必须持续补充其武装部队的兵员（如美国为准备越南战争增加征兵总数，以及自朝鲜战争爆发前开始、持续整个20世纪50年代的苏军大幅扩军）。因此，如果看到某国进行了非完全动员，我们通常就可以预见某种冲突可能要发生了。当然，这种冲突规模不大，也不会耗费当事国的大量资源。

完全动员（full mobilization）：除非某国预计即将发生持续时间或长或短的重大冲突，否则很少采取完全动员的做法。完全动员包括：将所有现役部队全部扩充至满编；启动各种预备役和干部学员部队；动员所有必要的保障和后勤部队；令全军进入完全战备。毋庸置疑，这种做法对任何一国来说都是极其严肃的举动，代价高昂，轻易不会采用。从历史上看，只要某国已经开始完全动员，一场重大的冲突就迫在眉睫或已经开始。

总动员（general mobilization）：基本上是完全动员的同义词。其内容包括启用国家战时武装部队预案——将所有现役人员从休假中召回，并以经过批准的战时组织结构动员所有作战单位。我们一般将总动员令开始生效的那一天称为"总动员日"（M-Day）。

整体动员（total mobilization）：这个词有时与"完全动员"和"总动员"同义，但有时可以用来描述某国采取的动员措施超过了其最初计划的内容。整体动员包括将武装部队扩充到超过国家总动员预案规定的程度，组建一些全新的作战单位，将国内物资完全重新分配，以维持其武装部队的给养。在此情况下，使用这种手段的国家实际上是在为国家存亡而战，拼死一搏。例如在二战中，纳粹德国和苏联都进行了这种整体动员（美国的总动员则没有达到这个程度）。在 1935 年意大利入侵埃塞俄比亚前，海尔·塞拉西（Haile Selassie）在《告人民诏书》中对整体动员下了一个经典的定义：

> 所有人都要被动员起来，所有能拿得起矛的男孩都要参军并被派往亚的斯亚贝巴的战场。有妻室的男子要带上妻子上战场，让她们负责背负食物、烧火做饭。没有妻子的男子可以随便带上一个没有丈夫的女子去前线。只有要照顾婴儿的妇女不用去。盲人、因故不能行走或拿不起一支矛的残障人士也可以不去。如果在收到本诏书后仍然躲在家中的，一旦被发现，一律处绞刑。

工业或经济动员（industrial or economic mobilization）：显然与对武装部队的动员不同，工业动员是指对一国生产性资源的动员。总动员很可能包括经济动员，整体动员必然包括经济动员。经济动员最极端的做法，是将除维持国民最基本生存以外的其他所有经济资源全部转移为战争服务。不管是工业强国，还是较原始的农业国家，都可以进行经济动员——二战中的德国和近年来的北越都采取了这类措施。本书后面有专门章节论述有关经济指标的问题，因此本章重点讨论军事动员。

分析动员时的误区

对美国情报部门而言，要获取并上报有关敌军某艘潜艇的活动情况，或某一个飞行中队转移部署的情报，甚是容易；而要想获取敌国征召 50 万人入伍这样的情报，却反而要难些。很多人很难相信这种奇怪的状况。但这一点恰恰说明了民主国家与专政国家的区别。在美国绝对不可能被掩盖的军事动员类信息（即使是战时），在一些敌对国家却例行地被掩盖（他们会使用高效的保密手段掩盖这类信息）。在苏联或中国国内，数万甚至数百万人都已知晓了一些信息（至少知晓了其中一部分），而美国对此可能一无所知。这些信息包括其在危机事态中征兵的数额和实力、采取的各种非完全动员措施，等等。如果还想获得能证明敌军确实已采取此类动员活动的铁证，这几乎是不可能的，且会加重美国情报部门面临的问题。不如采取一种灵活通融的分析方法，简简单单地承认：敌人看来确实正在进行大规模的动员增兵，但具体进展情况我们尚不能判定。

1960 年 1 月 14 日，赫鲁晓夫在苏联最高苏维埃（Supreme Soviet）讲话时，公布了 1927 年至 1960 年间苏联武装部队总人数情况。这是苏联自二战结束以来（也可能是有史以来）首次对外公布此类数据。赫鲁晓夫公布的苏军历年常规武装部队（不包括国内安全部队）情况如下：

- 1945 年，1136.4 万人（应该是在二战期间总人数达到顶峰时的数据）；
- 1948 年，287.4 万人（二战后大批军人退伍复员）；
- 1955 年，576.3 万人（为应对来自美国和北约的威胁又扩军了）；
- 1960 年，362.3 万人（苏联自称又裁军 214 万后的结果）。

苏联（尤其是赫鲁晓夫本人）发布的各种公开声明，显然不以其内容可靠性和完整性著称。如果将其公布的数据作为准确的情报使用，那未免太天真了。苏联公布的各种统计数据有一个特点，就是零散、不完整，因而容易诱导我们得出错误的结论（例如苏联公布的国防预算）。再者，就赫鲁晓夫这次讲话的个案来看，毫无疑问，他发布这样的数据是为了达到政治目的。在这次讲话中，他还提出了一个再裁军 120 万的提案，最高苏维埃照例走过场表决通过了这个提案。另外，以我们现在掌握的数据来看，在整个 20 世纪 50 年代，苏军兵员人数达到顶峰的年份不是 1955 年（赫鲁晓夫公布的数据是这样暗示的），而是在此之前的几年。具体来说，应该是 1952 年或 1953 年（这是由朝鲜战争所导致的）。

除去这一个故意公布的与实际情况不符的差异外（苏联一方这样做是为了掩盖其在 50 年代初曾大幅扩军的事实及动因），赫鲁晓夫在这次讲话中公布的数据，倒是精确反映了苏军兵员实力变化的基本趋势和总量大小。至少目前我们认为情况确实如此。

最有趣的是，赫鲁晓夫在这次讲话中称，苏军武装部队总人数从 1948 年到 1955 年翻了一番多（与 1948 年的 287.4 万人相比，1955 年的总人数增加了 288.9 万人），这引起了一些征候分析人员的特别兴趣。因为在赫鲁晓夫发布此数据前，这些分析人员一直认为美方情报部门对这一时期苏军部队总人数的估测数值过低，并一再呼吁情报部门修改提高这一估测数值。他们得出这种结论的根据是一些看起来无可辩驳的证据。例如，他们掌握到苏军在 1949 年组建了大量精干的干部学员作战部队（包括在东德境内的两个机械化军）；苏军在此期间征召预备役人员的数量也大幅增加（包括在 1951 年进行了一次二级征召）；苏联虽未正式宣布，但其空军和防空军部队积极参与了朝鲜战争。[1]

而当时美方情报部门对苏军实力是怎样评估的呢？从 1950 年至 1955 年，美方情报部门的评估报告显示，苏联空军和海军兵力有所增长——苏军空军总人数从 65 万增加到了 83.5 万，海军从 60 万增加到了 69.5 万（美国陆军的评估人员不同意这一数字，他们认为苏联海军航空兵的人数先是计入了空军总人数，然后又计入了海军总人数，被重复计算了）。苏联军队中，陆军的构成最为庞大，也最受众多观念保守的苏军元帅们喜爱和倚重——当时几乎所有的元帅，都曾担任二战中的陆军指挥官，几乎没有海军、空军出身的。但是，在战后这一时期，美方对苏军陆军人数的估计数字却没有变化——一直是 250 万。如今，美方对 1948 年至 1955 年间苏军陆军人数的估计数字依然没有增加。有争论认为，各军种生产的情报往往都是为自己服务的，而美方未评估出苏军陆军人数增加这一事实，至少可以作为该争论的反例。

为什么这些年各种支持性证据不断增多，而美方的评估人员还是没能及时调整其评估数字呢？那些试图重新模拟当时场景的人们也一直没有找到答案。根据当事人的回忆（能记起当时为何如此评估的人已为数不多了），我们重新模拟当时的情况，发现评估人员的过度保守主要有以下几个原因：

- 1950 年到 1951 年间，当苏军人数显然大幅增加的时候，美方情报分析人员认为此前对苏军人数估计过高，因此决定不调整对苏军人数的估计数字。
- 苏军（驻东欧苏军除外）战斗序列数据过于单薄，难以确认陆军师

[1]　原注：需要说明的是，据一份不引人注意的历史文件记载，苏联在 1970 年 8 月 21 日的一次对华广播中终于承认曾参与朝鲜战争。苏联在这次广播中说："苏联曾派遣一些军事顾问前往朝鲜助战，这些军事顾问直接参加了战斗……苏联还派出了空军部队援助中国。在朝鲜战争的空战中，苏联飞行员驾机击落了数十架美军战机，帮助保卫了中国东北地区的安全。"

级部队的总数，更不用说评估各作战单位的实力了（我们无法确认这是实力最弱的干部学员师，还是实力最强的满编师）。

- 由于战斗序列数据的不足，在战斗序列表上没有合适的地方可以添加任何新的作战单位（换言之，按照战斗序列分析的标准，不能采信苏军人数的增长）。
- 当时的评估人员自身过于谨慎、保守。尽管他们自己可能并没有意识到，但是潜意识中他们选择了给出保险、不引起争议的数字。因为他们知道，如果自己改变了评估数字，还要向上级解释为什么要改变。与其这样“找麻烦”，还不如选择“稳妥”的做法。
- 苏联有些地面部队部署在东西两大阵营对峙前沿，它们可能对美国或北约部队带来直接的威胁。只要这些军队没有出现显著增长，那么指挥层和决策层就不会迫切要求情报部门对苏联陆军的总人数做出新的评估。

在赫鲁晓夫的那次讲话之后，美国陆军情报部对那一时期的苏军人数进行了一次重新评估。这一次，美方估计，在 1951 年至 1953 年这一时间段，苏联陆军的总人数为 340 万，比原先估计的增加了 90 万。然而这一数字可能还是过于保守，也还是没有赫鲁晓夫在那次讲话中所声称的那么高。而由另一家机构在 1969 年独立做出的一次分析评估认为，1952 年苏联军队（国内安全部队除外）总人数超过了 630 万人，其中约 500 万人是地面作战部队或通常记入陆军的其他部队（包括汽车兵部队、指挥机关、后勤保障部队等）。这个分析结果基本采信了赫鲁晓夫所说的大部分内容，甚至更进一步，认为他给出的数字也过低了。这是因为这个评估报告认为，苏军军事实力达到巅峰是在 1952 年至 1953 年朝鲜战争时期，而不是赫鲁晓夫所说的 1955 年。

苏联是美国的最主要敌手（也是最主要的情报搜集目标国），对于其常规部队在 1952 年至 1953 年的总人数，相关数据总结如下：

- 当时美方情报部门接受的数字：390 万；
- 1960 年美国陆军情报部的重新评估：482.5 万；
- 1955 年赫鲁晓夫在讲话中给出的数字：576.3 万；
- 1969 年的另一次独立评估：630.5 万。

美国并非只有在分析苏联情况时才会出现这类问题，为防止读者误解，以下将研究越南的一个案例，这个案例离我们更近也更关键。

1964 年 8 月 2 日，“北部湾事件”爆发；1965 年 2 月初，美国开始轰炸北越，同年三四月份开始派遣美军直接参战。而从 1964 年起，甚至早在“北部湾事件”之前，北越就开始扩充军队，并准备使用正规作战部队进攻南越，而之前北越只是派遣小的破坏小组渗透入南越。北越在 1964 年春季就开始训练准备进攻南越的团一级作战单位，并开始将北越陆军的一些旅扩编成师。到 1964 年秋季，北越开始征召预备役人员入伍，目的是让这些受过训练的人员担任干部，组建扩充部队。上述种种行为是在完全保密的状态下进行的，美国人对此一无所知。这是因为美国情报部门此前对北越地区的军事情报掌握得很少，在这一区域的情报搜集工作开展得缓慢、艰难，北越部队的战斗序列情报也存在延误和不足。不过在 1965 年初，美方终于开始收到北越正进行大规模增兵扩军的消息，而这些消息主要来自河内的报纸杂志和广播电台的公开声明。又过了一些时候，美方才从南越抓获的北越俘虏口中得到类似的消息。

在 1965 年 1 月至 4 月间，北越政府共采取了以下几个值得注意的行动：发布了一项号召全国倾全力建设强大军队的法令，在法令中号召全国军民“准备打仗”；在报纸杂志上提到“数万新近被征召入伍的军人”自愿延长服役年限；宣布采取（但并没有详细解释）新的动员措施，包括“为加强军队建设”修订军人服役法，延长军人服役年限等做法；暂停所有军人复员退役；号召数以千计的青年参军，并到国家需要的地方作战；实施其他全国动员的措施，虽未说明具体细节，但目的旨在应对“全新的局势”——北越全国将进入一种与美国直接对抗的敌对状态——并“加强军队建设，应对美国准备发起的各种扩张和战争阴谋”。

同年春末夏初的几个月时间里，美方情报部门收到越来越多有关北越正认真进行全国动员的消息。北越报纸杂志公开号召全国人民付出更大的努力准备战斗，并号召青年自愿参军，美方的秘密情报源也印证了这些消息。7 月 20 日，一家美国媒体的报道组在西贡发布消息，援引英国的越南问题专家 P. J. 哈尼（P. J. Honey）教授的话说，“北越正进行大规模的战争动员”。哈尼教授仅仅依靠河内报刊上的公开声明（他几乎没有获得秘密情报的渠道），就得出了北越正准备动用大量部队进攻南越高原地区的结论。尽管北越官方公开的有关北越军队人数的情况几乎没有增加，但是在那一年的 8 月初，只要将上述各种有关北越正进行动员的公开与秘密情报综合分析一下，就可以得出结论：问题已经不是“北越是否正在扩充其军队”，而是“北越如此大规模扩充军队，是否打算尽早让这些新组建的部队进入南越”。

在接下来的几个月里，美方情报部门对此一直争论不休。从北越报刊的公开声明、对北越俘虏的审讯口供及其他情报来源中，征候分析人员不断得出一些零碎的信息，支持自己的观点：北越部队正进行大规模扩军，并准备将数万步兵部队投入到南越，希望在南越战场赢得战争。到 1966 年初，战斗序列分析人员终于采信了北越已经有几个团部署在南越境内的情报，并因此调高了对北越军队人数的估计。同时，战斗序列分析人员也确认，北越军队中已有一个旅扩充成师（这个旅实际上早在 1964 年就扩充成师，而且 1966 年初，俘虏口供或缴获的文件显示，同一时期还有另外三个旅也扩充成了师）。由于战斗序列分析人员接受战斗序列已经改变的时间与战斗序列实际变化的时间相差如此之大，以至于在 1965 年，根据近两年前的旧信息，我方战斗序列分析人员认为北越的许多师已经缩编为旅，但其实这些师在 1965 年已经重新扩编为师。在这一时期，北越将许多团的兵力派往南越境内，组建多个训练师，并采取其他措施不断招募、训练新兵，再将这些作战部队渗透进南越。对于上述种种情况，美方情报部门同样要经过相当时间的滞后才能掌握和确认。

在分析敌国动员情况时，战斗序列分析方法和征候分析方法的差异，从下面这个例子可以看得更加清楚。1966 年 3 月，美方情报部门正式给出的对北越军队总兵力的估计是 27.4 万，比 1965 年 7 月的估计数字提高了 3.1 万（也比 1965 年初的估计数字略有增加）。而征候分析人员独立得出的结论（尽管他们也承认这个结论也许不太科学）是：1965 年全年，北越的兵员总数量增长了 20 万到 25 万。他们认为做出这一估算并非不合逻辑，甚至认为这一估算还可能太保守。如果根据各种信息，而不是根据严格的战斗序列评估标准，那么可以估计北越军队兵员总人数已经达到约 45 万。十分有趣的是，一年多以后，美方情报部门终于采信了一年多前的这一情报，正式承认北越军队总人数已经达到约 45 万。几年后，有人根据所掌握的北越征兵动员的规模和时间计划的证据，对北越军队 1966 年总人数又做了一番研究和估计。他们的结论与征候分析人员在 1966 年 3 月的研究结论基本相同。

以上详细介绍了美国情报部门多年来应对不同地区出现的两个重大动员问题的历史，目的是为了帮助读者更好地理解传统军事方法与征候分析之间的差异。当敌人在部署作战部队时，如果战斗序列分析人员仍习惯采用严苛的采信标准，接受新信息时过于缓慢，进而可能有误导的危险，那么传统的战斗序列分析方法就不能用来分析敌国的动员。特别是当敌人尚未部署完毕时，形势发展瞬息万变，此时要获得敌人组建这些作战单位的“铁证”是极其困难的。在这种情况下，要想完全弄清楚敌军的战斗序列变化情况，几周时间是不够的，往往非得等到事情过去之后几个月甚至几年才可以做到。至于敌军某个实力不足的作战单位实力是否得到提升，敌军是否已经开始动员各战斗支援部队，各级指挥机构是否也补充增配人员，要得到这些问题的确定答案同样困难，同样需要经过一段时间。总之，只要某国已经展开动员，我们几乎肯定要远远落在事实之后——除非我们可以通过秘密手段获悉该国的动员计划，明确知道该计划方案正在实施，但如果对方处于较封闭的社会环境，我们则很少能获悉其动员计划。

在上述两个事例中，我们出现了重大失误，后果本来可能更严重，但幸运的是，我们的错误评估没有引发更多的问题。苏联很可能根本没有打算派陆军直接参与朝鲜战争，但是对于“假设当时中国军队遇到更大的困难，苏联会不会直接派兵施以援手”这一问题，我们也不能给出确定的答案。在北越大规模动员的案例中，北越本身存在许多问题：战争进程比较缓慢；北越大量招募新兵后，将部队一小部分一小部分地派入南越境内，这之间有个时间差；北越部队长途跋涉翻山越岭花费了不少时间；北越军队的后勤补给线不得不拉得很长。正是这些因素才使得美方情报部门赢得了一点缓冲时间，逐步了解到北越为准备大战到底动员了多少人，花了多大的力气，从而使美国军队没有——像传统军事形势中那样——突然承受北越大军的完全冲击。

对动员的伪装与侦察

在上述两个例子中，无论是苏联还是北越，都没有专门花力气去掩盖其动员活动。北越实际上公开宣布了动员计划（本意是对国民进行宣传，无意中倒也帮了美方情报部门的忙）。苏联在实施动员时虽然没有那样大张旗鼓，但是其不加掩饰的行为，尤其是那次二级征召（two-class callup），也为美方情报部门提供了大量的信息。

近年来发生的其他案例中，当事的共产党国家都公开或几乎公开宣布要采取部分动员措施。中国在派兵参加朝鲜战争前，曾公开号召人民当志愿者。（当然，后来实际派往朝鲜战场的不是个人志愿者，而是团体单位，但该声明可能也有意鼓励人民参加志愿军。）1961 年夏是柏林危机最为严重的时刻，苏联在此时宣布暂停必要数量的军人的退役，并声称将一直采取这种措施，直到德国问题达成和平协议。毋庸置疑，苏联的这项声明旨在给西方造成政治上的冲击，也是针对西方开展心理战的一部分。尽管如此，苏联推迟军人退役时间确实是一项准备措施，而且我们从秘密文件了解到，当时苏联还对预备役人员进行了部分征召，同时还增强了驻扎在苏联与东欧各国交界处几个军区的力量。

在 1968 年夏发生的捷克斯洛伐克危机中，苏联也公开宣布征召预备役人员，并宣布重新调配交通运输工具。但是这一次，苏联称其是在进行后勤部队（Rear Services）“演习”。为了显得真有这回事，苏联媒体每天都刊载有关后勤“演习”进程的评论文章。但是同一时期，苏联在捷克斯洛伐克边境地区持续进行的大规模增兵活动，却让人怀疑苏联人根本没有进行任何演习。各种情报表明，苏联可能在进行一次真正的部分动员，尽管其规模还不能确定。

以上事例引发了几个有关预警的有趣问题：一个国家会在多大程度上试图掩盖其动员举措？又会采取哪些措施，来掩盖或解释动员行动？对这些问题的回答（或尝试给出的答案），可以帮助我们形成一个合理的心理预期，让我们知道某个国家开展动员时，我们一般能掌握什么情况，不能掌握什么情况。

一国，不管对国内媒体和本国居民的言论控制得多严，都没有能力在完全保密的情况下进行一次完全的战争动员（也没有哪个国家会试图这样做）。民主国家当然不可能对动员情况完全保密；但即使在一个专政国家，政府也需要本国民众对战争的支持，也必须就突然召集大批国民入伍参战的行为对本国民众做出公开解释。像战争动员如此大规模的战争准备活动，必然被本国居民和外国人观察到，各种谣言会像草原上的野火一样通过秘密渠道蔓延开来。在没有新闻自由的国家，国民往往习惯通过这一类秘密渠道打听小道消息。因此，对于专政国家开展的大规模动员，我们总是能得到一些走漏的消息，有时候消息的数量还不少，但是到底能得到多少我们是无法提前预知的。为即将来临的军事行动进行的迅速动员，尤其是还以各种演习为幌子发布的欺骗性公开声明，会极具欺骗性。当我方情报部门发现敌方的动员规模大、动真格时，为时已晚。

如果在远离一国首都、省府、州府的边疆地区进行部分动员，尤其是在某个疆域辽阔的大国，那是比较容易掩盖的。我们也不能幻想着能靠我们有限的能力，在对方拒绝和严密防止我方观察的地方，觉察到对方正在进行的各种军事准备活动，包括动员活动（即使其规模相当大）。

无论是比较大的还是比较小的共产党国家，他们掩饰其动员活动方面的能力已经得到充分的展示和证明。如果苏联没有选择在 1961 年夏天主动公开宣布进行部分动员，我们对其动员活动几乎一无所知。类似的情况是在 1968 年 7 月，如果苏联没有公开宣布为即将开展的后勤“演习”进行准备，我们并没有其他的独立证据来判断出苏联正在进行部分动员。尽管我们并不知晓苏联发布这项公开声明的原因到底是什么，但是我们认为，苏联可能考虑到其将大量部队调进东欧这一举动难以掩饰，因此提前公开声明将举行“演习”以暗度陈仓。当时苏联内部并没有泄露出任何有关其动员进程和规模的消息，我方是在事后分析时，才意识到苏联的动员规模到底有多大。

毫无疑问，苏联、中国和朝鲜等国要想在完全隐蔽的状态下完成一次部分动员，是完全有这一能力的。有时在比较有利的情况下，美国情报部门可能观测到一些迹象，但很可能会把这些迹象误解为仅仅是为军事演习而开展的活动。美方或许能够侦测到敌军部队的调动部署（尤其是较大规模的调动），但敌方最初采取的动员措施却不太可能被侦测到。美方情报部门在东欧各国的情报搜集能力要强一些，因为这些国家比前述几个国家面积要小，情报搜集更充分，人员旅行也更自由。但是不管在哪个国家，只要该国在关键时刻采取严格的保密措施，就能大大削弱美国的情报搜集能力。

我们已经知道，大部分共产党国家都期望能在不对外公开的保密状态下，悄悄地完成一次部分动员（甚至一次完全动员）。这样看来，我们对探测到其动员活动的前景就更加悲观。大部分共产党国家已经意识到秘密实施战争动员的几点好处：一是实现战略突袭；二是拥有战术优势——在战争初期，那些在冲突前完成首战部队动员的国家可以获得不少优势，这些国家的军事理论和学说也认可这一点。所以我们可以肯定，在实施动员时，这些国家一定会制定隐蔽动员方案，使用各种安全防范和欺骗措施，来误导我方情报部门。

正因为敌人具备这种能力和方案，有一点变得越发重要：我方情报分析人员必须时刻保持警惕，识别各种情报线索，掌握和了解敌人已经开始实施的动员。要指望传统的战斗序列分析去解答“敌人的动员规模到底有多大”“敌人是否已经开始动员”这样的问题，显然是不明智的。我们必须准备接受和采用也许不那么精确，但更具有想象力的分析方法。

如果敌人有意悄悄地实施动员计划，我们能否察觉到其动员活动已经开始，在很大程度上要看我们能否觉察到相关的情况动向。最重要的是，是否存在异常的国际危机导致敌国进行部分动员。在国际局势紧张时，敌国各种军事异常现象——如停止正常训练、提高战备等级、常规民用交通突然紧缺、敌军军事设施突然出现额外的运输或战斗装备——都可以作为线索暗示敌军正在进行战争动员。一旦意识到敌人可能正在进行动员，我们自然就会要求情报搜集部门加强或展开特别的搜集活动，提供更多证据。

此外，还有一点也极其重要：必须能够正确理解敌国的各种公开声明。北越在 1965 年、苏联在 1968 年 7 月确实都公开声明进行战争动员，但显然不是所有（甚至连大部分都没有）情报分析人员都能正确理解这些声明。美国情报界（尤其是那些对敌国政治性宣传分析经验不足的军事情报分析人员）都应该更好地理解敌国的此类声明。很多情报分析人员不是走了这个极端，就是走了另一个极端——要么完全按字面意思接受和相信这类声明，要么则斥之为“宣传鼓动”而完全不信。我们必须更加仔细分析和研究此类声明，并请这方面的专家来帮忙。很多时候，敌人确实公然告诉我们，他们打算干什么，或正在干什么，而我们却充耳不闻，固执地不愿相信其所说的话。

学习预警情报分析和基础情报分析的情报分析人员，都应该花些时间研究对象国有关军人服役问题的法律条文，这些法律通常都是公开的。这些法律会明确规定军人服役年限、在何种情况下可以延长现役人员服役期及重新召回退役人员服役等问题。如果有人简单地认为共产党国家不会真的按照本国法律行事，这些法律都是空架子，那他就犯了根本性的错误。实际上，这些法律是强制执行的，即使像苏联这样的国家也不得不付出一定的代价去遵守本国的法律条文（至少在表面上会遵守）。苏联公开声称 1961 年延长了现役军人的服役期，这就印证了苏联确实存在相关法律规定，即未经苏联最高苏维埃同意，苏军现役人员服役期不得延长两个月以上。苏军出兵捷克斯洛伐克后，有一则新闻报道称，在 1961 年 8 月初，因为为期三个月的法定征召期限已过，有些苏联预备役军人进行了一次绝食抗议。（他们是苏联为准备出兵捷克斯洛伐克而在 1961 年 5 月初重新召回服役的第一批士兵。）据报道，苏军不得不将这些抗议人员遣送回家，并被迫在行动开始的四天前，又另外征召了一批预备役人员（至少在某个作战单位确实是这样做的）。这一类有关对象国的法律、学说、政策和惯例，平常很少用到，但是在危急时刻，却能帮助分析人员觉察到敌人已经开始动员了。

对于预警情报分析工作来说，最重要的就是意识到敌人正在进行战争动员，无论是全面动员还是部分动员。即使我们还不能证明敌方动员的规模，还不能“证实”某一支或某几支作战部队已被动员，我们也必须善于接受此类动员已实施的事实，只有这样我们才能对敌对行动逼近的可能性有所警觉，并给我们的上级发出警告。为探明动员的真实情况，我们不得不经常依赖一些间接的证据（包括敌方发布的公开声明，这种声明往往能揭示不少内幕信息），并根据一些不完整的信息（例如发现敌国有一些预备役人员或团体被征召入伍）来推理。在某些情况下，我们始终难以搞清敌方动员的规模到底有多大，只能从各种不同的估测中取一个折中的数字作为“官方”的估计数字。但这一点无伤大碍，因为最重要的一点是，必须向决策部门发出敌方确实已经开始实施战争动员的警报（规模能否确定倒不要紧）。

第 16 章
后勤乃战斗之要

仅用一章的内容来探讨后勤保障对战争实施的重要性是不够的，仅用一章的内容来探讨敌人的后勤征候和识别后勤保障活动对预警的重要性自然也不够。本章采用“后勤乃战斗之要”（logistics is the queen of battles）这样的标题，正是为了表示战争中的后勤工作是何等重要。简单来说，敌人后勤保障活动对于预警情报工作具有决定性的重要作用，敌人后勤保障活动的水平，对于判断敌人对我发起敌对活动的可能性来说，是最重要的一个征候。这样的征候可能是（也往往是）敌人正在为战争进行增兵活动，而不是为了演习或展示武力。一个国家为实战进行的后勤保障活动，总是比仅仅为演习而进行的后勤保障活动规模要大。

各种预警指标表中都列举了大量有关后勤保障和交通运输活动的指标项，其数量之多（达到或超过其他任何一类的指标项）足以看出现代战争中后勤保障活动种类繁多、范围极广。有一次，一位美国征候分析专家被问道：“如果让你任选一个敌国部门安插一名间谍，你最想安插在哪个部门？”他的回答是“总后勤部部长办公室”——这是主管全军后勤保障工作的部门。如果我们能够确保在任何时候都能了解敌方后勤准备活动的范围、层次和种类，我们就能清楚地把握敌方能力，并且准确洞察其意图。

在本章中，我们仅仅讨论后勤保障、补给和动向，这些对军队建设来说不可或缺，也能为军事行动提供间接保障。本章不会讨论更宽泛意义上的经济动员问题（这将在第 22 章讨论）。

任何国家战前后勤准备都不充分

近年来，我们常常谈论到潜在敌人对美国构成的威胁。这些敌人将大量资源用于战争准备活动，为开战不断生产着大量的导弹、坦克和飞机。这种观点很容易使我们产生一种错觉，就是这些敌对国在后勤方面，也为开战做了充分的准备，以致它们不需要再花多少力气进行后勤准备工作，就可以直接发动战争。至少有一段时期（甚至时至今日），这样的观点得到广泛的支持。特别是对苏联，很多人都是这样看的。

从危机中得到的经验和不断提高的情报搜集能力，让我们不再那么简单地看待问题，也使我们对敌方实际情况有了更好的了解。苏联确实生产了大量武器装备，在众多后勤保障基地（有些位于前沿地区，有些位于后方）也储藏有大量武器装备，这些武器装备在战时都可以迅速投入使用。就苏军在前沿地区（例如东欧）现有后勤补给物资的数量来说，美国情报部门给出了差别较大的评估结果。我们认为，在有些地区，苏军现有的储备补给物资可供发动一个月（或更长时间）的战争；在另一些地区，现有的储备补给物资则维持不了一个月。而对于某些物资（包括真正发生敌对行动时至关重要的一些物资），储备则相当紧缺。

然而，无论我们如何评估，苏联自身也清楚地察觉到，其后勤保障难以充分应对战争。出兵捷克斯洛伐克的经验使苏联人知道，要发动战事，仅仅动员作战部队是不够的，还必须动员后勤保障单位。为了支持苏军作战部队向前推进，必须抽调大量从事民事活动的司机和车辆来保障军事运输。而苏军出兵捷克斯洛伐克时，正是最需要使用大量汽车的农业丰收时节。在出兵捷克斯洛伐克的行动开始前，苏联就征用了大量运输工具，在苏联内地和前沿军事基地间穿梭运送补给物资。征调民用交通工具的这一做法一直持续到那一年的秋天。当局势稳定下来，苏联觉得可以将相当一部分部队安全撤离时，这些车辆和司机才被遣返。有征候表明，尽管苏军征用了大量民用车辆，但在运输军用物资时还是遇到了车辆不够的问题。

此外，苏联在东欧各国也采取了其他措施加强后勤补给。很多目击者提供的可靠信息称，他们观察到苏军大量调用储藏在东欧各国弹药仓库里的弹药，甚至在东德，某师的弹药仓库因为弹药已被调用一空而撤除了瞭望塔上的警卫。这样的事情在二战结束以来还是第一次发生。这些调用弹药的行为在 8 月 1 日前就完成了，而苏军三周后才出兵捷克斯洛伐克。

在此要强调的是，以上这些活动并不是为了所谓的演习（苏联的欺骗计划本想将这些活动掩饰成是为演习而准备的），而是确确实实为出兵捷克斯洛伐克所做的后勤准备，这些活动与苏联平常在东欧地区进行的活动是有显著差异的。有些分析人员认为，这些大规模的后勤保障活动是苏联准备入侵捷克斯洛伐克最有力的证据。这甚至比苏军在捷克斯洛伐克周边部署 20 多个师的兵力（虽然有些牵强，但也可以让人相信，部署这么多兵力是为了向捷克斯洛伐克“施压”）更具有说服力，因为只有即将出兵，才会展开这些后勤保障行动。

除此以外，还有很多例子可以说明，某国展开后勤保障是准备发动进攻的晴雨表。越南战争中就有很多这样的例子。北越开展了许多后勤准备活动，其中有较长期的，如在越南、老挝边境一带的狭长区域修建公路，为的是进攻南越时利于卡车通行；还有一些较短期的战术性后勤准备活动，如征召当地老百姓服役以搬运后勤物资，目的是进攻筑有防御工事的村庄。可以说，整个越南战争的历史，几乎就是一部记录越军不知疲倦、富有创造性开展各种后勤准备活动和美军不断试图破坏其后勤准备活动的历史。敌方重要的、新展开的后勤保障活动或大规模的装备物资调动，都是即将实施军事行动的有效而可靠的征候，这一点鲜有例外。

总之，一个国家在采取军事行动时，其后勤准备活动的类型与和平时期在质量和数量上都有所不同。如果掌握足够多的情报，并且了解敌方的作战方法，我们通常总能观察到这些差异。

作战后勤保障中的关键预警因素

在敌对行动发生前，存在大量潜在的后勤方面的征候。尽管其中一些后勤准备活动是只有特定国家才会开展的，我们还是可以对后勤准备活动的一些重要方面进行概括，这些是几乎任何一个国家在实施军事行动前都要开展的。显然，这些后勤准备活动的规模和种类，取决于该国预期将采取的敌对军事行动的类型和范围、预计军事行动时间的长短、预期军事行动对抗的激烈程度等。一个国家要是打算动用大量部队对一个强悍的对手发动攻击，自然要做大量大规模的后勤准备活动。一个国家要是只为了对另一个准备不充分的国家发起小规模、低风险的军事行动，那它要做的后勤准备活动的规模自然要小得多。因此，只要我们能够确定一国正在进行的后勤准备活动的规模大小，就可以据此重要线索，判断其即将发动军事行动的规模大小。

（一）后勤准备是动员计划不可缺少的一部分

为即将开展的作战行动进行动员，当然也涉及后勤方面的准备，因为军事动员与后勤准备活动两者是相互关联、密不可分的。征召预备役军队需要配备必需的武器弹药等，扩充的部队需要从仓库获得更多的装备，物资、装备和人员的投送也需要通过额外的运输工具（火车、卡车、飞机或者轮船等）来进行，而且这些活动对于油料的需求也会增大。即便是动员一支预备役部队或二线部队，也需要采取一系列的后勤支援措施，才能使其到达指定位置并具备基本的作战能力。调动的部队越多，所需要的后勤和交通运输方面的保障和支援的规模就越大，部队后勤保障方面的需求也就越明显、越复杂。为动员和部署一支现代军队所必须制订的后勤准备工作计划是极其复杂的。实际上，一个完整的动员计划不仅包括对预备役人员的征召，其更大一部分内容是有关部队供给、支援和运输等方面的详细计划。动员计划制订得越精细，就越能迅速实施，这就更加需要我们小心谨慎地关注后勤保障方面的各个细节，因为任何一环的失误都会导致整个动员计划的失败。

（二）对民众生活和经济的影响

额外的后勤保障，不管规模大小，都有可能很快对普通民众的生活造成影响，有时候影响还非常大。当然，我们也可以采取一些措施减少这种影响，如：军事供给物资和装备储备充足且储存在适宜地点，部队可以就地动员，不会对当地民众造成很大影响；某些食品可以长期保存；建立储备油料库仅供军队应急使用，这就减少了从民用经济中征用油料的必要；美国等富裕的国家资源丰富，较小规模的动员不会立刻影响到民众，或者影响较小。

尽管如此，所有国家在后勤保障方面都有自己的短板和不足，这些短板和不足在进行任何规模的动员时，往往会很快影响民众的生活。预警分析人员要了解一国在后勤保障方面有哪些短板，情报搜集人员则需要提前集中注意力跟踪该国在这几个短板领域的情况。如果几个短板同时出现情况，那么就证明一国正在进行军事动员（既可以是为长期打算，也可以是短期的）或准备开展非同寻常的军事活动。在共产党国家里，曾经出现频率最高的几个短板是：**食品缺乏**（尤其是肉类食品以及其他优先保障军队的食品）、**油料短缺**（尽管一国会有储备油料，但是如果该国正大规模调动部队，我们通常能在报刊上看到该国民用油料紧缺的新闻报道）、**医疗保障和交通运输能力不足**（这两方面的情况非常重要，本节下文还将详细讨论）等。

（三）对交通运输的影响

后勤动员措施产生的最直接、最有破坏性的影响，往往体现在交通运输系统上，这种情况也是最有可能被我方情报部门监测到的。如果不征用民用运输工具（或者说不影响到民用交通），没有一个国家的交通系统能够满足突然大幅增加的军事需求。所有国家制订的战争动员计划都包括以某种方式征用民用交通设施。这些措施包括让军方优先使用铁路、公路、水路和空中交通，情况严重些就会进一步征用民用交通设备，甚至会让军方接管整个民用交通运输系统。

世界各国中，苏联及华约缔约国制订的军事动员计划，最为广泛、详细地规定了军方接管整个民用交通运输系统的内容（苏联与华约其他缔约国的军事动员计划是密不可分的一个整体）。而交通运输能力，比如卡车、火车机车及车厢的短缺等问题和困难，正是其中有些国家的短板。这就导致军事交通运输需求一旦突增，就会立刻显著地影响民用交通运输。我们过去曾多次看到，某国报刊上报道该国民用铁路运输的火车机车和列车车厢不够用（如 1968 年 7 月最后一周，苏军在捷克斯洛伐克边境地区集结兵力时，就出现了这样的情况和报道），这种消息有时可以作为关键指标，表明该国正进行某种反常的军事行动准备。此外，我们从经验中还了解到，这些国家军队的许多（也许可以说大部分）陆军作战单位通常都缺乏公路交通用的卡车，在展开战争动员时，必须从民间征用卡车（苏军在准备出兵捷克斯洛伐克时同样采取了这一措施）。在未来很长一段时间内，苏联等华约缔约国的地面作战部队动员计划，仍将包括从民间征用卡车的内容。而这些国家的经济活动，特别是农业，也迫切需要卡车。

如果要为即将发动的大规模军事敌对行动而进行大型动员，苏联等国会依据动员计划，全面接管包括陆上、水上和空中交通运输系统。由于这些国家运输系统中的公路和大部分主要运输企业本来就是国有的，因此其运输系统可以全部融入国家的军事动员计划。一些负责交通运输事务的重要官员和许多民用航空飞行员，都是预备役军官。所有的苏联商船上都安排有一些预备役军官，所有的商船都按军事动员计划进行过预演。近年来，有大量公路运输用的卡车被指定为军事预备装备，一旦开始军事动员，这些车辆就会从民用交通中征调，供军队使用。这些卡车的设施配置比普通卡车要优良一些，并定期按军事动员计划进行预演。毫无疑问，还存在一些大范围的计划，例如有的计划规定，一旦开始军事动员，要么让苏军接管东欧各国的铁路运输系统，要么让苏联铁路运输官员去主管东欧各国的铁路运输系统。总之可以确定的是，整个战时交通运输系统能够在短时间内迅速启动，但是在突发危机中该系统运转的实效有多高，就不那么好确定了。

不管苏联和东欧各国执行其军事交通动员计划的效率是高是低，我们几乎肯定能观察到实施这种动员计划的迹象。特别是，如果苏联突然接管其整个民用交通系统，使用铁路和公路向东欧大量运输人员和装备，其活动就更容易被发现。由于苏军在展开动员时会突然增加交通设施运输部队的使用，而这一做法极易被发现，因此几年前，有一位苏联学者就写了一篇文章，建议苏军增调增援部队时应尽可能逐渐增兵，并保持平常运输模式。如果苏联确实认为这位学者的建议可取，那我们就要警惕，这种做法可能成为苏联为军事突袭而制订的长期秘密计划的一部分。

在苏联和东欧以外的其他地区，军事机动对主要交通运输系统的干扰，也是显示对象国正准备发起敌对行动的关键征候。1950 年夏秋之际，中国向其东北地区大规模调动军队，也打乱了正常的运输秩序（关于这一点我们收到了大量的报告）。中国在其国内进行较小规模的作战兵员和补给物资的调动时，我们往往也可以收到零散的报告，这表明调动对民用交通运输造成相应影响。这类报告是我们在中国大陆能掌握到的少有的几个可靠征候，使我们获知中国军队正在实施的动员和调动。

（四）后勤物资的大规模调动

不管前方仓库或后方仓库的物资储备多么丰富，没有一个指挥官会认为他手头的物资是充足的。就算之前准备得再充分，任何国家只要有时间准备，都必定会在战前对首战使用的部队（无论是地面、空中、空防、海上还是导弹部队）进行额外的物资补给。只要部队没有遭到突然打击，任何国家都肯定要进行一些（通常规模很大）后勤准备。事实上，后勤准备和集结部队一样复杂，且对资源的依赖巨大，需要耗费的时间通常会比集结部队更长。众所周知，后勤部署不到位经常会拖作战的后腿。很多指挥官经常要在后勤准备未完成的情况下开动部队或开始作战。指挥官仅仅因为一些关键物资的匮乏（如油料的匮乏）而不得不下令中断进攻的情况也时有发生。

有时，我们会观测到敌国军队已经部署到位，做好了战斗准备，却迟迟不发起进攻，这并不一定意味着敌军的指挥官正举棋不定、犹豫不决。敌人很可能正在继续进行最后的后勤准备工作。这种情况时常发生，因而我们也不能视此为敌欲放弃进攻的否定性征候。相反，我们应对其后勤活动情况保持密切关注，以预测敌方准备何时发起进攻（预测敌人发起进攻的时间很难，但通过监测其后勤准备活动来预测总比瞎猜好）。

二战后期，日本长达 6 个月密切观察苏联在远东地区的增兵活动情况。他们估计，苏联要想进攻占领中国东北的日本关东军，需将跨西伯利亚铁路专门用来运送作战人员和物资，为期至少 100 天。1945 年 7 月下旬，日本军事情报部门报告，苏军此时的调动和运输的对象几乎全是后勤物资和勤务部队，并据此正确地判断：苏军作战部队可能已经集结完毕。他们得出结论，认为苏联可能会在 8 月以后的任何时间发起进攻。此后，日本再也没有收到其他有关苏军将发起进攻的预警情报。苏军在 8 月 8 日发起了进攻。

1968 年夏，苏军为出兵捷克斯洛伐克进行准备，似乎所有参战部队在 8 月 1 日前就完成了部署（不包括由苏联波罗的海军区进入波兰的后备部队，这些部队在 8 月份仍在调动）。美方情报部门判断苏军在 8 月 1 日左右已进入高度战备状态（甚至可能进入了最高战备状态），而实际上此时苏军在欧洲的后勤准备活动仍在进行，苏联在 8 月 10 日才公开宣布所谓的后勤保障“演习”结束。真实的情况很可能是，8 月初，当美国情报部门判断苏联已经完成军事集结时，苏联实际上并没有做好展开军事行动的准备，至少那时的准备程度没有达到苏军指挥员期望的程度。如果当时存在遭到严重抵抗的真实威胁，苏联会更加重视后勤准备工作，进行更长时间的后勤准备。不管怎样，8 月初的几天没有什么事情发生，似乎风平浪静，有些人据此认为此前对苏军可能出兵捷克斯洛伐克的担心似乎是多余的，可以放松一些了，但实际的情报并不能支持这种看法。进入 8 月，苏军出兵的威胁不但没有消失，而且还一直在增加。

评估越军在越南和老挝地区的后勤准备情况及战备状态，是一个情报难题。这一地区属于丛林地形，天气恶劣，再加上空袭破坏、道路封锁等因素的影响，评估部队的补给活动本来就极为困难。然而，在这些复杂的情况下，部队的补给行动持续进行，平常总是封锁的公路一直开放，更预示军事行动即将发生，尽管其范围和时间很难判明。

（五）库存物资削减

军队补给需求异常在另一个方面的表现，就是库存物资（包括储存在前方及后方仓库的物资）的消耗和减少。如果储存在前方仓库的物资大量减少，那大概是被用于装备和补给在最前沿准备参加战斗的部队。（我们之前提到过，在苏军出兵捷克斯洛伐克之前，出现了苏联在东欧各弹药仓库的库存被调用一空的罕见现象。这种现象强烈地表明苏军已经或很快就会将标准量的弹药发放给在最前沿的部队。）如果是储存在后方仓库的物资被调用一空（尤其是多个仓库的物资被调用一空），那很可能是用于装备和补给预备役部队或二级部队。

（六）医疗保障活动

与和平时期相比，参战部队需要更加充足的医疗保障，这是所有后勤保障中平战时期差异最明显的领域之一。作战部队需要大量的、不同种类的医疗物资和药品，需要的医生和医疗技术人员比平时更多，还需要战地医院、撤离疏散设施等等。即使在那些传统上不是非常重视医疗保障的国家（其中包括一些敌对国家），交战时对于药品和医疗物资的需求都会大幅增加。

正如其他后勤准备活动一样，医疗保障的变化不仅会影响军队本身，而且会对民众产生很大影响。这些影响包括：医疗物资和医院短缺；许多医生被紧急征召到部队；血液需求大幅增加等等。

此外，交战国可能要从国外购买药品（比如美国参加越南战争初期，北越就从中国得到了医疗援助）。如果对某些疾病的药品（如抗疟疾药品）有大量需求，则表明部队可能要进入某些特殊地区。

一些分析人员认为，医疗保障准备是战争计划的一个重要方面，但其受到的关注却太少。这是我们需要改进的地方，我们需要完善自身相关数据库和情报搜集计划，以应对有朝一日我们的主要敌人可能为筹备重要敌对活动而对其医疗领域进行的大幅调整。在这方面，一些特殊的准备措施对于预警情报来说具有重要价值。

（七）为确保后勤体系安全所做的准备工作

平战时期后勤保障工作的另一个重要区别在于，对象国是否已经开始储备大量设备物资，以及是否已经开始采取其他一系列保证后勤体系本身安全的措施。如果采取的措施很多，并且与和平时期截然不同，那就说明一个国家很可能在进行备战。（除非，从另一方面讲，美国自己或者其他国家已经明显在采取这些措施。）铁路和公路易受攻击，敌方往往首先保护它们并在发起进攻前做好维修的准备。除了在桥梁和铁路场站等地采取空防措施以外，后勤准备还包括其他措施，如在铁路沿线储备应急架桥设备、推土机、修路设备以及其他快速修复受损交通路线的物资。如果一国预期处在一个长久的和平时期，则很少会采取以上紧急措施。另外一个提升关键交通要道生存力的措施，是在关键结点建立数条道路支路、应急桥梁等，北越就曾采取这些措施。

（八）为具体作战行动所做的后勤准备活动

总体上，后勤准备活动是战争征候，某些活动还是战争即将爆发的具体征候。例如，运输机在空军部队附近基地的集结，表明空战即将开始；水陆两栖装备和登陆艇的大量集结，暗示敌人有可能从水上发起进攻；大量移动桥梁装备的出现可能意味着渡河作战的开始。如果发现了这些非常具体的后勤准备活动，将对预警分析产生重要作用，因为这不仅是概略的预警信息，而且是关于进攻的方式和地点的具体预警情报。因此，我们再一次强调，确认敌方后勤准备活动对于预警情报分析具有重要价值。

解读长期后勤准备活动

以上我们讨论了为较短期目标而进行的后勤准备活动（此类后勤准备活动通常是某国为近期即将发动的某项军事行动而开展的）。而情报分析人员在工作中还会陷入另一种境地，就是他们有时还必须要去解读敌人为较长期目标而开展的另外一些后勤准备活动。这一类活动与预警情报的相关性和重要性都不是那么明显。

所有的国家都致力于改善交通运输设施，绝大部分国家的军队都会努力加强基础设施建设，充实并更新武器装备库。通常认为，只要不是受到来自政界的阻力或被立法机构从预算上加以限制，军界的将帅们总是会不断采购添置新装备，并不断提高部队实力。我们频繁收到报告，东欧地区又新建了油料仓库，修了新公路或铁路（这些仓库和道路显然可以提高部队在战时的运输和补给能力）。远东的几个共产党国家也经常实施这类改善基础设施的项目。

但这类措施有何预警意义呢？在很多案例中，我们充其量只能说，这类措施确实可以加强敌军的作战能力，有些情况下这似乎是长期应急准备。但仅此而已，针对这些准备活动，我们在预警方面能说的不多。因为这类措施中有些完全是军事方面的，还有些是经济措施，具有服务经济发展的作用，且在任何时候都可以采取。对这类措施我们也要密切关注，以免错过某些重要情况，一旦发现某些措施的规模超过正常需要，我们也要有所警觉。但除此之外，我们通常不太担心敌人此类准备活动。

有些时候，敌人看起来是为较长期目标而开展的后勤准备活动（例如修建新的公路），也具有重要的预警意义。显然，北越在老挝—越南边境的狭长地带筑路，这一举动直接反映了北越政府在南越的部队实力以及用兵意图。近年来，美国监测到的敌方后勤准备活动中，像这种大规模筑路活动一样具有重大预警性的情况并不多见。

对于中国在老挝西北部修筑公路，其背后深藏的含义我们就不那么确定了。这仅仅是为提高这一偏远地区交通状况的长期工程，还是在做其他活动准备呢?

在另一个关键地区发生的案例也令人困惑。从 1965 年开始，苏联在中苏边境大规模增兵，同时还在该地区修建了很多后勤设施，比如机场等。这究竟是在为近期发动针对中国的敌对行动做准备，还是仅仅为防备未来可能会发生的紧急情况而做的一项长期工程呢?

对于此类性质较模糊的后勤准备活动，要想断定这是否是为近期要开展的敌对活动做准备，目前尚没有简洁清晰的指南可以参考。我们对这类活动的性质和时效性只能做暂时的判断，并且必须根据新获得的情报调整或改变我们的判断。不过，笔者还是归纳出以下几个标准，供读者参考：

- **是否紧迫仓促**：如果某国开展的基础设施建设项目进展相对缓慢，尤其是本可以在较短时间内完成的，结果拖延数年，我们就可以认为，该国并非准备待该项目建设完成后，将其用于实施某项具体的军事行动计划。反之，如果某国急切仓促地开展某基础设施建设项目，并因此将本来用于其他重要建设项目的资源都调用过来，则该建设项目就很有可能是为即将进行的军事行动而开展的。
- **用途是否单一**：如果某国不但急切仓促地开展某基础设施建设项目，而且该建设项目没有经济或其他民用用途，那么该项目用于开展敌对军事活动的可能性就更大了。
- **是否超过常规需要**：判断敌方是否正准备重大军事活动时，这一点是一个可以参考的非常重要的因素。如果某国在某地区修建显然超过该地区已有驻军常规需要的后勤补给类基础设施，那就说明这是在为即将增派该地区的部队做准备，增派的部队可能在增建的后勤补给设施完成后不久就入驻。反之，如果某国在某地区修建的后勤补给类基础设施与该地区已有驻军的常规需要保持一致，我们就可以视之为正常的后勤保障活动，其目的仅仅是保障现有规模驻军的正常需要，不必为之紧张。

- **是否为永久性设施**：如果某国在某地区增派兵员的同时，在该地区大规模地修建了一些永久性设施（如标准兵营、仓库、大型机场、娱乐设施和随军家属用设施等），这通常是长期的部队调整，而不是在为即将发起的敌对军事行动做准备。一国如果要准备在短期内发起军事进攻，是不会耗费金钱为即将参加进攻的部队修筑永久性后勤设施的。这些部队通常会住在帐篷里，为其准备的后勤补给物资也会储藏在帐篷里（或暂时住在或储藏在临时征用的民房里）。
- **同时发生的其他情况如何**：话说回来，我们的评估最终还是要建立在对某国在某地区发起敌对行动可能性的总体判断上。如果总体局势比较缓和，而且对象国看来正忙于应付国内事务，并不是急切地想获得领土，我们几乎都会肯定，该国在这种局势下进行的后勤准备活动并不具备短期预警意义。我们在这种情况下做出这样的判断十有八九是正确的。如果只是观测到某国在开展一些后勤准备活动，即使这些准备活动看起来在战争爆发时将发挥大的作用，很少人会仅仅根据这些后勤准备活动就认为战争即将爆发。

本章上述内容应该很清楚地说明了一点：对于预警分析人员来说，要想得出精确的预警结论，就必须准确地解读某国在后勤准备方面的活动。像后勤准备活动这么重要、这么值得研究的领域并不多。

最后再重申一次：分析人员不应忘记或忽略其他征候中的后勤保障要素。在一次大规模军事集结中，会出现——大规模部队调动，大量战斗机重新部署，许多政治因素和传言，以及有关敌人意图的准确或虚构的报告。以上所有这些都是很好的动态情报，其战斗序列变化在地图上非常明显。但有时，某些被忽视的后勤准备要素却可能恰恰说明敌方的军事集结是真实的，也就是说，敌方进行的活动的确是为了备战（不是演习），对我方来说并非一般的威胁。情报分析人员在面对众多情报时难免会有些兴奋，但是他们在兴奋中可千万不能错过这类难得的宝贵情报，须知这一类情报对评估敌方的真实意图价值巨大。

第 17 章 战斗准备中的其他因素

此前三章已阐述了部队战斗前或战斗期间活动的主要类型——部队调动、动员和后勤保障。就算预警情报研究者清楚对手是如何进行这些准备的，也能够从一般的或常规的迹象中察觉什么是异常的和超常的现象，但要想把握敌人为战斗进行的真实集结情况，要做的事情还很多。

此外，其他一些异常或超常的活动都可能暗示着敌方正在进行战争准备，而这些活动将进一步帮助分析人员辨别出不同寻常的形势。预警指标表中有大量此类异常活动，读者参照这些预警指标表，可以进一步捕捉对预警具有特别重要意义的事态动向。本章及下一章，我们将讨论一般情况下应该关注哪些指标，哪些指标在过去的危机中已经被注意到，哪些是准备敌对行动时的典型特征。

统帅部最关注的事务

战争是将军们的事务，为战争进行准备时，他们将深入地参与制订计划——甚至要考虑行动中最微小的细节。他们的部属将花费较长时间来制订行动计划和方案，更多的军官也将参与其中。出于安全和保密的原因，只有尽可能少数的军官知晓整个计划。但是，准备过程将不可避免地以各种方式影响某些军事机构的诸多活动（如果不是全部活动的话）。这种影响确实存在，虽然程度不同。无论是数月前就策划好的一次蓄意的突袭（如日本在偷袭珍珠港之前的准备活动），还是军事领导层准备就一次突然的和预想不到的危机所做的回应（如美国在古巴发现战略导弹后做出的反应），莫不如此。

一些分析人员（有时以预警的名义）所持最大的谬论是，我们的敌人已经准备好了所有应急计划，因而可以突然发动大规模的战争行动，而不需要其总参谋部做进一步计划或细节考量。我们知道我们是做不到这一点的，每一次危机（即使是小危机）都会引发超乎寻常水平的活动、大量的文书工作和协商会议，以及大量的通信交流。但即便如此，总是有不少人认为，敌人比我们组织得更好或是准备得更充分，他们不做此类活动就能投入战争。他们为每种偶发事件制订了计划，只要按下按钮或是向下级指挥官发出简要的指令，命令他们去执行相应的应急计划，每件事情就可以进行得很顺利。

这是荒唐的。没有哪个国家能够为每种偶发事件做好准备，即使该国确实已为即将到来的特定危机制订了一个具体的计划，统帅部或总参谋部依然要对该计划进行评估，以确保所有的下属指挥部均已准备到位且不存在任何障碍等等。更有可能的是，他们将不得不修改已制订好的计划，或重新制订一个全新的计划，因为局势几乎不可避免会有一些变化，或者是有人对部分计划提出质疑，诸如此类，不一而足。无论如何，结果事实上是确定的：最高层的军事部门将全力负责计划制订和参谋工作，密集的活动将会开展，指挥和控制系统将进行全面测试。所有这些活动，最终将反映为大量的通信，以及军事部门总体上的危机气氛。除非我们拥有的情报搜集“资源”能够提供一些情报，让我们了解军事领导层正在做些什么或各个层级的指挥机构在进行什么活动，即便是一些零星片段的素材，也几乎肯定能让我们进行研判。但是，无论如何，军事领导层的活动都不会保持“正常”。

我们从经验中知道，大规模演习也可能会得到最高军事领导人的关注和参与。准备得越“真实”，要他们参与的要求就越高。了解他们的行踪及活动情况，具有重要价值。我们渴望从军事和政治的多个情报来源，了解（即便不能充分了解）军事部门是否深陷重大的异常活动当中，是否就某个特定的地区或问题投入大量的精力。

警戒与战备

宣布实施真正的警戒（而不是演练）和将军队的战备提升至非常高的级别（或最高级别），是为战斗或可能发起的战斗做准备的一个主要征候。军队动员与重新部署一样，只有在特殊情形下才会进行真正的战争警戒：要么已计划实施敌对活动，要么害怕国际环境恶化将导致在不久的将来面临敌对活动的风险。

大国的军队通常设定了战争准备的条件与等级，涵盖从正常情况下的日常战备到为全面应对突发战争而开展的最高级别战备。在美国军队里，这些阶段被称作防御等级（Defense Conditions, DEFCONS），从五级（最低级）至一级（最高级）。目前，美军参谋长联席会议针对美军整体曾宣布的最高级别防御是三级防御。在极少或特殊的情况下（如古巴导弹危机时），美军的一些部门会处于二级防御。防御级别提升是一件严肃的事情，其中包括诸多特别规定的程序与步骤，要求人员和物资做好战争准备。最高级别的防御等级预示着全国性紧急事件的发生。北约也存在着类似的体系。

我们的主要对手——特别是苏联及华约成员——也有类似的体系，可以使军队从常规的日常战备转入全面战备。而在西方国家，这些步骤只有在军队各部门采取了一系列特别措施并完全准备妥当（完成全面战备）后，才能使战斗部队和后勤部队做好立即投入战争的准备。这种战备条件有别于频繁用来检验部队应急反应能力的常规警戒或演习。美国军队要提升战备等级需要经过严格的程序，通常很少开展。实际上，我们有理由相信，假设各项准备均已到位，在部队实施全面战备，是预想到敌对活动才会实施的一个步骤（我们的一级防御就是如此）。虽然战备计划毫无疑问会被频繁地进行检验，但只有在真实的战争情况下或预期战争来临时，一国才会大规模地执行全面战备。在华约国家，战备条件的定义和应对措施都大同小异。其他敌对国家也会使用类似的体系，只是可能不如华约军队这么复杂。

对于预警情报而言，宣布进行全面战备是最高级别的事项。没有什么事情比我们了解以下这些更加重要：精确的术语，顺畅的命令下达机制，以及落实该战备命令的具体举措。由于战备提升（即使不是全面战备）极为少见，所以大多数分析人员很少有应对这种情况的经验，也不确定我们能够或不能发现什么，也预测不到具体会发生什么事情。然而，预警研究人员应当对这样的问题进行全面的研究，因为一旦发生危机，能够识别出全面战备的实施是至关重要的。

演习与战斗部署

预警指标表的制作者和用户时常受到这样的困扰：实施非常规的高级别演习活动和事实上中断常规演习活动会作为指标同时出现。只要理解这两种指标均有效时的背景，这个问题就不再自相矛盾了。

一次特别高级别的训练，尤其是针对特定作战类型或特定目标开展的极其逼真或专门的训练，当然是进行战备的有效征候。显然，如果要圆满完成使命，军队需要训练，且需要进行密集训练。那么任何国家军队所实施训练的范围与类型，就可以作为一个有用的指南，便于外界了解其要开展何种类型的作战行动。如果搜集的情报足够充分，我们就可以从那些特殊训练演习中准确判断出，敌人正在实施什么性质的战备。传统上，北越军队在对南越和老挝的特殊目标发动攻击前，会举行沙盘演习。针对更大规模、更传统的行动，组织大范围的指挥所和人员演习，以及特定职能的部队操练，是正常的程序。除非指挥官对下属军官和军队的训练感到满意，认为能够达到他们的目标，否则没有任何一位指挥官愿意发动进攻行动。而针对某种特殊任务或目标所进行的训练，越具体越好。

因此，要想探明潜在敌人的计划，一个总的指导原则（有时也是具体的指导）是，潜在敌人的训练类型显然是一项不容忽视的征候。然而，通常情况下，此类训练活动是相对长期的征候，可能比实际行动早数周、数月甚至数年的时间。实际上，这并不意味着敌对活动一定会发生，我们也无法据此做好充分准备，好像其必然会发生似的。

短期（也许数周甚至更短）训练活动样式的突然改变——特别是中断或近乎取消常规训练——通常是更具体或有效的敌对活动征候。面对危机或采取潜在敌对行动时，军队采取的真正警戒常常是突然减少常规活动，并将外训部队召回营地，以备应急之需。在真正的战斗警戒中，导弹部队是不会被派到偏远地区进行训练的，防空部队也不会被派往交火地带。他们要么驻守营地，要么被派驻到战时部署地区。与此类似，通常情况下，陆海空的多数活动会被中断，而诸如空军和海军巡逻这样的防御措施可能会加强。训练中的此类异常变化常常很明显，这些是真实危机的独有特点——真正标志着应对潜在敌人的战备已经升级。随着经验的不断增长，情报界通常会认识到这种情况，但是我们需要对尚未发生（但会发生）的情况以及正在发生的情况保持持续警戒。当敌人的准备活动秘密进行时，表面上并没有明显的紧张气氛，这时我们尤其要警惕。

诸如“一切看起来非常安静”或“看起来没有什么发生”的说辞，是极为危险的误导。这些虽然使受众安心，但实际上意味着，正常活动已经因警戒而减少。

一场演习一旦开始，在短期内无疑是一个否定性征候。如果军队和后勤资源已被用于演习，则无法像保障演习那样迅速应对真正的战斗形势。显然，对于情报而言，问题是弄清楚“演习”确实只是演习，并不是为掩护进攻而进行的军队部署。在许多演习中，这不是什么大问题，因为演习可能不会发生在军队要应对真实进攻的区域，而是在远离前线甚至是远离后方的地区（苏联海军为检验控制丹麦海峡能力而举行的演习，并不在丹麦海峡海岸，而是在波罗的海）。然而，有些时候，我们需要开展最谨慎的情报搜集和最慎微的分析，来确保能够区分战争准备和演习准备。

显然，最重要的是在攻击之前区分上述两种情况。如今，西方情报界普遍预期——在至少一个主要案例中，苏联学说和实践也表明——苏联会以“演习”准备为幌子完成军队进攻的部署。同样，苏联等华约缔约国，也疑将北约重大演习视作潜在进攻的幌子。苏联认识到，军队的主要部署情况不可能被隐藏，对敌方最理想的误导，是诱使其相信这只是一场演习。为了蒙骗敌方，可能还要有计划地宣布即将举行演习的一次或一系列声明，或许后续还要发布有关演习“进展”的进一步声明。

在后面的一章中，我们将对此问题和其他类型的欺骗进行专门阐述。没有什么欺骗措施执行起来很容易，那些试图掩盖军事活动本质和目的的一系列虚假声明，看起来也很难被识破。尽管如此，这样的虚假行动有时却极为有效，我们不确信整个情报界是否必然能识别出来。1968 年夏季，苏联宣布，苏联和华约军队将在捷克斯洛伐克境内或边境举行一系列演习。实际上，整个夏天，这些军队并没有进行真正的演习，针对捷克斯洛伐克危机所进行的军队部署完全打乱了夏季训练计划。之所以宣布举行这些“演习”，仅仅是因为给苏联军队 6 月开进捷克斯洛伐克找借口，以及更重要的，为苏联军队在 7 月中旬后进行调动与部署打掩护。苏联甚至详细说明了“后勤保障演习”的方案，使得战斗分队和后勤支援分队得以在该演习的掩护下被部署至波兰。尽管当时的形势和明显的事实表明，苏联进行所有这些活动显然是为了控制捷克斯洛伐克的局势，但是大多数动态情报报告都认同苏联有关“演习”的声明，认为这些声明真实地描述了当时所发生的事情。即使是在该事件发生之后，大量的事后研究依然无条件地继续提及这些“演习”，甚至（信以为真地）重复苏联媒体有关演习方案实施细节的报道。

我们能否判断什么时候真正的演习正在进行或何时训练计划中止或削减，很大程度上依赖于我们所搜集到的情报的数量与质量。在有些领域，我们的能力是有限的，或者说反应是迟缓的，因此无法进行准确判断。相比较于东欧而言，由于缺乏中国演习方式和活动计划的相关知识，我们很难把该地区的战备与演习区分开来。这也是对朝鲜局势把握不准的重要原因。其他领域或环境存在类似情形，即使是最有知觉力和最老练的分析专家也无法对其做出准确的判断。

但是，就捷克斯洛伐克事件而言，我们本来有足够的证据做出判断：苏联并不是在举行一场真正的“演习”，整个夏季苏联的目的都是为实现捷克斯洛伐克政体的更迭。我们在上报报告时，需要对这种情况给予格外的关注并尽量做到详尽，以确保苏联的真正目的和目标不会被其所反复阐述的那些声明所混淆和掩盖。当然，这样一份反映事物本质的准确报告对于美国安全而言是极其重要的。

进攻与防御准备

在一场战争可能即将发生或冲突可能升级的紧急危机中，情报界经常被要求判断出，敌人的准备是进攻性还是防御性的——简而言之，对方是因为害怕我们或其他对手的进攻而采取军事行动，还是正在为进攻而准备？在随后的章节中，我将就此问题进行阐述。但是，由于人们倾向于把敌人的许多准备活动写成“防御”，而实际上它们是进攻准备的一部分，因此，我在此还是要做出简要说明。

这一分析难题出现在两种情况下：一是组建可用于进攻行动的军队（尤其是地面作战部队），二是开展明显防御性质的活动（例如加强防空防御和战斗机巡逻活动）。有时，敌人组建规模很大的地面作战力量，看似很有进攻性，实际上却完全是因害怕遭到攻击而采取的防御性举动。也有时，敌人的兵力集结看似是防御性的，似乎永远也不会用于攻击，但实际上却是进攻准备的一部分，目的是在敌人发动迫在眉睫的进攻后，应对我方可能进行的反击。对此，我们如何进行辨别呢？不断加强的军事活动什么时候可以看成是进攻准备，什么时候又不是呢？

针对这个问题没有一个绝对的答案，具体情况要具体分析（这也是预警判断如此之难的原因之一）。但是，以下一些总的原则可以遵循：

- 大规模地组建战斗部队，尤其部署主力地面部队时，如果力量部署超越了该地区的常规防御需求，应当被视作为可能的攻击行动做准备。实际上，经验告诉我们，上述情况通常是侵犯意图的最佳单一指标。
- 其他大型的军事准备活动（如主要兵力调动和大规模的后勤供给），更有可能表明部队的部署是用于进攻。
- 要想准确评估看似“防御”的准备活动（尤其是防空和国内防御措施），必须基于为攻击行动所组建的部队实力。攻击能力若快速或持续增强，那么很可能的情况是，“防御”措施的持续升级实际上是为了应对预期攻击行动后被袭者的反击。
- 若攻击能力的增长出现欠缺，防御准备或许正好补其所需。
- 攻击和防御准备的速度和紧迫性都要予以考虑。当攻击行动迫在眉睫时，攻击者可能最为关注本国及民众的安全，为应对被袭者反击而采取的防御措施可能会加强与加速。

第 18 章
应对超常的军事动向

讨论至今，笔者希望已明确一点，敌人准备开展敌对行动期间的军事态势往往是超常的。这不仅是一个度的问题——不仅是更高层次的指挥活动、更多的通信、更多的警报、更多的军队调动、更多的弹药运输等等。它还涉及极不寻常的活动，如果不是准备开展敌对行动或预期会有敌对行动，这些活动可能永远不会发生。显然，潜在敌对行动的范围越大，入侵者遭到报复的风险就越高，冲突可能升级的程度也就越严重（尤其是升级到可能的核战争）——这样，就越会背离常态，采取重大敌对行动独有的特定措施的可能性也越大。显然，为出兵捷克斯洛伐克，苏联没有必要采取诸多必然或可能引起与美国发生核战争的措施（后面有一章将讨论与可能来临的第三次世界大战相关的情报问题）。

事实上，任何情况下，敌对活动前的真正准备都包含作战特有的一些活动，但这并不意味着我们必然能察觉到此类准备活动。即使我们确实获得相关信息，也并不意味着我们能认清此类征候的真实面目。经验表明，我们在这类案例中很容易产生误判或自欺欺人。（有人说，再多的具体证据也无法让我们正确判断出中国在 1950 年 10 月至 11 月间的意图，可见我们的误解非常严重。）

极为特殊的征候

预警指标表的编制者竭力去挑选并准确定义敌对行动特有的准备活动，或者在和平时期无论如何都属异常的活动。任何预警指标表的第一项，当然是以种种方式（包括截收的通信记录、打入高层的间谍、缴获的文件等）获得的有关敌人的进攻命令。第二项可能是进攻计划（但是没有具体实施的指令）。或许值得注意的是，在战争史上曾多次获得这样的情报成就，但人们并非总能识别出来。比如，荷兰曾准确获知希特勒计划于1940 年对其发动进攻，但并没有认同这一信息。

在特殊性与价值上仅次于以上两项的，是那些可被解释为敌方进攻准备的指标，这些行动绝不是为了防卫或预防目的，也很少在和平时期发生。在有些情况下，这样的信息或许比发起进攻的计划或命令更有价值或可信度更高——因为人们常常怀疑后者可能是敌人有意提供的诱饵或迷惑我们的手段。

在各种类型的军事指标当中，以下几项有着极高的特殊价值：

- 将行政司令部重新指定为作战司令部，或者从和平时期的组织转为战时组织——例如重新将苏联军区或部队指定为“前线部队”。
- 大范围启用战时司令部，或调整指挥所。
- 将通常严格控制的武器（尤其是化学武器或核武器）的控制权下发给指挥官。
- 在海运通道上铺设水雷。
- 向前线部队派出大量翻译人员或战俘审讯小组。
- 有进行积极军事欺骗的迹象——而非加强保密举措。
- 实施额外的军事安全措施，特别是平时压根不曾有过的新措施——例如撤离随军家属和边境人口。
- 通过各种手段大规模加强侦察活动，尤其是针对首次突袭的可能目标进行侦察。

- 突然采用极为异常的伪装措施或其他隐蔽措施。

倘若情报系统幸运地获取这些具有极高特殊性的征候，那么最重要的是要识别出这些信息并发现其价值所在，而不是沉迷于其他大量新信息当中。有时，这些信息是如此明显和明确以至于不可能被忽视，但是在其他情况下，这些信息由于这样或那样的原因得不到应有的重视，从而导致危险。剖析近些年危机中极为特殊的征候，以及当时如何对这些征候的评估，或许能够更好地证明这一点：

- 高空照相侦察发现苏联在古巴部署首批战略导弹的地点——这一动向显而易见且不容忽视，立刻推翻了所有与之相反的信息和假设。
- 1950 年 3 月，朝鲜将民众撤离北纬 38 度线——这表明平壤的大规模军事集结意在发动进攻，但这一事件没有得到应有的重视。
- 1950 年 11 月初，中国下令向驻东北部队提供数千份朝鲜半岛地图——这一动向对评估中国出兵朝鲜的意图没有起到作用。
- 1968 年 7 月底，苏联清空了在东德和匈牙利存储的弹药——在关于苏联部队集结的海量情报中，这一动态情报（在第 16 章已讨论过）几乎没有引起关注。但倘若对这一动向进行深入分析，那些认为苏联部队集结仅仅是为向捷克斯洛伐克施加“更多压力”的分析人员，也许就能被说服。

毫无疑问，二战和其他冲突期间，还有更多甚至更不寻常的案例——例如，针对珍珠港事件的研究发现，大量对表明日本意图有特殊价值的征候，要么被搁置，要么被错误地评估。

问题在于，一些相对小规模（指整体活动范围较小）的军事动向与征候一样非常重要，因为它们不能得到合理解释，也不能被解读为防御或预防措施（defensive or precautionary measure）。如果用算术平均数来计算概率，这些动向会占到很大的比例。但是，无论如何，必须小心谨慎地判断这些信息的权重和价值——对情报机构表现的事后研究肯定也会这样做。

其他超常动向

在真实战斗场景中，除了会发生那些预警指标表上能够预见的军事动向外，几乎总是会有一些完全出乎意料的突袭，这些事情没有人能够预见到。这些也是例外的情况。然而，不幸的是，其中一些情况的意义并非显而易见。有时，分析人员遇到不明朗的议题或技术问题时，能够从专家那里获得帮助。而其他时候，没有人能够解释异常的情况。或许它永远是一个谜，或许危机过后分析人员重新审视当时的材料时，会突然醒悟："原来它是这个意思啊！"然而太晚了——又丢失了一个征候。

在分析一场即将发生的危机时，负责预警情报或动态情报的分析人员或许不断遇到问题，需要向那些能够解读晦涩难懂的军事或技术资料的人员咨询。我们不能忽略潜在的帮助渠道，应当向分析人员开放所有的交流渠道，使之能够与他人自由地探讨所有潜在的相关议题。当涉及大量技术资料或来自罕见来源的信息时，这点尤为重要。大多数人之前认为不重要的议题可能突然变得与当前事态相关；从未做过动态情报工作的分析人员会发现，如果自身技能有助于应对当前形势，就有了用武之地。征候分析人员不能因为无法理解某材料而将其抛在一旁。也许他这周丢弃的东西，下周就成为缺失的线索。

集结的规模

无论注意到多少异常或超常的征候，最终的评估常常主要基于潜在进攻者军事集结的规模。的确如此。历史多次证明，那些远远超出正常所需或防御目的的大规模军事力量集结，是其军事意图最可靠的征候。许多人后悔没有重视敌军的大规模集结，极其错误地将其定性为"只是一场常规集结"，从而无法从中得出结论（参阅第 5 章）。

但不幸的是，这些教训没有在下一次危机中发挥作用，同样的问题会再次发生——预警分析人员也不能幸免，他们的经验未能发挥作用。这种现象的重要表现，发生在苏联出兵捷克斯洛伐克以及中国出兵朝鲜时，当时许多人犯了同样的基本分析错误（既有军事也有政治方面）。如果说，最为严重的误判实质上是政治误判（这一点我们将在下一部分阐述），那么接下来便是军事误判。本质上，这种误判是认为，苏联和华沙集团部队的大规模集结既有可能是为了出兵捷克斯洛伐克，也有可能是在展示武力或试图“威胁”捷克斯洛伐克，两者的可能性相当。这种误判忽视了这样一个事实：苏联从未宣布集结部队，从未直接威胁过要出兵捷克斯洛伐克，也没有公开地叫嚣其压倒性的军事实力。部队集结活动也不明显，但只是因为我们在这个地区的情报搜集能力相对较强，而且苏联也没有采取非同寻常的额外保密措施，我们才得以了解其部队集结的规模，但也少统计了几个师的兵力。因此实际上，苏联部队集结并非只是“武力威胁”，而是真正且惊人的战斗力量集结。

这是自二战以来苏联集结的最庞大的战斗力量，其规模甚至超过了1956年干预匈牙利“十月事件”时派出的部队。经验丰富的军事分析人员没有从苏联的举动中看到任何东西，只是被这种表象所迷惑。比较典型的分析人员的评论是，“我简直无法相信这是真的”，“除了二战以外，我从未想过会看到这样的局面”。虽然战斗序列数据未能确定哪些部队参与入侵，但是大量事实表明，远胜于捷克斯洛伐克军队的苏联部队包围了这个国家，显然，这些部队在军事行动前就被提前部署在捷克斯洛伐克的主要边境，而非被部署去参与演习。先不用提历史教训，仅从逻辑上讲，我们也应当知道，如果只是向捷克斯洛伐克施加更多的“压力”，根本不需要进行这种大规模的部队集结。这一集结规模之大，已经符合苏联的军事学说：即使可能遭到抵抗，仍然会发起进攻。当然，很少有迹象表明捷克斯洛伐克会大力抵抗。

到底需要多少证据，我们才能判断出这样大规模的军队集结意在入侵？一些分析人员认为，如果手头关于捷克斯洛伐克的证据无法让大多数人做出判断，他们就不会得出判断。然而，历史告诉我们，大规模军队集结很可能预示着发动进攻——这也是预警分析人员的经验。这也引发我们继续讨论冗余（redundancy）问题。

冗 余

战斗部队集结和战争后勤准备工作存在一个共同特点：进攻者将寻求比对手更强大的军事实力和战斗力。所有指挥官都希望在发起进攻之前万事俱备，他们尤其不会满足于自己所拥有的资源。有时，军队不得不在资源不足的情况下作战，但那往往不是指挥官选择的。

因此，冗余的补给和性能优越的装备，以及大规模部队部署，或许标志着为进攻而开展的真实部队集结。进攻者如果有能力和足够的时间采取上述步骤，有时会进行超长时间的部队集结和全方位的准备工作。而在我们看来，这些似乎是没有必要的，或至少远超其所需范围。

在这些情况下，情报分析人员应当小心避免掉进陷阱（而实际上他们当中不止一人中招），错误认为这样的集结毫无意义，因为敌人早已做好了进攻准备。在过去约 20 年里的若干事件中，这种观点不断发展，甚至作为一种否定性征候被提出（如“除非他在虚张声势，否则不会这样做”）。接踵而至的可能是一次压倒性的军事行动（如苏联出兵捷克斯洛伐克）。这种逆向推理意味着预警工作的失败，标志着分析人员将找到任何借口来为敌人的行动辩解。

大规模战斗部队的集结和后勤供给永远不会是否定性征候。或许偶尔（重复一下，只是偶尔），军事行动不会在其之后接踵而至，但是，之后出现军事行动的可能性极高。不能因为你认为敌人早已做好足够的准备，就认为过多的军事准备是虚张声势或毫无意义。一个基本原则是，对手集结的军事实力与我们的军事实力的比值越大，发动进攻的可能性也就越大。忽视这一证据是致命的。

第二卷

第五部分

政治、民事、经济分析的具体问题

第 19 章
预警中政治因素的重要性

要想证实军事动向对于预警的相关性与重要性，是比较容易的。谁都能够认识到，预警指标表中大量的军事准备措施，与所动用部队的实力和至少某个可能的意图有直接关系。如果情报搜集能力充足，许多军事动向，包括一些最重要的军事部署，都是可以物理计量和量化的。“目前有这么多的坦克部署在这个地区，意味着过去两周有这样那样百分率的增长等等。”确切来讲，此类信息并不模糊，对这类信息的解释不是建立在主观判断之上。

政治指标的模糊性

相比之下，政治动向或政治指标对于预警的相关性，并不总是那么明显，也无法被确切证实，对特别动向的解释可能过于主观。隐蔽政治意图的可能性远比掩盖军事准备的可能性要高，实施欺骗时更是如此。至少从理论层面上来讲，在一个封闭社会中，存在如下可能：完全隐藏决策；未采取措施使本国民众做好战争的心理准备；操纵外交，管控宣传，使对手几乎无法从外部辨别政治环境的变化，进而无法提高警惕。当然实际上，这种情况几乎不会发生。但是，即使政治上存在诸多异常，外交与宣传中出现的许多常规或重大的政治变化，其意义也是难以解读和捉摸的。如果没有传统的最后通牒和宣战，也没有搜集敌方决策机构情报的途径，几乎所有政治征候都有一定程度的含糊性或不确定性。因此，毫无疑问，相比于对军事动向的解读，对政治征候的解读可能会有更多的变数与争议。

这也可以说明，为何预警指标表上的政治动向或民事动向通常较少，用词更加含糊和不准确。一两个例子足以说明这一点。预警指标表常有这样的政治内容，如“高层领导会谈延长”和“国内警察管控明显加强”。当然，诸如此类动向是潜在的重要征候，表明有关战争的决策正在酝酿或者已经做出，但它们也可能是完全针对国内形势，比如国内的动荡局势。即使是与外交事务紧密相连的政治指标，如“外交政策总体变得强硬”或“针对或关于关键地区的宣传报道大幅加强”，其本身并不表明任何诉诸武力的决定或意图。这些动向即便仅仅是可能征候，只与所谓“总体局势”相关，但也意义重大。虽然并不是所有的政治指标都如此不确定，但总的来说，它们不可能像军事动向那样被精确详细地阐明，也不存在政治上的“编制和装备参考表”。此外，我们不可能提前预测敌方是选择公开其目的和意图，还是寻求完全隐藏目的和意图，或者极可能采取折中的方式。因此，与军事相比，政治征候的数量几乎不能用于预见任何假想的未来局势。有时，我们能够自信预测某些具体的军事准备活动肯定会出现，但是不能预测或至少不认同某一政治决策会有哪些外在表现，也不知应当如何解释这样的表现。

政治指标的含糊不清与不确切还意味着，我们的“政治预警”可能会更加主观，因此，与军事征候相比，我们更难向其他人定义或解释政治指标。有时，这仅仅是一种担忧或直觉。我们“感到”敌人正在做什么，但是无法证实，也没必要与那些没有思考此问题的人进行交流。有些分析人员或军事指挥官想将这种不确定感通过语言表达出来，但是就算他们不是自欺欺人，也会发现几乎无法表达出自己的这种“感受”。然而，通常情况下，这些“感受”是准确的，即使不够精确，也是即将发生事件的晴雨表。因此，在柏林封锁之前的数周，卢休斯·克莱（Lucius Clay）将军向华盛顿的陆军情报部发电报，表示："过去数周内，我已感到苏联的态度有着微妙的变化，虽然我不能清楚描述它，但是现在我感到它（战争）可能会突然降临。我不能拿任何数据或相关的证据来支持我的这种想法，只能将其描述为一种新的紧张氛围，存在于每一个与我们有官方往来的苏联人身上。"[1] 克莱将军之后再次回忆起他的感受："我本能地感到，苏联在柏林问题上的态度已发生变化，而且有什么事情将要发生。我指出，我没有肯定的情报来证实这一点。"[2]

其他事件中，这种预感有事将要发生的不安同样困扰着情报分析人员——例如，在 1950 年春朝鲜战争爆发前夕，以及在 1962 年头几个月苏联开始秘密向古巴运输导弹装置时。

即便当政治预警并不那么含糊和主观时，即当政治氛围明显恶化、可能导致战争的特殊局势的紧张程度不断上升时，政治指标仍然可能是不明确的，也不是可表明敌人将采取某个具体行动的可计量或量化的证据。当然也有例外，敌人或许并未试图隐瞒其计划，或许已通过公开和私下方式向对方发出了直接警告。然而，通常情况下，政治征候仅仅能够向我们发出广义的预警，如让我们认识到战争危险不断上升，或敌人明显正在采取重大敌对行动前的某些步骤。

政治因素在预警中的重要角色

很大程度上由于这些不确定性，人们对政治因素在预警中的重要性存在根本的怀疑与误解。特别是在军官当中（但并不限于军官），存在低估"政治预警"重要性的趋势。相对于军事征候而言，政治征候不够准确、不好衡量和不可预测。因此，我们很容易断言它们的重要性不高，在评估敌人意图时也只会偶尔或次要地予以关注。在有些情况下，预警文件和评

[1] 原注：Walter Millis, ed., *The Forrestal Diaries* (New York, The Viking Press, 1951), p.387.

[2] 原注：Lucius D. Clay, *Decision in Germany* (New York, Doubleday & Co., Inc., 1950), p.354.

估报告似乎过于重视军事准备，只是顺便提到政治问题。几年前，美国情报界少数几位真正预警专家中的一位，做出了如下敏锐的评论——很少有人能如此准确地界定政治评估的重要性。

政治因素在预警中的重要性能否确保其得到更多的重视和强调，对此我们表示怀疑。

我们意识到，在预警流程中，政治因素或“姿态”是最神秘莫测的领域之一。“政治姿态”（political posture）一词本质是模棱两可的。然而，不管是否晦涩含糊，其在预警中的重要性必须适当权衡。我们明白，从某种程度上，政治因素是一个不同于物质准备的独立门类。但在战争过程中当政治因素与物质准备活动同时出现时，政治因素从数量上可能会增加或减少我们所获得的物质准备活动总量。事实上，在敌人准备过程中的任何或特定时刻，政治环境决定我方能否拥有敌人的“战备”信息。我们能观察到某个或某些特定模式的物质准备，它们能传递出一些预警信息，而对我们来说，政治背景绝非仅仅是给这些信息添砖加瓦。相反，这一不可或缺的背景可以帮我们推断出，某一特定物质准备活动是否真正与现实预警问题有关；政治背景有助于判断物质准备活动可否作为具有证据价值的征候。在讨论任何一个假想性的未来预警问题时，有必要精心设定一个详细的主观假定。任何论述，只要是关于预期获得何种征候或证据、如何处理这些证据等问题，都是基于最关键的假定——将敌方活动认作“战备”。如今，从逻辑上来讲，如果敌人实际上并没有有意识地打算做什么，就不可能存在为之进行的“战备”，对于现实中本不存在的事件也没有什么有效“征候”（更不可能从将要发动进攻的敌国中提取出一系列典型“征候”）。除非根据对敌人政治姿态的知识假定和判断，情报界至少能合理推测出敌人**有可能真的**正在准备攻击，否则，我们不太可能把敌方（具体或模式上的）活动看作是攻击前的“战备”——偶然和暂时的情况下也不会。只要我们对敌人外交政策目标、动机因素等进行的政治评估认定，敌方所宣称的“战备”是不可信的，或是不可能的（或是不太可能的），我们甚至都不会开始积累征候情报。因此，政治因素总是从一开始就横在预警中间，从始至终都在预警流程中起到持续的、至关重要的作用。

上述论述源于我们在预警流程中所积累的经验。然而，从问题本身的内在逻辑中，也能得出同样的结论。总体而言，预警最终需要解决的问题是——有关敌人进攻的意图。这从根本上讲是一个政治问题，涉及敌对国家政治领导人的最高政治决策（当然，这里不包括一些军事狂热分子武断按下武器按钮的突发“事故”）。评估这一问题背后的逻辑非常简单，就是看以下假设的情况是否存在：

1. 敌人的进攻决定；

2. 为确保进攻成功所拟定的措施方案或战备计划；

3. 计划的执行。

情报流程基本上包括对上述第 3 点中的零碎迹象进行发现、辨别和归类，对第 2 点中相关计划的基本框架进行重构和鉴别，进而有望推导和证明第 1 点的存在，这相当于一次经典预警。如果没有从第 1 点开始对局势有假设性的准确了解，我们无法从第 3 点合理推导出第 1 点。因此，我们再次发现，无论是理论上还是在实践上，关键的最终环节完全是政治性的。无论对于莫斯科还是华盛顿而言，政治环境都是至高无上的：对于敌人而言，它是重大进程的起点；而对美国情报界而言，它是终点。

政治感知对预警至关重要

对敌人根本目标和优先事项的感知是进行预警的必要条件。这是“得到预警”和“未得到预警”的人之间最大的区别。如果对敌方目标与国家优先事项没有政治感知，或者不认为军事行动是对敌人至今所作所为最合理的应对，再多的军事证据也难以让他们信服。多个实例都能证明这一点；问题是，对于“这些看不见的人”，再多“事实”对他们的视力影响也甚微。一些人看不到希特勒志在征服欧洲，后来其他人也看不到中国或将参与朝鲜战争，或者苏联可能出兵捷克斯洛伐克。这些都是政治感知中的基本问题，而不是对军事证据的评估。一项有关捷克斯洛伐克危机的征候研究（于事件之后撰写），阐述了 7 月中旬美方（恰好在苏联进行动员和主力部队部署之前）分析中存在的问题：

> 重要的一点是，即使当时动态情报报告及时、清晰地意识到危机的严重性和苏联战术的本质，分析人员仍然存在重大意见分歧。问题的关键在于，苏联能够且将会采用何种方法来达成其目的，如果捷克斯洛伐克坚持不妥协，苏联最终是否会公然干涉捷克斯洛伐克事务。

一方面，对于苏联是否会采取部署军事力量等行动，来扭转捷克斯洛伐克局势，一组分析人员表示怀疑。该组分析人员还倾向于认为：即使苏联不能通过政治手段来确保捷克斯洛伐克依从，也不会进行直接军事干预，以免损坏其国际形象、影响与西方国家共产党的关系以及破坏与美国共存方面取得的进展。他们认为，自从介入匈牙利事务以来，苏联政治上已有所改变或趋于成熟，不可能再采取那样的行动了。由于上述这些原因，苏联对捷克斯洛伐克采取直接军事行动多少被视为是“不理智的”，也不太可能。因此，该组分析人员在不同程度上倾向于认为，后来苏联的举动主要是为了向捷克斯洛伐克施加更大压力，而不是准备采取军事行动。

另一方面，有一组分析人员则认为，在夏季伊始，苏联已经坚定决心要维持对捷克斯洛伐克的控制状态，为达到这一目的，苏联最终将使用包括军事行动在内的任何手段。他们相信，不管因为政治原因还是出于战略考虑，苏联都无法容忍失去对捷克斯洛伐克的控制，而且苏联的安全利益一直是最为重要的考虑因素。因此，即使尚未下定决心，苏联也会认定，对捷克斯洛伐克动武是两害相权取其轻的决定。这些分析人员因而并不认为苏联的这种行动选择是非理性的，他们倾向于早些认定：苏联的军事举动是在准备进行直接干涉。

对预警而言，这种由每个人做出的判断评估至关重要。不管是否存在一致的国家评估，每个人都会有自己的观点。关于敌人哪些行为是理性的或符合逻辑的，每个分析人员都有自己的看法，他们可能会不知不觉受到这种先入之见的影响。这些判断不仅决定他们如何解读特定信息，还决定他们选择汇报哪些内容，而他们自己远远未意识到这一点。

上述讨论应当有利于解释，为何一些批评者反对使用“军事预警”和“政治预警”的措辞，好像它们是各自独立的过程。有些征候基本上是军事上的，有些则主要是政治上的，但是预警却只有一种。预警是对所有这些动向情况重要性的感知。预警，犹如美人，是情人眼里出西施。

许多人极其错误地认为，应该由政治分析人员（或者政治机构，如国务院）进行政治分析，由军事分析人员（以及军事机构，如国防部）进行军事分析。其实，国务院的情报部门做了大量的军事分析，在政治评估时必须不断考虑军事因素。更中肯的说法应该是：军事分析人员不断针对我们潜在敌人可能实施的**军事**行动做出**政治性**的判断。他们也许没有意识到这一点，或许这是完全无意识的，但是，政治因素的评估实质上是进行所有军事评估和分析敌方其他行动的基础。

对预警而言至关重要的是，有关敌人意图无谓的政治判断不该影响到对敌方能力的军事评估，或至少政治判断要与对敌方军事能力的说明明显区分开。1950 年 6 月朝鲜战争爆发前我方的判断，可以很好地说明这一点。当年 3 月，陆军情报部准确报告了一个情况：朝鲜通过逐步扩军，具备随时进攻韩国的实力——但我们不相信朝鲜会发动战争，至少在当时的情况下不会，因此低估了这一重要军事判断的意义（该情况本身也是一个预警）。在远东，麦克阿瑟将军的情报部门也做出了军事上肯定而政治上否定的判断。因此，无谓的政治判断（其判断基础和论证逻辑未得到明确说明）会极大削弱或否定重要的军事评估。

因缺少政治感知而导致预警失败的例子，常常比因缺少军事证据而导致预警失败的例子还要多。当我向军事官员指出这点时，他们的回应通常是这些政治人物不可信，如果对军事人员给予更多关注，所有一切都会变好。在有些案例中，或许确实如此（至少 1968 年捷克斯洛伐克事件中部分情况确实如此），但在其他案例中，军事指挥官允许自身的政治误判凌驾于军事证据之上。还有些案例中，政治官员先于军事分析人员对可能发生的军事行动进行预测。在预警流程中，我们经常出错，挨批在所难免。关键是，政治判断无论由谁做出，似乎比军事分析人员对敌人意图的评估更为重要。

第 20 章
基本的政治预警——感知的问题

几乎没有人会不认同上一章的基本观点——感知敌人的意图实质上是对其在特定环境下可能做什么的一个政治判断，理解这种国家优先事项和目标是开展任何预警判断的基础。本章将通过列举一些具体案例，来详细阐述政治感知如何影响我们对敌人行为的看法。

对冲突可能性的感知

在正常情况下，两个或更多国家之间有无发生冲突的可能性是相对比较容易理解的，不仅仅是政府机构人员，受过教育的公众也能理解，这种判断通常也相当准确。之所以得出这种判断，是因为我们能够意识到，两个或多个国家间发生战争的基本条件要么根本不存在，要么存在许多不同程度的可能性——从战争爆发的可能极小，到所有政治迹象都指向最终敌对行动。

我想用两个极端的例子进行阐述。鉴于当前的国际形势，尤其是美国与加拿大的政治体系以及长久的传统友谊，两国开战简直难以置信。如果开战，必然是两国间发生激烈或根本的政治形态变化，而这些迹象将十分容易察觉。另一个极端的例子是关于以色列建国，阿拉伯国家对此极为反对，根本就不予承认。这造成目前战争不断的基本格局——20 年内爆发了 3 场战争。除非政治氛围发生巨大改变，否则以色列与阿拉伯国家之间再次发生战争的可能性依然存在。阿以之间的政治氛围不用发生根本性恶化，就有可能爆发战争。从政治上来说，战争的可能性总是存在的。但从 1967 年冲突以来，军事上的限制，特别是以色列军队所具备的优势，有效防止了战争再度爆发。

在这两个极端的例子之间，对于国家间是否会发生冲突、某国是否寻求诉诸武力、该国为达到目的是激进还是谨慎，还存在不同程度的可能性。我们的情报评估（尤其是《国家情报评估》）和我国的政治与军事政策，都基于我们对这些问题的理解。苏联如果感觉自身能有效应付战争，会不会对美国发动一场突然的军事打击？而中国如果觉得能够承受风险，是否会支持朝鲜发起另一次进攻？我们对这些问题的看法，都是非常基本的。在很大程度上，这些看法不仅影响我们如何评估这些国家的特殊动向，而且更加重要的是，决定我们认为自身能够承受什么样的风险以及国家能够支出多少预算，来应对我们潜在敌人所发起的突然袭击。

简单回顾二战以来我们对苏联与中国态度的改变，就能充分说明这些态度对我们制定国家政策和评估对方可能采取的行动是多么重要。

我们在二战中与苏联结盟，当时我们期望尽快结束战争使将士得以凯旋，这造就了一种氛围，或者说喜悦。在这种情况下，最初很少会有人相信苏联在战后或许存在一些进攻野心，人们甚至常常抵制这种观点。在我的记忆中，1944 年至 1945 年期间，要想在陆军情报部举办一场有关苏联颠覆拉丁美洲计划的听证会极为困难。这种情况被一系列不愉快的事件所冲击：苏联在东欧进行军事压制，1946 年苏联进攻伊朗和威胁土耳其，在希腊开展共产党游击战，共产党对西欧产生颠覆性威胁。这些因素导致美国对苏联的态度、政策以及对苏联战略意图的评估，都出现了重大改变。接下来，1948 年，共产党在捷克斯洛伐克发动政变、封锁柏林；1950 年，苏联在朝鲜战争中支持朝鲜。我们与苏联进行的一系列冷战危机最终使许多美国人（包括很多情报工作人员）开始确信，苏联正寻求通过武力主宰世界，只有美国有能力和意愿应对这一威胁，以威慑苏联的进一步军事冒险。然而，直到 20 世纪 60 年代，随着苏联撤回在古巴的导弹以及美苏紧张关系出现缓和，许多人对苏联的态度又来了个大转变，认为苏联政策的最优先事项是与美国缓和关系。然而，对于这些人来说，苏联出兵捷克斯洛伐克是一次晴天霹雳般的突然袭击——其实，预警并不缺乏，相反还很多，但人们缺少对苏联目标与优先事项的感知。

同一时期，美国对中国的态度大同小异。20 世纪 50 年代，由于中国参与朝鲜战争，美国一度误认为中国有侵略性。然而今天，大家都认同几乎完全相反的观点：中国专注于自身国家建设，只有当自身安全受到直接威胁时，才会参与对外军事反击。无须多言，态度的改变影响我们对其军事意图的可能征候的评估。

这些态度决定我们如何看待所接收到的“政治预警”的本质与数量。如果认定某国国家领导层本质上是侵略性的，一心想着扩张与征服，那么在发动攻击之前，这个国家的政治态度与行动不会有根本改变。在这种情况下，开战的理由早已存在，冲突的发生并不是来自我们能感知到的局势改变。

如果苏联在欧洲发动攻击，我们能够获得多少“政治预警”？这已经成为北约规划与评估的关键，毕竟很多北约国家在地理位置上毗邻我们的潜在敌人。因而，与美国等没有处于这种直接危险中的国家相比，那些一旦受到苏联地面部队攻击就会面临灭顶之灾的西欧国家，并不太相信“政治预警时间”（political warning time）。当前大多数美国分析人员认为，目前在欧洲爆发战争几乎是不可能的，除非政治形势发生根本性的**明显**变化——这会导致出现政治紧张，从而使战争爆发的可能性剧增。但是直到今天，仍然有些人不接受这种看法，正如在 20 世纪 40 年代末和 50 年代冷战的高峰期，许多分析人员还质疑所获取的关于苏联军事意图的“政治预警”。有许多军事论文（包括近期的）仍然认为，苏联不仅仅**有能力**在毫无预警或较少预警的情况下进攻欧洲，而且也**极有可能**这样做。这种判断既是军事的，也是政治的。它认定苏联在进攻前将没有明显的军事集结行为或其他备战措施，也不会出现可能引发冲突的政治氛围剧变。显然，在看待欧洲发生攻击的预警时，我们在这个问题上的假定与态度至关重要，相反的观点被证实是矛盾的。

长期因素：优先事项与传统行为

一个国家在特殊形势下会如何做出反应，通常情况下是（至少部分是）可以预测的，依据就是其传统的国家目标或过去的行为。因此，我们有必要弄清楚潜在敌人一直以来的国家目标或优先事项是什么。当然，这是假设一个国家的行为是理性的，并具有连续性，虽然实际情况并非如此，但这一假设的前提往往是有效的。根据特定环境下一国可能的国家行为等概念，我们可以判断该国为何而战，以及为何不战。我们从经验得知，苏联将为维持其在东欧的霸权而战（至少会使用其军事力量）。我们因此可以推断，如果有必要，它会再次这么做。另外，经验还告诉我们，苏联不太可能冒险去为赢得新的领土而战。

对一个国家（或领导人）而言，长期隐藏其基本理念和国家目标，几乎是不可能做到的。欺骗与隐藏无法持续那么久。所有领导人都需要大众支持他们的计划，尤其是那些最终导致战争的方案。历史表明，大多数领导人，即使是那些热衷于侵略的领导人，也很少会耗太多精力去隐藏其意图，而一些领导人（例如希特勒在《我的奋斗》一书中）向人们透露了其目标的虚拟蓝图。在这种情况下，如果我们还是不能准确察觉敌人的行动意图，通常是因为我们不想相信我们所被告知的——正如不少人拒绝接受希特勒著作中非常清晰的警告。

不幸的是，政治预警并非如此简单。清楚潜在敌人的基本目标和优先事项非常重要，但这些不可能向我们发出具体的预警，透露敌人在某种特殊情形下会采取的行动；它通常也不会告知我们，敌人要冒多大的风险才能达成目标，在采取军事行动前会运用多少政治手段，或者事实上敌人是否最终会采取军事行动。简言之，即使我们十分了解敌方的理念和目标，但为了预测其可能采取的行动，我们还必须对在特殊条件下敌方的目标与决策有更具体的理解。

特定问题的战略意义

除了蓄谋已久的入侵行动外，特定问题或动向通常也可能引发冲突，而潜在的进攻方则可能无法控制局势（详见第 26 章）。抑或，当前局势很大程度上是由潜在进攻方造成的，但局势的发展及其他各方的反应可能与其所期望的有所不同。实际上，很多复杂因素可能会（事实上也会）影响敌方的政治决策。仅仅对敌方在这种情况下应如何反应、过去曾如何反应进行整体评估，是不够的。重要的是，要理解其如何看待当前局势，解读其在当前局势下会如何表现。当下，我们面对的是一种局势，而非一种理论。因此，对于当下的问题，我们要从长期评估方法，转变为更短期的具体征候评估方法。

在这种情况下，对敌国目标和可能采取行动的传统判断占多大权重？关于敌方此次可能行动的具体征候，又应被赋予多少考量呢？在相当数量的案例中，并不存在大量冲突——事实证明，敌人最终往往采取传统的或看起来合乎逻辑的行动。在这种情况下，当前的政治征候常与我们预期的该国行动不谋而合。倘若过去的行为和现实的征候都对敌方行动持否定性评估，例如敌国不会在这种情况下采取军事行动，那么尤其会出现这种不谋而合。

当这些因素中的一部分与另一部分不一致时，预警的难度就会加大。尤其是当传统评估或判断表明敌方不会在这种情况下采取军事行动，但当前军事和政治征候表明敌方会采取军事行动的时候，哪个是对的？在当前评估中应该如何看待现实征候的有效性？

如果没有大量附加说明，任何答案都会显得过于简单，在那些能够推翻一般结论的实例面前也会不堪一击。但历史表明，在这种情况下，我们应当更重视现实征候。换句话说，通常理解一个国家特定问题的战略意义，比不恰当地权衡其传统行为和优先事项更为重要。毕竟，这是预警失败的最根本原因——袭击方的行动与其预期采取的正常做法不同，或与我们的评估不同。于是，我们遭到了“突袭”！敌方没有像我们想象的那样去做，也没有按照常理出牌。

在有些情况下，敌人的行动看起来确实不合理。这是其对形势的一种误判，这种误判既可能是长期的也可能是短期的，或两者皆有，最终使其达不到预期目标。举两个较为显著的案例：一个是珍珠港事件——对于日本而言，这是短期的胜利，却是长期的误判；另一个是古巴导弹危机，这是一个短期严重误判的例子。就上述两个案例而言，我们认为，判断敌人意图时，依据敌人正在干什么的征候远比其他已有的评估更重要，而实际上那些已有的评估被证实都是错误的。古巴导弹危机的众多事后调查报告中，有一份指出，在危机期间，我们完全误判了赫鲁晓夫对优先事项的认知（正如他误判我们的优先事项一样）。在赫鲁晓夫看来，最重要的是与美国实现某种程度的战略平衡，为此他愿意冒险。

许多危机中多少都有类似的情况。感知敌方当前所思，理解当前问题对其的重要性，是我们了解敌方将要采取什么行动的基础。对北越意图和越南战争持久性的误判，就是因为缺乏这种感知。结果显而易见，美国情报部门和或许更高级别的政策部门（当然有一些人例外），都严重低估了北越领导人持续作战的决心和能力。毫无疑问，正是因为这种态度，在1965 年至 1966 年，我们不愿相信河内调动军队是为与南越进行一场长期战争（参见第 15 章）。

在此我们要说明，无须特殊的搜集努力或复杂的分析技巧，我们就能感知各国对特定事件的反应。即使是那些保密意识极高、常被怀疑采取欺骗策略的对手，也不一定会采用各种手段，隐瞒他们在事关国家安全和目标等重大问题上的态度。通常情况下，如果我们花费心思去验证他们所说的，并试图从他们的角度看问题，就能显而易见地了解他们对该事件的态度及该事件对他们的重要性。有些案例——比如中国出兵朝鲜和北越对南越的战争计划——事实上已告诉我们对方意图何在。在捷克斯洛伐克的案例中，无论事件对苏联多么重要和关键，他们都未对其进行保密，相反还强烈暗示在形势需要时会使用武力。

捷克斯洛伐克：政治预警问题

捷克斯洛伐克问题值得详细论述，因为其极为清晰有趣地揭示了政治预警的本质、何为缺乏对政治预警的理解，以及其他诸多问题。在接下来的几章中，我们将使用捷克斯洛伐克的例子进行研究，希望读者不要对此感到厌烦，因为其他案例无法更好地阐明预警的许多有效原则。苏联出兵捷克斯洛伐克的确是一本经典的教科书。

在苏联出兵捷克斯洛伐克几周后，我被要求对某军事情报机构（不便透露机构名称）关于出兵的报告草稿进行审阅。这篇报告称，该机构之前就一直认为，苏联出兵捷克斯洛伐克前将“没有任何关于进攻的政治预警”。毫无政治预警！我们在整个漫长的夏天都进行过政治预警，至少在苏联发动进攻之前的五个月里，我们反复反映，调门不断升高：苏联极为关注自由化趋势的潜在影响。由于“布拉格之春”（Prague Spring）持续兴盛，苏联对局势愈发忧虑，向杜布切克政权施加的政治和军事压力也更加明显。苏联在任何时候都未试图公开或秘密掩饰其对捷克斯洛伐克政治局势的关注，因为该局势即使没有立刻影响到苏联，最终也会对苏联在东欧的政治及军事霸权造成威胁。苏联对这一问题的关注过于明显，因此一些人倾向认为，苏联在一定程度上夸大了威胁并且“反应过度”。显然，苏联领导人被捷克斯洛伐克问题所困扰。

此外，我们还发出了具体预警，认为“如果苏联采取的政治措施无法达到期望目标，它将出兵捷克斯洛伐克”。7月中旬（出兵前的五个星期），法国和意大利的共产党十分惊慌，派党内领导人匆忙前往莫斯科，力劝苏联不要发动攻击。然而，他们皆是空手而归，没有得到莫斯科不使用武力的保证。与此同时，五支进攻部队在华沙集结，并向捷克斯洛伐克下了实质上的最后通牒。两周后在切尔纳（Cierna）和布拉迪斯拉发（Bratislava）达成的协议，呼吁杜布切克当局采取相应措施来挽救局势。同时这也是一个潜在的威胁：如果不听从苏联，那么当时包围捷克斯洛伐克的大规模部队将采取军事行动。

那又为什么说“无政治预警”呢？大概是因为，苏联从未直接发布过动武的公开威胁，在对外宣传中也没有能够表明进攻将至的最后通牒或迅速转变。但是，其他案例中有关进攻意图的政治预警，几乎都比不上此次这么显而易见。苏联从未试图隐藏其控制捷克斯洛伐克局势的意图，而事实上，在最终诉诸武力前，苏联最高层已尝试过所有其他解决途径。在这种情况下，如果还是坚持认为缺乏政治预警，就是误解了政治预警。预警，有时清晰明确，但通常非常笼统。预警常常不能向我们提供确凿的证据，表明对方已经做出最终决策，尤其是在军事行动临近的情况下。这是因为，大多数国家为了达到战术突袭，都会极力对这些信息进行保密（见第 28 章）。

北约各国被苏联出兵捷克斯洛伐克的行动所震惊，后来回顾时才认识到，当时实际上有足够多的预警。事后回顾中我们可以看到：“在华沙条约组织军队各就各位，准备通过军事进攻来威胁捷克斯洛伐克领导人时，我们——和捷克斯洛伐克人——曾有几个月时间存在非常明朗的政治预警，且有数周时间拥有战略预警。”

影响政治感知的一些因素

我们在其他章节已经探讨过，感知和采信证据等人为因素常与个人的先入之见相冲突，在随后的章节里我们还将再次讨论这个问题。客观感知敌人的态度以及从敌人视角观察问题的能力，对于预警至关重要。这点对政治分析人员而言尤为重要，因为政治分析要比整编和分析军事数据更具有主观性。

本章已经探讨过自二战以来美国对苏联和中国态度的改变，“舆论氛围”（climate of opinion）也会极大影响政治感知。在对待另一个国家的态度上，在与大多数人观点不一致的情况下，个人要想坚持自己的独立观点是相当难的。事实证明，即使有足够的证据来支持该观点，想让该观点被大家接受几乎是不可能的。改变一国的态度，需要时间。

与此相关，我们对敌方可能行动的判断，会影响我们自己的国家政策和军事计划。一旦一个国家决定采取某种行动——不管这个国家对我们的国防是否重要，也不管我们是否要进行防御——几乎不可避免地会影响到我们对这个国家行动的评估。这并非像简单说些决策层希望听到的消息（或不说决策层不希望听到的消息）那么明显；有些东西还会更微妙地影响到我们的思考和分析。我们可以引用历史上许多极为典型的例子来证明，比如越南。美国认为北越是一个极具进攻性的国家并可能占领南越，这一偏见影响或者至少增强了美国 1965 年出兵保卫南越的决心。之后，把北越视为侵略者的这一观点就广为美国人所接受，从此成为大家思考和处理这类问题的基本前提。

1950 年 6 月前，我们对朝鲜意图的判断，同样也深受美国在该地区政策的影响。朝鲜战争爆发至少三年前，美国官方认为，如果美国从韩国撤军，会出现朝鲜伺机占领韩国的严重威胁。然而，美国还是决定从韩国撤军，部分原因是美国在远东的军事利益没有必要使其驻军韩国，美国打算把韩国问题提交联合国处理。一旦美国决定驻军韩国不是美国的军事职责所在，美国也就不会制订保护韩国免遭朝鲜攻击的军事计划，这看起来是美国的政策不愿保护韩国。这一举措对情报评估的影响以及对预警的间接影响是双重的：作为美国政策的次优先考虑地区，朝鲜成为一个次优先情报搜集目标；而情报分析人员认为，如果朝鲜发动进攻，美国也不会采取军事行动，从而低估开展情报评估的重要性，并在评估中低估发动攻击的可能性。即使有些情报分析人员预料将发生攻击事件，并预计攻击即将到来（当然并非一定要在 6 月份发生），也认为与欧洲和远东其他潜在的共产党军事威胁相比，这种动向并不重要，因此，他们在评估中几乎不予关注。他们认为在朝鲜问题上向决策者发出预警并不紧迫，因为无论如何，政府不准备在朝鲜问题上采取什么措施。对于苏联等国，朝鲜可能是众多打击目标之一，但显然是最不重要的目标之一。

那个时期，影响对朝鲜问题评估的一个相关因素是，人们认为只有苏联才是美国真实的军事威胁，美军对这种威胁会随时做出反应。当时人们对有限“解放战争”或通过第三方发起的间接入侵没有太多了解。如同欧洲各共产党国家一样，朝鲜只是被当作莫斯科的一只爪牙。如果战争真的来临，那也是苏联在幕后煽动的结果，是更大规模冲突的一部分。美国的情报评估和军事计划都反映了这一观点，但几乎没有人会认为，如果共产党展开进攻，会被限制在朝鲜半岛。对这一流行观点，马修·李奇微（Matthew B. Ridgway）将军是这样描述的：

> 到 1949 年，我们完全忠于这样一种理念：美国卷入的下一场战争将是一场全球性战争，而朝鲜与此没什么关系，无须进行任何防御。我们所有的计划、官方声明、军事决策毫无例外来源于此。[1]

最终，我们会发现，我们不愿相信或接受有关发动攻击可能性的判断，其结果是，我们趋向于逃避问题，将不愿思考的问题放置一旁，希望这些问题能自动消失。我们此前已经探讨了人类的这种趋向，作为影响预警判断的一个主要因素，它还将在随后的章节里得到进一步探讨。我们多多少少都存在这种趋向，这也许是因为对某件事感到无望和无力为之，也许是为了避免因破坏现状或搅浑水而进一步激怒潜在的敌人。最后的这种顾虑可能是斯大林在德国 1941 年 6 月进攻苏联问题上出现误判的一个主要原因，斯大林当时对德国将发动进攻的诸多预警视而不见。毫无疑问，苏联对德国的进攻有足够长期的战略预警，一些观察人士认

---

[1] 原注：Matthew B. Ridgway, *The Korean War* (Garden City, N.Y., Doubleday & Co., Inc., 1967), 11.

为斯大林狂妄自大的程度几乎如同希特勒。然而，另一种观点则认为，他预见了德国的进攻，但他认为没有什么可以阻挡德国的进攻，因此试图通过稳住希特勒来尽可能延缓此事的发生。于是，他公开拒绝承认存在攻击的危险。不管真与假——我们永远无法知晓斯大林当时的真实想法——他的政策却使得苏联民众疏于防范，尤其是当德国发起最终进攻时，苏联军队也是匆忙应战。

第 21 章
政治预警中的一些具体因素

本章我们将探讨一些可以提供预警的政治动向，并尝试评析它们作为征候的价值。在这方面我们很难做到具体精确，也就是说，我们很难指出哪类政治动向在未来预警形势下可能最有价值，我们甚至无法预测这些政治动向是否真会出现。因此，这里的讨论必然只能是笼统的，甚至是不完整的。但是，我们仍可以从对过去事件的总结中得到一些确切的结论。

外交活动和外交政策

战争是通过另一种手段来实现政治关系，国家间通常只会在通过其他政治手段无法达到目的的情况下诉诸战争，因此，一国推行的外交政策和开展的外交活动显然是体现其国家目标的极其重要的征候。当前，我们很难想象，在事先没有发生危机或至少是外交关系恶化的情况下，国家间就爆发冲突。事实上，从历史上看，最明显预示敌对行动临近的早期征候大都出现在外交关系领域。在欧洲，两次世界大战爆发之前，国际政治氛围就明显恶化，这使得战争的威胁即便并非“不可避免”，也是众所周知。在日本偷袭珍珠港之前，美日间的政治关系同样出现了危机。尽管美国没有预见到日本具体的战争企图，但这种危机也极大诱发了美国对战争的担忧。一些人之所以相信未来战争爆发之前，依旧会出现国际政治危机和外交政策变动，无疑是因为从历史中得到教益。

尽管如此，还有相当一部分人质疑，未来战争爆发前是否一定会出现政治氛围的明显改变。此外，我们不能确定此类政治征候是否能为我们提供足够的预警，来解释征候情报的存在。我们不用管过时的最后通牒和战争宣言，只要确信此类政治预警的存在，显然就没有必要再进行大量的征候分析，只专注于评估敌人能力即可。

二战以后，一些冲突爆发时的周边局势显然印证了这种担忧的正确性。一个明显的例子是，尽管政治氛围过去一直高度紧张，朝鲜和韩国也不存在外交关系，但是在朝鲜战争爆发之前的一段时期内，并没有出现政治危机或外交警告。尽管美国就中国参与朝鲜战争曾发布外交预警，但该预警未能说明，如果中国目标真的是为了遏制美军或所谓“联合国军”向鸭绿江迫近，中国接下来将会做什么。1956 年和 1967 年两次中东战争发生前，虽然都出现了国际政治危机，但并没有预示以色列决定发动进攻的具体政治征候。

与过去相比，我们之所以没那么相信能通过外交政策和外交动向来获取具体政治预警，主要是因为以下三点：

- 现代化武器甚至常规非核武器，赋予了攻击方更大的优势，从而提升了政治性突袭的价值。1967 年以色列发动的进攻就是一个极佳的例证。可能部分出于这一原因，一国发动战争前不再需要断绝政治关系或宣战，如今可能没什么国家还这样做。
- 我们主要潜在对手的理念，便是在没有外交警告的情况下发动攻击。尽管在计划实施之前，或许还存在笼统揭示其意图的政治预警，但这些共产党国家几乎肯定会这样做。短期内，这是最简单、最普遍的欺骗方式之一（参见第 29 章）。
- 为遏制冲突其他国家会通过联合国等途径进行施压，这越来越迫使一些国家在毫无外交警告的情况下发动突袭，确保在国际维和机制介入前达成其目的。

总之，发动进攻前通过外交渠道发出具体警告的做法可能已成为过去。但这并不一定意味着更笼统的意图征候的缺失——相反，它们还将通过外交政策的执行和外交行为显现出来。事实上，随着战争的危险和代价不断增大，我们很有理由相信，在战争爆发前，会有大量的证据显示国际政治关系严重恶化。换句话说，如果相关动向无法作为进攻迫在眉睫的短期预警，我们依然可以期待发现笼统的战略预警。而这就需要分析人员进行细致分析，来识别出战争的逼近。

宣传分析

“宣传”（propaganda）一词在这里采用最宽泛的概念，指在一国掌控或指示下，以各种方式传播一切信息、旨在影响目标受众的做法。宣传的内容可真可假，也可以是真假参半。目标受众可以是国内或是国外，或两者都有。这些信息可以通过非公开渠道（通过简报、指令或决议向该党派的信仰者和骨干）进行传播，或者通过大众媒体向国内甚至全球的民众传播。

通过分析宣传内容来评估敌方意图，从而发出预警，其潜在的价值与困难显而易见。在二战期间，宣传分析即便不能被称为科学，也被视为一门艺术。当时，人们专门花费精力来分析纳粹的声明，这些声明暗含着德国可能采取的下一步军事行动及其他目的。这些宣传内容被证明不能作为非常确切的指导，来表明德国军队下一步将采取什么行动以及何时采取行动。但它的确为我们了解德国总体上如何看待战争提供了一些有用的参考，因而在判断纳粹是否策划发起一次新的进攻方面具有价值。

当前，美国政府内的宣传分析工作分散在情报界各个机构。事实上，可能大多数情报人员都感到自己有资格在一定程度上“解读”我们的对手在说些什么，这或许是我们存在的问题之一。在情报系统中，一些部门和个人在这一领域具有独特能力和经历，但他们的观点并未受到应有的重视。某些驻外机构——特别是莫斯科使馆和香港地区领馆——一直专注进行此类分析，并在解读对手的宣传声明、分析其重要性方面，取得了辉煌的成果。

在情报大后方，对外广播情报处（Foreign Broadcast Information Service, FBIS）设有专门的宣传分析机构。该机构几乎完全致力于检查并上报敌对国家宣传报道的趋势和新动向，并专门集中精力于“识别新要素或异常情况，确定公开声明和宣传主题的语气强弱，辨别出政策变更、敏感事件以及计划行动的征候”。除了对一般趋势进行持续分析外，对外广播情报处还对重要的宣传声明（比如中国外交部的声明或苏联塔斯社的授权声明）进行深入分析，并认真关注特定语句以及主旨的含义。此外，对外广播情报处还负责战争主题系列文件（War Themes files）。从预警角度看，这个标题可能会造成一些误解，因为这并非主要汇总进攻行动或其他危机发生前的相关措辞或声明，而是搜集有关战争态度的声明和数据。尽管如此，无论是在动态分析还是深度分析方面，对外广播情报处都拥有支援预警工作的大量材料。

总评：宣传对预警的价值

关于宣传与预警的关系，以及宣传对预警的价值，存在两种普遍的错误趋势。

第一种普遍趋势是，怀疑或拒绝接受敌人所说的任何东西，认为这些东西“仅是宣传”，即使不是完全错误，也是毫无意义。这种趋势在军事机构特别流行，原因是这些机构专注于军事硬件分析，对微妙的政治和宣传分析缺乏经验。这种贬损宣传分析的趋势是不幸的，因为历史经验表明，宣传倾向以及特定声明对了解敌方意图具有重要价值。

第二种趋势几乎与第一种趋势完全相反，是期望从宣传内容中得到太多的预警，也就是说，希望宣传详细、精确或提供军事行动迫近的近乎确凿证据，最好是有关军事行动时间和地点的确切预警。几乎毫无悬念的是，那些期望从宣传内容中得到此类预警的人定会失望，因此可能得出宣传内容“没有预警价值”的结论。而事实上，敌人的宣传内容提供了相当可观的证据，间接或不具体地说明其将如何去做。

然而，我不是宣传分析方面的专家，下面关于宣传作用的评述，是从许多危机中得出的经验。我们在这里所讨论的宣传，是由封闭社会通过其控制的媒体发出的。宣传数量与内容经过细致控制和设计，以实现其特定目的。

（一）宣传反映该国的关切

宣传是一个非常有用的晴雨表，能反映一国领导层在特定问题上的关注程度。针对一个特定主题或领域宣传力度的显著增加，尤其是持续不停宣传，通常能确切反映出这是真正的当务之急。与之类似，对一个问题的宣传力度非常低，通常也显示对手对该问题漠不关心。在非同寻常的情况下也会偶尔发生例外。其中一个例外可能涉及特别秘密的事务，比如棘手的国际谈判。还有些例外，是宣传工作在“拖延时间”，以等待国家领导层决定应说什么或做什么等；这种有意义的评论减少或消失的情况，可能表明涉及的事务至关重要，在没有最高层授意前所有的评论都不能发表。此外，有意忽略某个领域或问题，可被用以开展通常相对短期的欺骗（见第 29 章）。

（二）多数宣传是“真实的”

此处使用的“真实”是相对而非绝对的概念。我们想说的是，一国无法持续歪曲其目标和政策，特别是不能对国民这样做。宣传的一个主要功能是向人民（包括党的骨干）灌输思想，引导他们如何思考和行动。发布完全错误的言论和指导是自我拆台，不会得到理想的效果。我们发现，特别是当实施大型国家计划或目标需要超乎寻常的干劲或热情时，宣传就是真实的。当敌对行动临近时，激发对敌适度的憎恨或恐惧、说服人民延长工作时间、使消费品紧缩合理化、鼓励部队征兵等等，都非常重要。领导人无法承担向人民呈现完全虚假的形势而带来的后果。

为进一步阐释观点，我们来看看 1965 年至 1966 年的一个重要争议案例。当时北越向其人民发表了大量声明，号召大规模征兵，延长工作时间，鼓励更大牺牲，征募更多的妇女参与工作，以便将成千上万的男人送往“前线”（南越），等等。美国情报界的一个小组拒绝接受所有这些声明的真实性，认为这“只是宣传”，不能作为北越准备将大量部队派往南越的证据。相反的观点——当然最后被证明是正确的——坚持认为与此恰恰相反，密集的国内思想灌输是河内真实意图的晴雨表，而官方宣传（南越境内没有北越部队）才是虚假的。拒绝相信北越的宣传活动，成为我们认识河内意图的最大障碍，使我们未能意识到北越为了在南越境内开展重大军事行动正在进行动员。

官方授权的声明都异常重要。一些共产党国家的新闻界有一套运作规定，多年一贯如此。日常常规事件根据既定准则处理；更重要的动向则邀请特约评论人士（有时是使用笔名的高层官员）撰文；重大问题则由最高层发表授权或官方声明。这类声明之所以非常重要，除了其自身重要性外，还是因为它们为其他宣传机构设定了必须忠实严守的“原则”。这些声明都经过最审慎的研究分析，如果它们涉及战争或和平，那么其对预警而言就特别重要。但这并不一定意味着它们很容易被解读。有些声明的真实意义可能（我们并不确定）为那些内部人士所理解，但其他人往往无法理解。在特定情况下，我们能否理解将部分取决于对一些细节的研究和关注。回顾过去，我们才明白，其实 1962 年 9 月 11 日塔斯社的声明就宣告了古巴危机的到来，但美国情报界未给予足够的关注。

有些年代久远的语句隐含了不同程度的信息，它们可以作为预测未来事件的一般指南。历史告诉我们，以下这类语句都与军事动员的准备活动甚至武力干预的坚定决定有关联：

- “无法袖手旁观”；
- “绝不允许（某国）脱离出社会主义制度”；
- “认为自身安全受到直接威胁”。

以上只用于举例，并没有列出全部这类语句。当然，和其他宣传一样，此类语句不能被孤立解读，而应根据其他证据来评估。

（三）宣传预警通常是间接的而非具体的

一般来说，上述语句就像我们接收到的军事行动预警一样，是笼统的宣传预警。我们会发现，如果没有对军事准备（通常禁止别国知晓）或直接威胁进行军事干预的具体描述，我们很难做到更精确。二战之后的案例中，几乎没有任何国家公开宣称将动用常规部队进行干预、入侵或攻击，甚至在行动即将发生的时候也不会这样做。最近的一次直接声明，是中国公开号召志愿军于 1950 年秋进入朝鲜。大多数情况下，各国会说明他们的部队要么是“被邀请进入”，要么根本就没去。中国称被派往朝鲜的都是志愿军；北越绝不承认其部队出现在南越，直到 1972 年进攻时才默认而非公开承认这一点；苏联的部队也声称是“被邀请”于 1956 年进入匈牙利和于 1968 年进入捷克斯洛伐克的。

（四）承诺要采取行动是很有说服力的

根据以上所述，如果敌对国家不打算进攻，一般不会吹嘘或假装威胁。但我们需要马上补充的是，此事也有例外，如苏联在 1956 年苏伊士危机中直接威胁用导弹消灭英国，以及之后赫鲁晓夫发表一系列类似声明，包括有关柏林的威胁性声明。尽管如此，像其他国家一样，共产党国家其实不愿意承担因无法履行他们的威胁或承诺而带来的耻辱，特别是在做出公开承诺之后。

因此，表明要做某事或实现特定目标的宣传动向具有特别意义。1968 年 7 月，华约国家公开警告绝不允许捷克斯洛伐克落入帝国主义的控制，这有着异常重要的意义。它虽然并未说出会使用何种方式来阻止事情的发生，但暗示必要时将采取任何和所有的方式。关于此类承诺对预警的重要性，有一个更好的例子，就发生在中国参与朝鲜战争之前。1950 年 11 月的第一周，在经历一段时期的犹豫和不确定之后，全球共产主义宣传战线突然转变为全力支持朝鲜，朝鲜的行为也被认为是世界共产主义运动的责任。宣传上的变化如此明显，以至于美国预警委员会断定，该周朝鲜局势的主要动向就是共产党公开宣传承认对朝鲜的命运负有责任，这一宣传毫无保留地暗示要通过中国人的非官方参战来扭转朝鲜形势。这个判断在中国大规模进攻前约三周就得出了。

通过第三方发出政治预警

如果没有考虑到中间方或第三方的作用，我们关于哪类动向能够提供政治预警的讨论就不完整。第三方的作用不仅在于它可有意作为传递信息的渠道，还在于其可进行不经意的信息泄露等。

有意使用这种方法时，通常是为了安排讨论或谈判，但也可传达直接警告。印度驻华大使[1]曾被选为首要渠道来向美国传达警告，如果美国或所谓“联合国军”越过 38 度线，中国部队将会出兵。当时，大多数人都倾向于将其视为虚张声势。

更为有用的是通过第三方不经意或半有意的泄露。毋庸置疑，一个计划牵扯的人越多，特别是国家越多，就越难保密。苏联将导弹引进古巴时保密手段极其严格，仅告知了极少数外国共产党领袖，可能只有华沙条约国家首脑在严格的保密制度下才能知晓。这次冒险是苏联独一无二的表演。然而，出兵捷克斯洛伐克的准备需要五个国家之间的高度合作和筹划，很多人就算不清楚细节，也知道计划的大致性质。另外，苏联在最终出兵前大约四周时，提前向全世界的非执政共产党表明其总体意图——通

[1] 译注：此处指印度驻华大使 K.M. 潘尼迦（K.M. Panikkar）。

过包括武力在内的任何必要方式，将捷克斯洛伐克保留在共产主义阵营当中。结果，我们比古巴危机期间更加了解苏联的决策过程和计划（见第 27 章的论述）。

尽管许多国家内部有严格的保密规定，但各国间接触的不断增多以及曾经大一统体系的破裂，让我们增加了对彼此内部事务的了解。同时，莫斯科还得到了许多第三世界国家（例如阿拉伯国家和印度）的支持。中国也开始向外国人开放。往后，我们通过第三方获取预警情报的机会将进一步提高。虽然我们有理由乐观，但许多国家如认为事关安全利益，仍有能力进行保密、突袭和欺骗。

评估一国领导人观点的内部因素

很少有比真正理解外国领导人的性格、态度和癖好更让我们难以捉摸的了。在与我们有着友好关系和众多文化接触的国家（比如法国）尚且如此，更何况是本质上敌对的国家或至少不友好的国家呢——其领导人在完全不同的传统或意识形态下接受教育，因此，我们误解他们的潜在可能性会大幅增加。二战后的共产党领导人当中，赫鲁晓夫无疑是最开朗、最健谈和最愿意会见外宾的。如果据此认为我们了解他，那么古巴导弹事件这一插曲就能打消我们的错误想法。与此相对，勃列日涅夫（Brezhnev）显然从不会见美国人，除了在 1972 年 5 月与尼克松总统的峰会前会见过格斯 · 霍尔（Gus Hall）。有些国家是集体领导（许多共产党国家都是这样），我们极少能知道在特定问题上谁是真正的决策者。虽然有几份相关报告，我们却实在无法知晓苏联领导人是如何就出兵捷克斯洛伐克问题进行投票的。我们也不知道北越哪位领导人在何时会青睐哪些战术——例如，是开展大规模常规进攻行动还是长时间游击战。在这个问题上，武元甲（Va Nguyen Giap）将军在不同时期究竟立场如何，那些自称专家的人会给出各种不同的意见。

通常来讲，如果我们依据对其性格或态度的所谓了解，来猜测我们的潜在敌人，可能会冒很大风险。当领导层突然变动、权力位置相对变成未知数时，各种困难就会综合在一起。斯大林的去世就带来一段时间的不确定性，而且在一段短暂的时间里，有突发事件预警情报显示，新任苏联领导人可能会采取一些进攻性行为。当然，结果证明恰恰相反。在某种程度上，斯大林的继任者少了一些敌对性和进攻性，这可能部分有助于实现不久之后朝鲜的停战。

尽管如此，在一些事件中，领导层的变动具有预警意义，而且显示出更具进攻性政策的出台，甚至是发动敌对行动的意图。人们普遍认为，1941 年 10 月日本政府的变动是一个重要动向，预示其将出台更具进攻性的政策。军国主义者东条英机（General Tojo）领导下的新一届政府制造了一系列事件，最终袭击了珍珠港。“六日战争”爆发的五天前，以色列一个不大显著的变动增加了其对阿拉伯国家发动进攻的可能性。6 月 1 日，摩西 · 达扬（Moshe Dayan）将军，一个公认的鹰派，成为国防部长。美国的征候分析人员认为，支持战争人士的上任可作为预示战争行为的一个动向。

政变和其他政治突发事件

情报人员，特别是情报机构主管，已习惯于因不是他们责任或难以预料的事情而受到责备。（这种情况部分抵消了情报界那些没有被意识到或没有对外公开的错误。）

对于情报专业人员来说，最让他们恼怒的莫过于被指责无法预测政变和暗杀行动，他们认为这些行为是“天灾”，比龙卷风、雪灾和劫机还要难以预测。期望情报系统能预测出此类秘密策划且经常由个人实施的行为，是荒谬和非常不公平的。的确，情报预知政变或暗杀意图的可能性，与政变或暗杀成功的可能性成反比，因为情报特工掌握到的泄密信息也可能会被潜在受害者掌握，而潜在受害者会反过来采取措施阻止这类企图。对于 1948 年 2 月在波哥大（Bogota）发生的豪尔赫 · 盖坦（Jorge Gaitan）

暗杀事件，一些从事情报事务的老手仍会愤愤地回想起此事之后的情报调查报告。这本是预料之外的事件，但造成了灾难性的混乱，而很不幸的是，它与美国国务卿参加的泛美会议（Pan-American conference）同时发生了。

无论此类行动的后果有多严重，对这类行动的预测都不属于战略预警。实际上，它们根本不属于情报领域。我们最多可以合理期待情报系统能认识到，在特定国家或特定情况下如果发生此类行为，会引发混乱、反叛或其他危害我方利益的危机。但即便是这样，也有些期望值过高，正如我们无法利用该国的警局记录来预测城市动乱一样。

第 22 章
经济指标

相对于第四部分各章节中探讨的军事后勤准备及动员而言，本章所涉及的战争准备影响着国民经济和普通民众。当然在实践中，这一区分有点牵强，因为在战争时期，军事和民事的准备措施被紧密地结合在一起，事实上就是同一枚硬币的正反两面。此外，我们要想看出当前是否在进行着特定的军事动员和后勤准备，很大程度上需要依据这些措施对国民经济造成的影响。因此从分析的视角来看，军事和民事的准备动向应当作为一个整体来考虑。

经济指标是一项有着非常重要潜在作用的预警因素，然而通常受到的关注相对很少。较之数量庞大的军事指标，大多数预警指标表中经济指标都是微不足道的，而且有倾向认为经济发展太过长期或太过模糊，对于预警没有特别的相关性。

这一态度可能是二战以来我们所面临战争类型和预警问题类型的产物。这一时期大部分危机要么在本质上是短期的（有时仅数周），要么是不会引发敌对行为但长期发酵的冷战问题（诸如柏林问题）。只有两场重大的长期冲突——朝鲜战争以及越南 / 老挝冲突——会需要经济资源的大规模转换或重新配置。但是，由于卷入这两场冲突的亚洲国家经济相对原始，比起高度工业化国家，它们向战时经济的转换不够激烈、不够明显。此外，朝鲜和北越都严重依赖其主要盟友来供应战争所需的大量弹药和其他装备，因此许多经典的经济指标都不适用。最后，这两场战争都难以预料地升级为大规模或长期冲突；朝鲜或北越最初都没想到会耗费如此之多的人力和资源。特别是越南战争，在很大程度上，冲突是随着战争本身特点的变化而逐渐升级的。

简言之，二战后还没有一个真正的实例，可以阐明高度工业化国家在应对主要敌对行为时，经济准备措施的类型和范围。

长期基础性经济指标

主要经济指标之所以重要，是因为它们反映了一国基本的资源分配是用于战争还是维持和平。它们可以衡量国家的优先事项和发展方向。和平时期经济向战争时期经济的转换，特别是在工业化社会，明显需要对国家资源进行规模庞大、代价极高的重新分配。资源分配和优先方向的这种根本性转变之所以会发生，通常是由于国家领导人本身准备要发动战争（例如希特勒在六年多的时间里将德国转向战时经济），或者他们确信将面临被入侵的严重危险。过去，各国往往极不情愿转向战时生产，也不愿对其他主要经济资源进行再分配。它们往往拖延采取这些措施，直至战争发生。这当然会削弱它们的军事反应能力，并可能延长冲突（例如在二战中，盟国需要数年时间积蓄力量对付希特勒）。

衡量指标重要性和有效性的一个有效方法，是看实施或完成这项指标的代价有多高，占用国家资源的份额有多大，给人民生活水平带来的不利或影响有多深。显然，根据这个标准，那些降低消费品供给水平、增加税收、延长工作时间或对人民收入和幸福产生重大不利影响的经济再分配活动，应当被视为极其重要的指标。它们的确是非常重要的指标。可以说，没有国家会为了虚张声势而采取这类措施，此类措施能明确、可靠地显示该国确信存在战争危险。

对于毁灭性、短期性的核战争，传统的长期经济指标，特别是那些涉及主要工业转换、大量传统武器生产转换的指标，是否还能适用呢？目前大家认为，只要所讨论的指标发生在战争爆发之后，或是战争临近之前，这种观点就是言之有理的。但从征候的角度来看，爆发核战争的可能性会提升此类动向的重要性，因为潜在的攻击者可能会在冲突开始前决定采取这些措施，而不是拖延到已无计可施的时候。似乎可以确定的是，现代战争的性质已提高了初期准备的重要性，无论该准备是进攻性还是防御性的。因此，进攻者更可能被迫在战争行为之前采取比过去更多的措施（因而有望能给予我们更多的征候）。下一章中，我们将讨论现代战争中的一项重要准备措施——民防（civil defense）。

短期经济指标

除了主要的经济资源再分配，我们还可以采用各种幅度稍小的经济措施，来进行备战或应对预期的敌对行为。对于迫在眉睫的敌对行为，此类措施有时被证实是极有价值的征候。二战之后的两个例子可以阐明这个观点。

1950 年 11 月，就在中国部队准备参与朝鲜战争时，一系列报告表明香港商界陷入混乱，频繁变更计划。采购商显然根据北京方面指示集中精力采购香港的现成物品，并隐瞒进一步的海外采购。中国公司力图取消交付日期在 11 月 30 日之后的合同，并在合同中增加条款，规定在战争行为发生的情况下购买方可更改交付港口。有几次，中方资金由香港和美国转入了瑞士银行，并通过瑞士来结算采购。至少有两次，中国官员表明如果 12 月未发生全面战争，直接威胁将会解除，采购将会继续。总而言之，这些证据强烈显示，北京预计在不久的将来发生战争，这会导致香港不再是一个贸易中心。这些动向非常异常且从未发生过，这正是北京准备参与朝鲜战争的强烈征候之一。

第二个例子——苏联出兵捷克斯洛伐克前预备役运输部队的动员——在本书其他部分已经论述过（见第 16 章）。当时的季节使得这项工作成为苏联意图的一个异常重要的征候，因为通常在收获季节，情况应当相反，军人和卡车应协助收获。当时的动向表明，军方对卡车运输的需求占据了优先地位，甚至不惜以无法按时收获庄稼为代价。

一些重要的经济指标

从经济动向的多样性来看，有些类型的事物被认为对预警具有潜在价值，是征候系统需要观察的。当然，一些动向比其他动向具有更大的预警价值，因此在以下的论述中，我们将会评估它们的潜在用处和我们在一定时间内搜集相关信息的能力。由于二战以来（特别是在未曾进行过战争动员的苏联），我们处理这些指标的经验甚少，因此必须明白的是，与其他方面的预警相比，在这个领域中进行预测可能要冒更大的风险。

（一）国家预算和国防分配

国家预算（national budget）和国防分配（defense allocation）是国家经济优先事项中的长期基础性征候，可以让我们知道国民生产总值（GNP）中分配到军事的份额及其增长或下降的趋势。武器投入大幅增加所引起的显著变化都是能被察觉的，即使是像苏联及东欧的华约缔约国这样隐瞒诸多预算详情的国家也是如此。训练有素的经济分析人员在仔细分析之后，往往能提供有关具体军事或军事相关事务资源分配倾向的有用数据——诸如武装部队总人数或科研投入比例等。基础数据和附带分析就成为经济大体向战争还是和平方向发展的晴雨表，甚至可以更有针对性地用于定位特定的经济分配。不必说，从长期来看，这对我们是非常宝贵的。理论上，完全转向战时经济将会反映在公开发布的预算数据中。然而，一些敌对国家向外透露的国家预算情况极少，这些情况的征候价值极低，而且一旦涉及国家安全利益，任何封闭社会都会选择隐瞒重要数据（甚至可能伪造数据，虽然可能性较低）。

即使在最理想的情况下，这些动向也不会为我们提供多少具体预警，告知我们战争行为是否可能在特定时间或某个地方发生。虽然之前每年，我们都对苏联预算进行仔细研究，以找到具有军事征候价值的蛛丝马迹，但近年来，预警系统的趋势是对此类动向不做太多关注。这可能是因为，我们已在国家评估中详细说明，苏联近年来将大量军事预算分配到战略能力的长期积聚。假如在未来某段时间内，苏联军事或军事相关的资源分配不断增加或是显著改变，那么人们有可能再次从预警的角度关注此类动向。

（二）经济生产的转换

这与上一个指标密切相关，事实上也是预算分配的反映，因此，与预示军事趋势的长期指标有着相同的价值。这种“黄油到枪炮”类型的经济生产转换，可提供比预算更多的具体信息，也能够作为有用征候，揭示为潜在战争行为所开展的军事准备活动的本质。坦克、飞机、轻武器、弹药、导弹、潜艇等的大幅增产，不仅是增强军事能力的措施，也是该国准备在未来某个时刻发动战争的征候。突然或紧急的变化可能是更为有用的征候：军工厂开始全时生产，大幅增加女性工人来承担往常的男性工作，或显著增加具有重要军事用途而别无他用的特定物品的生产。

经验告诉我们，除非有证据让我们知道对方在制造某种装备的特殊部件，否则我们就无法了解封闭社会的主要生产部门在干什么。我们可能不会知道，对方已发布命令要求拖拉机生产商转而生产装甲运兵车，而且可能在其完成转换后的一定时间里，我们都不知道那里正在生产装甲运兵车。在有些情况下，这个时间差非常长。总体上，要隐瞒的事物越大，我们就能越早知道。与滚珠轴承工厂相比，我们更可能精确了解飞机工厂的情况并估计出其月产量。

苏联以拥有详尽的工业动员计划而闻名，东欧共产党国家次之。这些计划包括国家各部委的军事动员部门方案，以及为各产业和单个工厂制订的特定动员计划。显然，有关单个或多个工厂实施动员计划的证据对于预警而言有着至关重要的作用。我们很难预测有多大机会能在适当时间内获得此类信息，但经验显示，要在苏联获得此类信息会遭遇相当长的延迟，至少对于特定的单个工厂来说是这样的。在东欧，获得此类信息的希望要大得多。

（三）物资囤积和战略储备

作为动员体系的必然结果，许多国家（特别是苏联及其他华约缔约国）特别强调大量囤积（stockpiling）战争中所需的重要物资。在苏联，这类囤积被称为"国家储备"（State Reserves）。虽然我们对近年其储备的规模和该系统的运作方式知之甚少，但我们有足够理由相信，苏联等国继续或可能更加强调战略囤积，以备战时使用。有证据显示，这些国家重视"战争初期"，认为这虽然对胜利没有决定性作用但至关重要。因此，他们囤积无数物资，既可供当地使用，也可供给军队和特定工厂或军事设施。据推测，此类物资囤积的存在将会降低战争行为开始前物资紧急积累的需求，也包括被称为"威胁时期"的物资需求。然而，没有一个系统能完美运作，因此我们自然可以预料在重大战争行为爆发之前，他们会进行储备的补充完善以及储备地点的转移。在敌对行动开始之前，部分储备也有可能被分发，以满足部分紧急需要。据悉，在朝鲜战争爆发之后，苏联就从国家储备中分发了部分物资以满足冲突初期的需要。在为数不多的情况下，苏联也会在自然灾害之后发放一些战略囤积物品。异常强调战略储备或无法解释的物资分发，可成为战争行为临近的征候。

战略物资的囤积还可反映在进出口变化中，特别反映为从国外紧急获取战略物资并停止此类物资的出口。显然，我们获得此类信息的机会大大高于获取敌方国内动向的机会。虽然掌握到一个国家正加紧努力获取特定物资并不意味着有了战争行为意图的证据，但在某些情况下我们完全可以据此做出判断。例如，北越于 1965 年至 1967 年大量购买药品和其他医疗用品，正是其准备在南越开展大规模行动的主要征候之一。

（四）交通运输

这一问题曾在第 16 章讨论过。我们认为，共产党国家为战时征用或接管民用运输制订了大量计划，而且日常运输的中断可以作为军队动员及部署的最好征候之一。另外，特别是在东欧等前沿地区以及某种程度上的偏远地区，这也是我们容易探查到的动向。共产党国家大部分仍然严重依赖铁路运输（依赖程度远远超过美国），因此从传统意义上来说，在运输系统方面的异常军事需求征候可通过铁路交通的状况反映出来。随着卡车在军事机动中的应用越来越大，从民间征用卡车（正如在出兵捷克斯洛伐克时）被证明是正常铁路交通中断的有用征候。随着航空运输的稳步发展，为军事用途征用民用飞机的可能性大幅增加，这成为战争行为迫近的重要征候，也是我们必须掌握的迹象。总之，运输已成为我们预见战争行为的最佳指标之一——军队越是先进和机械化，其需求就越大，对民众的影响也越大。

为确保能快速恢复受损的运输线路，国家经济和军队的战略储备中无疑要包含铁轨枕木、架桥设备以及其他物资。在运输系统的要害部位预先备好此类储备，将是另一项重要且可观察到的征候。

（五）食品和农业

时间允许的话——如果战争准备的时间长达数月或更久，农业就会发生一些变化。这些变化包括加强生产，提升产量，将大比例的庄稼纳入国家储备，鼓励平民建设私人菜园实现自给自足。苏联刊物中一篇题为《现代战争中的经济生存问题》（“The Problem of the Survival of the Economy in Modern War”）的文章强调，现代战争中的经济生存“如没有稳定的农业生产将是难以置信的”。[1] 这篇文章强调的观点包括：必须保护动物免受大规模杀伤性武器的杀害，必须提前准备特殊避难场所。

我们获得此类征候的可能性——以及正确解读此类征候的可能性——相当低，另外，此类征候可能只会出现在预先计划好的核战争中。一项更有意义的征候——可能发生在规模更小的敌对冲突的准备过程中，且我们

[1] 原注：文章参见 *Communist of the Armed Forces*, February 1972, pp. 9–16。

可以探察到——是民众的食品短缺（shortage of food），特别是诸如肉类等精选物资的短缺，因为此类物资被大量征用。即使在严重短缺存在的时候，食物配给（food rationing）都是大多数国家不愿实施的一项措施，因此配给不会在战争行为爆发前执行。

（六）新的经济管制及瓶颈

向战时经济的转换几乎必然要求实施一些新的经济措施或管制，这可能会给普通民众带来早期的影响。物品的匮乏，无论是真实的还是因人为囤积造成的，是普通家庭主妇都能立刻察觉到的——因此无法隐瞒。即使小型的国际危机也会在东欧国家中造成恐慌性抢购。这些国家部分商品或物品的短缺曾经如此频繁，我们难以说清这是新的军事需求造成的短缺，还是长期难以根除问题的另一个表现。虽然新的经济管制和瓶颈是潜在有用的征候，但我们无法分辨这些征候是否为战时措施的真实表象。然而，大范围和大规模经济准备措施的真实诱因似乎显而易见。整体经济动员，和完全军事动员一样，是任何国家都不可能掩盖的措施。

第 23 章
民　防

民防之所以被列为单独的一章，是因为这方面的准备工作对于现代战争（特别是核战争）来说十分重要。自二战结束以来，核战争条令和战术上发生了巨大变化，恐怕没有其他哪类战争准备的变化范围如此之广。此外，至少在那些可能会使我们卷入核战争的国家，民防准备工作本质的变化使得所有国民作为一个整体参与其中。这一变化的结果是，在敌对行为开始之前，民防将会出现有重要意义的征候。实际上，研究这一问题的学者相信，民防是苏联战争准备中最有可能为我们提供战略预警的领域，当然，前提是苏联确实按事先计划执行保护民众的措施。本章将讨论苏联是否会采取民防措施，会采取哪些民防措施，或者不会采取哪些措施。

关于苏联民防计划的文献有很多，但关于其他华沙条约国家和远东国家民防计划的参考文献较少。这方面的很多信息都是公开的，苏联媒体就是有关民防计划最好的信息来源。虽然苏联对其民防计划的某些方面进行保密，但大部分信息仍在苏联内部广泛传播。此外，学界对苏联民防计划的各个级别都有大量的情报研究，可供研究这一问题的学者参考。因此，本章仅讨论该项目的一些特点，并以此为背景材料，评估当苏联真正为重要冲突进行准备时我们会看到的情况。我们还将简要考察其他共产党国家的民防计划。

苏联民防计划特点

到目前为止，苏联拥有世界上最为广泛、详尽和组织有序的民防计划。当前，多数西方国家的民防计划仍在襁褓之中，保护平民计划的有效性也备受争议。与之相比，苏联的大型民防计划已经向前迈进。民防计划由大量人员领导，他们监管的这一精密组织贯穿整个政府系统和经济部门，并涉及国家每一个人。以下是这一计划较为重要的几个方面：

（一）组织

过去十多年来，苏联的民防系统受一个军民联合机构（其负责人为苏联的元帅）的指导，并直接向苏联部长会议（Soviet Council of Ministers）负责。军方主要负责执行计划，包括提供委派到各级政府和整个经济系统的大部分民防工作人员。民事管理指挥链从莫斯科通过政府行政体制（而非党组织）下行到基层。苏联的每个军区都有负责民防的副司令员，以及战时负责指挥民防系统的官员。国家层面建立了训练民防官员的一些学校，军方和民方的民防人员在此被编成小组，接受训练并全副武装。该计划所涉范围从下列的一些职能中可见一斑：指挥全国和当地的通信和预警系统；指挥和控制撤离（evacuation）；为撤离人员、伤员和基本物资供应提供交通运输服务；医疗服务；消防；工程服务，包括民防工事（shelter）的建设；修复电力系统和其他设施；维持公共秩序。企事业单位和农业部门内的民防组织拥有类似的功能。农场承担一些特殊的任务，包括保护牲畜、作物和水源供应，以及接收城市撤离者，并为其提供食宿。这些服务在平时需要数以千计的全职人员，在战时将涉及数百万人。

（二）训练

在苏联，民防训练对几乎每个人来说都是一项义务。它始于学校低年级，并贯穿整个教育体系。在工厂和农场，民防训练是强制性的，无业的成年人也必须参与。自 1955 年以来，一系列全国范围的民防训练项目可能囊括了近乎所有国民。近些年，对教员和专业人员的培训受到越来越多的重视。虽然苏联媒体时常会抱怨公众对该项目的漠然和该项目的不足之处，但据信其训练质量和效果近年来已经得到大幅提升。如果需要在核战争中保护所有平民，毫无疑问，苏联是主要国家中，甚至可能是世界上准备得最充分、组织得最好的国家。

（三）民防工事

苏联曾经十分重视地下民防工事的建设，20 世纪 50 年代建造的许多公寓大楼地下室被专门设计成此类民防工事。1961 年，这一项目被废弃，因为研究表明，这样的民防工事在威力更强和更加精准的核武器面前，几乎形同虚设。由此产生了一个替代方案——大规模城市撤离（mass urban evacuation）项目。但民防工事仍被认为适用于某些人群。为党的高层领导人和政府机关公职人员精心建造的民防工事几乎肯定存在，且很可能同时存在于莫斯科内外。民防工事也可用于那些不在撤离计划内的工人。一直以来被认为是民防工事的莫斯科地铁，也可能在莫斯科完成主要的撤离后用于民防。在农村地区，同时保护当地人口和城市撤出人员的民防工事显然是不够的，因此面临重大冲突的威胁时，预计会有建设简易民防工事的应急计划。

（四）撤离和疏散

苏联民防计划中最难实现、最复杂、最困难的，是将大部分城市居民撤离到城镇和农场。据说，该计划需要撤离总人口超过 10 万的城市中 70% 的人口，剩余的 30% 将留下以维持基本的工业和服务业运转。此外，根据苏联预期，这些撤离行动大多数应在敌对行动爆发之前实施，但这明显需要一段时间的战略预警。苏联为撤离制订了详尽计划，包括：交通运输方式和路线的选择，由铁路负责大件物品的运输；疏散区域和装载点、卸载点的选择；向撤离城市人员发放撤离卡片的准备工作；对个人应随身携带物品（三天的食物外加限额的个人财物）的指导；对如此大规模再安置项目中可能出现的大量细节的研究和计划；对民防工作人员和组织执行撤离项目而开展的演练等。

苏联民防长官曾表示，城市撤离计划能够将某个特定城市的伤亡人数从原来总人口的 80%—90% 降至不到 10%。即使这一估计数据夸大了苏联实际预期（当然考虑到农村地区的人员伤亡和其他因素的话，苏联并没有夸大），但我们仍可以清楚地看到苏联的领导层相信，撤离计划能够极大减少第一波核打击造成的人员伤亡，这可能在维持经济、国家和社会主义体制运转中起到决定性作用。

苏联虽然公布了在第一波撤离前需要约 6 个小时的预警时间，却没有具体公布撤出一个大城市人口预计需要的时间。关于撤离超过 10 万人的苏联城市的可行性，美国学者做了一些独立研究。这些研究的结论是，在有利的条件下（包括铁路运输能力没有被削弱），这些指定城市 70% 的人口可以在 3 到 5 天内撤离。当然，如果所有超过 10 万人的苏联城市同时撤离，那么该计划会如何运转，就另当别论了。可以推测，在苏联西部地区，这将会遇到巨大困难，特别是莫斯科周边地区，因为那里有大量人口超过 10 万的城市。即使在实际操作中存在大量问题，这些研究也显示，苏联的计划并不是完全不可行。从预警的角度看，目前最重要的问题是，苏联确实计划采取这一大规模撤出行为，并且似乎预期（或至少是希望）在战争开始之前，苏联至少会有几天的时间执行这一计划。

东欧的民防计划

在其他很多方面，东欧的华约缔约国大体上遵循苏联的道路和准则，在民防方面亦是如此。正如苏联和东欧间密切协调的战争计划一样，我们预期其民防计划和准备活动也是相似的，在实际执行该计划时也或多或少是同步的。实际上，东欧国家很大程度上将较多的公众注意力放在了民防计划和民防人员的训练上。虽然如此，仍不能否认的是，这些方面总体上远落后于苏联，并缺少保护民众的庞大计划。除了心理和财政因素之外，出现这一情况的主要原因很可能是，这些国家国土面积较小且人口密度较大，因此与苏联相比，大规模撤离不是一个符合实际的保护民众方式。参与制订捷克斯洛伐克民防计划的一位上校曾指出，大规模撤离民众和经济系统实际上是不可能的，其效果十分令人怀疑。这反映了该国官员的真实态度，可能也是其他华约缔约国的态度。虽然如此，这些国家的民防计划显然需要对城市居民进行一些疏散（dispersal），并为核心人物建造加固型民防工事，或采取其他保护措施。众所周知，一些东欧国家已经开展了不定期的民防演练，包括采取一些撤离措施。在1969年6月进行演练前，匈牙利曾宣布将有包括民事和军事单位在内的超过8万人参与该演练，演练内容包括“撤离、安置、救援、减灾和初级重建工作等相关任务”。

民防计划实际如何运转

理论条令与实践之间的潜在区别，在民防领域体现得最为明显。如果受到主要敌对势力的威胁，苏联的民防计划**实际**如何开展？对这一问题存在各种各样的观点。有人认为它将不会采取任何我们可以明显觉察到的措施，当然也不会对城市进行大规模撤离；也有人坚持认为只要时间允许，苏联将会全面执行其民防计划。对于坚持“无作为”理论的人们，他们的理由是苏联不会自缚手脚，为我们提供如此清晰的预警，并且由于撤离项目实际上不可操作，因此苏联不会进行任何规模的尝试。

很明显，对于这一问题，没有一个能使所有人都满意的答案。这类问题还包括：苏联在进攻之前将会在欧洲集结多少兵力？我们能够发现多少潜在的政治征候？进行突然袭击会牺牲多少进攻能力？保护民众是否比保护苏联领导层更为重要？或者对他们来说，避免美国误认为苏联计划进行先发制人核打击，是否更为重要？

截至目前，苏联的表现清楚表明：大规模的民防准备，包括城市撤离，被苏联当作是极为严肃的措施，因此除非领导层确信面临严重威胁，否则不可能采取行动。我们在这一论点上的自信源自以下考虑：这一计划极为昂贵，而且会极大程度地扰乱经济；可以确信这将对民众心理造成严重的不利影响，其结果是不可预测的；苏联不能确定美国和北约会对这一大规模又现实存在的行为做出何种反应；据我们所知，苏联目前还没有对任 城市进行过撤离，无论是出于演习的目的还是在危机期间作为切实的预防措施。很有意思的是，即使在古巴导弹危机期间，当苏联防空部队已经提升到一个很高的预警级别，且赫鲁晓夫真正认为战争即将到来的时候，苏联仍然没有进行主要的民防准备工作。毫无疑问，苏联对民防工作人员进行了预警，并相对低调地采取了其他一些准备措施，但没有对民众发布大规模预警。

这当然也就意味着，即便苏联在和平时期进行过撤离演练，我们也无从判定撤离项目的有效程度。苏联可能在未来某个时候在某些城市测试这一计划，但这些城市的信息我们很难获取。苏联可能已经在一些城市进行了大规模撤离演练，但我们不相信这些消息居然没有及时流传开来。如果不用电台来向民众预警，这些行动可以被一些苏联城市有效隐瞒一段时间。但是，如果这些行动在苏联多个城市同时进行，对于苏联是否有能力让我们得不到一点儿消息，我们很是怀疑。显然，想要隐藏莫斯科或列宁格勒的大规模撤离准备是不可能的。

在受到紧张国际局势的威胁时，做出大规模撤离的决定后，苏联几乎不可能不通过电台、电视和新闻界宣布这一信息。无论民防组织事先进行了多么严密的计划和演练，届时，为防止社会混乱，苏联高层将需要发表言论，打消公众恐惧，并持续指导公众该如何行动。维持社会秩序对军事行动和经济活动至关重要。事实上，民防计划的首要目标就是防止社会崩溃，一旦社会崩溃，军事行动将难以为继。因此，一国必须通过一些公开渠道，对采取这些激烈撤离措施的原因予以解释。实际上，整个宣传机构都将投入解释及证明民防计划有用性的工作中。

除了公众心理反应这一不确定因素以外，苏联的运输系统在实际撤离中能否达到理论上的水平，也十分值得怀疑。这不是因为苏联运输系统效率低下（实际上其铁路运转得相当好），而是因为届时将会有大量运输军用物资的需求。在实施撤离计划时，其他方面的困难也相当明显，特别是要想在农村地区养活如此多的人员，不管时间长短，无疑都会面临巨大困难，而且必将削弱这一计划的顺利实施。当然，苏联不会期望撤离行动按计划准确实施，若撤离计划能从核打击中挽回一半人的生命，在苏联看来可能就是成功的。

然而，所有这些仍不能回答苏联是否真正会试图实施这一计划。如果没有一个可论证的正确答案，我们可以就苏联最有可能采取何种行动给出一些基本判断。与研究其他预警问题一样，这里必然存在不同观点。

最认真研究苏联民防计划的学者一般认为，苏联在面临另一个核大国（如美国和中国）的致命威胁时将会实施这一计划。此外，苏联在计划进行先发制人核打击或担心敌人正准备对自己实施打击时，也会实施这一计划。支持这一观点的理由有以下几点。

苏联不会向民防计划和准备活动投入大量的人力物力，除非其在战争迫近时希望实施这一计划。在此之前，这一问题必须经过广泛的讨论并且达成结论：这一计划是可行的，也是苏联战争准备所必需的。

民防计划的必要性并不仅仅在于（或主要为了）拯救更多人的生命，也在于苏联认为军事行动依赖社会经济的支持，如果大量城市居民在冲突的前几小时或前几天丧生，苏联在核战争中将难以为继。虽然苏联领导人在国家能否在核战争中生存下去、核战争是否有胜利者等问题上摇摆不定，但其民防计划显示，他们认为全面的民防计划将比其他方式更能带来生存的机会。

民防计划是战争计划不可分割的一部分。军队系统与这一计划密不可分，民防计划中转为军用的单位在战争动员计划中也有指定的任务。由此，如果要取消战争计划中的民防计划部分，需要修改许多现有的军事行动指令，并重新安排这些预备役人员到其他部门。这也意味着国家要向无数的团体、政府官员、工厂管理人员（他们在民防计划中有指定任务并已经演练过）发布全新的指令。总之，取消民防计划需要在最后时刻对战争计划进行修订。研究这一问题的一位作者曾经写道：

取消战争计划中的民防计划在行政上的复杂程度，不亚于取消飞机参与防空作战，并将防空任务完全交与导弹部队完成……在该计划涉及如此多人的情况下，制订攻击计划的人会遇到这样一个问题：实施突然袭击获得的安全性能否弥补放弃民防计划的危险？

最为重要的是，政党领导人很有可能不会接受一个没有民防参与的军事计划。这样一个计划最不能接受的结果是政党被大幅削弱，但军事领导却未受到损害。常务委员会的另一个考虑因素可能是，在民防设施可用但未被投入使用的情况下，幸存下来的群众会做出何种反应。

亚洲共产党国家的民防计划

与苏联相比，亚洲共产党国家虽没有忽视民防，但民防计划相对不太完备。

北越在二战结束以后接连进行了几次战争，但直到 1965 年遭美国轰炸后，才开始着手民防计划。由于担心河内和其他城市可能遭遇空袭，北越进行了相对大规模的非必要人员撤离行动。然而这一行动相当低效，因为公众出现了一种返回城市的倾向，特别是在市民感到他们并没有面临十分严重威胁的时候。1972 年春，美国第二波轰炸再次导致了部分河内市民的撤离，但这仍然是一次不得力的行动。北越民防计划也包括广泛使用简易防空洞（improvised bomb shelter），其中很多是混凝土管道。北越的民防计划在预警方面对我们来说几乎没有价值，因为它是随着美国的轰炸而逐步升级的，而不是先于轰炸完成的。

在中国，民防活动较为偶发、零星，当紧急事态直接使北京认为将遭受攻击时，民防活动才会发生。在 1950 年秋中国军队进入朝鲜半岛的前几周，一连串报道称政府机构和其他设施准备从城市中撤离，防空措施得到加强。但据目前所知，当时中国几乎没有进行任何撤离。此外，在中国参加朝鲜战争后，美国并没有攻击中国本土，这显然也减弱了中国的恐惧。在重复上演的台海危机或 1962 年短暂的中印边境战争期间，也没有迹象表明中国实施了任何严格意义上的民防计划。

在东南亚，主要的冲突包括 1964 年 8 月的“北部湾事件”（Tonkin Gulf incident），1965 年初美国对北越的轰炸及稍后中国工程师和防空单位进驻北越。这些使中国担忧美国可能发动攻击，并导致北京首次战备运动。这一运动包括各种各样的措施，使公众更加大力支持政府的计划，但不是所有活动都与加强战备直接相关。在实际战争准备中，民防得到了大幅加强。这些活动自然而然地集中在中国南部，但也扩展到中国其他地区。这些准备活动包括：进行大规模宣传，使全民警惕“早打、大打、打核战争”的危险；挖设防空民防工事，特别是战壕；大量报道有关从城市撤离市民和政府机关的计划，并开展数量有限的实际撤离行动；指导民防措施；进行防空袭演练；储备食物；加强民兵训练。

战备运动在两三年之后逐步减弱，但在 1969 年中苏边界冲突之后再次兴起。这一次，苏联的战争威胁加速了民防准备工作，包括改善城市居民撤出计划和防空民防工事建设工程。彼时的民防工作在宣传力度和参与人数方面不及 1965 年至 1966 年的水平，但有征候显示，这一时期中国建设了更为有效的永久民防工事。此外，中国也将工业分散到各个地区。所有这些表明，中国进入努力改善其防御能力的历史时期。

中国在民防上的发展变化表明，对民防计划重视程度的提高预示着北京对国家安全的担忧。此外，如果中国计划进行进攻性军事行动，民防的准备程度也很可能会大幅提升。

我们对于朝鲜的民防知之甚少，但朝鲜多年来一直努力将军事设施转移到山洞、隧道或地下。如果朝鲜用同样的方式为民众建设民防工事，我们则不必感到吃惊。

结 论

我们在几次冲突中积累的有关民防计划指标的经验证明：民防计划准备的密集程度能较好反映出一国是否真正认为自身面临战争威胁。扰乱社会经济的大规模民防措施，只有在面临十分严重威胁时才会实施。与其他防御性准备活动相似，高级别的民防行动可能预示着对遭受敌人攻击的恐惧，或本国发动攻击的意图。核战争的威胁大大增加了提前实施民防措施的重要性，特别是要将核心人物转移到安全地点，并且撤出至少一部分城市居民。拥有大规模民防计划的国家将其视为战争计划不可分割的一部分，甚至是国家生存所必需的项目。因此，只要时间允许，在重大冲突发生之前，这些计划很有可能已经开始实施了。

第 24 章
保密、反情报及间谍活动

本章是关于民事领域战争征候的最后一章，在本章中，我们将简要介绍保密及秘密活动相关动向在预警中的价值。尽管现实生活中，这些秘密活动不像小说世界中那么惊险，但仍是我们深入了解敌人战争准备活动的重要途径。

保密措施

在共产党国家，保密措施的重要性不言而喻，这也一直是阻碍我们了解其大部分社会活动的主要途径。这些国家的安全保密要求基本涵盖了社会生活的每一个方面，使得我们对其基本的社会、经济和军事活动情况知之甚少。这种持久的信息封锁主要通过两种途径实现：控制媒体和其他公众舆论，以及对大部分军事和经济设施及活动周边进行物理上的严格保密。实际上这意味着，该国的大部分地区禁止可能怀揣敌意的外国人旅行，包括官方和非官方旅行。

事实上，根据惯例，共产党国家的军事设施（包括营区、院落、训练场、军事指挥部、导弹和防空地点、机场、海军设施、仓库）对公众（不仅对外国人，也对本地人）并不开放。此外，这些地方守卫严密，防止非法侵入。与军工生产或军事相关的重要企事业单位，也受到严格保密措施的保护。即使偶尔有部分外国人（如武官）获准进入这些军事单位或工厂，他们也被严格管制，并且只能在指定地点参观。

在这些国家，坚持和落实“需要知晓”原则的程度，着实令人惊讶。对信息的严格控制——在军队内部，以及武器生产、研究和开发的相关单位——使得他们不会向所有工作人员公开总体情况，而只是让一小部分必要的上层知道。毫无疑问这些限制措施会降低效率，并在一定程度上阻碍建设性意见的自由交流。

实际上，这些措施在一定程度上是为了防止美国获取基本数据，使美国无法判断其真实状态。如果这一系统完美运行，那么除了通过媒体和其他官方途径外，美国将难以获取这些军事单位的位置和兵力、武器及其性能、演习和其他训练活动等信息。然而，绝大部分国家并不真正希望美国对其军事能力一无所知，也不会完全禁止外国人旅行，所以事实上他们默许有限公开一些较不重要的设施。事实上，不同国家对外国游客开放领土的程度大不相同。苏联大部分地区永久性禁止外国人进入，所谓“缓和战略”（détente）对这一政策也影响甚微。一些东欧国家对外国游客限制较少，除非进入重要军事设施或工业设施或直接在附近逗留。对西方游客限制最多的是朝鲜。

非正常军事活动期间（包括敌对活动准备期间），有多少额外限制会阻止我们获取相关信息，受以下两个因素影响：永久性安全限制的程度以及在过去危机中的惯例。在这方面我们经验丰富，因而可以相对稳妥地做些总结。

苏联经常禁止外国官员及外国人员在非正常军事活动期间到相关地区活动，特别是部队部署和调动期间。通常西方人难以观察到任何重要的部队部署，西方的武官也常常被禁止进入部队机动区域或其他部队活动区域。有时，苏联会发布非常大范围的旅行禁令（travel ban）。1969 年 6 月，苏联对几乎所有的外国游客（包括公务出行人员）关闭了跨西伯利亚铁路（Trans-Siberian Railroad）。有位坐上了这趟火车的旅客（可能是因为苏联的疏忽）报告了军队大规模向东调遣。三年以后，我们才查明当时苏联军队确实沿中苏边境进行动员演习（mobilization exercise）。另一个大范围旅行禁令发生于 1968 年 6 月的苏联西部，具体原因尚未得到证实，但有人怀疑是准备进攻捷克斯洛伐克前一些部队的机动演练。在进攻捷克斯洛伐克前的一些已知的部队调动时期，苏联一再拒绝西方武官的旅行要求，尽管他们很难有机会观察到有限数量的部队调动。在古巴危机的那一周里，苏联禁止大部分官方出行活动，因为我们认为没有军事单位真正被重新部署，所以这可能是为了隐藏其部队的总体情况。

苏联通过设置永久和临时禁入区域，限制军事观察员在东德的活动范围。在一些重要的演习或其他情况下，苏联经常设置临时禁入区域。在出兵捷克斯洛伐克之前，苏联通过一些临时禁令，已将沿捷克斯洛伐克边境相当大的一块区域连续封闭了三个多月。

通过这方面的经验，我们可以判断：苏联为了掩蔽其部队在战争开始之前的部署或其他准备工作，几乎肯定会采取进一步限制措施，而且很有可能动作非常大。虽然此类限制措施确实会提醒我们不寻常军事态势的发生，但苏联认为采取限制措施比允许一些活动被观察到更为安全。

东欧共产党国家总体上没有苏联那样严格的旅行限制，虽然实际开展机动的地域常常禁止进入，但我们观察大规模部队调动的机会要大得多。在一些重要时期，他们也使用各种各样的设备来阻止受过训练的军事观察员外出活动。尽管如此，大规模旅行禁令在这些国家依然十分罕见，除非是在极不寻常的条件下。十分有趣的是，在 1968 年 7 月和 8 月间，苏联出兵捷克斯洛伐克的主力部队进入波兰时，虽然苏联和东德已经执行了十分严格的旅行禁令，匈牙利也采取了程度较小的限制措施以防泄露部队调动情况，但波兰并未采取这些限制措施。

在准备针对西方的敌对行动时，各国也可能采取其他更为严格和非同寻常的保密措施，包括加强对外国新闻记者的审查，使他们无法从原来的渠道获取信息。朝鲜在向韩国开战的三个月前，采取了一项大规模且十分重要的保密措施——撤离“三八线”上的居民。显然，沿该边境线或其他边境线上的此类举动都是十分重要的征候。

目前，由于亚洲共产党国家对西方人（特别是美国人）的限制，我们难以总结出如果其与西方建立外交关系并向西方人开放更广泛的活动范围，其保密政策又将如何。二战以来的历史证明：共产党国家在保密方面高度警惕，并且肯定会采取严格的措施，防止其希望隐藏的军事活动被观察到或被曝光。

非正常的保密措施有多少预警价值？首要价值是向我们预示一个不正常的状态，其中可能包括一些军事活动，由此可以使其他情报搜集渠道投入工作。保密措施（无论多么严格）本身并不是军事活动正在进行的证据。我们必须加强搜集，弄清到底发生了什么。保密措施越严格和越广泛，我们就越有理由怀疑，敌方正在进行某种隐蔽甚至是敌对活动，除非有一些令人信服的其他理由排除这种可能。在敌对活动发生之前，很可能出现异常的保密措施，而这些措施在和平时期是难以见到的。

国内反情报

反情报和保密措施的作用是使本国免受国内外敌对势力的破坏。在警察国家（police state）或准警察国家（quasi-police state），国内的敌人与国外的敌人一样重要，有时甚至更重要，大量的反情报资源被用于监视他们并在必要时限制异见者的行为。（可能有人会指出，一些并非笼罩在铁幕[Iron Curtain]下的国家也是如此。例如许多国家在外国元首来访之前，会将麻烦人物聚集并限制起来。）

斯大林时期，国家安全委员会——克格勃（Komitet Gosudarstvennoy Bezopasnosti, KGB）曾被当作恐吓工具。尽管它的权力现已受到削弱，但它仍是一个庞大、神秘、无所不在的组织，为完成任务有权窥探所有居民的生活。偶尔关于某些知名的异见者被送入监狱或劳动改造的新闻报道，显示苏联秘密警察仍然在国内渗透，绝大多数时候明目张胆地公开活动。

另外一支不那么神秘但也负责维持国内秩序的主要力量，是内部安全部队（internal security force），它是武装部队的一个分支。这一模式普遍存在于共产党国家，只是在组织和职能上各国的安全部队略有差别。

战争时期，这些力量承担重要的角色，包括：逮捕、监禁异见者和其他被怀疑为不忠诚的人，履行其他各类安全职能。在战备时期，这些机构极有可能会在人力和权力上得到加强，领导层的安全非常依靠它们。[1] 公开和秘密的克格勃活动必然都会增加。这可能包括对外国外交官、武官和新闻工作者进一步的监视和限制。但更为重要的是，它们要采取大范围措施，阻止战争爆发后不同政见的扩散和破坏活动的发生。在战争爆发之前，它们也可能悄无声息地快速完成对潜在问题人物的围捕。

对外间谍活动和反情报

在发动战争前，比内部保密和反情报措施更有价值的，是战争发起国对外活动中的变化。我们指的是，我们的潜在对手花费大量金钱并雇用大量有组织的间谍，从事间谍活动（espionage）、颠覆活动（subversion）、其他秘密和隐蔽行动（clandestine and covert operation）。美国大部分情报人员——从事公开情报搜集和分析的人员——对情报流程中的这一部分只有些许模糊的理解。这是“房子另半边的事情”，比情报流程的其他任何环节都要神秘和隐蔽。编写悬疑故事的作家们通常将情报工作分为谍报和反谍报，还说我们都是“间谍”——没有比这更可笑的事了。事实上，无论在美国还是其他国家，情报界大部分人都与间谍无关，而且我们对这方面知之甚少。

笔者也属于那些不知情的大多数人。以下所述，并非基于对对外间谍系统运行的特别观察，读者不应这样解读。实际上，本章所写的内容来源

[1] 原注：苏联重大保密活动参与人数主要源于一篇被美国驻莫斯科大使馆认为可信度很高的报告。该报告称，1972 年 5 月尼克松总统访问列宁格勒时，苏联在保密活动上投入了 2 万多人。

于非保密渠道。

苏联痴迷于各种保密措施，对外国人充满不信任，认为自己被寻求摧毁苏联的敌人所包围。这是由许多历史因素造成的，包括：从沙皇俄国继承下来的政治高压传统；革命和建立苏维埃政权的艰辛；西方国家企图颠覆布尔什维克政权的武装干涉行动；纳粹德国的入侵；战后数年冷战造成对西方国家的怀疑；苏联领导人与西方领导人有限的接触。当然最重要的是，西方国家对苏联的怀疑，源自对共产党制度不够了解，认为苏联要靠武力或武力威胁来维持政权。而对苏联来说，西方政治制度的存在就是一种威胁。

这些认识产生的结果就是，苏联（其他国家也一样，虽然程度较小）在对外间谍活动和颠覆活动上倾注大量精力。确实，在世界的许多地方——特别是发展中国家——这些活动成为苏联大使馆和其他官方代表机构的首要职能。此外，对所有外交活动的集中管控和保密能力，使克格勃可以将工作人员安插到国外官方机构和非官方机构，而且几乎没有数量限制——就看驻在国愿意接纳多少人。显然，近年苏联驻外使团的扩大，与间谍活动和其他秘密活动的增多有很大关系。1971 年 9 月，一位克格勃工作人员[1]在伦敦叛变，提供了苏联此类活动的大量事实。根据他的报告，英国以从事间谍活动为由驱逐了 105 名苏联驻伦敦官方机构工作人员，驱逐人数接近总人数的 20%，其中包括使馆 11 名参赞中的 9 名，12 名一秘中的 5 名。这些间谍存在于各式各样的使团中，包括贸易代表团、莫斯科人民银行（Moscow Narodny Bank）和苏联民用航空总局（Aeroflot）。据报道，此次英国政府之所以采取行动，部分是因为这名苏联叛变者和其同僚并非从事通常意义上的间谍活动，而是准备在战争时期对英国进行破坏活动。其他还有很多关于苏联间谍活动的例子，其中许多因近年来间谍叛变和逮捕而广为人知。

身处西方世界，我们不知道共产党国家为情报活动和反情报活动投入

[1] 译注：此处指克格勃伦敦站官员奥尔格·利亚林（Oleg Lyalin）。他的叛变为军情五处大规模驱逐苏联情报人员提供了一个借口。

了多少资源。我们可以理解，作为回报，多年后，招募的这些人员可能成为像菲尔比（Philby）和伯吉斯（Burgess）[1] 这样的高层人物。但我们难以理解，为何一个系统要把如此多的人力物力投入到秘密渠道，去搜集相对来说平常的资料，其中很大部分可以从公开渠道获取。事实是，这些在我们看来冗余的间谍活动，大多是为了通过秘密渠道确认从公开渠道所获信息的真实性和完整性。导致这一行为的原因可能是共产党国家本身的保密性，以及对公开信息的不信任——认为和在独裁国家一样，这些信息自然受到国家和利益集团的操纵。有鉴于此，更为重要的是，我们要去观察这些国家是否更倾向于认为，通过秘密渠道获得的信息要比通过公开渠道获得的信息更可靠，即使后者可能看起来更真实。这并不是说克格勃的情报比《纽约时报》（*New York Times*）上的权威文章更重要，而是说其他条件一样的情况下，莫斯科是否更偏好秘密报告。不管怎样，共产党系统都要进行频繁、持续、昂贵和复杂的情报活动，以获取可能影响其国家安全的我方秘密，无论这些秘密多么微不足道。

这与预警有什么关系？其与预警的关联在于，间谍活动和保密系统是一面镜子，反映了一国领导人对国外重要事件的目标和需求。如果我们能幸运地获取敌方间谍系统长期以来的搜集任务，就会知道敌人最想要了解我们哪方面的消息——这中间蕴藏着大量信息。此外，一次危机必然会产生一些应急情报搜集任务，这至少在一定程度上将帮助我们察觉，敌人主要的关切是在于我们是否准备对他们采取行动，还是他们准备发动什么行动。而且从长期看，所需信息类型的变化可能帮助我们深入了解敌人的计划。

为更好说明这一点，我们引用二战时期英国打入其本国境内的德国间谍系统的案例，这些间谍活动在最近才得以解密和公开。我们特别引用约翰·马斯特曼（John Masterman）爵士的论述，来说明我们可以根据德国传递给其在英国的间谍组织（这些间谍实际都在英国的控制之下）的任务类型，推断出部分德国战争计划。他写道：

---

[1] 译注：菲尔比和伯吉斯，英国人，克格勃历史上非常重要的间谍，曾成功渗透入英国秘密情报局和外交部高层。

直到 1942 年初，在通信方面最有意思的是它泄露了敌人意图……事后回顾来看（虽然当时并非那么明显），很显然，敌人的意图可以相当清晰地从与我方间谍的通信中获得。以皇家空军（R.A.F.）为例，在不列颠之战（Battle of Britain）中，关于机场的大部分情报需求一直是英国**战斗机**机场的位置和防御能力。然而到了 1941 年，当英国本土空防行动开始以后，关注点转移到了**轰炸机**机场及降落场。英国遭受德国进攻的危险程度在这些信息中均得到了反映。[1]

1941 年末，德国对其间谍下达的其他任务，也使英国得出结论：至少在当时，德国已经放弃大规模进攻英国的计划。1944 年，当战略版图大幅重构、盟军转为进攻方时，纳粹德国给间谍的任务再次泄露其军事计划。马斯特曼总结道：

我们必须重申这一在我们脑海中越来越确定的结论：认真和巧妙地研究所有间谍通信，可以使我们更加准确地了解德国在整个战争期间的关注点和意图。回顾过去，显然，我们本可以更多地利用双重间谍提供的此类信息。[2]

间谍任务清单对预警具有潜在意义，马斯特曼在书中提到许多这样的例子，其中有一个例子最引人注目。一名在英国活动的重要德国间谍受命到美国建立间谍网，随身携带了一张关于获取所需美国情报的任务清单。1941 年 8 月 19 日，英国人读完了这份长达三页的清单，然后将其交给美国联邦调查局。该清单有三分之一的任务与珍珠港相关。马斯特曼进一步指出，虽然这些关于美国的情报需求大部分较为笼统，但那些关于夏威夷

[1] 原注：J.C. Masterman, *The Double-Cross-System in the War of 1939 to 1945* (New Haven and London, Yale University Press, 1972), p.76.

[2] 原注：J.C. Masterman, *The Double-Cross-System in the War of 1939 to 1945* (New Haven and London, Yale University Press, 1972), p.177.

和珍珠港的问题却十分具体，并要求提供细节信息，包括机场的概略图、轰炸机弹药库、油料设施等等。马斯特曼因此合理推断出，如果美国即将卷入战争，珍珠港“将首先遭受攻击，到 1941 年 8 月此次攻击已到了最后计划阶段”。[1]

尽管战争的性质自珍珠港后发生了变化，但对外间谍工作的目标并没有发生重大改变——获取关于敌人的战争准备情况和存在的弱点。此外，在战争威胁不断上升之际，需要搜集的信息类型很有可能会做出调整，信息搜集和上报的紧迫性也会提升。间谍系统的结构和行动方式也会发生一些改变，例如预期外交关系中断时更加依赖隐蔽间谍，在外交邮件和电台不能工作时改变通信手段，等等。我们将看到更多推动战争的颠覆活动，如颠覆活动组织者浮出水面并加紧渗透，专家为党派之争频频露面，谣言不断散布。显然，没人能够准确预测间谍系统及其运作方式会有哪些改变，更没人能预测我们可从这些改变中获取多少情报。战前，我们也不能预测对手是否会采取颠覆和暗杀活动。但可以确定的是，敌对国家的间谍系统都有其战争计划，并且在时间允许的条件下，会在战争前对活动进行调整。由此，这些活动具有极高的潜在价值，甚至可能是征候情报唯一的来源。

隔离带来的问题

由于间谍活动和反情报活动采取严密的保密措施，且关于这些活动的情报流程各环节存在隔离，情报系统可能会出现潜在的严重官僚问题。自从反情报活动参与进来之后，进行肯定性情报生产的工作人员之间原先较为自由的信息交流被彻底破坏——至少在情报分析层面是这样。从反情报活动中得到的有价值的肯定性情报也可能被遏止，或在分发中延迟，这不是因为主观原因，而是出于必要的安全考虑。事实上，一些具体的操作——例如监视外国间谍及判断其联络人的性质——在工作层面上并不为

[1] 原注：J.C. Masterman, *The Double-Cross-System in the War of 1939 to 1945* (New Haven and London, Yale University Press, 1972), pp. 79–80.

其他情报人员所知，甚至情报最高层和政策制定委员会也知之甚少。

因此，在这一领域存在一个严重的隐患：所有相关信息不能综合到一起产生有价值的情报，而各种征候将会“消失”。比情报与政策的分离以及行动计划的隔离更为严重的，是反情报周围的保密光环。这种观点不是对该政策的指责——在许多案例中，这一政策显得非常重要，有时事关生死存亡——而是仅仅指出对预警而言这一情况的潜在严重性。因此，在敌对活动开始之前，我们非常有必要确保反情报活动获取的有价值预警信息和其他手段获取的肯定性情报相融合。任何环节都只会涉及很少的人，但也要尽最大可能组成分析团队（无论规模多小）分析处理所有（至少几乎所有）的疑难问题。

如果说有什么值得欣慰，那就是我们发现，那些潜在敌人也受相同的问题困扰，因为他们的反情报活动也同样高度保密，在信息交流上通常也有许多限制。当然，共产党国家领导层参与重大情报活动、反情报活动和欺骗活动的策划，这往往能确保最高当局能掌握主要的事态发展。克格勃主席可以直接向政治局（Politburo）报告，现任的克格勃主席也是政治局这个最高决策机构的候补委员。有种观点在西方民主国家一度非常盛行，即国家的领导人和外交部不应参与甚至接触这些“卑鄙的手段”，而在非民主国家这压根就不是个问题。

第六部分

主要的分析问题

第 25 章
综合所有证据后做出预警

在前面部分（第 3 章至第 24 章），我们分别分析了军事和民事方面的各类战争准备活动。很显然，在现实中，这些动向是无法分离的，总是同时出现。此外，在一定逻辑上讲，如果一个国家真的在准备战争，这些动向还会相互关联。例如，如果没有各类军事准备活动来提升军队战备等级，也就不会有紧急的大规模民防准备活动；如果没有其他战争动员活动，领导层要求执行某些战时法规这样的政治征候也不会出现。不可能只有军事征候或只有政治征候，至少在某种程度上，政治领域与军事领域的动向会一致或相互印证。

同时，我们的证据很可能会有些不一致，或者我们因自身认识能力的不足而难以把握某些事态发展的意义或它们之间的关联。我们也会无法确定单个征候或某一类征候对情报分析的价值。完全相同的情况并不存在，因此我们不能仅仅依赖先例或历史来做出判断（虽然它们有时会帮助我们）。

政治与军事因素的相对权重

冒着将问题过度简化的风险，我们或许可以得出某些有用的规律。

首先，如果没有重大的军事准备活动或缺乏开展军事行动的实力，单纯的政治征候是不可信的，我们完全可以将其视为夸大其词或宣传。比如说，在 1967 年被以色列击败后的多年里，埃及虽然多次宣称要收复失地，但由于没有实力打败在西奈半岛的以色列军队，因此其言论并没有什么分量。同样，尽管朝鲜长期以来的反美宣传频繁且严厉，但在可以预见的未来，这些言论根本不能作为其会采取军事行动的证据。当然，我们必须牢记，这些宣传所反映出来的国家态度是需要重视的，如果这些国家真正开始进行军事准备，这种敌视的态度可能会使军事准备活动更有意义，也更具危险性。

然而，如果没有出现政治危机或国际形势恶化，单纯的军事征候也不具可信度。在这种情况下，我们往往会将那些不寻常的军事活动视作演练或某种检验，而非军事准备活动。例如，部分战争动员，在政治危机时会引起密切关注，但在政治局势平和时期可能仅被看作演习。没有危机的情况下，即便是非常不寻常的军事活动可能也难以引发重大预警；现实中，这样的预警往往会被看成某种错误或上报中的失误。但在政治危机的情况下，这种动向会被视作不祥之兆，其危险性往往会被高估。当看不到确定的政治征候时，我们需要大量不同寻常的军事动向才能打消自满。这虽然在一定程度上是个心理现象，但从历史上看确实是有根据的。如果政治形势没有恶化，或者没有出现促使一国决定发起军事行动的新动向，发生战争的情况少之又少。

当然，在政治平稳时期进行的主要军事准备如果超过一定限度，还是会引起关注的。如果一个潜在的强大敌国很反常地进行大规模军事准备，即便政治氛围相对“友好”，依然会引起我们的注意。某些人认为，苏联有能力在政治平稳时期部署军队突袭北约，并使我们相信这是“演习”。这样的观点日渐缺乏可信度。无论我们起初多么麻痹大意，在苏联的能力达到一定程度后，我们肯定会给予密切关注并做出针对性的军事准备。这并不意味着我们认为苏联很有可能会发起进攻，而是我们开始意识到，不能再自信满满地认为苏联的进攻是不可能的。

现实中，我们很少看到完全相反或相互矛盾的政治和军事征候。两者都有助于我们评估敌人的行动，或许只是程度不同而已。通常情况下，我们更多考虑政治征候而非军事动向，这反映了我们对敌人态度和意图的普遍关注，也是我们多年来的经验。在国家层面上，我们的基本判断是苏联不会无缘无故发动战争，即便做出这样的决策，我们也能在此之前发现某些征候。另一方面，如果形势发生变化，政治氛围出现恶化，那我们在评估敌方动机时就要更多地考虑军事征候，军事征候就变成我们了解敌人意图的最佳指南。这反过来证明了历史上有用的两条原则：政治征候可能是模糊的，甚至会产生误导，特别是敌方试图迷惑或欺骗我们时，误导会更严重；敌方反常的军备建设很可能成为推断敌方做法的最佳单一征候，这一点在前文已多次提到。

区分关键事实和征候

对于可能接收到的信息性质和数量，以及对信息的解读问题，缺乏实际预警经验的情报人员几乎都有很大的误区。经验缺乏者往往认为预警"失误"完全是因为缺乏信息（"我们没有得到警报"），而经验丰富者则认为情况恰好相反：信息太多了，情报报告太多了，军事准备活动太多了，"警报"太多了。必须承认，情况并非总是如此，肯定有些时候我们的信息是不足的。然而一份针对近期冲突爆发前可获得证据的回顾研究表明，可获取的信息通常很多。真正缺乏的，可能是敌方下令实施最终决定的证据，以及最后军事准备活动的证据——这可以提供敌方具体进攻时间的线索，我们将在下一章详细讨论。

在大量政治和军事方面的报告或征候中，其中一些在判断敌方动机时明显要比其他一些重要得多。在前面的章节里，我们已经讨论了这样的关键事实和征候，尤其是那些只有在战争准备时才会发生的极不寻常的军事动向。我们也曾提到，许多政治和民事征候可能会非常模糊，但也有一些会比其他征候具有更大的预警价值，因此在评估敌方动机时应得到更多考虑。因此，在情报分析中，挑选出有价值的特定军事准备情况并给予应有的重视是非常必要的。问题不在于简单判断某个情况是否是战备活动，因为战备活动包含很多内容。关键的问题或许是：这种情况的出现有多么罕见？在和平年代发生的概率，包括在那些最终没有导致冲突的危机中发生的概率有多大？除了战备之外发生的可能性有多大？一旦出现一些少数关键征候或近乎特有的征候，则表明战争的可能性确实在不断增加，敌方很有可能在准备或即将发动战争。一国的经济和军事发展水平越高，发动战争时需要做的这种特殊准备就越多。核战争准备肯定会涉及一些史无前例的活动，其中一些可能从未在普通战争准备中出现过。因此，这也引出我们接下来要谈的问题。

所有指标都不模糊

一些很不严谨的观点，认为“所有的指标都是模糊的”，这些观点对情报界和预警体系伤害很大。持这些观点的人，并没有认清第 5 章中所说的“情报只能判断敌方的能力，无法判断敌方的意图”。

做出这种随意判断的人，可能既不熟悉历史案例，也不熟悉预警指标表中某些指标的特殊性，或者很可能，他们非常含糊地使用了“模糊”这个词。

也许在判断敌方进攻的意图时，只有一个征候是清晰可靠的，那就是及时获取到敌方决定攻击的信息和 / 或下达实施攻击的命令。即使战争的所有准备活动都已完成，所有的军事征候都是“肯定性的”，甚至敌国原则上已经做出发动进攻的政治决策，敌方的领导人最后也有可能改变想法，最后时刻的突发情况也会使他们不得不延迟或取消此次作战行动。从这个意义上讲，或许可以说，除了最终下达攻击的命令外，所有的征候都值得怀疑，或存在某种程度的不确定性，永远都不能被视作判断敌方意图绝对可靠的证据。

但上文讨论已强调，许多军事征候本身并不是模糊的，也就是说，它们与每天日常活动不同，是只在战争准备中才会出现的活动，和平时期不会出现。它们不会出现在演习中，也不会出现在动员或其他训练中（或许会在极小范围内出现）。它们是能真正区分战争与和平的动向，至少我们从未在二战后的苏联看到过。这些征候是实施战争计划的表现之一，具体包括：全国完全动员（full national mobilization），要求全军进入全面战备状态（full combat readiness），建立战时指挥部，向最高指挥机构移交核武器使用权限，以及其他一系列相似但不太引人注目的措施。

很多不明显的军事动向虽然不一定能准确预示即将到来的战争，但也值得关注，因为其显示该国正不断提升战备等级与军队战斗能力，或已将军队按战争要求展开部署。称这些征候"模糊"是非常有误导性的，因为这些征候本身并不模糊。它们不是演习，而是实实在在为某一特定行动提升战斗力和战备等级的举措。即便这一行动最终没有实施，这些准备活动本身也不应被认为是可疑或模糊的。苏联和华约军队在出兵捷克斯洛伐克前采取的很多准备活动就是如此，这些活动实实在在提升了这些部队的行动能力，而且和正常"演习"是不一样的。当时情报界发现并说明了这一情况，即苏联和华约军队的战备等级已提升到随时可以出兵捷克斯洛伐克的地步。如果说形势"模糊"，那仅仅是因为缺乏坚实证据（或者许多人选择不接受这些证据）证明苏联最终肯定会发动攻击，但这并不否认军事准备活动自身的可靠性和非模糊性。

否定性征候和掩蔽问题

在评估敌方意图时，不仅要注意敌方已经做了的事情，还要关注敌方**没有**做什么。如果我们能确定敌方还没有实施发动战争不可或缺的某些准备活动，或者甚至还采取了一些可能降低其战备等级的活动（例如老兵正常退役），我们的结论可能就会完全不同。在某些情况下，知道还没有发生的情况可能是最重要的因素。

可惜的是，我们通常很难找出还没有发生的事情，这在军事和民事准备活动方面尤为明显，很多活动要么不易识别，要么涉及的公开活动较少。但我们通常可以根据一些准备活动，尤其是重大部署和正常军事活动模式的变化，来较为自信地判断某些事情是否已经发生。

因此，在编列“肯定性”和“否定性”征候时，应注意仔细辨别真正的“否定性”征候（那些我们认为在战争爆发前肯定会发生，但还没有发生的事）与简单的“没有信息”的区别。在某些情况下，大多数看似“否定性”征候最后会变成是“没有信息”的情况。有时候，如果有足够的情报搜集能力，我们或许能够借助其他方式来做出决定。但更多的时候，我们找出真相的可能性会非常小。我们必须小心谨慎，不能使我们的情报用户误以为我们知道的比实际要多，有时我们必须将这一点清晰地指出来。在进行征候或动态情报分析而无法获取证据时，分析人员既要避免使用“我们没有证据”之类的说法，也不能暗示其所提供的信息已全面反映敌方的情况。对于那些逻辑上可能会发生或已经发生，但我们无法通过各种方式做出辨别的事项，我们应将它们编在列表中，这有助于我们的工作。情报用户则必须对征候情报和搜集能力有实际的认识，以免将未报告等同于没有情况发生。

在危机期间，一线的情报搜集人员在提交“否定性”报告或无法发送报告时，应当确保让总部知道搜集人员已经覆盖或能够覆盖的范围。例如，某驻外武官发回一份真实的“否定性”外交电报，即使其报告称“部队机动，否定；动员，否定”，我们也不能据此认为该国一切正常。我们需要知道该武官及其同事已侦察了该国的哪部分地区，是否已经侦察敌军所有电磁感应站（induction station）和后勤仓库（reserve depot），并在此基础上把握“否定性”征候的真实含义。

遵循这些原则，通过精心编列和报告，真正的否定性征候可以成为所有证据中最重要的部分，成为判断敌方最终意图的重要依据。

紧迫性

大多数引发战争的危机和与之相伴的准备措施，都有一个突出特征，就是紧迫性。真正战争爆发前的氛围，与演习、武力展示或政治施压战术的氛围是不一样的。虽然难以定义这种氛围，也很难具体解释其显得真实的原因，但紧迫性几乎总是它的一个重要组成部分。紧迫性是一种争分夺秒加速完成计划的感觉，是从多方面对我方施加的压力。紧迫性通常会影响军事和政治活动，并明显表现出很多的异常情况或征候，例如：计划改变、休假减少、演习取消、宣传口径突然改变，等等。只有在很少的情况下（一般都是我们搜集手段最贫乏的时候），我们才获取不到这种紧迫性的证据。如果敌方的某项活动进程缓慢，看不到最后完成的期限，我们通常就可以判断这是项长期或渐进的能力建设，而非为不久后发动战争做准备。例如，苏军常年在中苏边境有条不紊地进行军备建设，中苏之间的战争却并没有爆发，而苏军在出兵捷克斯洛伐克前，进行了紧急的军队机动部署。这两个事件的主要区别，就在于紧迫性或者紧急的准备活动。

然而，一切还是小心谨慎为宜。历史上不乏那种长期谋划并发动突然袭击的例子。1950 年 6 月朝鲜战争突然爆发就是典型——当时并没有紧迫性的证据，甚至连危机的特定迹象都没有。如果一个国家或多或少有充足的时间准备并蓄意进行麻痹敌人的政治欺骗活动，在有利的条件下，该国或许能成功隐藏和屏蔽紧迫性的迹象（下一章将对此进行探讨）。在朝鲜战争的例子中，我们极其有限的搜集能力无疑是我们没能预料到此次突袭可能性的重要原因。

必须指出的是，单凭紧迫性并不能非常可靠地判断敌方意欲发动进攻行动，因为显然在有些情况下，即便敌国没有发动战争的意图，仍需要快速的军事准备活动和匆忙的政治决策。然而，即使是这种情况，紧迫性通常还是会表明，该国认为这是极其严重的威胁，应给予高度关注，或者表明该国并非在虚张声势。

评估证据含义的指导原则

危机的特点是迷雾重重，有太多的原始信息，但可供处理的时间却非常少，对情报分析人员又有太多的要求，等等。如果能像《国家情报评估》准备过程一样，有大量的时间供感兴趣且知识丰富的情报分析人员整理评估情报素材、提出观点、分析事实、修改判断和结论，那就再好不过了。然而，对于预警而言，这么做时间上是根本不允许的，很多时候甚至连情报分析人员聚在一起讨论问题、交流观点的时间都没有。

在这些情况下，情报分析人员和情报用户如果使用以下相对简单的指导原则，可能会受益很多。这些原则是专门用来辅助评估证据和敌方意图的。

我们首先假定敌人是理智的，它会按照符合逻辑且相对一贯的行为模式来实现其目标。虽然情况未必总是这样（国家和个体的行为有时也是不理智或前后不一致的），但在假定敌方会不理智行动之前，我们最好还是按逻辑分析其行为。因此，我们也假定战争不是敌国的目的，只要它还有其他理智的手段可实现目的，就绝不会诉诸战争手段。那么，我们就可以用以下五个问题来帮助我们判断敌方的意图。这些问题包括：

- 不管有多大难度，敌国领导层是否都要坚决实现其目标？该目标是否是领导层下定决心要完成的国家最优先考虑事项？
- 敌方目标是否可能实现？军事手段能否在某种程度上应对当前局势？
- 敌方是否已具备所需的军事力量？或是否正在将军事实力提升至可实行军事行动并获取胜利的程度？或更明确一点，敌方的军备规模是否达到发动进攻作战的标准？
- 除了军事手段外，所有的理智选项都已经用尽了吗？或者说，不使用军事手段就不可能实现其目标吗？或更简单来说，政治手段已经用尽了吗？

• 风险系数是否足够低？或者说至少可以接受？

如果所有问题的答案都是非常肯定的，那么从逻辑上讲，敌方发起军事行动的可能性非常高。如果有一个问题的答案是否定的，那么敌方短期内诉诸军事行动的可能性就会明显降低，甚至会变得不可能。当然，情况是不断变化的，未来敌方可能还会这样做。如果两到三个答案是否定的，理论上采取军事行动的可能性就会急剧下降。如果四个或全部问题答案都是否定的，那么就极不可能采取军事行动。

将上述原则运用到近期出现的几个征候案例上，就能得出一些有趣的答案。在苏联出兵捷克斯洛伐克案例中，以上五个问题的答案都是肯定的——虽然有些人会认为 1968 年 8 月 20 日前苏联的政治手段并没有完全用完，但之前一系列政治措施都没有控制局势，所以苏联几乎没有理由认为靠更多政治施压就能成功。关于 1967 年 6 月的阿以冲突，从以色列的立场上讲，以上五个问题的答案都是肯定的，只不过没有 1968 年苏联那样清晰和绝对而已。也就是说，风险系数略高，而政治手段还未完全明确用尽。对于 1971 年的埃及，第一个和第二个问题的答案都是非常肯定的，第四个问题也是肯定的（从现实的立场上讲），但由于埃及缺乏军事行动取胜的实力，因此采取军事手段的可能性就大幅降低了。在 1971 年 12 月的印巴战争中，印度的风险系数很低，所以五个问题的答案也都是肯定的。

对于中苏边界争端（1969 年达到临界点），我们只能在一个问题上得到肯定的答案，那就是苏联领导层对中国问题确实想“有所作为”，尤其是 3 月份的珍宝岛事件以后。但其他问题的答案要么是否定的，要么就是不确定的。苏联想通过发动一次军事进攻就“解决”或缓解中国问题，这很值得怀疑。苏联的军力也无法使其用战争手段征服中国——除非使用核武器。反过来，无论采取军事还是政治手段，苏联的风险系数都非常高。如果与中国的谈判面临困难，苏联政治手段将会用尽。但随着中苏双方适时开启的谈判（虽然谈判成果不多但仍能继续谈下去），紧张氛围也就逐渐缓和了。

由于 1962 年苏联在古巴行动的不同性质（很显然，苏联从未打算因为古巴而卷入战争），前面的问题就不能完全照搬到古巴导弹危机上来。然而，如果应用前面几个问题，得出的答案都不是肯定的，无法使苏联的行为符合合理预期或与其此前的行为保持一致。尤其是，苏联的风险系数非常高（从我们的立场来看非常高，且事实上确实如此），因此苏联的行为只能解释为对美国可能反应的总体误判。

可以看出，虽然前面五个问题作为分析证据含义的逻辑基础是有用的，但它们并不是评估敌方动机的简单指导原则。因为在有些情况下，敌方的行动不一定是符合逻辑的，即便五个问题中的一个甚至五个的答案都是否定的，他们也可能诉诸武力。由于多种原因——误判对手力量或反应、高估自身实力、挫败感、国内压力、狂热的爱国主义、复仇、愤怒或者绝望——敌方的领导层或许会采取鲁莽甚至是灾难性的军事行动，尽管这些军事行动明显不符合自身国家利益。

几乎所有的军事冲突都是其他手段失败后的最终绝望之举。但在许多情况下，军事冲突的策划者都曾采取理智和一致的做法，只有经过深思熟虑且在所有其他手段都失效的情况下，才决定将军事行动作为其达成既定目标的唯一手段。军事行动并非先天就是不理智的手段，尤其在很有可能取得成功的情况下更是如此。例如，苏联出兵捷克斯洛伐克就是一个精心策划、冷静理智并完全符合逻辑的行动。虽然会有一些政治上（而非军事上）的风险，但从苏联的立场上看，这和捷克斯洛伐克脱离共产主义阵营的后果比起来不值一提。

我们在断定一些国家“不理智地”发动战争之前，需要仔细检视自身的态度，确保我们之所以认为其行为不合逻辑，不是因为没有充分了解这些国家实际的强烈感受，也不是仅仅出于本国国家政策而原则上反对战争。

我相信只要系统地运用上述方法，就能得出积极和准确的分析结果。至少它可以帮助我们客观全面地考虑证据，一定程度上避免用自己的想法替代敌方的观点。

但仍有一些情况会像 1962 年的古巴导弹危机一样，既不符合逻辑，也不符合理智行为的标准。正是这种无法精确估量的情况使预警工作大大复杂化。我们必须考虑到，在有些案例中，风险系数确实很高，军事行动很可能无法解决问题，甚至可能导致自杀行为。当有充分理由怀疑敌方领导层的行为不理智时，前面五个问题中的第一个和第三个应修改为以下两个重要问题：

- 敌方领导层是否非常坚定实现目标或深受这一问题困扰，因此会做出不符合逻辑的举动？
- 为了开展行动，敌方是否在尽最大可能扩充军事实力，即使成功机会渺茫也执意如此？

第 26 章
引发战争的条件对预警的影响

引发战争的条件不断变动，国家发动战争的动机或目标各不相同，这些都不可避免地会对战争的征候及我们的评估产生重大影响。当然，战争的起因和国家诉诸武力的原因极其复杂，仅靠一章内容就试图勾勒出这一问题的轮廓是不现实的。我们在这里的目的不是分析战争起因，而仅仅是介绍爆发冲突时各种环境条件对预警工作的影响。其中，我们重点关注那些精心策划的侵略行动，以及由于条件变化、误判或冲突升级而引发的战争。

精心策划的侵略行动

历史上，许多甚至大多数战争爆发的原因，都是领土扩张的野心或者是夺取权力、征服其他国家，甚至是统治世界的欲望。在这种情况下，追求权力**正是**冲突的起源，只有成吉思汗、拿破仑或希特勒之类统治者的野心才会引发战争。虽然在过去四分之一个世纪里，这样赤裸裸的军国主义扩张（militaristic expansionism）并没有成为许多冲突的原因，但这曾是欧洲和太平洋地区爆发二战的基本原因。希特勒和日本军国主义者致力于军事征服，将战争作为国家政策的工具而非应当努力避免的东西。有些人正是因为看到这一点，所以正确预见到二战即将爆发。从最宽泛的意义上，对逼近战争的预警，就是认知到**这些**。于是，预警变成了何时何地会发生冲突的问题，而非是否会发生的问题。

一心想征服别国又掌握发动战争权力的军国主义分子，在规划行动时显然占有很多优势。最重要的是，他决定着战争的到来，他可以任选发动战争的时间和地点。他可以等到一切准备就绪后再发动战争。他可以通过军事胁迫来达到目的，或者不诉诸武力来实现他的一些目标（如果他选择这样做的话）。至少从理论上来说，他可以不发出最后通牒（ultimatum），也不对潜在攻击目标提任何要求，他可以在没有任何“政治预警”或双方关系看似没有任何恶化的情况下发起突然袭击。

军事侵略者的这些选择，也影响到对手所能掌握或不能掌握的征候的种类和数量。最明显的是，政治征候可以从零（没有敌对宣传，没有外交动作或威胁，全面成功地隐藏其战争决策，等等）一直到最明显的政治勒索、最后通牒或公然宣战。在现实中，近年来，完全的政治隐瞒或不引发危机就爆发战争的情况已经很少见。当然，前面一章提到，1950 年 6 月的朝鲜战争，是最接近这一情况的案例。关键是，社会封闭或保密程度最高的潜在侵略者，至少必须具有实现这种政治“突袭”的能力。至少，他得一直有尝试的机会。

长期精心策划的侵略行动，能使更多的军事准备活动得以很好地隐藏起来，其中最基本的原因就是保密和欺骗措施能够得到最仔细的筹划和实施。许多步骤可以采取更渐进的方式进行，使其对正常军事和民事活动的干扰看上去不那么明显。相反，在突发的意外危机中，军队要采取紧急而未经计划的行动来应对突发事件。只要我们在这些国家有强大的搜集能力，这些事往往是显而易见的。通常与这一情况相伴的，是军事保密系统的崩溃，而这在正常情况下几乎不可能发生。

另一方面，除非因为形势的外部变化而引发战争，否则侵略行动的策划者通常会更早、更广泛地进行军事准备。虽然这时的准备活动单个看上去不那么明显（或者一点都不明显），但情报机构会有充足时间去侦察分析情况，也会采取更多现成措施进行侦察，这些在爆发危机的时候是不可能的。情报分析机构因而有更多时间做出评估，核实来源，等等。总的来说，考虑到从最封闭国家获取证实性数据（confirmatory data）会有严重延迟，因此在侵略方进行长期的军备建设时，时间对于被侵略方来说可能更有利。也就是说，即使保密措施做得再好，被侵略方情报搜集时间越长，发现入侵准备的可能性就越高。但同时，由于准备活动似乎缺乏紧迫性因而具有欺骗性，被侵略方或许更倾向于将对方的准备活动视作长期的军事能力建设或是应急准备（contingency preparation），而非打算发动侵略的征候。显然，每个情况或多或少都有差别，对其进行概括总结会是一种误导。

环境变化引发的战争

近年来，战争都是由打破或威胁打破权力平衡的某些外部动向引发的，或是由于其他一些变化导致长期僵持局势恶化而引发的。与此相比，蓄意谋划的侵略行动已经少了很多。引发战争的动向种类繁多，主要包括：突发的骚乱（disturbance）或暴乱（outburst），如 1956 年的匈牙利事件；威胁别国利益的民族主义或沙文主义（chauvinistic）行动，如 1956 年埃及对苏伊士运河的占领，以及 1967 年关闭亚喀巴湾（Gulf of Aqaba）对以色列航运的阻断；边境冲突的升级，如 1962 年的中印边境战争，等等。潜在的冲突原因也包括试探对方容忍度的挑衅行动（provocative action）或威胁行为，如 1958 年至 1961 年苏联挑起的柏林危机等等。其他例子不胜枚举。

这类情况，无论何种因素促成，通常会先有一些明显的事件导致国际局势骤然升温，潜在冲突的威胁立即显现。很多时候冲突并非被刻意发起，而是发动者被形势所逼，或局势已完全失控。当然，有些国家愿意动武，但情况并不完全取决于他们的选择。冲突的爆发至少部分是由于条件变化或误判造成的，而非出于权术野心。

和精心策划的侵略行动相比，这类冲突或潜在冲突爆发前，形势的发展变化都是不一样的。当然，差异主要不在于冲突发生前的准备活动，事实上，军事活动大体上都是相似的，民事准备活动的很多方面也差不多。差异主要来自以下方面：争端双方的动机；双方诉诸武力的意愿；谈判或妥协解决问题的意愿；谈判开始后的真实状况；情报机构探知敌方准备程度的有效性；（不管情报是否有效）对对方意图的感知；对时间是否对自己有利的评估；双方对军事实力对比的估计（常常不准确）；对先发制人（preemption）和突然袭击的军事学说；其他国家施加的推迟行动或限制行动规模的压力等等。这些是影响一国领导层发起冲突的复杂因素的一部分——该国领导层可能压根不愿发起冲突，如果换成其他条件，如果能更好地理解对方或使对方了解自身情况，冲突可能就会避免。

除非一国明确打算发动侵略，且明显具备武力达成最终目的的军事实力，否则在上述这样复杂的条件下预测冲突，风险很高，困难也很大。当一国尚未做出决策时，要想确切判断其动机几乎是不可能的。在这种情况下，即便间谍人员成功渗透到敌国政府的最高层，也无法提供确切答案，只能提供“决策尚未确定”这一信息。当然，如果做到这一步，即使情报质量稍差，也可以使我们理解敌方的各种选择，认清未来可能真正引发战争的条件。即便敌方决策还没做出，我们也能很好地判断冲突的各种可能性。但即使在最好的情况下，在判断冲突是否能够避免、如果不能避免最终何时会出现等问题时，我们都可能面临很大的不确定性。

考虑到这些不确定性，需要指出的是，我们在这些复杂形势下感知冲突的记录，可能要好过我们的预期，似乎也要好过对精心筹划的侵略行动的预测。我们在 1967 年 5 月和 6 月期间对以色列和埃及冲突可能性的判断，就明显好过我们对 1950 年朝鲜战争的认识；我们在 1971 年 12 月对印巴冲突的预测，也比我们对 1961 年 12 月印度打击果阿（Goa）少数民族武装分子的预报要更准确。

毫无疑问，试图笼统概括这一现象的原因必然造成严重误导，但一个主要的原因肯定是，危机让我们认识到，接下来会发生冲突，而冲突的原因也就好理解了。冲突双方通常都会尽力明确自身的诉求，很多军事准备活动也难以隐藏。情报搜集工作会跟进，很多平时不受关注的动向也将迅速得以上报和分发。由于这时紧张的氛围，很多动向会被放大解读。报纸及其他新闻媒体会不断对危机进行长篇大论的报道，用法语中的“陶醉”（intoxication）这个词来形容毫不为过。这样，即便情报机构没能准确及时预测冲突的爆发，当冲突真的发生时，人们也不会感到吃惊。

单方面和双方面的战争准备

暂且不论冲突的原因和攻击者的动机，如果双方都在备战且准备措施都是针锋相对，我们要想解释军事行动及发布预警将会非常困难。如果双方军事力量旗鼓相当，且备战活动都是针对对方，我们就很难判断哪一方是潜在的攻击者，哪一方是在寻求防御。这种情况下，发生误算和误判的机会就会增大，一场边界争端或小的意外事件都可能引发大规模冲突，而且很难断定谁是发起者。近年来，由于误判而非故意策划而引发的战争问题，越来越引起情报界和决策者的关注。在本章接下来的部分，我们将从预警的角度讨论该问题的一些方面。

首先，如果军备建设是单方面的，或者一方拥有压倒性的军事优势，就可以判断另一方很少会主动挑起冲突。二战以来，拥有巨大实力优势且有能力动武或威胁使用武力的一方，通常都没有卷入冲突中。事实上，军事力量上的巨大优势客观上会使决策者更倾向采取军事手段解决问题，而非漫长而毫无成果的谈判；而如果双方真心想避免战争，那么这种“不可避免”卷入冲突的威胁，又可以通过真正的谈判和妥协加以解决。

一个明显的例子就是古巴导弹危机，当时的完全误判使得战争一触即发，但冲突最终得以避免。赫鲁晓夫向古巴运送战略导弹（这是苏联领导人所做出的最令人吃惊以及危险的误判之一，而苏联领导人通常都较为谨慎），差一点酿成了两个超级大国间的战争。即使两个国家都极力避免战争，但差点升级成为核大战的危险是现实且恐怖的。然而，对于情报分析人员和决策者来说，古巴导弹危机时刻提醒着他们，在核武器时代，军事行动的误判带来的后果远远比以往更危险。

显然，这样的误判给预警分析带来了极大的困难。对情报机构来说，尤其是缺乏有力证据时，要预测看似不理智的行为几乎是不可能的，这只能向决策者提供事态发展的其中一种**可能性**，或者一种正在形成的威胁。很多人也都知道，1962 年 9 月 19 日针对古巴局势发布的《国家情报评估》得出结论，考虑到各种政治和军事因素，苏联不可能将战略导弹运往古巴（这样的判断虽然符合逻辑但事实却非如此）。在这种情况下，和形势简单时相比，一定程度上触及其决策的本质显然更有价值。但如果做不到，除了第 25 章里提到的五条指导原则之外，其他一些问题也可以帮助我们进行分析。比如：

- 各方是否真心寻求政治解决，是否愿意妥协？或者各方是否希望一劳永逸地解决这一问题？
- 是否涉及国家荣辱，甚至某国或某个政党的生死存亡？
- 一方曾发表的公开声明或采取的举措是否难以改变和撤销？
- 一方或双方是否努力为其军事行动的正义性进行辩护，比如向本国人民、盟国甚至全世界进行宣扬？
- 一方是否有足够的军事优势，发动袭击后有合理的把握取胜？
- 一方或双方的军事准备是否已对国家构成沉重负担，因此如果不采取解决危机的行动，根本无法持续下去？
- 一方的军事准备或军队部署是否是进攻态势？其防御准备是否为了抵御攻击后对方的反击？

在最后一点上，读者可以参考第 17 章里有关进攻性和防御性军事准备活动的讨论。需要记住的是，最密集和彻底的防御准备或许会是那些准备发起进攻、预期将遭遇反击的国家做出的。情报分析人员需要当心，不要将这类准备活动仅仅当作害怕另一方发起进攻的表现。

误判和先发制人的问题

这些年关于这一议题的著作有很多，要对此下定义并不困难。

“误判引发的战争”通常定义了这样一种情况，即一方的挑衅或相对有限的行动造成另一方出乎意料的强烈反应，从而导致一系列行动逐步升级，最终引发战争（在许多情况下，其实双方都不愿开战）。这些年这样的例子已经很少了，1967 年 6 月以色列和阿拉伯之间的“六日战争”可能算是一个。在这一案例中，埃及误判了以色列对关闭亚喀巴湾的反应，开罗当局的这一失误直接导致战争的爆发（需要补充的是，轻信苏联或苏联情报部门对以色列意图的判断，也是开罗当局误判的重要原因，这也是苏联有关机构比较严重的一次误判）。另一方面，以色列没有错判形势，对进攻行动进行了精心策划和完美实施。当然，长期的战争或冲突的升级也会使双方倾向于谈判解决问题或延期解决问题。这些基本的事实无须阐述，它们是政治学中“均势”（balance of power）理论的基础。因此，苏联能够出兵匈牙利和捷克斯洛伐克，而不用担心遭到军事报复，但对西柏林却不能这样做。事实上，由于担心危机升级，苏联相当克制，甚至从未对柏林施加大规模军事威胁，也从未对德国高速公路发动小型军事行动。最终，当政治恐吓、虚张声势、军事演习和其他非战争手段用尽后仍没能达成目的时，苏联就把柏林抛到脑后了。

只有一方进行军事准备的情况相对不复杂，这应该是最简单的预警问题，在这种情况下，军事活动通常既不能被简单看作是“防御性的”，也不能被看作是针对另一方军事准备的反应，也不是其他模棱两可的情况。通常，对于这种战争意图并不明确的征候，唯一合理的理由就是：军事集结旨在向对方施压，迫使其投降或屈服，而非真要诉诸武力；军事集结还可以为以后可能的冲突做准备，也就是说，虽然领导层尚未明确做出发起冲突的决策，但仍将其作为可选择的方案（下一章会讨论决策过程问题）。

但当形势不那么明朗，冲突双方都在进行战争动员且力量旗鼓相当时，有哪些指导原则能对我们的分析工作有帮助呢？如果有合适的答案那就再好不过了，但其实没有。每种情况都是不一样的，而且必须要判断双方的意图。那些能支撑相反结论的证据不是确证，虽然有证据清楚表明苏联正在古巴进行一**些**异常活动（其中**可能**包括部署战略导弹），但由于缺乏直接证据，这种判断值得怀疑。即使是相信苏联确实部署导弹的情报人员——级别最高的是中央情报主任（Director of Central Intelligence, DCI）约翰·麦考恩（John McCone）——也只能敦促大家考虑这种可能性。没有直接证据，总统就不能采取有力行动——尽管肯尼迪总统可以向莫斯科发出更强硬的警告，但他无法给美国民众、联合国或莫斯科出示令人信服的证据，进而有理有据地查扣驶向古巴的苏联货船。古巴导弹危机是预警情报局限性的一个很好的例子，表明有时只有更多的情报搜集才能提供可靠的答案，而且在这种情况下情报工作的第一要务是确保情报搜集已做到极致（见第 4 章）。

在参谋长联席会议《美军军语联合用法词典》中，**先发制人**（preemption）或**先发制人攻击**（preemptive attack）被定义为："在确信敌方即将发起突袭时采取的先行进攻行动。"这和更长期的预防性战争（preventive war）或预防性攻击（preventive attack）不同。后者相信战争虽然不是迫在眉睫，但不可避免或至少很有可能会爆发，且相对于现在就发起攻击，战争延期的危险更大或风险更高。要找一个真正先发制人攻击的典型案例相当困难。1967 年 6 月，以色列的进攻多少界于先发制人与预防性攻击之间，因为没有明确征候显示埃及的进攻迫在眉睫，更不用提以色列最初的说法还与此相反了。

当然，核武器的出现已极大地提升了先发制人攻击的危险性——有人认为也提高了它的可能性，但这存在争议。这个问题明显与误判紧密相关，谁的行为使局势走到先发制人的边缘，谁真正发起先发制人攻击，谁就该为最大的误判（战争）负责。

危机热线和其他方式的危险

正是这些严重的问题——沟通不足造成的误算、假情报或错误解读引发的先发制人危险，以及国家间严重误解导致的其他可能——各国建立起“热线”和其他方式，来促进国家元首或其他高级官员之间的沟通。当双方实际上都在设法防止误解和避免战争时，没有人能否认这些系统在迅速和安全沟通方面的优点，或在避免危险对抗方面的潜在价值。但是，如果一方决意展开冲突，热线能否避免冲突就值得怀疑了，而且这些方法传递的信息同样也可以通过传统渠道传达，也许只是慢一点。还有一个严重的危险是，如果发生有预谋的攻击，这些环节将成为顶级欺骗渠道。

从征候分析人员以及情报系统整体的角度来看，国家元首之间使用高层直接通信，可能会使情报界得不到相关事实，也不了解本国决策和行动信息。如今，人们经常把情报工作与政策执行层分开，这一鸿沟在危机时期尤其危险（见第 6 章）。情报界得不到高层私人通信信息，就无法向决策者提供其他选项，其发布不完整和不准确情报判断的风险就会增加，一些信息也可能因为其重要性和相关性不明显而遭到情报界忽视。

第 27 章
重构敌方决策过程

预警分析的最终目标是了解敌方将要做什么，掌握或确定敌方已决定实施的行动就是预警情报的最终成果。每个间谍机构的最高目标是刺探敌方的决策信息——无论通过隐藏在会议室内的监听器，或者通过间谍潜入会议室内获取会议记录等。为了确保所获敌人意图的真实性，或接近真实，需要大量冗余的信息，即使这些信息本身价值较低或来源于二手资料。

我们基本上不可能打入敌人最高层——如果我们能做到，这当然是很好的选择，但也将是极其危险脆弱的。我们不断寻找相关来源和信息，尽最大可能推断出敌人已做出的决定、计划与目标。实际上，在一场危机或是预警环境下，这将意味着我们必须对所有可获得的证据进行核实，旨在查明这些信息能否独自或共同为我们提供有关敌人决策的信息。

显然，这是一项既复杂又困难的分析问题。它是预警问题中最具争议的内容之一，在现实条件下也最容易产生观点分歧。此外，在重构敌方决策过程中，几乎没有指导方针可供情报分析人员和决策者参考，给他们提供某种符合逻辑的分析过程。在危机环境的压力下，在缺少实践经验或一致赞同的“规则”的情况下，情报界倾向于忽视这个问题。试图确定敌方已做出何种决策，这在分析过程中应当是最优先考虑的事项，却常常被放到一边，因为报告敌人正在做什么显然更加容易，产生的争议也更少。通常情况下，只在危机问题得到解决之后，我们才会对敌方的决策和计划过程进行重构，这成为又一则历史回顾性的情报分析报告，而无助于我们预测将会发生什么事。于是，我们生产出一些“事后诸葛亮”的分析报告，让大量聪明的天才通过推理方法分析决策过程。类似这样的研究总是能够对当时不引人注意的碎片信息进行深入挖掘。但是，这类报告为时已晚，对于分析人员处理当前危机帮不上什么忙。对决策者而言，也起不到任何作用。

显然，我们需要掌握一些有用的方法，来处理日常预警中一些模糊但极为关键和决定性的因素。但是，本章接下来的内容并不是要提供答案或是提供一些简单明了的方法。本章的目的在于，帮助分析人员提出正确的问题，并指出决策分析中一些显而易见却又常常被忽视的方面。简要探讨这些要点后，我们将讨论苏联在两次重大危机中的决策过程。

决策分析的一些基本原则

（一）行动紧随决策，而不是决策源于行动

表面上看，这一道理不言自明，几乎是侮辱读者的智商。但是经验表明，在危机环境下人们并不明白这一基本原则。一个又一个的案例表明，情报人员倾向于预测未来敌方的决策，但实际上这样的决策早就做出了。这就产生了这样的印象，即敌方极为迷糊，一直举棋不定，做什么都没有事先计划。因此，即使是敌方的重大军事部署也会被轻视，或被轻描淡写地描述为：“这些部队的部署将显著增强敌方进攻的实力，**如果敌方真决定这样做的话**。”后半句话不仅毫无必要，而且会引起彻头彻尾的误导。它意味着，该部队的部署毫无计划性，敌方也不知道接下来如何运用这些部队，敌方毫无缘由地开始了重大行动，敌方晚些才会做出决策。不知上述语句的作者是否意识到，他可能正通过这一方法，来逃避思考这个问题或做出任何判断。无论之后发生什么，这种措辞将使他成为“正确的”判

断者。但是，这是否有助于我方决策者做出“正确的”决策，则是另一回事，因为这种泛泛的语言会使我方决策者确信，他仍然还有大量时间，没有什么需要警惕的。他甚至认为，当敌方“做出决策”时，情报系统自然会知道，并会告诉他相关情况。

所有国家层面的非常规行动均源于某种决策。它们不会无缘无故发生。军事和政治行动尤其如此。这一点在一体化和中央集权的国家（包括共产党国家）要比在民主国家更能得到体现。例如，美国一个州长可以出动国家警卫力量，或就国家政策做出与华盛顿不一致的过分声明，但这在苏联是不可能发生的。而在中国，在没有国家的授权下，没有人能够动员军队或采取一些类似的行动。

当一些非常规事件发生时，尤其是那些会引发敌方军事行动或其他潜在威胁的事件，分析人员应当问这样的问题：敌方计划干什么？是什么促使其这么干的？这种行动背后的决策是什么？分析人员不能认为敌方也不知道为什么要这样做，也不能觉得自己正在等待敌方做出决策。这时通常比较好的做法是，尝试进行回顾，以查明此前发生的哪些事件可以解释当前的局势，哪些事件预示着诸多动向之间存在某种联系。这反过来有助于我们开展接下来的分析。

（二）剥离或评估决策时机

重大国家决策（有时甚至是较小的决策）可能会导致不同领域的各种行动，这些行动出于同样的来源或原因，因此彼此间存在关联。它们要实现相同的目的，或者是彼此互补。关于开展敌对活动或为潜在敌对活动做准备的决策，总是伴随着一系列不寻常的军事和政治行动。在有些情况下，分析人员只需要做些小小的回顾，就可推测出某些行动是在国家领导层、政治局、华沙条约组织领导人或其他组织最近一次公开会议上决定实施的。如果某个意想不到的突发事件引发了一场危机，且该事件明显又产生了一系列后续动向，那么任何人都可以轻易预测出敌方何时做出了何种决策。

但是，如果没有突发、明显的紧急事件，在一个封闭社会中，无论是重大决策的性质还是决策的时机，都会被隐藏起来，有时在开放社会也是如此。因此，新决策做出一段时间后，与之相关的征候才会出现，更不用提这些决策的时间和内容了。分析人员不得不从零碎的数据中来重构到目前为止发生了什么，并试图弄清敌方什么时候做出了采取行动的决定。为什么要多此一举呢？

这是因为，从首个异常事件发生起以时间顺序重现事件过程，不仅有利于确定决策时机，也有利于界定决策的性质。当异常事件被追溯至同一个日期时，作为计划的一部分，各事件之间的相互关系开始明朗，各事件变得不再孤立，不再难以解释。因此，我们开始推断一种想定，例如，下列事件大概开始于同一时间：秘密召回预备役军人；根据国内需要，开展要求警惕国外间谍的宣传；悄悄召回驻外某些重要官员进行商议；取消事先计划好的军事演习；一些盟国领导人前往未公开地点"休假"；部分地区的民众难以购买到肉类食品；宣布在边境地区举行大规模演习；厢式货车短缺，难以满足常规经济的需求；引人注目的军事领导人从公众视野中消失；许多驻外大使对驻在国更加友善；加强潜艇的巡逻；等等。需要强调的是，在现实生活中，这些信息可能会在数周内以零散的形式予以报道，而不是一次性全部报道出来。有时，有些动向看起来根本无关紧要，似乎什么都不是，更不可能出现在情报出版物里。只有把这些事件按照首次发现的时间顺序（并非报告该事件的时间）进行归纳整理时，分析人员才开始推测这些事件之间可能的关系，并怀疑所有事件或部分事件背后隐藏着同一个决策。

此外，将一些看似偶然的情报按时间顺序做成大事表记录下来显然十分重要。只有如此，分析人员才有可能将零散的信息串联起来，推测出秘密决策的时间。一旦出现以下情况（可能只有在深入研究后），如宣传重点出现转变，预备役部队首次秘密调动，其他为可能冲突进行的战备活动同步出现，那么敌人决策可能的规模和性质就逐渐明晰了。

（三）判断敌人是否正在做出关键决策

最重要的是要了解敌方打算做什么，是否在做出新的决策。也就是说，即使没有证据证实决策的性质，如果我们洞察敌方的关切，确定当时某些问题是否是敌人最优先考虑事项，我们就可以较好地理解敌方的意图。显然，要确定这一点，取决于敌方选择公开哪些关切，或者我们搜集政治动向和领导人活动及态度方面信息的能力。这往往没有看起来那么难。

与多数人想象的不一样，领导人对某种特殊问题的理解与决策通常根本不是什么秘密。捷克斯洛伐克危机就是个典型的例子。我们在第20章里曾提到过这个案例，本章中将进行深入探讨。大量证据表明，1968年夏，苏联领导层过于关注如何应对捷克斯洛伐克危机，对他们来说，这一问题至关重要。尽管分析人员对苏联高层的具体决策内容存在分歧，但显然苏联当时正针对捷克斯洛伐克做出某种决策。从苏联的立场看，我们知道捷克斯洛伐克正是那个夏天的重心，而我们对危机的了解也部分来源于此。

相反，针对1969年春夏之交的中苏边界冲突，并没有相似的证据或迹象表明，苏联领导人正忙于做出重要决定，以应对与中国之间这一关键、紧迫的问题。鉴于苏联在这一领域具备隐瞒和实施欺骗的能力，这种区别不应被过分强调。然而，我们的看法是，1969年危机与1968年危机的重要性不同，1969年苏联领导人并没有像1968年那样做出重要决策。我们对于这个问题的看法源于各种信息，其中包括一些否定性信息，即我们并没有像在1968年那样获得同样类型和数量的能反映肯定性决策的信息。虽然这种分析方法听起来十分主观，但正是这类看法促成了预警判断。

（四）应急决定、期间决定和最终决定

所有分析人员应当关注决策过程中过度简单化的危害，这是最常见的错误之一。国家重大决策通常会涉及一系列步骤，包括从最初决定采取一些应急措施，到随后决定为必要时采取军事行动而提升准备程度，直至最终决定采取进一步行动。抑或，最初所采取的行动只是为了施加压力，或者试图通过军事威胁来劝阻对方，而并没有考虑接下来要做什么。

需要注意的是，一个国家会做出一个最终决定或近乎最终决定，这是

它坚决要达成的目标。但是为了实现这一目标，它会通过一系列决策来确定达成目标的各种不同手段。通常情况下，这些决策涉及政治和军事施压战术，如果所有措施都没有效果，那只有采取军事行动了。在这种情况下，一国看起来似乎摇摆不定（因为正在尝试采取一系列措施），但实际上，在其心中目标早已确定，该国一直在为此而努力。

近年来，我们听到不少呼吁选择的声音，"保持灵活的选择权"成为流行语，用来描述（当国家还未最终决定将采取何种行动时）一国最终可以采取的各种初步措施或应急准备活动。实际上，上述词语强烈暗示着"决定已被延迟"，一国决策的选择余地越大，结果可能越好，推迟做出重要决策的时间也就越长。

过于依赖这种观点容易导致分析人员陷入一种陈腐的推理，认为无论预兆多么不好，所有军事行动的准备都是敌方犹豫不决且尚未做出决定的表现。我们不能过度依赖这种观点。重要的问题是："还有哪些选项？"以及"这种行动是否暗示着敌方自己相信选项正在减少，政治解决的机会正在耗尽？"很多人看不到或不愿意进行这类分析，而是退回去再次辩称，不可能对敌方的意图和决定做任何判断，因为敌方"只想保持灵活的选择权"，这实在是令人惊讶！

读者或许希望回过头来讨论第 25 章里的五条原则——将其作为解读国家行为的指导方针。它们也是决策过程中的关键因素。如果第一个问题是肯定的——国家领导人决心达成目标——那么这就是决策或系列决策中的有效因素。只有其他因素有效地妨碍或阻止其实现这一目标，该国才会放弃既定的行动步骤。当一国理想的手段失败或不可行时，它可能会采取一些应急或预备的手段（我们称之为选项），但是这些手段是为了达成目标，而不是为了拥有"更多选项"而推迟决策。实际上，一国为达到其目标所具备或尝试的选项的数量，代表了其达成目标的严肃程度。例如，苏联在 1968 年出兵捷克斯洛伐克之前，为了控制局势曾尝试了各种方式，这些尝试表明苏联意图的严肃性，同时增加了在所有尝试都失败后最终采取军事行动的可能性。

（五）政治决策和军事决策相互作用

另一个将决策问题简单化的现象也经常发生，即认为政治决策和军事决策是由不同的团体分别进行的，因此政治决策和军事决策之间并没有联系。一方面，政治领导人做出政治决策；另一方面，军队领导人指挥军事演习、军事行动、军事调动和部队部署等，他们独立自主行动，几乎与政治局势无关。至少在那些国家领导人对军队实施高效指挥、严格控制的共产党国家，这种观点是极其错误的，因为在这些国家，政治领导人负责决策过程，军事机构不能自行其是。例如，在共产党执政的苏联，政策是由政治局制定的。

因此，军事决策和政治决策相互影响，都是决策过程的组成部分。采取军事措施是为了尽可能及时地达到特殊的政治目的。这些军事行动不能被理解为与政治目标相互独立或毫不相关。这样做，不仅误解了军事行动的缘由，更重要的是，无法把握国家战略目标以及为实现该目标可采取的不同手段之间的相互关系。

苏联在古巴导弹危机中的决策

古巴导弹危机中有许多未解之谜。为什么苏联采取此行动？苏联是怎样做出决策的？又是什么时候做出的？如此高风险行动的预期结果是什么？我经常询问一些分析人员对这次危机的理解：如果苏联成功地在距美国本土 90 英里（约合 145 千米）的地方部署了导弹，他们认为莫斯科**接下来**会做什么。事实是，没有人知道会怎样，我们只能进行推测。苏联的计划可被比作一场戏，我们错过了第一幕，在第二幕进场，并强迫作者（苏联）放下戏幕，因为我们不喜欢这个情节，但从未了解第三幕的原定结局是什么。

我们永远也不会知道结局。危机事件发生后，我们进行了大量深入研究，做了大量回顾性分析，但都没有弄清楚关键问题，如苏联的动机、计划、决策以及预期。事后回顾大多告诉我们那个夏秋发生了**什么**（虽然仍然有许多缺口），但几乎没有告诉我们苏联**如何**决策以及**为什么**如此决策。（在此顺便补充一点，赫鲁晓夫的所谓回忆录，不管是否是他本人所著，几乎没有任何帮助，而且极易造成误导。）

通常情况下，在一场危机结束后，我们可以回过头来较好地了解相关决策是何时做出的，即使其在事发时不那么明显。在古巴导弹危机这个案例中，我们却无法证实这一点。没有证据显示苏联曾同古巴人举行过高级别会议，因为在双方做出关键性决策的那段时期，我们没有任何关键人物的互访记录。唯一合理的是，苏联在 1961 年秋季（当时苏联试图解决柏林问题，结果失败了）和 1962 年初春之间做出了该决策。鉴于后续后勤保障的规模很大，大范围的计划必然要与古巴协调各种物资和军队的输送，因此人们普遍认为，苏联的决策时间不会晚于 4 月份，也就是在 7 月份第一次侦察到苏联用船输送物资之前的三个月。从 1961 年秋至 1962 年 7 月期间，我们几乎没有察觉到苏联对古巴的特别关注，也没有察觉到苏联对这个岛国做出了重要决策。苏联关注的重点似乎是柏林，而美苏对抗最危险的地区也是柏林。因此，苏联的保密措施成功地隐瞒了以下事实：一个有关美苏对抗的极危险的关键决策已经做出，关于古巴的某些非常规行动正在进行之中。[1]

此外，即使是进行回顾，我们也不知晓：谁制订了这一计划（虽然我们怀疑是赫鲁晓夫本人制订的，但也有可能是他采用了其他人的计划），苏联领导层哪些成员赞同或反对这个计划，军界的意见是什么。可以这样说，以下两种情况的可能性相同：一是苏联军方领导人反对如此冒险的行为，因为它会引起美苏之间一系列对抗；二是，苏联军方领导人支持在进行其他（例如在柏林）的冒险举措之前，采取一定措施以改变苏美间的战略平衡。

从美国侦察到苏联向古巴运送货物、开始对此忧心忡忡，到 10 月中

---

[1] 原注：确实如此，几乎没有来源于秘密渠道的线索暗示这种可能性；它需要在苏联往古巴运送物资之前，洞察苏联的行动动机——之前没有人相信它。其他的征候显示，苏联决策者将在夏季有大的动作，但这些动作的性质和与古巴危机的关系难以被预见。

旬发现战略导弹，这期间，无论是在当时还是事后回顾，情报对了解苏联决策所发挥的作用微乎其微。很明显，美国就苏联向古巴引入进攻性武器一事向苏联发出的各种警告，并未阻止赫鲁晓夫，也没有改变苏联向古巴船运物资的性质和时机。然而，我们并不知道，这些警告是否促使克里姆林宫对整个问题进行重新讨论；也不知道苏联在 9 月份采取军事应对措施（宣布部队进入“最高级别战备”），是否与此相关。

肯尼迪总统在 10 月 22 日发表演讲，宣布发现战略导弹并强制实行“隔离”政策，从而导致一周时间的公开危机。有足够的证据表明，苏联在这一周做出了极为重要的决策。我们了解到，第一个重要决策是命令停止向古巴运送军事设备，这一极为重要的征候表明苏联希望避免与美国军队发生直接对抗，至少不想在海上发生直接对抗。然而之后几天里古巴导弹发射地的相关工作依然在继续。大家都知道，苏联决定让步的最终和关键的证据，是赫鲁晓夫于 10 月 26 日以私人身份向肯尼迪总统发出的信息，和于 10 月 28 日公开发出的信息。信息称苏联同意撤出导弹，前提是美国要保证不入侵古巴。商议当天（10 月 27 日），克里姆林宫似乎有些优柔寡断。因为那天，莫斯科电台发布了赫鲁晓夫的一则声明，他在声明中称，如果美国从土耳其撤出导弹，苏联就从古巴撤出导弹。

大量征候表明，10 月 27 日，赫鲁晓夫确信美国将入侵古巴，攻击如箭在弦。这一天也是苏联军队进入最高级别战备的日子，而美国 U–2 侦察机在古巴上空被击落（一次意外行动，几乎可以肯定不是莫斯科下达的命令）使形势更加严峻。1962 年 12 月 12 日，赫鲁晓夫向最高苏维埃演讲称：“10 月 27 日早上，我们获悉情报，两至三天内古巴将遭到直接入侵。”毫无疑问，正是这些直接进攻古巴的威胁，或者确切讲，对苏联在古巴境内导弹设施和军队的威胁，最终导致苏联公开宣布决定从古巴撤出导弹。虽然我们搞不清楚苏联领导层其他人在决策过程中扮演什么样的角色，但是我们没有理由怀疑这是赫鲁晓夫的决定。后来苏联媒体的报道暗示，军方对该决定并不满意，但是在苏联，军方并不是最高决策层——政治局的成员。

更加有趣的是，作为双方决策相互作用的一个补充说明，几年以后公开出版的罗伯特·肯尼迪关于古巴导弹危机的著述中揭露，10 月 27 日肯尼迪总统并没有做出对古巴发动进攻的最终决定。“总统说，我们明天不会发动进攻。我们会再次做出努力。”[1] 即使如此，总统当时显然还是准备在必要时发动进攻。那天晚上，罗伯特·肯尼迪通知苏联大使多勃雷宁（Dobrynin）称，美国要求导弹务必于次日撤走，否则美国将移除它们。[2] 此外，有媒体引用美国领导人的话，称这种行动将会很快执行，这些连同美国军方的主要动作一起，似乎让苏联相信美国将要发起进攻。

对许多分析人员来讲，古巴导弹危机既是令人着迷的，也是我们所遇到的最难以捉摸的问题。它是一个几乎彻底误判敌方战略决策性质的案例，这一误判一直持续到我们获得了具有说服力的证据为止。基于掌握的信息，当时要想重建决策过程是不可能的，即使在事后回顾时，仅凭这些信息也无法重建决策过程。我们只能依靠事后回顾才能判断出当时苏联已做出决策，但不可能知道决策内容。

如果古巴危机代表我们情报搜集和推断敌方决策过程的低谷，那么六年后的捷克斯洛伐克危机则反映出另外一个问题，我们有充分证据表明苏联在捷克斯洛伐克问题上做出了决策，但是关于这个决策的具体时间和内容仍然存在误解和争议。因此，捷克斯洛伐克危机提供了一个为了预警而重构决策过程的典范，这在古巴危机中是根本不可能出现的。

苏联在捷克斯洛伐克危机中的决策

从 1968 年 1 月捷克斯洛伐克共产党中央第一书记诺沃提尼（Novotny）被取代，到 8 月 20 日至 21 日晚苏联—华沙条约组织出兵捷克斯洛伐克，

[1] 原注：Robert F. Kennedy, *Thirteen Days, a Memoir of the Cuban Missile Crisis* (New York, W. W. Norton & Co., 1969), p. 101.

[2] 原注：Robert F. Kennedy, *Thirteen Days, a Memoir of the Cuban Missile Crisis* (New York, W. W. Norton & Co., 1969), pp. 108–109.

这期间有大量且不断增加的证据表明，苏联对捷克斯洛伐克问题以及如何扭转由杜布切克政权发起的自由化运动极为关切。对苏联意图之所以有争议（关于苏联意图确实有很多争议），并不是因为缺少苏联关注捷克斯洛伐克的证据。苏联并没有隐藏意图，其与所谓的“华约五国”公开举行各种会议，公开施压捷克斯洛伐克。因此，对苏联决策的分析，就是利用所掌握的证据，解读其决策内容是什么，而非解读其是否做出了决策。

我们先来回顾一下武装占领捷克斯洛伐克的大事表：

- 3 月 23 日，在捷克斯洛伐克、苏联、东德、波兰、匈牙利和保加利亚国家领导人参加的德累斯顿会议（Dresden conference）上，捷克斯洛伐克的局势受到批评。
- 4 月 9 日至 10 日，勃列日涅夫（Brezhnev）在苏共中央全会上做了非公开报告，专门谈及捷克斯洛伐克问题。之后，苏联领导人巡视全国，向各地党组织说明局势。
- 4 月 24 日至 25 日，华沙条约组织总司令雅库鲍夫斯基（Yakubovskiy）元帅访问布拉格。据报道，他要求苏联或其他华沙条约组织驻军捷克斯洛伐克，但遭到拒绝。
- 5 月 4 日至 8 日，捷克斯洛伐克领导人在莫斯科举行的会谈失败，随后东德、波兰、匈牙利和保加利亚领导人分别突然到访莫斯科。
- 5 月 6 日至 12 日，苏军几个师被部署到靠近捷克斯洛伐克的东德、波兰和苏联边境一侧。
- 5 月 17 日至 24 日，苏联国防部长格列奇科（Grechko）和其他苏联军事领导人出现在布拉格，同时来访的还有苏联部长会议主席柯西金（Kosygin）。之后华沙条约组织称将于 6 月在捷克斯洛伐克和波兰举行演习。
- 6 月 1 日至 23 日，之前已被部署到边境的苏联军队突然进入捷克斯洛伐克境内，该部队数量不明，但显然比其公开宣称的数量要多很多。
- 6 月 20 日至 30 日，华沙条约组织在捷克斯洛伐克举行“苏玛瓦”

军事演习，之后布拉格和莫斯科宣布演习结束，但莫斯科随后收回其演习结束的声明。

- 7 月 1 日至 10 日，苏联军队在捷克斯洛伐克逗留，大量迹象表明他们可能不会撤离。
- 7 月 10 日至 15 日，捷克斯洛伐克领导人拒绝前往华沙会谈。华沙条约组织其他五国领导人在华沙会面并发布了一份态度强硬的声明信，呼吁布拉格采取措施，限制事态朝自由化运动方向发展。布拉格宣称，苏联军队开始撤离。
- 7 月 17 日至 19 日，苏联共产党中央委员会突然在华沙召开全体会议，决议采取行动。莫斯科再次要求与捷克斯洛伐克领导人举行会晤。格列奇科元帅提前从阿尔及利亚返回莫斯科。
- 7 月 20 日至 23 日，苏联宣称将针对捷克斯洛伐克使用武力。苏联向友好的外国共产党致信，提醒他们苏联将使用包括武力在内的必要手段来控制局势。据报道，波兰共产党高层称，苏联决定，如有必要将对捷克斯洛伐克动武。
- 7 月 23 日至 30 日，苏联宣布，将在整个苏联西部举行大规模后勤演习，演习时间将持续至 8 月 10 日。这期间，苏联将召回预备役军人，实行交通管制，停止武器装备封存。7 月 30 日，苏联宣布，此次军事演习还将扩展至东德和波兰，这些国家的军队也将参加军演。
- 7 月 24 日至 31 日，苏联主力部队抵达捷克斯洛伐克边境，总兵力估计有 15 至 19 个师，我们观察到其在东德和匈牙利边境的主要机动情况。随同陆军部署的还有战术飞行分队。征候表明，东德和波兰的一些部队也被部署到边境。
- 7 月 28 日至 30 日，西方游客看到，大量的苏联部队和武器弹药从多个过境点进入波兰，范围涵盖波兰南部至波罗的海海岸。 8 月初，西方国家武官发现苏联军队已进入波兰中部的大片地区。
- 7 月 15 日至 8 月 3 日，苏联军队从捷克斯洛伐克非常缓慢地撤军。7 月 29 日至 31 日，驻捷克斯洛伐克武官终于证实，在捷克斯洛伐克境内有苏联师级规模的部队。

- 7 月 29 日至 8 月 3 日，苏联领导人和捷克斯洛伐克领导人在切尔纳（Cierna）举行会谈，捷克斯洛伐克领导人还与华沙条约组织其他五国领导人在布拉迪斯拉发（Bratislava）举行会晤。捷克斯洛伐克同意采取措施加强管控，并与华沙条约组织保持密切关系。公开的争论得以停止。据称苏联在切尔纳会谈中要求苏联部队继续驻扎捷克斯洛伐克。
- 8 月 3 日至 16 日，危机局势似乎缓和，但是苏联和华沙条约组织的军队仍然驻扎在捷克斯洛伐克，军事准备工作还在继续。捷克斯洛伐克未能采取有效措施落实协议，苏联媒体再次警告其必须落实该协议。
- 8 月 11 日至 16 日，苏联宣布，在苏联、波兰和东德举行联合通信军事演习，最高军事指挥官在东德和波兰举行会晤。
- 8 月 16 日至 20 日，苏联媒体对捷克斯洛伐克的攻击力度加强，但是并没有警告称将立即采取军事行动。据媒体报道，苏联领导人于 8 月 20 日再次在莫斯科举行会晤。
- 8 月 20 日至 21 日，苏联和华沙条约组织的军队大规模进入捷克斯洛伐克。

为了简化下面的讨论，上面摘要简述了从 3 月份开始到苏联占领捷克斯洛伐克的主要大事。需要强调的是，这只代表最重要的部分细节，不能作为全面的征候来考虑。

从大事表的上述事实（已剔除只能在占领后才能获取的信息）中我们希望看出，苏联的主要决定是什么时候做出的，苏联什么时候“决定”占领捷克斯洛伐克。研究这个问题的人们应当注意，当时的分析人员未就此问题达成一致看法。事后回顾表明，大家当时观点各异，即使清楚了解事实且掌握许多细节的人们，也不清楚已经发生了什么，以及何时发生的——这并不奇怪。

关于苏联的决策时间，大部分观点集中在 7 月中旬和 8 月 16 日至 20 日之间，最实质的问题是：苏联等国在华沙举行会谈时“决定”出兵了吗？或者，当时只是启动了应急军事准备，以便日后万一决定采取行动时，保留军事手段作为“灵活的选择权”？当大规模的军事准备在 7 月最后一周变得显而易见时，仅仅是“以防万一”，还是或多或少仅限于军事行动，还是表明此前已做出必要时通过武力控制局势的政治决策？那些没有就此进行辩论的人员或许惊讶于该问题争论的深度与难度，不仅仅是在当时，在事件发生后相当长的时间里也是如此。持“苏联直至 8 月 17 日前后也没有做出出兵决定”观点的人们，认为所有那些部队出现在该区域并开展演习都是偶然的，领导层后来才意识到，格列奇科关于部队的部署多么具有先见之明，因而突然决定用其发动攻击。这意味着领导层当时正在制订出兵计划，或至少在事件发生的两三天前正研究出兵的细节问题。

相对不那么极端也更加盛行的观点认为，前一种观点是荒谬的，这种军事行动显然是提前经过认真计划的。但尽管如此，这些人认为，在出兵前根据手头的证据来判断苏联的出兵意图是“不可能的”。直到行动发起前的三四天，苏联自己也不知道下一步将要做什么。在出兵前的三周，这种观点在情报出版物中有所反映——苏联部队处于高度警戒状态，“一旦有必要”或者苏联“决定这样去做”，就会发起行动。因此，这让读者感到，不仅我们，就连苏联自己也不知道将会发生什么，最关键的决策还未做出。因此，情报判断已经尽其所能，而且即便苏联最终“决定”发起行动，这种判断也并无错误。

针对苏联决策的性质与时机的争论，很好地阐述了本章所要论述的许多观点。关于苏联出兵捷克斯洛伐克的决策过程，大多数的评论与思考都过分简化，有时甚至是极其天真的。绝大多数时候，分析人员没能依次审视已知的动向，没有试图理解在**事情发生前**苏联逻辑上应该已经做出什么样的决策，也没有问一下这一系列显而易见的行动是否相互关联，并由此追溯到之前一个共同的决定。分析人员过于关注发生了什么，而没有关注发生这些事件的原因。在分析过程中——这也是最为严重的错误——分析人员经常无法区分苏联的目标和为了达到目标所运用的手段，因此也就无法意识到，做出根本性或重要决策的时间，可能比我们通常想象的要早许多。

在这些讨论中，很少有人表示苏联的重大决策可能是在 7 月中旬前做出的，也很少有人认为应查明苏联在那之前到底试图要实现什么。许多观察人士仍然认为，苏联的决策优柔寡断，前后矛盾，直到政治局最终投票决定要出兵捷克斯洛伐克（具体时间不确定）为止，苏联领导人似乎都没有下定决心要对捷克斯洛伐克做些什么。大量的情报报告试图阐述政治局如何就出兵的决定进行投票，以及哪些政治局成员赞成或反对该决定，但这些报告的真实性未知，而且相互矛盾。

对于这些，试图理解决策过程的分析人员应当问一问：你所讨论的是什么样的投票？针对捷克斯洛伐克问题，政治局不会只投一次票，也不会只做一次决定。很明显，从按时间排序的上述事件来看，苏联曾经做出一系列的决定——这些决定之间不可能没有逻辑上的一致性，不可能没有反映出苏联领导人对此问题的摇摆。在此，我们并不是说不存在对苏联下一步行动的争论，也不是说最初的关键决策必然会导致最终的结果，但这场戏应该有一个合乎逻辑的剧情，决策的时间及性质则可根据后续发生的系列事件较准确地重建。

苏联的**目标**是重新恢复共产党保守派对捷克斯洛伐克的控制，以确保这个国家仍然是苏联的忠实政治盟友及华沙条约组织框架内完全的军事参与者。对于苏联而言，鉴于捷克斯洛伐克的地理位置和苏联在东欧的安全利益，对捷克斯洛伐克进行控制是必要的，捷克斯洛伐克的背叛将给邻国造成巨大影响。当“布拉格之春”自由化运动激起愈发自由的氛围时，苏联觉察到这是一种威胁，因而迫切寻找让共产党保守派重新掌权的**手段**。从政治层面讲，这可以通过以下两种方式来实现：劝说杜布切克政府或向其施加压力，使其看清形势，并采取必要的措施遏制自由化发展；或者，取代杜布切克，让一个保守的共产党领导人替代“自由主义者”上台。事实上，苏联尝试过这两种方案，“劝说”和施加压力一直持续到出兵之时。虽然我们并不知晓苏联是否试图通过党内政变让杜布切克下台，但可以相信的是，苏联希望杜布切克下台，至少当初是这样想的，或许苏联甚至为此努力过，只是由于保守派势力太弱，如果不能得到苏联更多的支持，他们就无法实现这一目标。

另一种能够确保达成政治目的的手段是军事力量。我们要知道，已有的或现成的军事实力，是专政的重要组成部分。东欧的共产党之所以仍然掌握政权，是因为东欧地处苏联军事实力的辐射范围内，这也是苏联驻军东欧的一个主要原因。通常情况下，苏联对严重政治威胁的反应是，向这个地区派驻更多的军队。因此，在莫斯科眼里，苏联军队再次进入捷克斯洛伐克只是一种手段，通过该手段可以进一步达成其政治目标。大规模出兵捷克斯洛伐克并不是目的——这只是在所有的措施都失效后才采取的手段——而是为了通过某种方式使苏联军队进入捷克斯洛伐克，这样一来，苏军的存在能够确保政治局势的平稳。事实表明，苏联从 4 月份就试图向捷克斯洛伐克派驻军队——不是因为这是一种“军事解决方案”，而是因为军队可以作为达成预期政治目的的手段。从这一角度看，苏联试图从 4 月份开始就入侵捷克斯洛伐克，实际上，其两次进入捷克斯洛伐克，而不是一次。

现在让我们再回过头来看看那个春季和夏季发生了什么，只有这样，我们才能勾画出先前的大事表轮廓，并力图重构苏联的决策过程。总的来说，我们几乎可以判断出五个不同事件发生的准确日期——苏联领导人在这些日期里要么独自、要么与其盟友一道，必须就捷克斯洛伐克问题做出某种行动决策。而且，我们可以从后续的事件中，针对其所做决策的实质得出符合逻辑并可能相当准确的判断。表 27.1 概要介绍了决策的相关信息，包括 8 月 16 日之后的一些相关信息，这些信息直到苏联出兵后才为人所知。

表 27.1 重构苏联的决策过程

日期	事件	可能做出的决策	导致的行动
4月9日至10日	苏共中央委员会全体会议	政治局决定必须控制捷克斯洛伐克的局势且应派驻苏军到该国。	通知其他国家共产党。派雅库鲍夫斯基前往询问情况，但失败。苏军进驻捷克斯洛伐克。
5月4日至8日	苏联与捷克斯洛伐克、苏联与其他四国在莫斯科举行领导人会晤	苏联和四个东欧国家一致同意采取进一步措施，包括苏军部署到捷克斯洛伐克边境以及可能通过党内政变让杜布切克下台。	苏军部署到捷克斯洛伐克边境，劝说捷克斯洛伐克领导人允许苏军入境参加华沙条约组织“演习”，苏军“悄悄进入”捷克斯洛伐克。
7月14日至15日	在捷克斯洛伐克拒绝与苏联会谈后，华沙条约组织五国举行会谈	五国一致认为，通过政治手段无法解决问题，需要采取大规模军事行动迫使捷克斯洛伐克屈服。应开展行动所需的所有军事准备，但同时继续努力通过政治手段来解决问题。	苏联和华沙条约组织军队开始调动与部署。通过会谈给捷克斯洛伐克施加重压。苏共中央委员会全体会议同意领导层在必要时可采取任何行动。通知友好政党，必要时将使用武力。
7月29日至8月3日	切尔纳会议和布拉迪斯拉发会议	苏联领导人可能决定与其盟友再给予捷克斯洛伐克一次商谈的机会。关于发起军事行动的最终决定被推迟。	苏联与捷克斯洛伐克进行协商，但继续进行出兵的军事准备工作，谎称是在进行一系列“演习”。捷克斯洛伐克未能如其所承诺的那样控制局势。
8月16日至17日	苏联领导人（不是中央委员会）在莫斯科举行会谈	最终于8月20日至21日晚决定出兵，采取最后的措施——包括知会美国同意开始限制战略武器会谈，并邀请美国总统约翰逊（Johnson）访问苏联。	完成最后的军事准备工作。针对杜布切克的宣传力度加强，但没有立即发出警告。知会美国苏联同意开始限制战略武器会谈。

我认为对此事件进行的重构是准确的，如果确实如此，就可判明基本的政治决策——恢复对捷克斯洛伐克的控制，并将其纳入华沙条约组织框架内——也许早在 4 月初就被确立为行动准则了。当然，这不是说当时就讨论过所有后续行动，也不意味着已经预见到最终必然导致全面出兵——不过一旦做出政治决策，几乎所有军队都会被要求针对这种可能性制订应急计划。一个月之内，军队将在华沙条约组织军事演习的掩盖下做好入侵的部署，这种军事演习的目的与规模让捷克斯洛伐克领导人产生了错觉。无论我们对所有这一切行动的目的是否存在怀疑，当演习结束后，在捷克斯洛伐克的不断关切和要求下，苏联军队拒绝撤出，此时真相终于大白。最后，争论结束，7 月底驻捷克斯洛伐克武官见证了苏联“演习”部队的规模与类型，证实至少有一个蓄势待发的师（而不是普通军队），参加华沙条约组织的演习。

那么，7 月中旬完成军队动员与调动之后，华约缔约国在华沙到底讨论些什么？有些人仍然认为，苏联及华沙条约组织当时并没有就未来的行动做出决定，而只是为日后可能决定使用武力做些“应急”准备。他们认为，直到出兵前的三四天，苏联才下定决心。他们这样说到底是什么意思？我个人发现这种推测极其浅薄，无法理解。他们在预警流程中犯了一个基本错误——不愿做出判断，认为敌方既然未做出决策，我们又如何判断呢？我会尽量解释，为什么这种类型的推理没有抓住核心，至少在这个例子中没有抓住要害。然而，不得不承认的是，这不能让所有读者信服，甚至不能让大多数读者信服。但这是预警问题的核心，也是那些认为出兵“得到预警”和“未得到预警”的分析人员的区别所在。

首先，7 月中旬以前的事件，以及在接下来的两三周内接收到的大量信息，提供了大量的证据，证实苏联领导人正千方百计寻求控制捷克斯洛伐克的局势，对于他们来说，没有其他事情比这更重要的了。这是一个实实在在的危机氛围，而不像其他人判断得出的苏联在夸大其词或虚张声势。此外，我们于 7 月底收到相当明确的警告，称外国的在野共产党已经得到苏联通知，表明其将在必要的情况下采取任何行动，包括使用武力在内，目的是为了控制局势。甚至有可靠消息来源称，苏联已经做出决定，如有必要，将使用武力逼迫捷克斯洛伐克就范。

苏联军队集结的规模只符合全面出兵的决定，不应被误解为“演习”，或试图施加“更多的压力”，或初步的应急措施。情报机构察觉并上报了这样一个事实：至少从某种程度上，苏联军队为了出兵已进入“高度战备状态”。此外，沿捷克斯洛伐克边境的军队部署力量有所加强，苏联向波兰北部不断大量增兵（作为后援或预备力量）。这些证据更能证实，这是在捷克斯洛伐克边境进行的一次战斗部队集结，而非“施压”行动。

7月中旬决策的性质是什么，发起最终行动前几天再次决策的性质又是什么，哪一个更重要呢？哪一个是入侵决策或者是人们偶尔提及的似乎唯一的“政治局的投票决定”？在我看来，关于出兵行动的最关键决策是在7月中旬做出的，之后开始进行大规模军事集结，因为苏联及其盟友确信政治手段解决不了问题，需要通过军事行动来控制局势；换言之，苏联领导人在7月中旬做出决定，除非通过政治手段解决问题，否则将组织军事行动。同时，在开展军事行动前，显然还要就政治解决方式再努力一下。因此，是否采取军事行动不可避免地要进行最终决定——所以，这个决定也是适时的。

8月16日至17日领导人会谈又“决定”了什么呢？（我们不知道苏联重新召开中央委员会全会是否批准了7月中旬的决定。）就我们所能掌握的情况来看，这些会谈主要涉及两件事：最终决定在8月20日至21日晚发起行动；该计划的最终细节措施——包括向约翰逊总统通报同意与美国进行限制战略武器会谈（SALT talks）。虽然政治考虑（杜布切克最终不愿意或无法接受，抑或两种情况皆有，根据苏联意图去执行切尔纳和布拉迪斯拉发的决议）和军事考虑（军队已进入全面战备，全面战备时间可能已持续数天）均促成这一最后决定，但我们仍然不确定为什么会选择这一天。当然，这种决定不是“不可避免”的——7月中旬的基本决定可以有所改变，出兵前也可以取消——那些最关键的决定和投票是在7月进行的。从那时起，除非政治交涉出现奇迹，否则军事行动就有可能发生，当然，苏联领导人其实并不希望这样。此外，所有行动几乎可以合理追溯至 4 月份的决定，即捷克斯洛伐克必须以某种方式与华沙条约组织保持一致。

上述分析让我信服，但对别人不一定管用，尤其是那些长期坚持认为在 8 月 16 日至 17 日之前苏联不会“决定”出兵的人。我们无法明确回答这个问题，证据不足以得出一个完全肯定的结论，而不同的人也会有不同的解释。然而，这个案例可以说明，那些认为苏联“只是保持灵活的选择权”并因此停止分析的人，以及那些询问“他们还剩什么选择”的人，在推理过程上是有区别的。理解这种区别是真正洞察捷克斯洛伐克预警问题的所在。

第 28 章
估测进攻时间

关于预警，最普遍的误解就是认为，当敌人发起进攻的时间日益临近时，将会有更多、更有力度的证据显示敌方可能立即采取行动。于此，自然有这样的观点，认为情报能够更好地提供短期预警，并可在敌方发起进攻的几小时或几天前做出明确、肯定的预警判断。此外——假定有越来越多的证据表明，敌方在为进攻做最后的准备——这种观念认为，情报极有可能估测出进攻发起的大致时间，即使不是十分准确。因此，如果我们能够判断敌方很可能发起攻击，也就能够判断什么时候攻击会发生。

多年来，这种预警概念——认为预警是对攻击将至的一种判断——对美国贻害至深。本书采用参谋长联席会议《美军军语联合用法词典》对战略预警的定义——“对敌方可能即刻发起敌对行动的告知”（参见第 2 章关于该问题的探讨）。更加明确的例子是，1966 年美国国家预警评估的结论为：“情报部门不大可能就苏联**很可能的**（probable）进攻意图发出预警，除非直到苏联发起进攻前数小时。对于暗示苏联**可能的**（possible）进攻意图的军事集结，情报部门可能会早些发布预警。”

然而，无论理论上这些假想多么具有逻辑性，它们都没有得到战争史和预警分析人员实际经验的印证。近年来，关于这个问题更符合实际的评判，开始在预警论文和评估报告中出现。

事实上，短期的预警判断不一定更加准确和肯定，评估敌方进攻时间，通常情况下是我们所面临的最难以捉摸、困难和不确定的问题。事实上，在敌方发起进攻的几天或几个小时前，并非会出现越来越多的特殊征候，可以使我们更好更自信地做出敌方可能发起或即将发起进攻的判断。对许多案例进行分析的经验表明，事实恰恰相反，越是在进攻前，有关即将进攻的征候就越少，甚至敌人军事准备活动都会趋于平静。这相当具有欺骗性，甚至对那些从经验中得知在这种环境下不该放松警惕的人而言，也具有欺骗性。不理解这种原则的人，可能会在敌方发动进攻时感到完全震惊。当他们所搜集的信息达不到既定期望时，他们就会感到苦恼，就会认为改善情报“失误”的方法就是加快信息搜集和传递，却没有意识到早期的信息搜集与分析更加重要。否则，他们早就能对敌方发起进攻的概率做出判断，也不会指望从极不确定和最后时刻的情报搜集取得突破。

进攻时间和实现突袭的主要因素

除了条件不宜或非正常情况下，几乎所有国家都能够在战争中实施战术突袭。历史总是充满了这样的案例，敌方发起进攻的时间、强度和地点总是不经意间被获取——甚至是进攻本身也能够被预期，或作为一种可能性被预测到。即使那些与封闭社会相比在保密方面逊色很多的民主国家，也能够通过隐藏行动细节（包括行动时间）成功实现突袭。举一个最典型的例子，历史上最终达成战术突袭的最伟大的军事行动就是诺曼底登陆，但它被敌方某部完全预测到，而且敌方可能有数小时关于大规模部队入侵的战术预警时间。我们将在第 29 章里讨论欺骗在作战行动中的作用。

然而，就算不通过欺骗，战术突袭常常也能够达成目的，为进攻所进行的最后准备也能被隐藏起来。一个更重要、更普遍的原因是，对于我们来说，最明显和最能识别的进攻征候，往往是主力军队的部署，以及大规模的后勤准备工作，这些准备工作往往在进攻发起前数周或数月就展开了。一旦这些准备工作完成或接近完成，敌方就能在其所能选择的时间点前后发起进攻。而那些需要在临近进攻前完成的额外准备活动，就不那么好辨别了，抑或有些不明确。参谋会议、武器核查、发放基本弹药和其他供应物资，以及所下达的最后进攻命令，所有这些都不需要太多公开活动，也不可能被及时察觉到，除非具有非比寻常的信息搜集能力和快速报告能力，比如，安插在敌方司令部里拥有快速通信方式的间谍，或有幸跑来一名消息灵通的叛逃者。即使是主力地面部队为发动进攻进行的最终部署，也有可能通过相应的措施成功隐藏起来。例如，大多数国家为了确保战术突袭的成功，会实施一系列做法，如采取严厉的通信保密措施、实施宵禁。因此，虽然主力部队的部署和装备几乎不可能做到完全隐蔽，短期的准备活动往往容易被藏起来，事实也常常如此。另外，即使侦察到敌人的短期准备活动，也只有极少的时间来向部队发出警戒，或为即将来临的进攻重新部署部队，更无法在国家层面做出预警判断了。对于指挥官而言，类似这样的战术预警常常是一个作战问题。10 分钟甚至是 3 个小时的预警时间，也不够政治领导人做出新决定并加以实施。

另一个评估进攻时间的难题是，如何判断何时是敌方真的准备好了，而何时是敌方自认为准备好了。我们在其他地方已经注意到，对后勤准备而言，做出这样的判断是极其困难的。事实上，以我的经验来讲，我从未见过明确说明为进攻所做的后勤准备已完成的例子。即使是在发起进攻之后，大量的后勤支援通常还要持续下去。情报部门通常会认为，所有的军事准备都比实际上要完成得早些——这一时间差通常由于主力部队和最明显的部队已经完成了部署。因此，即使是情报部门对敌方的意图做出准确判断，对进攻时间的评估有时也会偏早。

此外，在部队做好全面准备后，由于各种原因，敌方指挥官可能不会立即发起进攻，即使发起进攻的日期已经确定，敌方指挥官还有可能改变这一日期。最近一项研究搜集了一些数据，这些数据是有关实际进攻时间与既定行动日（D-Days）出现不相符情况的频率及其对对方判断的影响。通过对 162 个案例进行分析，该研究发现，将近一半（44%）的进攻推迟开展，大约 5% 提前进行，只有一半（约 51%）是按计划进行的。推迟大多是由于天气或管理方面的原因，可能是还未完成所有准备工作。一些进攻被反复延期，比如德国原计划于 1916 年 2 月 21 日入侵凡尔登，由于天气不佳，攻击时间至少被推迟了 9 次。[1]

类似这样的计划改变有时也会影响到对方的评估，尤其是当其经历了一次又一次有关进攻迫在眉睫的预警都未应验的情况时。巴顿·惠利（Barton Whaley）发现，计划延迟有利于实现突袭，这一点可以通过“狼来了”综合征（cry-wolf syndrome）来解释——假警报（false alert），尤其是一系列假警报，会引起决策者对情报机构的怀疑，并在真的警报来临时，降低当局对预警人员的信任。“而且存在一种趋势，假警报的次数越多，达成突袭的机会也就越多。伊索寓言似乎有道理……假警报破坏了情报来源的可靠性，削弱了后续预警的效能。具有讽刺意义的是，一些关于既定行动日的预警是相当可信的，只不过敌方突然推迟了行动。当然，结果是，包括上校奥斯特（Oster）、佐尔格（Sorge）和罗斯勒（Rossler）在内的数个高级情报来源，在后来发出明确的警报前，已被不恰当地列入了黑名单。”[2]

在作战计划的所有方面中，最容易改变和最灵活的可能是进攻时间。当部队各就各位，从发起命令到进攻通常只需几个小时。对于指挥官而言，即使是主要作战行动的延期也不是大难题。进攻被延期——或提前——可能只是怕敌方已经获知行动的具体日期。显然，在所有的欺骗方法中，最简单的是向敌方情报部门散布关于己方作战行动时间的虚假信息。

除了常规战备、战术因素和突袭以外，作战行动的延期也可能是因为

---

[1] 原注：Barton Whaley, *Stratagem Deception and Surprise in War* (Cambridge, Mass., MIT Center for International Studies, April 1969), pp. 177–178, and A-69. 第 29 章还将详细探讨该著作。

[2] 原注：Barton Whaley, *Stratagem Deception and Surprise in War* (Cambridge, Mass., MIT Center for International Studies, April 1969), pp. 187–188.

军事学说上的原因，或为了促使敌方拓展其通信线路，或为了让其进入包围圈与埋伏圈。共产党就曾采用延期反攻这种战术，将敌方部队引入其无法防守的位置，达到极大的破坏作用。显然，在这样的案例中，判断敌方意图时，我们会极大地被敌人看似延迟的反应所影响，进而出现虚假的安全感，认为敌人不会做出任何反应。

政治因素分量也很重，甚至在行动时间上起到决定作用。当然，当一国有意将军事行动视作最后的解决途径，并希望通过威胁采用军事行动迫使敌方投降时，政治因素的作用尤其明显。显然，在这样的案例中，当国家领导层表明政治选项已经用尽、只有诉诸武力才会成功时，领导层的决定就是何时发起军事行动的决定性因素（参见第 27 章）。在这种情况下，完成军事准备后，该国可能会延迟数周再发起军事行动。评估其发起进攻的时间，主要依靠对政治形势的把握和对敌方决策过程的洞察。

还有一个可能影响进攻时间的政治变量，是一国试图让他国首先发起重大打击，从而把他国变成侵略者。在这种情况下，随着冲突不断升级，将会出现一系列的骚扰、边界冲突和各种秘密战术部署，直到一方或另一方决定发起公开进攻。显然，很难预测什么时候会发生攻击。

抛开上述各种原因，其他方面（主要是战术方面）的考虑也会影响到进攻时间的确定。我们已经提到，天气是其中的一个因素——不仅仅是能见度，在有些情况下，还涉及风向、潮汐和月光的可见度等。当然，在决定是否发起某些作战行动时，道路状况和地形条件也是决定性因素。在雨季高峰期，传统上东南亚国家的军事行动和后勤保障活动会有所减缓，甚至完全停止，而春季解冻期间中欧平原的诸多军事行动也被迫延缓。当天气在很大程度上妨碍陆上机动时，进攻显然也不太会发生。然而，即使是在极其恶劣的条件下，为了达到突袭目的，敌方也有可能会选择发起进攻。

众所周知，许多进攻都发生在拂晓时分，这有两个原因：深夜可以掩护进攻部队的最后部署行动，而拂晓则适合进攻。然而，几个共产党国家却明显喜欢在深夜发起进攻，北越与越共军队尤其如此，这表明他们擅长夜间渗透和夜战。苏联也常常在黎明前的几个小时发起进攻或开展其他行动，例如，在午夜至凌晨 3 点半之间对匈牙利发起进攻；在凌晨约 3 点封锁柏林边境；在午夜前出兵捷克斯洛伐克。

苏联有时还喜欢在星期天发起行动，进攻匈牙利和封锁柏林边境都是在星期天早晨的几个小时实施的。然而，如果认为这已成了惯例，这种想法显然是危险的。举例来说，出兵捷克斯洛伐克发生在星期二的晚上，这让那些预计苏联会在星期天发起行动的人多少感到惊奇。惠利发现，共产党国家倾向于星期天发起行动，但不是绝大多数时候都这样做。他所研究过的战例当中，只有四分之一的军事行动发生在星期天，这是真实的情况。[1] 在其他国家当中，没有证据表明他们对一个星期当中的某一天情有独钟。在这些案例中，之所以选择星期天，并不是出于反宗教的原因，而是因为在这一天，大多数西方国家通常警惕性最低。日本之所以选择星期天偷袭珍珠港，是因为他们发现，大多数美国军舰通常会在星期天停泊在港口。

估测进攻时间的一些例子

因为篇幅有限，我们只能列举以下例子进行讨论，而且必须简洁明了。那些希望在估测进攻时间方面开展更细致研究的学者，可以参考已经出版的大量军事历史著作（尤其是关于二战的）以及前述惠利著作中引用过的例子。由于相关案例非常充分，而且本书第 29 章将讨论诺曼底登陆的时间问题，因此下面的例子中只有两个发生在二战期间，其他例子则源于二战之后的情报经验。

（一）1940 年 5 月，德国进攻荷兰、比利时和法国

在希特勒最终于 1940 年 5 月对西欧发起入侵之前，二战已经持续了 8 个月。德国长时间推迟开辟西线，从而产生了一个新的词汇“假战争”

[1] 原注：Barton Whaley, *Stratagem Deception and Surprise in War* (Cambridge, Mass., MIT Center for International Studies, April 1969), pp. 180–181.

（phony war）。此次最终遭到德国入侵的三国均获得足够、反复的预警，实际情况是，大量冗余的预警使得他们在收到最终预警时不愿接受它们。在这一案例中，“狼来了”现象格外明显——据说希特勒将入侵西欧的时间推迟了 29 次，而且常常是最后 1 分钟才做出推迟进攻的决定。

荷兰拥有现代史上最好的情报来源之一，因而几乎得以准确地知晓德国每一个进攻计划，从希特勒最初选择的 1939 年 11 月 12 日，到最终选择的 1940 年 5 月 10 日。他们的情报来源是德国反情报局（German Counterintelligence）副局长汉斯·奥斯特（Hans Oster）上校，他向荷兰驻柏林武官通报了希特勒的计划——以及计划的延期。虽然奥斯特最后提早一周发出希特勒将于 5 月 10 日发起进攻的预警，而且有足够多的证据表明德国将很快发起进攻，但荷兰却忽视了该预警，甚至在德国进攻前都没有向其部队发布警戒。而比利时比较重视其获得的各种预警，并将部队置于警戒状态。法国在经历了几次有关德国进攻的“假预警”后，似乎忽视了本国情报部门于 5 月初发出的反复预警，其中包括情报部门 5 月 9 日发出敌方将于第二天发起进攻的预警。这些例子还清晰地表明第 3 章里所探讨的关于预警的两个基本规则：“更多事实”和第一手信息不一定会产生“更多预警”；除非据此采取某些行动，否则情报预警毫无用处。

（二）1945 年 8 月，苏联进攻日本关东军

这是一个鲜有研究的二战例子，但它明显表现出战略预警与战术预警的区别。日本追踪了苏联从 1944 年 12 月至 1945 年 7 月在远东军事集结的情况，并正确判断出苏联将进攻在满洲里的日本关东军。此前讨论过（参阅第 16 章），日本于 7 月得出判断，苏联军队和后勤保障已经足以使苏联在 8 月 1 日之后的任何时间发起进攻。虽然这一预判几乎必然会导致日本军队在满洲里保持高度警戒，但当苏军于 8 月 8 日至 9 日午夜发起进攻时，关东军却没有就进攻的时间立即获得预警。

（三）1950 年 6 月，朝鲜攻打韩国

这既是一个战略突袭的例子，也是一个战术突袭的例子，可称为 20 世纪为数不多的突然袭击。无论是美国情报部门（至少在其公开出版物中），还是美国的决策层和指挥层，都没有预计到此次攻击的发生，因而对此毫无军事准备。尽管韩国此前多次表示担心发生攻击，但却没有做好准备，也没有让军队保持警戒。因为缺少战略预警，朝鲜军队短期的最终军事准备被误解为“演习”，而不是真实的战斗部署。在很大程度上，预警失误是由于缺少足够的情报搜集，而之所以如此，是因为不相信自己会受到攻击。此外，“狼来了”现象也使情报界对预警见怪不怪——在至少一年时间里，平均每个月都有一份报告称朝鲜将于某天发起进攻。当 6 月再次出现一份类似的报告时，和之前一样，它也没有得到重视——鉴于我们无法确定这些报告的来源及可靠性，没有理由表明要对 6 月收到的报告给予更多的重视。虽然我们永远不会知道，大多数甚至所有的情报报告可能都是朝鲜情报部门或苏联情报部门事先释放的诱饵。此次进攻是一个典型的例子，说明要想正确解读短期战术情报，事先正确评估进攻的可能性十分重要。

（四）1950 年 10 月至 11 月间，中国出兵朝鲜

在判断中国于 1950 年夏末秋初出兵朝鲜的几个问题中，有一个是中国出兵时间的问题。在寸土必争的前提下，没有一方会让步，可以说中国出兵时机“太晚”了。关于中国最佳出兵时间的预测严重影响到美国对其意图的判断。从 10 月 3 日（根据印度驻北京大使提供的消息）第一次发布关于中国出兵朝鲜的直接政治预警，至 10 月 26 日美军第一次在朝鲜与中国军队遭遇，这期间随着“联合国军”逼近鸭绿江，朝鲜共产党抵抗力量土崩瓦解。由于中国没有做出反应，而且共产党国家期望挽回损失的前景似乎更加不利，美国情报界（可能也包括远东司令部）开始逐渐相信共产党有效参与战争的时机已经过去。在与中国军队首次遭遇的前一周，美国国家预警委员会（US National Warning Committee）——当时为联合情

报征候委员会，是监视委员会的前身——实际上表示，中国**拒绝**公开介入战争的概率不断增加。

从中国军队真正出兵，到他们做好军事准备并于11月底进行大规模进攻，还有一个月的间隙。在此期间，情报部门还面临着对将来中国军队行动时间及范围的评估。四个星期产生了许多确凿的征候，既有政治方面的，也有军事方面的，这些征候都表明中国正准备发起重大军事行动。但是，没有证据表明中国何时会采取这样的行动，即使那些认为迫近的攻击行动是高概率事件的人，也对这一行动的延迟感到困惑，从而无法列举出任何确凿的征候表明攻击何时会发生。众所周知，后来战术突袭实际上成功了。

即使现在回顾，我们也不能确定，中国之所以推迟出兵及随后的进攻，是因为政治上的摇摆不定，还是因为需要更多的时间来完成军事准备，还是只是作为一次战术诱骗，企图在鸭绿江附近把更多的“联合国军”引入陷阱。我认为，军事因素而非政治考虑使中国人延迟出兵，而军队的准备程度和战术考虑延缓了进攻行动，但是我不能证实这一推论。其他人可能认为，中国也许迟至10月3日都没有决定出兵朝鲜，而且，中国与苏联、朝鲜的磋商和军事因素一道，延迟了其进攻行动。同样，我们也不能证明这种观点是错误的。

（五）1967年6月，阿拉伯和以色列爆发“六日战争”

有许多征候表明该冲突即将到来。从5月22日开始，当纳赛尔（Nasser）对以色列舰船关闭了亚喀巴湾时，形势变得紧张起来，战争可能爆发。双方都对军队进行了调动，并采取了其他军事准备措施。6月1日之前，美国情报部门表示：以色列具备先发制人的能力，可能在没有或几乎没有预警的情况下发起突袭，没有征候表明阿拉伯计划主动采取军事行动。

以色列在6月5日早上发起进攻，空中打击发挥了决定性作用，因此这常被看作是20世纪最成功的战术突袭之一。人们有理由追问：谁遭受了突袭？为什么？以何种方式？对于谁遭受了突袭，答案不是我们，而是阿拉伯人。美国情报部门预计到突袭的可能性以及以色列的成功，但无法得知以军行动的具体时间和战术。

通过采取全面严格的保密措施（其决策和最终的军事准备活动并未泄漏），制订完善的计划及实施高效的欺骗，以色列对阿拉伯人隐瞒了其作战计划。欺骗计划中有几个方面，其中之一便是使埃及相信，即使发生进攻，也会是在西奈（Sinai）南部，而不是北部。此外，以色列在发起进攻前采取了大量措施，造成不会立即发起进攻的假象。这些措施包括国防部长摩西·达扬公开声称以色列目前将通过外交途径来解决问题，声称数千以色列士兵将于 6 月 3 日至 4 日的周末放假，公开宣称当前以色列内阁会议只关注日常事务，如此等等。另外，攻击被安排在早晨时分发起，此时大多数埃及军官正在上班路上，而埃及空军司令通常会进行例行晨间空中视察。[1]

在以色列行动中，最令人惊讶的并不是事件本身，也不是他们发起行动的时间，而是他们迅雷不及掩耳般地将埃及空军有效摧毁在地面上。取得这样的成功，一方面得益于周密的行动计划及以色列飞行员出色的执行能力，另一方面是由于埃及军方领导人没有就可能受到此类攻击做好充分准备，没有分散机群或者保护部分空军力量。（很有趣的是，向纳赛尔至少提供了一些情报援助的苏联，似乎也和埃及一样对此感到震惊。这导致的一个结果是，苏联很快开始采取措施，如为了保护空军飞机而扩建私人停机场，以减少自身空军遭受突袭的脆弱性。）

（六）1968 年 8 月 20 日至 21 日，苏联出兵捷克斯洛伐克

在前面的章节里，我们对一系列导致苏联决定出兵捷克斯洛伐克的问题进行了研究，也对决策内容及时间等问题进行了探讨。显然，我们对苏联决策过程的感知，主要基于我们对为什么在那时（而不是更早或更晚）

[1] 原注：以色列计划的大量资料已经公布于世，许多不再保密。纽约锡拉库兹大学研究所（Syracuse University Research Corporation）就战术突袭与欺骗技巧整理了一本极好的公开资料集。

发起攻击的理解。虽然我们考虑了多方面的因素，但我们对苏联决策的理解仍然不尽周全。我们还不确定为什么军事行动发生在 8 月 20 日，而不是在这个月之前的其他时间，或者为什么苏联不像大多数人所认为的那样，等到 9 月初捷克斯洛伐克党代会结果出来再行动。

然而，不管我们对此论点如何，苏联出兵捷克斯洛伐克事件表明，我们对军事行动时间的评估存在某些不足。首先，美国情报机构判定，8 月 1 日前后，苏联已完成大部分军事部署，苏联部队进入高度战备状态，可以发动军事行动。对此，即便是事后回顾，我们也不能确定。我们知道，后勤保障工作持续高强度进行（参阅第 16 章），直到 8 月 10 日才宣布结束所谓的后勤“演习”。此后，其他军事准备也不断进行，其中包括高级军官对前沿部队的视察活动，心思缜密的苏联计划制订者希望在军事占领行动前完成这些活动。事实上，单就军事方面而言（政治因素说服力稍逊），占领计划很有可能被安排在 8 月 20 日。是我们错误地评估，8 月 1 日，其军事力量已进入高度战备状态并可以发起军事行动。

还有人认为，由于军事因素，军事行动实际上比其政治领导人所选择的时间更早些发起；也是由于军事因素，苏联政治领导人召开系列会议，并在 8 月 16 日至 17 日做出最后的决定。如果是这样，秋天的临近以及驻捷克斯洛伐克苏联军队冬天的住宿问题，就应该是影响军事行动时间的一个主要因素。

然而，更重要的是，我们应从中得出未来判断作战行动时间时的有用经验。捷克斯洛伐克的例子很好地表明，当一项军事行动不像我们所预想的那样迅速发生，而整个情报界却已为此做好充分准备时，心理因素就会对情报评估造成影响。当苏联没有在 8 月初出兵，而是与捷克斯洛伐克达成一项微妙的政治协议时，失望情绪出现了，而情报评估则几乎立即开始不再强调苏联会发起军事行动。当然，实际上苏联仍然保持出兵的可能，而且这种趋势还在加强。只要事态如此，苏联迟早都会展示其军事实力，这一概率就不会降低。

综上所述，捷克斯洛伐克这一案例很好地说明，判断进攻可能性对预警工作至关重要，但情报不太可能评估出进攻的时间以及紧迫性。在这个案例中，美国情报界与其他情报机构一样，过分重视短期预警或战术预警，却几乎不重视已拥有的优质战略情报。而且，许多人（包括决策层中因没有得到更多特别预警情报而感到懊恼的一些人）倾向于指责情报搜集系统，但实际上他们表现突出，报告了大量有关苏联意图的军事和政治方面的证据，其中有些质量高且有效。情报界非常清晰地报告苏联要出兵，且没有妄下这样的结论：无论苏联是否会按预期发起军事行动，行动发生前，都会收到更具体或明确的证据。历史上的先例和大量预警问题的经验表明，进攻是难以预测的；只要敌方维持军事部署而其进攻时间又几乎无法预测，那么即使入侵看起来不太可能，也仍然存在严重风险。战争史和预警情报工作史表明，有关进攻即将来临的战术迹象大多是不确定的，我们没有完全的信心认为我们会获得这样的证据，而在获得此类证据前，我们须对敌方可能采取的行动做出判断，否则恐怕会因为时间太晚而无法判断。

（七）1969 年至 1970 年、1971 年至 1972 年，北越进攻老挝和南越

这是涉及进攻时间的最后一个例子，从北越针对老挝和南越的三次进攻中，我们可以看出在战备措施十分明显的情况下，如何评估进攻时间。

传统上，回顾老挝北部的战争，老挝王国军队在雨季赢得了查尔平原（Plaine des Jarres）的主动权，而为了夺回失地甚至占领更多的领土，北越军队在旱季（11 月至次年 5 月）发起反攻。1969 年秋天，早期不寻常的相关证据表明，北越部队朝查尔平原机动，其中包括原先并没有部署到该地区的某师主力。10 月第 1 周进行的情报评估明确地预测，北越部队将发起反攻。在连续 8 周坚持这一判断之后（也包括之后几周的研究主题“北越军队何时能解决后勤问题”），美国情报机构决定放弃 —— 不是因为这一判断被认为是错误的，而是因为用户开始对情报机构反复预测却从未应验的敌方进攻行动感到怀疑，预警的影响力开始减弱。1 月中旬，有证据表明进攻前准备工作正在加强，情报部门再次预测进攻即将展开。在北

越部队完成集结的 4 个月后，也是最初我们预期其发动进攻的 4 个月后，预期已久的进攻在 2 月中旬终于发起。对于富有经验的地区研究人员而言，此次延期并不令人惊讶，因为他们知道，北越在每一次进攻行动中都是周密计划，且都要对每个进攻行动进行细致预演，其发起的进攻总是姗姗来迟。

2 年后的 1971 年秋天，历史出现了惊人的相似，北越军队开始在老挝北部进行集结，时间也是在 10 月份，也涉及相同的师，但这次有征候（比如调入重型炮兵部队）表明将实施一个更大的军事行动。情报评估再次预测北越将主要对查尔平原发起进攻，但没有很坚定地判断进攻必将到来。在几乎没有战术预警的情况下，这次进攻以空前的军事实力和强度在 12 月中旬发起。几天内，所有的老挝军队被赶出平原。3 周后，北越再次对该平原西南的政府军据点发起进攻。

与此同时，北越还准备对南越发起一场大规模进攻，而在其部队完成集结和情报显示进攻即将到来的数月后，北越终于在 1972 年 3 月 30 日展开进攻。然而，最初的预测是，进攻很可能在 2 月中旬的某个时候发起，也有可能是在尼克松总统访华之后的那个月。当然，最不确定的因素还是进攻时间的问题，我们仍然不能确定，河内最初是打算提前发起进攻但是无法按计划行事，还是直到 3 月底才决心采取此行动。现在回顾，2 月中旬可能发起进攻的预测多少有点不靠谱，因为整个 3 月北越都在进行主力部队的部署和其他准备工作。尽管如此，情报部门的预测基本上是正确的，如果在 2 月份就认为在后续 6 周里不会发起进攻，那是相当危险的。

逐渐认清预警不是预测紧迫性

这些案例是真正具有代表性的普遍例子，从中得出的经验是，老练的预警分析人员对进攻时间的估测极为谨慎。他们从不断重复的案例中获知，有些行动的发起时间看起来是一个极为简单或者极为明显的问题，其实不然。在许多案例中，进攻来得很迟，有时甚至比我们所预期的都要迟，但这也不是绝对的，有时一方很快就发起进攻。除极少数情况外，任何有关进攻准确时间的估测都极有可能是错误的。有太多不可预知的因素——军事方面和政治方面的——影响到敌方对进攻时间的决策，当其做出决定后，又有许多欺骗手段可以实施。

这种经验最终使国家评估水平成熟起来。有关苏联可能进攻欧洲的最终预警评估，推翻了之前认为不太可能进攻的评估（详见本章开头），但直到进攻发起数小时前，这种预警才得以发出。但我们可以得出结论，一旦军队进行了部署，其他军事准备工作基本到位，获知其进一步军事准备情报的机会将大大减少，而有关进攻即将到来的最终预警将大大取决于运气或其他不可预知的因素。

这种教训是明显的。分析人员及其主管人员应当将关注的重点放在关键问题上，即敌方是否真正在进行进攻准备——我们极有可能做出这样一个准确的判断。在多数情况下，我们可以判断出敌方是否已经完成所有必要的准备，但绝大多数时候都缺乏信心。对将来何时可能完成所有的必要准备，我们在估测时的信心就更少了。总之，估测敌方何时计划发起攻击是最不可靠的。作为一项基本原则，分析人员会避免估测准确进攻时间，尤其是一些进攻准备措施尚未完成时。当必须做出估测时，通常情况下，最好提供一个敌方最可能发起进攻的时间段，而不要试图太过具体去猜。历史案例表明，明确阐明一些不确定因素及估测进攻日期上的风险，或许对决策者有利。

有些官方文件认为，战略预警不是对即将发生进攻的预测。实际上，**战略预警是对可能发生的攻击的预测**，决策者和指挥官最需要了解的就是这一点。如果认识到进攻时间的不确定性，那么当敌人似乎做好了准备却尚未发起攻击时，我们就不太可能会放松警惕。

第 29 章
欺骗：我们能否应对

如果事先预料到受骗方先入为主的想法（preconception），并按照该想法对其实施欺骗，那么欺骗行动是成功的，战略安全是绝对的。在这种情况下，受骗方受自身成见蒙蔽，再多预警（如泄密）都无法改变其致命的错误预期。[1]

研究征候分析的历史、方法及原则，能够使我们正确判断敌方的意图。但是，仔细审视欺骗令人恐怖的影响后，我们的信心逐渐褪去。没有哪个预警问题的影响会像欺骗那样不可预知，那样具有潜在危害。通过细致研究战例，我们也无法对洞悉复杂欺骗问题的能力充满信心。相反，这样的研究只会得出如下结论：最聪明的分析人员也要面对欺骗，我们当中最厉害的专家和经验丰富的人员有时也容易像新手一样受到迷惑。

[1] 原注：Barton Whaley, *Stratagem Deception and Surprise in War* (MIT Center for International Studies, April 1969), p. 225. 本章引用了其著作中的许多内容和案例，在此，我希望向惠利先生表达谢意。该书是少数现存的对欺骗本质进行分析性研究的著作，包含的大量案例可供战争预警学习者开阔眼界，是预警分析人员的重要读物。

欺骗的罕见及对欺骗的忽视

毫无疑问，欺骗是预警问题中一个最不被理解、最少被人们学习研究的领域。实际上，美国情报分析人员的训练几乎忽视了此方面，那些参加培训的人告诉我，即使在欺骗的战术应用层面，也只有美国的军校还保持些许的关注。惠利对该问题的研究确实打开了新局面，这是对忽视该问题的一种反思。军事历史学者从未察觉欺骗对重大军事行动的结果所产生的影响。[1] 如果考虑到欺骗在战争、情报分析和国家决策过程中所起到的潜在作用，那么忽略如此重要的问题就几乎难以置信了。

几乎可以肯定的是，对欺骗缺乏关注的第一个原因，是欺骗的案例很少。如果真正的预警问题都很少遇到，关于欺骗的实用例子则更少。实际上，近年来一些重要的危机相对很少涉及欺骗。第二，欺骗活动在所有行动中最为隐蔽，即使在事后，许多国家也不愿意放松对有关欺骗计划的保密，即使该行动的其他因素已广为人知。我们的对手具有非常强的保密意识，尤其是对欺骗进行保密，这不足为奇。那些记录在案且有利于我们学习研究有关欺骗行动的特殊案例之所以存在，多归功于该计划亲身经历者事后公开发表的文章或回忆录，以及解密的战争记录等。因此，惠利对第一次和第二次世界大战的案例研究完整、可靠。然而他对近期案例的研究，由于数据主要来源于公开资料且不完整，因此其结论可能会误导读者。

欺骗不是和平时期使用的工具，因此，在两场战争之间（和平时期），欺骗容易被遗忘和忽视。我们认为敌对国家本质上极其狡猾，善于发起欺骗和突袭，但它们也不会在和平时期实施广泛、精心的欺骗。积极欺骗（active deception）只在特殊环境（通常是国家利益受到威胁）下开展。这是因为在很大程度上，欺骗的成功取决于欺骗次数的稀少和欺骗者此前的信誉良好。如果持续或频繁散布虚假消息，那么欺骗者很

[1] 原注：惠利认为，研究珍珠港事件的分析人员几乎都未能对日本的欺骗给予足够的重视，而这是导致美国未能察觉此次袭击的重要因素之一。

快就会失去其他国家的信任，不为他国甚至本国人民所容。高度的保密意识是一回事，实施积极欺骗以误导对手是另一回事。有些人已经获得我们的信任，或者我们已经与他们打了多年的交道，认为其值得相信。如果这些人要对我们实施欺骗，其欺骗措施就会发挥出最大的威力。通常情况下，只有在一国面临生死存亡的关键时刻，为了隐蔽其最核心的意图，才会采取真正的、复杂的重大欺骗行动。这种欺骗行动常常是为开战准备的，或在战争期间开展。

欺骗与自我欺骗

导致我们对欺骗认识不足的另外一个原因是，欺骗与自我欺骗（self-deception）互为补充，甚至相互混淆。如果人们认为两者之间存在或应该存在明显区别，那就意味着他们并不理解这一问题。笔者参与了苏联出兵捷克斯洛伐克的事后研究，当时来自不同情报机构的分析人员未能就以下问题达成一致意见：苏联是否实施了欺骗，苏联是否希望我们被欺骗，我们是否是自我欺骗的受害者。当然，这些只是事后回顾。在敌人行动前，我方对这些问题的分析可能更不足，甚至未将其作为一个问题看待。为什么大多数分析人员没有察觉到军事行动的可能性？是因为苏联采取了积极欺骗措施来误导我们？还是因为我们误解了苏联的国家优先事项，所以不管手头证据如何，都不愿意接受苏联会这样做的事实？在此不便对这个令人着迷但尚未解决的问题展开讨论。在我看来，两者兼而有之，但我们更可能是自我欺骗的受害者，而不仅仅受苏联积极欺骗活动影响。

实际上，最成功的欺骗计划与欺骗行动，无疑是利用对手的先入之见，并鼓励对手相信它，一如本章开头所引用的惠利名言。此前的章节（第 10 章）也就此问题进行了探讨。需要注意的是，这些研究说明，人们并没有客观看待所有的新信息，他们的先入之见有时会导致其忽视或拒绝与其固有信念不一致的全部信息。在这种情形下，即便是一个简单、（甚至是明显）不复杂的欺骗活动，都可以极有效地迷惑敌方。回过头来再看，人们或许不知道自己已经被先入之见所欺骗，这种先入之见的影响甚至比敌方欺骗的影响还要大。需要提醒的是，我们需要研究积极欺骗计划的一些原则与技巧——这又回到惠利的观点上来了。

欺骗的原则、技巧与效果

最简单来说，欺骗的原则是诱导敌方做出错误的选择；或者，如谢尔曼将军[1]所述，诱骗敌方处于两难境地，之后使其采纳我们预先设计的选项。如果这完全基于运气，那么敌方选择正确与否的概率，将直接取决于他认为可行的选项的数量。完全的误解可以促成突袭，“但如果一方考虑实施更为周密的战略行动，那么其通过误导敌方来实现突袭的概率降到近乎为零”。[2] 因此，计划制订者必须准备一个或多个可替代方案作为诱饵，并通过一系列谋略来误导敌方。“谋略的最终目标是使敌方极度相信该选项，那个决定性的**错误**选项。”[3] 如果不能达到这种理想状态（笔者认为，很少能达到这种完全欺骗的效果），那么仅仅靠提供多样的方案，也足以迷惑敌方，导致其分散兵力，起码使其不能做出完全正确的反应：

> 换句话说，最好的谋略是发出一系列可以有多种解读的预警信号。敌人会根据自己的经验与知识对这些信号进行解读。要让他觉得我们预期采取的行动看来不合常理，而错误的选项则是合理的。如果敌方不疑有诈，他就会不可避免地受骗。如果敌方怀疑存在欺骗，那么只剩下四个方案供其选择，分别是：
>
> 1. 假装不知我方实施了欺骗而继续行动；

---

[1] 译注：美国内战时期联邦军队将军，擅长于欺骗。

[2] 原注：Barton Whaley, *Stratagem Deception and Surprise in War* (MIT Center for International Studies, April 1969), pp. 131–133.

[3] 原注：Barton Whaley, *Stratagem Deception and Surprise in War* (MIT Center for International Studies, April 1969), p. 135.

2. 平等对待所有选项（但这有违用兵的经济原则）；

3. 盲目行动，随意冒险；

4. 惊慌失措，但成功的机会可能与第 3 条方案相当。[1]

因此，即使是最简单的欺骗，包括制造各种威胁性的选项，也会带来足够的不确定性，从而转移敌方的注意力，迫使其分散兵力，或孤注一掷。惠利有一个预警方面的重要判断：即使是最高明的欺骗者，往往也会成为最简单骗术的牺牲品。“实际上，无论受骗者多么狡猾，欺骗者几乎总能得逞。这是我在研究中发现的一个普遍规律，看起来无法容忍、有悖常理，但它却是根据历史经验得出的无可辩驳的结论。”[2]

惠利的研究还得到一个与此相关的意外发现：“为确保突袭后依然取得突然性”，欺骗者只需要一些小谋略。实际上，受骗者可能对这些伎俩非常熟悉，“但这丝毫不会破坏其效果。这可以通过以下理论进行预测，该理论假设通过植入特定的错误信号进行误导来实现突袭，而不是通过使用特殊的通信渠道（例如，诡计）来实施误导”。[3] 换句话说，同样的欺骗手段会被反复使用，只需要结合少量诡计，谋略就会有效。

惠利还论述到，保密措施与欺骗措施通常都会发挥作用，但要发起突袭，欺骗的效果更好。保密，最重要的是保护欺骗计划的秘密，这种计划通常只有极少数人知晓，最好的保密措施就是欺骗。如果欺骗计划的保密工作做得足够好，军事行动中的其他保密问题也就迎刃而解，“最有效的谋略是利用常规军事行动中已知的安全漏洞”。[4]

---

[1] 原注：Barton Whaley, *Stratagem Deception and Surprise in War* (MIT Center for International Studies, April 1969), pp. 142–143.

[2] 原注：Barton Whaley, *Stratagem Deception and Surprise in War* (MIT Center for International Studies, April 1969), p. 146.

[3] 原注：Barton Whaley, *Stratagem Deception and Surprise in War* (MIT Center for International Studies, April 1969), p. 228.

[4] 原注：Barton Whaley, *Stratagem Deception and Surprise in War* (MIT Center for International Studies, April 1969), p. 244.

惠利还引用了一些对欺骗计划进行严格保密的例子，这应当引起预警分析人员的关注，因为现有一些理论认为，可以从高级囚犯或叛变者的口供或截获的有效通信、真实的战争计划等渠道获知敌方的计划，然而惠利颠覆了这些理论。例如，在进攻珍珠港的准备过程中，日本海军于 11 月 5 日发布了一个战争计划。该计划全面准确地描述了进攻菲律宾和东南亚地区的细节，但避免提及日本海军在珍珠港的任务，该部分命令只通过口头传达。在 1956 年进攻苏伊士运河时，联军总司令（Allied CinC）以下的所有英国参谋人员并没有被告知以色列参与英法共谋，这项工作做得很隐蔽。在朝鲜战争中，美国制订了虚假的两栖登陆计划，但只有少数几个高级指挥官知晓这是个幌子，就连计划制订者和海军负责炮击和航母打击的指挥官都认为该作战计划是真的，会予以实施。因此，误导自己人成为许多欺骗计划的一个重要特征，通过让不知情者参与计划并忠实履职，可以确保欺骗计划的成功。在欺骗行动中，保密是如此有效，因此惠利得出结论：在所有案例中，欺骗计划几乎从未过早地泄露给对方。

欺骗的类型

欺骗的分类方法有多种。惠利将军事欺骗界定为五类：

- 意图（例如，是否会有进攻或行动）；
- 时间；
- 地点；
- 实力；
- 风格（例如，作战的样式，所使用的武器，等等）。[1]

就本书所论述的战略预警而言，意图显然是这些因素当中最为重要的

[1] 原注：Barton Whaley, *Stratagem Deception and Surprise in War* (MIT Center for International Studies, April 1969), pp. 210–212.

一点。当然，有人或许会说，只有对意图进行的欺骗可以被定义为战略欺骗，上述其他几项欺骗只能算是战术欺骗。然而，实际上，战略欺骗，或感知敌人的意图，常常也会遭遇下述一种或多种欺骗类型。例如，在1968年的“春节攻势”中，我们主要在其他类型方面遭到了欺骗，而对敌方意图的误判相对较少，因为当时准备进攻的类型和规模都很明显。我们大大低估了这些进攻的冲击力，我们也没有预测出北越进攻会发生在什么地方（尤其是城市）。我们在一定程度上误判了进攻的风格（例如，我们没有估计到敌方破坏人员和军队的秘密渗透程度，尤其是对主要城市的渗透与破坏）。在一定程度上，我们对敌方发起进攻的时间也做出了错误的估测，我们假定敌方会在假期前后发起进攻，而不是在假期期间（由此导致大量的南越军人休假，并放松了安全防范）。因此，所有这些对敌方计划与意图的误判，导致美军遭到突袭，并使“春节攻势”在起始阶段取得成功。有效的保密措施、欺骗和自我欺骗，多个因素结合在一起，使我们成了欺骗的受害者。

战争史上有大量这样的案例，进攻发起者在时间、地点、实力中的某个方面达成了突然性，有的时候是在这三个方面都达成突然性。惠利研究了成功的突袭案例，结果发现，最普遍的突袭模式是从进攻地点上进行突袭（72%），其次是时间（66%），然后是实力（57%）。惠利发现，最少使用的突袭模式是风格，仅占其所研究战例的25%。[1]这当中有一些有名的战例，包括第一次向广岛投放原子弹，以及苏联将战略导弹运至古巴。

通过对历史上最伟大和最成功的军事欺骗——偷袭珍珠港——进行简单研究，我们可以结束对突袭与欺骗类型的探讨。珍珠港事件起码涉及上述提及的四种模式。美国根本没有察觉到日本要对美国本土发起攻击的**意图**，这次攻击也导致美国参加了二战。从逻辑上看，这似乎是对日本的战略误判，而实际上的确如此。由于大量的证据表明日本进攻的方向在东南亚（实际上日本几乎同时对上述地点发动了进攻），因此美国没有察觉到

---

[1] 原注：Barton Whaley, *Stratagem Deception and Surprise in War* (MIT Center for International Studies, April 1969), p. 214.

日本进攻的**地点**还有珍珠港。攻击**时间**的选择也非常有利于突袭的实现，因为美国军舰通常会在星期天早晨停靠港口，所以日本精心选择星期天作为发起进攻的时间。美国也没有预见到日本进攻的**实力**（因为美国根本没有预见到日本会在那里发起进攻），保密和欺骗措施有效地掩盖了日本的特遣部队。

另一种对突袭与欺骗进行分类的方法，是查看可以用来达成上述突袭的各种措施。这种方法范围更广，与战略预警关系更密切。我们可以大概列出以下五个方面：

- 保密（security）；
- 政治欺骗（political deception）；
- 掩蔽（cover）；
- 积极军事欺骗；
- 混淆（confusion）与假情报（disinformation）。

（一）保密

严格地讲，保密措施本身并不是欺骗的一种类型，因为它并不包括采取积极的措施去误导敌方以得出一个错误的结论，只是为了隐藏进攻准备。因此，资深分析人员应当区分正常例行的保密措施与真正的欺骗。然而，欺骗与保密措施之间的界限极其狭小，而且两者经常混淆。此外，即使没有采取更复杂的措施，有效的保密工作经常能够在进攻问题上误导或欺骗预期的受骗者。虽然保密工作本身不会导致敌方采取**错误的**准备或错误部署其部队，但它可能导致其采取极其不充分的反制措施。如果我方的保密措施到位，敌方甚至不会对其部队发出预警。

自二战以来，我们的主要敌人鼓吹严格的军事和政治保密措施。即使是最微小、看起来并不重要的军事情况都会被视为国家秘密，很多在西方民主国家报刊上可以披露的数据在共产党国家永远都不会公布，如军队单位的真实代号、地点、实力、装备以及指挥官等。这些常规的保密措施在和平时期看似荒谬，但在军队进行战争动员或部署时，类似的保密措施还会沿用，从而避免采取新的保密措施，让敌方注意到形势异常。

在独裁或封闭社会里，政治保密也许效果更好。的确，共产党国家决策高层的人数极少，在这些国家发生重要政治变动或做出重要决策的几个月后，我们可能仍然对这些变动和决策一无所知。不用说，有关发起敌对行动或其他主要军事准备的政治决策的保密是最严格的。我们在前面（第 10 章）讨论了苏联向古巴部署导弹以及关闭柏林边境这两个例子，从中可以看出苏联在军事保密问题上的效果。总体而言，至少自二战以来，共产党国家从未发生无意泄漏特定军事计划或意图的案例。有时，他们告诉我们或几乎告诉我们计划做什么，但有关这些决定从未出现过泄密事故，除非它们被告知第三方。因此，我们今后也不太可能直接了解到这样的计划。

尽管这样的措施非常有效，但是，仅靠保密能够隐蔽的东西毕竟有限，这一点我们的潜在敌人也知道。

总的来说，为展开军事行动而采取的军事措施越多，部队调动与部署的需求则越大，仅靠保密造成误导的可能也就越小。惠利引用克劳塞维茨（Clausewitz）的观点强调，大规模行动不可能被隐藏，因此，相对于战略领域而言，在战术领域更可能实现真正的突袭。事实上，近期所发生的战例证实了这一点。虽然在封锁柏林边境这一事件中，大规模措施可能掩盖军事部署，但苏联不可能隐藏出兵捷克斯洛伐克的军事行动。实际上，苏联也并没有就此做过特别的工作。一些作者称，现代搜集系统和通信手段将使保密措施在将来不再那么有效——而这有可能成为现实。因此，要想突袭成功，各种积极的或有预谋的欺骗将会变得更为重要。

（二）政治欺骗

在所有欺骗措施中，政治欺骗较为显著，也许是最容易实施的手段，可能也是最常用的手段。政治手段可被用于促成战术突袭，这种措施的独特价值在于其作为一种战略措施来隐蔽意图。而且，它是所有欺骗措施中最经济的一种，也是最不容易被发现的，因为只需极少数人参与计划。历史上有大量关于政治欺骗战术的例子，我们将就当中的少数进行探讨。

一国可以通过外交渠道、官方声明、新闻机构或其他媒体的方式，直接或间接发布虚假信息。最简单和最原始的形式，就是否认所作所为的目的，声称所有事都是假的——这是常用的一种手段，尤其在风险很高的情况之下更是如此。然而，还有一种各国更青睐的间接欺骗手段，在事件之后仍让欺骗方领导层保持一定程度的信誉度，或至少不会因彻底推诿而遭受指责。苏联在古巴导弹危机的一系列声明中就使用过这种战术——例如，在 1962 年 9 月 11 日著名的塔斯社声明中，苏联声称，所有运往古巴的武器“只用于防御目的”，苏联“没有必要”将其导弹部署到其他国家。

另外一种常用的政治欺骗手段，是在完成最终进攻准备前，对方产生了怀疑，为了消除这种怀疑，假装提议通过“谈判”解决当前问题，而实际上压根不想达成任何协议。苏联在 1956 年 11 月突袭匈牙利时使用过这种战术，当时苏联军官与匈牙利就苏联“撤军”举行公开谈判。1950 年 6 月，朝鲜在对韩国发起进攻的前两周，也使用过这种手法，当时朝鲜发出“和平谈判”的信号，呼吁进行单一国家选举。

惠利发现，这种欺骗战术中一个略微不同的实施方式，是使敌方相信发起进攻的决定实际上是虚张声势。“这是一种通用的诡计，一方通过有意暗示除了战争之外仍然存在其他选项，从而重新获得主动权并确保能达成突袭。这一手法隐藏了危机的紧迫性，并使受骗方相信自己还有更多的时间和更多的选项，而实际上并非如此。”[1] 惠利发现，这种欺骗手段曾在以下案例中使用过：1904 年旅顺口事件，1941 年珍珠港事件，1941 年德国进攻苏联，1942 年英国进攻阿拉曼和 1967 年以色列进攻埃及。

与此类似，还有一种更为狡猾的政治欺骗形式：通过外交或公开声明掩饰形势的严峻性，试图让对方以为一国不会因为其重要利益而去冒险，而且两国的关系良好甚至不断改善。这样做所导致的结果是，在已经

---

[1] 原注：Barton Whaley, *Stratagem Deception and Surprise in War* (MIT Center for International Studies, April 1969), p. A-548.

做出进攻决定或至少是做出临时性进攻决定后，欺骗方的宣传口吻却突然转向一个更加平和的语调，并向敌方展示友好姿态。这是一种极其通用的战术，也是包括苏联在内的国家常用的一种手法，因为其完全控制了新闻媒体，所以这样的宣传只是小菜一碟。1945 年 8 月，苏联在对满洲里日本关东军发起进攻前的数周甚至是数月前，就使用了这种战术，当时苏联与日本保持一种轻松的关系，并开始向日本驻莫斯科大使表现出“近乎热情”的姿态，而此时苏联集结的进攻部队正在开赴远东的路上。

如果事件极为重要，使用政治手段进行的欺骗通常不仅需要欺骗本国人民，还需要欺骗盟国领导人。欺骗艺术的真正实践者甚至知道如何去欺骗他们的上级（不将有关计划通知他们的上级）——这是一件充满风险的事，只有为了在战争打响后的某个特定军事行动中达成战术突袭，才能这么做。

（三）掩蔽

掩蔽（此处指“掩蔽计划”或“掩蔽故事”）是军事欺骗的一种形式，但应当区别于积极军事欺骗活动，虽然其常常与后者一起使用。当不能向对方隐瞒军事集结行动时，就要使用掩蔽手段，给可被观察到的军事活动提供一些似是而非的解释（使其看似不像计划中的进攻行动）。简单的掩蔽可以是，为了掩盖军事行动的真实意图，通过发布有关军队集结的规模与目的的虚假声明，声称该军事准备是为了其他目的。纵观历史，最常用的解释是军队正在“进行演习”，虽然有时可能会考虑用其他借口，如边境地区出现灾害与所谓的民众骚乱，来解释部队的行动。苏联通过演习来为出兵做准备的做法长期以来被西方情报部门识破，苏联等华约缔约国也倾向于认为北约的演习是为了掩盖进攻。

然而，不管是否接受这个原则，苏联通过其在 1968 年 7 月和 8 月所发布的几个声明，称其军队正在苏联西部和东欧举行各种形式的“演习”，至少部分地达成了目的。而实际上，没有所谓的演习，唯一的活动是调动和部署苏军和华约军队，准备出兵捷克斯洛伐克。许多容易上当受骗的分析人员之所以被蒙骗，接受了这些很明显的“解释”，是因为他们当中不少人缺乏应对欺骗的教育和经验，也没能认识到军队集结的真实意图。在此前的数年里，苏联通过公开宣布一系列有关华沙条约组织和苏联的演习声明，为其实施欺骗打下了基础。因此，分析人员已经开始习惯性地接受这些声明——在他们的经验中，这些声明从来没有出现虚假的情况，即使当时形势已警示他们存在欺骗的可能性，但其仍然像条件反射一样，相信这些声明。非常有趣的是，这一条件反射甚至影响了捷克斯洛伐克事件后发表的一些研究著作，这些著作坚持认为这是“演习”，好像“演习”真的发生过似的。

（四）积极军事欺骗

积极军事欺骗，尤其是大规模的积极军事欺骗，是当下最难实施的欺骗方式，但也是最有效、最成功的一种欺骗。如果保密措施和政治欺骗措施是进行意图欺骗的最有效方式，那么积极军事欺骗则是导致敌方错误地部署军队和在错误的时间与地点进行应对的最主要方式。即使当战略欺骗失败时，或者无法第一时间发挥作用时，积极军事欺骗仍被证明可极为有效地达成战术突袭，因而可以获得胜利或最大限度减少进攻方在行动中的伤亡。惠利在其著作中整理了一些令人印象深刻的数据，这些数据论及积极欺骗行动的效果和价值，其中一些欺骗行动是如此成功和富有价值，影响了历史的进程（例如诺曼底登陆，这将在本章后文进行更加详细的阐述）。

成功的军事欺骗行动涵盖小到简单的骗局和佯攻，大到一系列设计好的复杂、相互关联且持续的措施。这些措施是为了在进攻时间、性质、实力和地点方面，给敌方制造一种错误的印象（或使其坚持最初错误的想法）。为大家所公认的军事欺骗技巧如下：

- 对军事机动和新装备部署进行伪装（camouflage）；
- 在不会发生攻击的前沿地区或闲置装置区域保留模拟设备；

- 使用极少的军事装备到处活动，从而模拟大量的军事活动；
- 通过制造噪声和播放录音来模拟大量的活动；
- 有意将看似有效实则虚假的军事命令泄露给敌方；
- 派出“叛变者”并让其提供看似合理实则虚假的信息；
- 为了同样的目的而使用双重间谍（doubled agent）；
- 通过电台以明码（in the clear）或者以敌方已知的密码（cipher）发布无效的军事信息；
- 保持驻防部队正常的通信，而那些部署的部队（真正要实施进攻的部队）则保持无线电静默（radio silence）；
- 建立完全虚假的电台通信来模拟当前部队，而实际上这些部队根本不存在；或在一些地区（非计划进攻区域）制造我方部队集结的假象；
- 在非计划进攻区域进行集中的侦察、轰炸和炮击，或至少要在一个较广的区域采取同样行动，使敌方不能从这些准备措施中得知真正要发起进攻的区域；
- 通过发布虚假声明或实施其他欺骗手段，来掩盖主要指挥官的行踪；
- 故意举行一些进攻训练演习（例如两栖登陆作战演习），但实际上并不打算使用这种进攻样式；
- 编制虚假军事机构番号（designation）；
- 在错误地区动用陆军和海军发动进攻或进行佯攻（feint），以模拟进攻部署；
- 使用敌方制服与徽章（insignia）；
- 在进攻前夕，宣布允许官兵休假，甚至在进攻前一天颁发大量真实的通行证。

上述所列不能穷尽所有在军事行动中成功使用过的诡计与欺骗方法。当然，这样的积极欺骗措施常常辅以政治和宣传欺骗、欺骗故事，并对真正的军事行动采取极端严格的保密措施。这些欺骗措施共同作用，使对方对即将到来的进攻做出完全误判，毕竟敌方有时能认识到其遭到攻击的可能性，且实际上在其他方面进行了充分准备。读者可参阅惠利所列举的一些有趣的例子，以及其他有关具体欺骗行动的研究案例。

显然，上述所列的许多诡计作用有限，有时会对旨在掩盖进攻意图或进攻地域的战略欺骗起反作用。在这种情况下，一方不愿意挑起大量的军事活动，或制造进攻迫在眉睫的假文件，因为这会引起怀疑或激起敌方情报部门投入更多的搜集资源。有时在发动敌对活动前，一国根本不会进行轰炸和炮击，甚至连明显、异常的侦察活动也不能进行。基于这些原因，一些久经考验的军事欺骗措施不会在首次突袭前使用，因为战略预警会非常关注首次突袭。同时，读者能够清楚地看到，上述所列的大量欺骗战术，如果在进攻初期使用，欺骗效果最为明显。在这些诡计当中，我们应当特别关注的是：通信欺骗，尤其是保持正常的通信，同时让部署部队进行无线电静默；伪造并故意泄露虚假军事命令和其他文件；派遣假的叛变者或双重间谍；其他任何可能有效分散我们注意力、影响我们应对真正进攻的措施。因此我们能够合理推断，作战行动规模越大、越重要，积极欺骗的规模和复杂性就越大。实际上，自从二战以来，我们遭遇的积极军事欺骗案例较少，但我们不应因此放松警惕——事实上，它仅仅增加了我们（在欺骗面前）的脆弱性。

（五）混淆和释放假情报

要想轻而易举地误导和转移对方视线，混淆和故意释放假情报或许仅次于政治欺骗。的确，在笔者经历的所有欺骗类型中，这种战术被证实是最有效的——虽然这并不意味着未来也将如此。混淆和假情报战术可以很复杂，但实际上它们无须太过复杂，就能成功地实施欺骗。即使只是单纯向外释放大量冲突信息与报道，也会有效地分散分析人员及其上级的注意力，消耗其时间，使其远离本应集中精力关注的较为可靠和准确的情报。尤其是，当危机的氛围已然形成，一些轰动但具有某种可信度的报道就会极大地分散我们的注意力。倘若这样的假情报足够多，分析系统则有可能被这些假情报淹没，一些重要和有效的情报就无法得到关注，其他一些则没有受到重视。这种类型的欺骗在危机当中所造成的破坏是没有止境的。而且，大量不断涌入的资料会造成分析人员疲惫不堪，这也是危机环境中的一个重要因素，分析人员往往会发出一系列“狼来了”警告，当真实的危机来临时，这样的警告会削弱预警的可信度。

关于大量虚假信号或未经评估信息所造成的危害，近年来最显著的例子，就是1950年10月至11月期间中国出兵朝鲜。这并不是说，中国自己策划实施了一项复杂、广泛的假情报计划。大量虚假和反面的报道使形势变得混乱，并转移了分析人员的视线。中国可能根本没有在那个夏秋季制造假情报，这些假情报是远东几个多产的情报作坊臆造的产物，然而结果是相同的。实际上，我们无法准确判明，这是中国故意散布的假情报，还是由一些与中国国内毫无联系的情报网络伪造的报告。当年，研究情报失误的分析人员大多对虚假材料在分析过程中的这种破坏性关注过少。无论该案例材料的来源如何，如果我们的对手发挥全部能力来运用这种战术，那么同样的问题必然会在另一场危机中再次出现。

诺曼底登陆中的欺骗

温斯顿·丘吉尔说：“在战时，真相弥足珍贵，它总是隐藏在谎言里面。”这是他在1943年11月德黑兰会议上所言，会上盟国决定实施历史上最伟大的军事行动，即诺曼底登陆（1944年6月6日）。盟国计划实施代号为“卫士行动”（BODYGUARD）的国际性欺骗行动，以混淆纳粹德国的判断。为了在进攻法国方面误导德国的判断，盟军设计了一系列的复杂谋略，使用六七个代号。其中最重要的是“坚韧计划”（FORTITUDE），这是代号为“霸王行动”（OVERLORD）的诺曼底登陆的欺骗计划。

由于篇幅所限，本书不能就各种欺骗行动的具体战术细节进行一一阐述，只以诺曼底登陆及后续的欺骗行动为例，让读者了解欺骗计划是如何制订的，能够发挥多大的作用。[1]

很显然，进攻欧洲大陆的准备不可能瞒过德国，要隐蔽集结在英国的大规模部队装备就更困难了。这些隐藏举措会使纳粹得出正确结论：主攻将从不列颠群岛发起。因此，该欺骗行动是为了掩饰作战的时间、地点和实力，而不是意图。此次行动需要跨过 160 千米的海域，运送大量的舰艇和两栖装备，而德军已经完全预料到会有进攻行动，已经做了充分的防御准备，且拥有一个广泛、高效的间谍情报系统。然而，该计划最终还是取得了成功，令计划制订者自己做梦都没有想到。那么，突袭是如何达成的呢？

（一）保密

欺骗计划的知悉范围被限制在尽可能少的几个人，所有的计划文件均严加防护。从 4 月中旬开始（大约是登陆前 2 个月），保密措施进一步强化：一切非军事人员皆不许进入海滩地区，禁止军人离开英国，对所有发自英国的邮件和新闻进行审查，禁止外交官发送或接收未经审查的通信，派遣外交信使。当时也出现过一些出名的保密漏洞，其中最重要的

[1] 原注：在准备本章初稿时，有关欺骗行动的信息仅仅能从一些关于作战的著作中零散获得。自那以后，出现两部专门针对欺骗计划的著作，特别论述了关于英国逆用德国双重间谍并向德国传递虚假信息的情况。其中一部是 J. C. 马斯特曼的《二战中的双十体系》（J. C. Masterman, *The Double-Cross System in the War of 1939 to 1945*, New Haven and London, Yale University Press, 1972）。这是一本有关英国逆用德国双重间谍的权威著作，写于二战后不久，并于写成 25 年后由英国解密（做了少许删节和调整）。另一部是德尔默《假冒间谍》（Sefton Delmer, *The Counterfeit Spy*, New York, Harper and Row, 1971）。该书使用马斯特曼书中的许多材料，重点论述了双重间谍的杰出工作，同时也提供了有关欺骗行动其他方面的信息。其他早期有关欺骗行动的著作论述都不够详细，包括：科尼利厄斯 · 瑞恩《最长的一天》（Cornelius Ryan, *The Longest Day*, New York, Simon & Schuster, 1959）、查尔斯 · 麦克唐纳《无比努力》（Charles B. MacDonald, *The Mighty Endeavor*, Oxford University Press, 1969）、福里斯特 · 波格《最高统帅部》（Forrest C. Pogue, *The Supreme Command*, Washington D.C., Department of the Army, Office of the Chief of Military History, 1954），以及巴顿 · 惠利《战争中的战略欺骗与突袭》（Barton Whaley, *Stratagem Deception and Surprise in War*, MIT Center for International Studies, April 1969）。

“泄密”发生在安卡拉（Ankara），一名代号为“西塞罗”（Cicero）的间谍（此人是英国大使的贴身男仆）知道了“霸王行动”这一代号，但并不知晓行动的日期和进攻的地点。

（二）佯攻和分散注意力

尽管德国必然认为盟军主攻方向在法国，但盟国还是采取了积极的欺骗措施，使德国相信，盟军的次要进攻方向将在欧洲大陆的其他地区，特别是在挪威或者地中海方向。盟军使用了大量手段才实现这一目标，包括进行通信欺骗、逆用在英国和美国的阿勃韦尔（Abwehr，纳粹德国反情报机构）间谍散布假情报。通过上述手段，德国相信了盟军在苏格兰方向的虚假作战序列，该序列大多由英国人所谓“假想师”（实际上并不存在）组成，这些师似乎对挪威方向构成明显的威胁。为了将纳粹的注意力分散到地中海方向，英国方面使用了一记妙招：登陆日前不久，让一位英国演员冒充蒙哥马利（Montgomery）元帅前往直布罗陀海峡和阿尔及尔港口。

（三）迷惑和假情报

为了迷惑敌人，盟军情报机构向德军散发了大量假情报和误导性信息。盟军精心逆用德国情报机构中的双重间谍，编造各种谣言，散布各种关于进攻日期及地点的错误消息和迷惑性信息。惠利指出，登陆日之前，德国情报机构收到关于盟军进攻的250余份间谍报告，但只有一份报告指出了准确的登陆时间和地点，但就连这一份情报，也是盟军情报机构有意透露给一位阿勃韦尔间谍的。[1] 在诺曼底登陆前，驻守在法国海岸的德军第15军负责无线电截收的军官开始怀疑德国情报机构提供的情报，因为“从过去的经验来看，他知道柏林的情报来源十有八九是不准确的，他有一连串完整的错误报告记录来证明这一点。从斯德哥尔摩到安卡拉，盟军

[1] 原注：Barton Whaley, *Stratagem Deception and Surprise in War* (MIT Center for International Studies, April 1969), p. A-373.

似乎让每一位德国间谍都得到了‘准确’的进攻时间和地点，但没有两份报告是完全一致的”。[1]

在此，我们必须特别提到，英国极其成功地逆用了其所掌握的德国双重间谍。最近出版的马斯特曼和德尔默的作品，非常详尽地解释了整个欺骗行动的成功。这些作品证实，在整个战争期间，英国控制着潜伏在英国的整个德国间谍体系。这就意味着，除了英国希望德国收到的情报之外，德国从这些“间谍”那里得不到任何情报。英国人抓住几乎所有德国派往英国的间谍，把那些经劝说愿意合作的转化为双重间谍，指定自己的无线电操作员与德国人保持联系——通常只有与敌人陆上不相邻的小国才能做到这一点，但英国人成功了。这些行动始于战争初期，英国人从一开始就计划最后要利用这些德国间谍，让他们参与进攻前的战略欺骗，事后证明，其发挥的作用不可替代。马斯特曼在书中反复提醒读者，德国双重间谍的作用仅限于传递假情报，欺骗行动所有的荣誉都属于行动的策划者。尽管如此，英国情报机构在使用这些间谍时的前瞻意识及对这些间谍的熟练运用，从任何一场战争来看均属一流的情报成就。英国方面的努力非常成功，那些在欺骗行动中大显身手的德国间谍，自始至终都得到了纳粹的充分信任。

（四）时间

目前并不清楚为何德国在察觉进攻时间上败得如此惨重——尤其是我们有证据表明，进攻的时间已经被泄露，这一点我们将在下文讨论。但是，最重要的原因似乎是德国并不相信盟军会在如此糟糕的气象条件下进攻，恶劣的天气的确使盟军将进攻推迟了 24 小时，差一点又再次推迟。正是由于再次推迟会产生严重后果，当时的潮汐和月相又十分适宜登陆，所以艾森豪威尔才勉强决定按计划发动进攻。然而，德国人却没想到盟军会在如此恶劣的气象条件下发动进攻。据科尼利厄斯・瑞恩（Cornelius

---

[1] 原注：Cornelius Ryan, *The Longest Day* (New York, Simon & Schuster, 1959), p. 32.

Ryan）所言："连续的坏天气给所有的德军指挥官服下了一颗定心丸。"德国人的自信部分来自其对盟军早期登陆作战实践的研究。研究表明，除非天气十分适宜，否则盟军绝不会发动进攻。"对思维严谨的德国人而言，盟军绝不会偏离这一准则……"[1] 这有趣地反映了德国人的一厢情愿和自欺欺人。另一个因素则是，德国人当时对这场进攻已等待数月之久，但主要的进攻始终没有发生，这让他们怀疑"战争可能来临"这一征候的有效性。

然而，这些原因并不足以完全解释，对于从法国地下人员那里截获的有关进攻即将开展的消息，为何德国方面未能高度关注。阿勃韦尔已经于1月获得情报，英国广播公司将分别在两天晚上播报保尔·魏尔伦（Paul Verlaine）的两句诗，其中会夹杂对地下抵抗人员的公开代码信息及大量无用信息。第一句诗将在6月1日或15日播出，警告进攻即将发起；第二句播出意味着行动将于48小时内开始。6月1日晚，德国第15军侦听人员监听到第一句诗，他意识到这一事件的重要性，并迅速向西线德军司令部汇报。比利时边界附近的第15军进入战备状态，而大西洋沿岸其他德军则没有任何反应。在登陆前几小时，第15军的侦听人员监听到第二句诗，并立即再次向陆军元帅冯·伦德施泰德（von Rundstedt）的司令部做了汇报，但并未引起诺曼底沿线德军部队的注意。正如瑞恩所指出的，德军截收到如此关键的情报，伦德施泰德却未对从荷兰到西班牙边界的整个进攻前沿的德军发出预警，这是一个谜。战后德国人声称，德军截收到超过15条与登陆日有关的英国广播公司消息，德军对这些信息进行了正确的解读——这就越发可疑了。[2]

---

[1] 原注：Cornelius Ryan, *The Longest Day* (New York, Simon & Schuster, 1959), pp. 79–80.

[2] 原注：Cornelius Ryan, *The Longest Day* (New York, Simon & Schuster, 1959), pp. 31–34 and 96–97. 德尔默（Delmer）在其著作第198—199页也做出了相同的说明。瑞恩和德尔默的评估显然都是基于德国官方的军事记录。曾经读过本章的一名优秀情报专家表示怀疑，认为盟军不会允许把进攻时间提前转达给法国地下人员，毕竟这样做泄密的风险很高。因此，这个故事还有一些缺陷，甚至盟军可能还采取了一些欺骗措施，引导德国更高层去怀疑魏尔伦诗的有效性。没有迹象表明，盟军的欺骗策划者认为进攻

显然，由于盟军的欺骗行动和好运气，众多德国指挥官在进攻时并不在指挥岗位。6 月 4 日早晨，纳粹德国 B 集团军群（下辖有驻守诺曼底的部队）司令、被称为“沙漠之狐”（Desert Fox）的尤根 · 隆美尔（Erwin Rommel）元帅，前往柏林觐见希特勒，为其爱人祝寿。（显然，他在离开前已知道监听到魏尔伦第一句诗的事。）进攻当天，所有驻诺曼底的德军高级指挥官按计划被召集起来，在布列塔尼半岛的雷恩市（Rennes）进行兵棋推演，因此返回其所在部队尚需时间。由于种种原因，在法国的其他德军指挥官均不在位。诺曼底登陆前夕，德军最高统帅部甚至“决定将德国空军部署在法国的为数不多的几个战斗机中队转移到诺曼底海滩范围之外，这些飞行员被这一决定惊呆了”。[1]

（五）地点和实力的欺骗

“坚韧计划”中最精巧、最成功的部分，是使德军相信盟军主攻方向在加莱海峡（Pas de Calais），加莱位于英吉利海峡最窄处、真正的登陆点东北约 241 千米处。为了达到这一目标，盟军创造出一个虚拟的集团军群，即著名的美国第 1 集团军群，其司令部真实存在，但大部分下属部队是虚构的。为了假戏真做，乔治 · S. 巴顿（George S. Patton）中将被任命为军长。盟军利用媒体和通过逆用德国间谍传递有关该部队战斗序列的情报，并通过各种积极的军事欺骗措施制造出在多佛海岸（Dover coast）有大量部队集结的假象，从而更加强化了第 1 集团军群的存在——它们包括大型集装箱及其他一些假装备，还包括一些在泰晤士河口的假登陆舰，当然了，德国空军被允许对此进行照相侦察。通过建立虚假的无线电网络，盟军模拟了司令部机关及其下属部队的存在，进一步强化了上述假象；通过固定电话通信让德军误以为，朴次茅斯附近的蒙哥马利司令部实际上在

时间遭到泄露。为了保持知名双重间谍的可信度，盟军精心安排在登陆真正实施前，让该间谍将攻击时间传递给德国人，但那时德国人已经来不及做出反应。

[1] 原注：Cornelius Ryan, *The Longest Day* (New York, Simon & Schuster, 1959), pp. 16–21, 35–36, and 80–82.

肯特附近。为强化这一精妙计谋，盟军主要对加莱附近进行了空袭，空袭一直持续到诺曼底登陆当天。当天，在诺曼底海滩，8 个师的盟军进攻部队（5 个师通过海运，3 个师空降）只遭到 3 个德军加强师的阻击，这充分证明了欺骗的成功。“通过与德国人重逻辑的思维相融合，欺骗措施取得了显著成功。驻法国和低地国家的德军司令部中，没有一个指挥官对进攻地点产生怀疑。”[1] 更重要的是，希特勒本人也相信这一点。

但这些并非全部。

隐瞒自身部队的实力通常在于让敌人低估部队集结的威力，进而被没有预料到的力量击败。在诺曼底登陆中，欺骗的目的恰恰相反。盟军希望制造的假象，是盟军在英国的兵力比实际兵力大得多，其目的不仅在于误导德国人对初始登陆地点做出错误判断，还要让德国人相信，即便诺曼底登陆已经发生，也不是主攻，之后美国第 1 集团军群等大量盟军还将在加莱地区开展更大规模的登陆行动。除了盟军创造虚拟战斗序列的高超计谋之外，至少有一位重要德国情报官员被希特勒毫无根据的乐观所困扰，于是故意无原则地接纳一些间谍的报告，从而夸大盟军的威胁。[2] 在诺曼底登陆当天，盟军在英国有 39 个作战师，而德国将其评估为 70 到 93 个之间。[3] 因此，随着盟军大规模欺骗计划（现在所知的“坚韧 2 计划”）连续展开，尽管德国人在登陆当天获得了两个有效的进攻命令，在登陆后的几天乃至在数周之后，盟军的欺骗依然让德国人相信加莱方向将会有一场

[1] 原注：Charles B. MacDonald, *The Mighty Endeavor* (Oxford University Press, 1969), p. 257.

[2] 原注：Sefton Delmer, *The Counterfeit Spy* (New York, Harper and Row, 1971), pp. 144–147.

[3] 原注：美陆军权威历史学家查尔斯·麦克唐纳（Charles B. MacDonald）估计盟军登陆时有 93 个师；基于其他历史学家报告中 70 至 85 个师的判断，惠利认为是 80 个师；德尔默则认为，在诺曼底登陆的一个月前，德国的一份战斗序列评估认为盟军有大约 75 至 80 个师，而在登陆前一周，在英国集结的盟军大约相当于 87 个师。希特勒自己估计（5 月底向日本驻柏林大使表示），盟军大约有 80 个师准备登陆入侵。关于德军战斗序列有很多评估，但不幸的是，所有的评估都是错误的。这一点战斗序列分析人员应该引起注意。

主攻。一直到 8 月初，欺骗都十分成功，主要原因在于盟军有效地保守了虚构的第 1 集团军群及巴顿司令部的秘密。不出意外，德军错误部署了预备部队，在盟军登陆法国的关键时刻，德军部署在加莱方向的 19 个师按兵不动。

苏联在白俄罗斯战役中参与“卫士行动”

此项国际大欺骗行动还在进一步扩展。1944 年 6 月 22 日，在“霸王行动”后的第 16 天，苏联在白俄罗斯发起进攻。苏联对进攻计划和进攻时间也进行了欺骗。这一计划由苏联和英美共同敲定，旨在使德国相信，苏军的进攻将从乌克兰而不是白俄罗斯发起，且进攻时间要到 7 月才开始。这一欺骗计划于 4 月中旬开始实施。盟军用一系列宣传和公开声明误导德国人，掩盖夏季攻势的性质。精巧伪装和保密措施隐藏了苏军在白俄罗斯的部队，积极的欺骗措施（包括仿制装备和模拟无线电网络）则在乌克兰方向创造出了一支主力部队。苏军对整个西线进行侦察，而非集中在某个地点。苏联只有 6 个人知晓整个方案，所有的命令都只有 1 份，仅供当面传阅。

成功欺骗的结果是，苏联白俄罗斯方面指挥官（朱可夫元帅和华西列夫斯基元帅）集结的真实部队实力比德军估计的多了三分之一，装甲部队占压倒性优势，在首攻地点取得了 10∶1 的战场优势。攻击日那天，当地的德军指挥官前往柏林晋见希特勒，就像诺曼底登陆日那天的隆美尔一样。突袭得以实现，仅用了 36 天白俄罗斯就被解放了。

苏联对盟国战争全局的支援还包括 6 月 10 日发起对芬兰的攻击。此举既是为掩护随后进行的白俄罗斯战役的佯攻，也是为了误导德国人，让其相信主攻方向将在斯堪的纳维亚半岛（Scandinavia）发生，从而拖住本来可以调往法国的德军。当然，进攻芬兰也符合苏联的国家目标。[1]

[1] 原注：For discussion of this phase of BODYGUARD, see Barton Whaley, *Stratagem Deception and Surprise in War* (MIT Center for International Studies, April 1969), pp. A-391–A-393h, and A-387–A-389.

各国欺骗理论和实践

前文谈到，惠利认为苏联的欺骗技巧和实践都不完善，研究预警的学者也许能从中得到一丝安慰。惠利认为，部分原因是斯大林限制了苏联军事学说的进步，以及苏联过于重视保密措施、轻视积极的欺骗措施。

二战中对欺骗艺术运用最为纯熟的当属英国，美国和苏联都是从英国学到了欺骗的技巧。英国不仅有诸如诺曼底登陆之类的欺骗艺术杰作，还帮助苏联完善了 1944 年 6 月 22 日白俄罗斯战役的欺骗行动。

惠利的论著着重论述了德国（并稍稍提到日本）在二战期间的欺骗行动。由于篇幅所限，本书无法对其做出概括。但研究预警与征候问题的学者会发现这些论述既有趣，也富有启发。

二战后，至少在西方世界，以色列和英国一样成为最重要、最娴熟的欺骗实践者。以色列立即产生了欺骗的迫切需求，并有很多实践欺骗的机会，其行动十分成功（尤其是 1967 年 6 月的“六日战争”）。二战期间，美国从英国学会了欺骗艺术，并取得一些显著成就。但惠利认为，在理解欺骗艺术及欺骗在战争中重要性方面，美国远远落后于以色列和英国。

基于二战以来的大量实战经验，包括惠利没有提及的一些战例，我倾向于认为，苏联等华约缔约国在这些例子中并没有展现出对欺骗艺术的娴熟掌握，尤其是在积极的军事欺骗方面。然而，这一观点具有危险的误导性，因为这一时期的战争——如干预匈牙利的“十月事件”和出兵捷克斯洛伐克——很少需要使用精妙的欺骗来确保军事胜利。在匈牙利事件上，时间条件不允许苏联去策划一场精妙的欺骗。前文已述，除非国家安全利益面临威胁，否则国家不会去策划复杂的军事欺骗方案。此外，苏联已经显示出其军事保密措施在当今世界无可匹敌，古巴导弹危机就不断提醒我们这一点。

更为重要的是，我们发现，苏联军事学说不仅高度重视保密，而且高度重视积极欺骗。苏联于 1968 年发布了一份关于白俄罗斯战役中欺骗行动的材料，并清楚指出这是为了向新一代军官教授军事欺骗的经验教训。刊载于 1970 年 9 月的一篇题为《现代战争中的谋略》（“Ruses in Modern Battle”）的文章进行了部分阐述：

> 在制定战斗培训任务时，国土防空军的军官会被同时召集在一起，研究现代战争中的谋略使用。
>
> 所谓军事谋略（military ruse），是指挥官向敌人隐藏真实意图、使敌人产生错觉以及由此成功实现自己目标的能力……
>
> 尽管国土防空军拥有充足的现代装备，在现代战争中谋略的作用却不降反升。谋略帮助指挥官向敌人隐藏其计划和意图，促使敌人提前泄露其计划和部队战术编组，并确保高强度、快速和具有决定性的突袭作战在现代战争中发挥重要的作用。正因如此，苏联国防部长要求指挥参谋机关高度重视战术准备，持续教育部队使用敌人无法预料的战术方法、军事谋略和虚假行动……

如果认为苏联战略家从未研究过成功欺骗行动（包括近年来以色列的案例）的经验教训，那将是愚蠢的。我们必须相信他们有能力实施更为复杂的欺骗，只是他们不愿意告诉或展示给我们罢了。

如果符合其利益需求，苏联在任何情况下都会毫无疑问地使用政治和军事欺骗。这几乎是确定无疑的，征候情报每次都印证这一点。从列宁开始，苏联领导人都偏好保密、安全和出其不意，这基本保证其在军事行动中都会进行一定形式的政治欺骗。在这些案例中，苏联无疑都开展了欺骗，虽然有时手段并不一定高明。

在亚洲一些共产党国家，传统的东方神秘主义与马克思主义学说的结合，以及对保密的重视，使我们这一代很难了解他们的政治意图和军事意图，其难度甚至超过了解苏联。的确，相比之下，苏联经常表现得直截了当和易于理解。极少有西方人自诩了解中国人。在 1962 年中印边境战争的高潮时期，驻北京的一个外交官（他本人也是东方人）就发现，有人为了搞清楚中国的意图，竟然使用占星术来做政治分析。在这方面，我们的优势（如果有），可能在于至少我们已经做好准备，而且通过近期的两场战争，我们对他们的军事策略已经有一些了解。

我们能采取什么对策

通过以上简述，我们现在至少可以明白，所有国家都很容易受到欺骗，甚至那些自身具有丰富欺骗经验的国家也是如此。逻辑学也表明，至少在某些方面，民主社会比独裁或封闭社会更容易遭到欺骗——开放社会要实施欺骗无疑会更加困难。另外，近年来的历史也印证了有经验的预警分析人员的判断，即美国在情报和政策层面都极其容易受骗。

我们能做些什么才不至于那么容易受骗？是不是没有希望了呢？我相信，以下建议能有所帮助——但我们必须再次提醒自己：无论我们多老练、多敏锐，还是容易受骗，没有什么能确保我们看穿敌人的欺骗计划。即便如此，虽然我们过去对付欺骗的记录不佳，但我并不像惠利那么悲观。

如果我们想要对付欺骗，首要之事就是让人们了解欺骗，并对一些历史案例有所研究。此前我们已经讨论过美国对这一问题的忽视。这种忽视的一个表现就是，尽管笔者拥有 20 多年的征候与预警工作经验，但在写作本章之前几乎对欺骗史一无所知。当务之急是，美国的情报学校和军事学校应给予欺骗问题和其他预警问题更多的时间和重视。正如惠利所言，我们可能在一定程度上容易受旧诡计的欺骗，但我们如果想要更好地识破这些诡计，就必须了解它们。

其次，情报机构和政策层、指挥层必须知道，在某些情况下，欺骗行动很可能实施——不仅由我们的敌人，而且甚至由我们的朋友实施。要识破欺骗，我们必须认识到，发生欺骗的可能性是可以预计的，否则，我们恐怕不可避免地成为简单欺骗的受害者。那么我们如何识别这种情形呢？那就是，欺骗可能发生在国家的重要目标受到威胁时，敌军正进行动员部署时，以及对手明显“要搞什么名堂”时。在这些情况下，认为对方不会使用欺骗是极为愚蠢的。我们必须时刻保持警惕，防备可能的欺骗，假定其可能发生，而不是相反。与其常常对敌人的“背信弃义”表示愤慨，还不如怪自己未能提前预知其可能性。坦率来说，我们必须减少信任，更多地保持怀疑和现实。

一旦认识到欺骗正在实施，战争可能已经赢了一半。因为这种认识将会警示我们：（1）对手很可能正在准备某种突然袭击——要不为何费劲欺骗我们？（2）要着手努力探明欺骗烟幕背后可能掩盖的真实计划或意图。

在敌方进行大规模军事集结时，最容易（更准确地说，是最不难）看穿的烟幕通常是政治欺骗，以及军事上与之相伴的“掩人耳目的故事”。当敌人的政治行为与其军事准备不协调时，当他说话语气缓和却拿着一根大棒时，请小心。这是最简单、最不老练的欺骗方法。没有一个国家会如此轻信而堕入此道，至少会提出一些质疑。认识到这种欺骗正在实施或可能在实施，不一定能让我们清楚敌人下一步要做什么，但至少会提醒我们，敌人要做的可能和他所说的不一样。对战略预警而言，这一认识可能是所有判断中最重要的。

现代史已证实惠利所言，掩盖大规模军事行动的准备实质上是不可能的。即使拥有最复杂的保密措施，敌人也难以在完全保密的情况下集结足够部队发动大规模进攻。如果我们在这种情况下被骗或遭到突袭，那是因为我们未能识破其掩人耳目的故事与开展和谈的谎话，进而让我们的先入之见压倒了对证据的分析，或者因为我们在攻击时间、地点或规模等问题上受到严重误导，因而未能在恰当的时间采取正确的反制措施。

与判断敌人正在准备进攻的战略预警不同，战术预警可能高度依赖我们识破敌人积极军事欺骗计划的能力。关于这个问题——惠利书中主要研究的正是这类谋略和欺骗——经验告诉我们，敌人成功欺骗的概率相当高。即使认识到欺骗正在实施（例如伪装的设备被探测到），我们也不一定得出关于进攻规模、地点或日期的正确结论。换句话说，即使进攻的可能性已被基本认可，军事指挥官仍不一定能识破敌人的具体欺骗计划并采取针对性防御。因此，即使战略预警问题在大体上得到解决，战术预警问题仍将存在。

对于战略预警和战术预警而言，混淆和假情报是个大问题。在国家出现重大紧急情况时，我们可能会面临此类策略，因此应高度重视。克格勃或者其他国家类似的反情报系统发布假情报的能力，加上其他欺骗方法的使用，对我们的搜集机制提出了前所未有的要求——必须要有细致的分析和报告能力，因为分析人员高度依赖搜集系统来评估消息来源的准确性和可能的欺骗动机。我们在其他地方提到，在这种情况下，搜集者要尽可能提供关于消息来源和获取途径的信息。这非常关键，因为分析人员几乎完全依赖此类评价来进行情报评估。紧急情况下，要想区分出哪些是敌人情报机构发布的假情报，哪些是其他情报来源提供的，即使只区分出一小部分情报报告，也是极其困难的。追踪谣言的出处常常是不可能的，但许多情况下谣言是有关真实动态的有价值征候，分析人员不应完全忽略。

除此之外，以下两条总体指导方针，通常能帮助分析人员透过欺骗烟幕，发现敌人最可能采取的行动方案。

去芜存菁。从获取的大量材料中剔除所有不可靠或来源存疑的信息，汇集被认为是真实的信息（事实）或来自可靠来源、未掺杂个人因素或没有理由进行欺骗的信息。这将会让你建立起自己的可靠数据库，虽然数量有限，但可作为判断其他数据或信息来源可靠性或一致性的衡量标准。这听起来简单明了，但往往不被执行。

时刻注视硬件。最终，敌人必定出动军队发起行动，且**他们的**所作所为将是其意图的最终体现。有时预警之所以失败，主要是因为缺乏对硬件的关注。敌人可能会设计各种诡计和转移注意力的事物，包括政治的和军事的，从而成功将我们的注意力从至关重要的军事能力上转移开。只要敌方保持或不断增强这种能力，那么一直关注这一问题的分析人员和军事指挥官往往能更为准确地掌握敌人的意图，这胜过那些每当获悉关于敌人计划的宣传或谣言就改变其判断的人。

最后还要对决策者和指挥官说几句。要防范敌人的欺骗，最好的措施是尽可能让部队保持警惕，做好战斗准备。如果做好准备，那么不管遭受攻击的可能性看起来有多小，即使我们没有预料到敌人的行动，在很大程度上，敌人的努力也不会得逞。换句话说，我们可能在政治上或心理上感到意外，但在军事上我们却做好了准备。比如，从珍珠港疏散美国舰队是一项针对可能攻击的日常战备措施，无论这种攻击多么遥不可及，即使其他所有关于日本意图的评估都是错误的，此举都会拯救舰队。

第三卷

第七部分

特定类型战争的问题

第 30 章 对当下敌对行为的分析

“预警”一词通常用于冲突爆发初期，而非用于在战争开始后预测新的进攻行动或其他动向。新爆发的战争不多见，但近年来数起冲突延绵不断，敌方不断变化的意图给征候分析带来源源不断的难题。显而易见，二战期间（除了珍珠港事件以外）绝大多数预警问题都与开展新的战役、开辟新的战场或战线有关，并与更多国家被卷入冲突有关。因而，我们所做的大部分征候及预警工作事实上都与我们当前交战国的军事意图有关。尽管战争爆发后与爆发前的征候分析问题并不存在根本性区别，但从分析角度而言，还是存在一些值得关注的差异，本章将就这些区别进行简要探讨。下一章则主要探讨与一种长周期战争形态（由游击队发起的战争）相关的分析问题。

心理氛围

在战争开始或在我方参战后，预警或动态情报分析人员或许能够察觉到的最重要变化，就是氛围的差异——各级情报、作战及决策部门都开始关注征候，尤其关注敌方未来的行动计划。曾因对敌方意图持悲观态度而遭到怀疑、漠视甚至嘲笑的情报分析人员可能会发现，其上级在觉察敌方不良意图方面正在超越自己。特别是，如果我们近期意外遭受了某些攻击或遭遇了其他戏剧性意外事件，我们很可能会集中精力高度关注任何有关敌方或其盟友可能采取进一步侵略行动的信号。分析人员平时在仔细核实前不考虑予以上报的信息，在战时都会立即被报往最高层。全员都要投入，以确保不遗漏有关敌方下一步行动的任何线索或征候。动态情报报告蜂拥而至，每天一个机构常常上报好几份，并且还补充上报数份零散的热点信息报告。对于上级要求提供越来越多信息的命令，情报分析人员很可能发现自己正试图使其降温，甚至认为其中一些要求是错误的、毫无价值的或者与敌方意图毫不相关的。

一旦这些最初的热情逐渐退却，而战争没有达到预期的效果，一切就会陷入持久的僵局。上级不再要求迅速上报每个信息细节，具体军情报告也会逐渐减少，取而代之的是更多的日常态势报告。对相关问题的基础情报分析将会大大加强。情报资源也将得到重组和拓展，以便长期应对相关问题。

情报资源的利用

问题的长期性不可避免需要更好地利用或大量增加相关情报资源，尤其是如果美军已积极介入的话。这些增加的情报资源通常不限于在国家层面增加分析力量——尽管战争期间分析人员都会成倍增加——更重要的是加强情报搜集，并拓展来自一线部门的情报报告，尤其是来自“战场”司令部情报人员的报告。

朝鲜战争和越南战争都表明，美国明显缺乏有关敌方军队的基本军事信息，针对这些信息的情报搜集努力也完全不够。回头看，这一定程度上是因为缺乏远见，例如，我们未料到会介入与这些军队的冲突，因而此前并未对这些地区的情报搜集工作给予高度优先关注。另一个导致信息缺乏的因素可能更为重要，那就是和平时期搜集上述国家信息存在巨大困难和高额成本。一方面，美军只有参与一场战争才能彰显充分开展情报搜集工作的价值，另一方面，也只有这样的战争才能创造各种搜集机会。因为只有与敌方军队接触——通过捕俘及收缴文件——才能获得有关其战斗序列、武器装备、作战计划及意图等方面的大部分情报，而这些情报在战前往往是十分稀少的。派遣部队投入战斗也会客观上导致其指挥和战术通信活动及电子信号发射活动的增加，因此，与僵持的静止状态相比，对方可以获得更多此方面的情报。此外，在和平时期可能显得过于危险或具有挑衅性的搜集手段，尤其是战术空中侦察（tactical aerial reconnaissance），在战时就变得合法。

分析人员会发现，战争爆发后，他能如愿以偿地获得实时、准确的战斗序列及后勤数据。过去根本不可能接触到的很多信息，现在却触手可及。在他擅长的领域发现如此丰富的信息，会让他感到欣喜若狂，难免成为一个好战分子。

这些信息资料不可能一夜之间就能得到。即使抓到俘虏或突然有了其他新的情报来源，重建敌人战斗序列，理解其后勤体系运作方式，也是一个长期的过程。事实上，我们花了几年时间，才重建和理清了北越部队渗透系统的性质。越南战争期间，我们最初面临的难题，就是缺少语言学家和翻译人员，以及没能通过审讯南越捕获的俘虏获取足够的信息。

战场指挥官的角色

战争会不可避免地导致一线指挥官的情报搜集资源和情报评估资源迅速增长。当然，这对即时的战术需求而言十分重要。但很可能的是，战场上美军指挥官将会越来越多地依赖于更长远的战略形势评估。如果其与国家情报机构出现意见分歧，那么至少在某种程度上，他的观点会占据上风。这可能仅因为国家总部的人们不愿意质疑高级指挥官及其参谋人员的观点。

毕竟，国家领导层必须信任那些被遴选出担任如此重要指挥职务的军官。如果缺乏这种信任，指挥官早晚都会被换掉。与华盛顿后方相比，一线指挥官可以更快获取更多的当地信息。一线指挥官的野战参谋和当地司令部成员负责对绝大部分信息进行初步评估，并选择将哪些信息及时上报给上级司令部。与任何后方工作人员相比，这些野战参谋熟悉当地地形，可以更好地判断敌人在当时环境下真正会采取何种行动。与敌军有所接触的一线官兵逐渐形成了洞察敌军战术及其作战水平的能力，而任何稳坐后方的战略家都不具备这一点。这也难怪，对于在千里之外安逸生活的人们所具备的知识和所拥有的能力，那些在战场浴血奋战的官兵常常都会鄙视。在某种程度上，他们这种评估很可能是正确的。

在很大程度上，有关战争及其情报支援问题是一个局部的战术性问题。在评估敌方实时意图和开展作战行动时，战场指挥官及其参谋的观点几乎肯定是举足轻重的。近年来，指挥官曾经拥有的筹划作战行动和对敌目标发动进攻的自由几乎被剥夺殆尽，下一步，其情报评估能力很可能会遭到质疑，起码会被仔细审视。

另一个影响战时战场情报分析能力的复杂因素，是人员的快速轮换，这一点在越南战争后期特别明显。当时，大部分军事人员执行任务的周期都是一年左右，这不仅影响了美军的作战效率，而且降低了其情报能力。经常听到抱怨称，在战术层面甚至更高层面，许多情报官员刚刚开始熟悉工作，却被要求调离岗位。

即使是局部战争或者看似不那么重要的战争，都成为近年来全球关注的重点。外部势力，通常包括超级大国，几乎总是在局势中存在利益关系，而其所作所为及意图对局势的影响可能比当地部队还要重要。现代运输手段和通信传输速度的进步，增加了他国从外部快速增援甚至直接卷入冲突的可能性。而有关这些国家正在做什么的情报，对于理解当地局势至关重要，甚至有时可以解答局部战术问题。因而，无论战场指挥官手下配备多少高素质且经验丰富的情报人员，都不能完全预先开展战场情报评估，当然也无法预判更宏观的战略局势。虽然大部分分析工作已由总部情报人员完成，但奉命研究某场当下战争的分析人员无须担心自己将无事可做，也无须担心自身的观点不再重要。

作战及外交方面的问题

许多情况正在发生，但对于己方的作战和外交活动，总部分析人员在绝大多数情况下却无从知晓——他们应该学会自我调节。有关信息隔离问题已在本书其他章节做过阐述，从预警角度而言我尤其深感遗憾，读者应该已经明白这一点。在战争时期，确保我们自身作战计划的保密至关重要，分析人员不该期望能够提前预知我们未来的行动计划。他们或许能通过从不同情报渠道获取的各种线索得知，敌方已经获得了我们正准备采取行动的某些信息，并就此采取了应对措施。这很可能给分析人员带来一些问题，因为他们未必知道己方将要做什么，即使有所耳闻也不清楚具体情况。在这种情形下，他们最佳的应对方式，可能是简单将收到的信息原原本本报告上去，而非试图解读其重要含义。如果幸运，他们的上级可能会提供更多的指导，但这通常是不可能的。分析人员最好不要忽略这些令人费解的信息碎片。他们应将这些信息告知决策层（这些信息或许是决策层已经掌握的），因为决策者可能确实不知道敌方已经获悉我们当前正要进行的行动。这是件微妙的事情，但提供一个多余的预警总比事后表示遗憾要好。当然，此类信息通常不能作为动态情报广泛分发。

越南战争留给我们的启示是：有些和平倡议和外交斡旋活动，就像我方的军事行动信息一样，敌方都已经知晓，我们的分析人员却被蒙在鼓里。在很大程度上，这种信息限制是一种新现象。朝鲜战争停火前长时间的斡旋活动，促使越南和老挝达成初步协议的日内瓦会谈，都未出现这样严格的限制。情报人员可以根据会谈形势，解读敌方的政治军事行动，也愿意报告这些动向。但在越南战争期间，情报界往往不愿去解读某些敌方行为，以免陷入一种微妙的政治态势，让最高领导层认为其提供的是错误的解释或是基于不完整信息的推测。事实上，这让情报人员感到十分困难和沮丧。在此，我也无法提供解决方法，只是希望将来对于并非密切关乎安全保密的事情，不要再设置这些限制。

战争中的战术突袭

战争中期我们遭受突袭的次数远远高于战争初期。尽管情报搜集能力大幅提升，人们也越来越意识到敌人可能发动新的进攻，但在战争开始之后，几乎所有国家迟早都会遭遇敌方的灾难性突袭。第 28 章和第 29 章已经探讨过，此类突袭行动取得成功的两个主要因素，是出其不意的攻击时间和欺骗手段的运用（我们也将在下文进一步探讨战时欺骗的运用）。但这些并不是战时成功实现突袭的唯一因素，还有其他至关重要的因素和陷阱需要分析人员警惕。

首先是自负（overconfidence）。这源于我们坚持认为自己理解敌方的战术和战法，并坚信敌方下次将会像我们预想的一样行动。在冲突发生初期，我们并不能确定敌方将如何行动，但随着时间的流逝，这种不确定性将会逐渐被一种自信占据。这种自信来源于，大量案例和数据表明：敌人在发动进攻前"通常会"或"通常不会"这样做或那样做：没有 3 比 1 的军事优势不会发动进攻；在恶劣天气下不会发动两栖作战行动；进攻行动前总是在沙盘上推演，等等。

背离上述模式当然是一种欺骗，而我们对此类战术变化的脆弱性实际上是一种自我欺骗，但事实上远远不止这些。战争开始后我们特别容易遭受这种危险。这正是"春节攻势"期间我们遭受突袭的根源之一，因为北越和越共方面此前"从未"尝试过开展此类城市渗透行动，也"从未"如此这般将自己部队暴露于潜在失败之下。虽然我们承认北越具备发动此类行动的能力，但这与河内方面的军事学说大相径庭，因此我们认为这种攻击不可能发生。尽管分析人员预测到了此次攻击，但我们没有预测到攻击的强度以及攻击的地理范围。

写作此书时，情报界在越南遭遇的最严重突袭之一，就是北越发动了一次大型进攻行动，但事先并未将此次战术调整告知其在南越的骨干。我们已经认定，河内方面在发起大型战争行动前，“总是”向其在南越的骨干通报总体作战计划，如果没有通报情况，他们就不会发起此类进攻。然而，这一假定有效吗?

任何领域的专家都会因为具备某个领域的长期经验，而容易产生惯性思维，而且他们往往难以接受敌方采取的新做法。正如第 11 章所探讨的那样，那些不熟悉以往套路的局外人可能比他们更容易察觉到一些变化的征候。这正是预警工作永远不能只留给某个领域专家处理的原因之一，但不是唯一的原因。

自负也可能是因为我方已取得一系列胜利，使我们坚信敌人已苟延残喘，对其致命一击近在咫尺，敌人无法或至少不会试图发动任何重大的进攻行动。这种心理作用是导致盟军忽视或者无法正确解读德军为“突出部战役”所做准备工作的主要原因之一。当时流行的口号“德国人在逃跑”，就体现出盟军过分自信地认为希特勒不会试图在欧洲发动反击。

在一场冲突期间，有时甚至可能会反复出现这样的情形：敌军几乎肯定会试图对我方开展突袭。和战争初期一样，突袭是战争中期制胜的一个决定性因素，情报部门同样要预见敌方的意图并尽可能预见敌方的作战时间、军事实力及攻击性质。时间会帮助敌方了解我们的作战方式、战术以及对其攻击所做的反应，因而有助于其实现突袭。敌方也将有更多时间来完善和测试各种欺骗手段。

尔虞我诈

请回头参照第 29 章关于欺骗活动的整体探讨。在此，我们简要回顾这个问题，仅仅是为了说明一点：与初次进攻需要掩盖准备活动相比，一旦战争开始，欺骗更为容易。这一点在相对开放的社会更是如此。在开放社会，有些举措（如建立审查制度、对公众和媒体隐瞒重要信息、采取各种保密措施），在和平时期会被贴上“独裁”“不民主”及“违宪”的标签，但在战时却为民众所容忍。和平时期，自由国度进行的积极欺骗受到严格限制，有时甚至连对新武器、作战计划等类似信息的保密都很困难。

相反，封闭国家就不会遭受此类困扰，它们在战争期间开展欺骗活动也更加容易。部队已经出动并部署在战场上，后勤体系和经济方面已经做好战争准备，许多在进攻前需要采取的措施已经到位，这些都是警示我们攻击行动可能迫在眉睫的关键征候。我们之所以会被骗，最主要的原因是，战争期间这些征候变得不那么有价值了。尽管我们或许还能够预测到敌方在某个地点或某个时间开展的新攻击行动，但这些准备活动主要是战术性的而非战略性的。敌人可以采取一系列战术欺骗措施，来阻止我们了解其下次作战行动的时间、地点和实力。

第三方的角色

冲突升级或其他势力介入冲突，显然会成为情报界关注的一个重点。尤其是，如果存在遭到某大国干预的潜在危险，那么最关键的情报搜集和分析问题将会与此大国的态度和意图密切相关，其密切程度甚至超过了战争进程本身。在三次中东战争期间（1956 年、1967 年和 1973 年），美国情报界最关注的就是苏联的意图——每次中东战争时苏联都表示要以这样或那样的方式支持阿拉伯国家。因为每次敌对行动都在其意图得到检验前停止，所以我们仍然不确定，如果战事不利，苏联会采取哪些措施。

战争的爆发可能会招致第三方干涉，但也会汇聚相关国家以外交努力结束冲突。

无论冲突持续时间多长，与冲突一方、冲突多方或交战双方存在外交关系的非冲突参与方，必然是很有用的情报来源。越南战争期间，极少数非共产党国家驻河内的外交使团为我们提供了有关北越领导层态度方面极有价值的分析，也在数个场合为期望和平的人们提供了沟通桥梁。显然，第三方的动机和态度值得好好审查。尤其是在那些美国缺乏耳目的国家，第三方情报机构的能力及其外交官的资质对美国而言至关重要。此外，第三方既可以成为管用的情报搜集来源，当然也可以成为敌方实施欺骗的途径。

第 31 章
游击战和解放战争

游击战（guerrilla warfare）几乎不能算是一种新现象，但是直到二战，它才真正成为一个与征候和预警相关的问题，这主要是因为游击战被作为革命战争或人民战争最基本的作战方式。或者更准确地说，游击战是一国人民用来推翻其压迫者或外国侵略者的初始手段。随着这些运动的日益壮大以及反抗部队的建立，战争模式通常变得正规化，最终可能或多或少演化为传统的阵地战（positional warfare），例如奠边府战役（Battle of Dien Bien Phu）。但是，无论处于什么阶段的革命团体，都基本坚持了毛泽东、武元甲及切·格瓦拉（Che Guevara）等游击战艺术运用大师所总结的基本要义。

共产党游击战理论的最核心要义是，军事斗争只是各种斗争的一方面，甚至不是最重要的方面。革命战争是人类思想的一场竞赛，其中，军事行动旨在实现最终目标并通过一个新的“革命化”社会来替代当今社会。除军事手段外，游击战还综合运用政治、社会、经济、心理及宣传等手段。虽然看起来原始，但其在多个方面非常复杂，尤其是在政治技巧上。越南战争表明，部队训练的大部分内容是向其灌输正确的观念和革命思想，甚至有时以牺牲足够的军事训练为代价。每个军事单位配备了政治军官，他常常与军事指挥官享有同等的权威，且事实上可能更具实权。宣传人员深入村庄和乡野，持续寻找民众的支持，军民合作也是运动取得成功的关键。可以说，民众犹如鱼（游击队）赖以生存的水，只有在（已经存在或可以创造出来的）合适环境中，运动才能发展壮大。

为了创造合适的环境，这些运动要综合运用“胡萝卜加大棒”的战术。一方面，它倡导善良、诚实，并通过购买获得食物和其他商品；但另一方面，它并不反对政治暗杀、威胁恐吓、强制征用劳工、征收物品、暗中破坏等活动，这些都是为了成功所必须采取的手段。对于那些被认定为“公敌”的人，斗争将是无情的。

解放战争是国内斗争，通常是游击战，虽然并非必须如此。共产主义运动已经决意通过解放战争达成其既定目标，如果一旦还未控制战争进程，则会全力支援。关键要理解的一点是，解放战争的定义是“正义战争”，共产主义学说呼吁毫无保留竭尽全力地支持这种斗争。这与“和平共处”原则或缓和理论并不冲突，一国的解放战争不应遭到他国的干涉。共产党人反对资本主义国家或帝国主义国家发起的“非正义战争”。正义战争或共产主义革命运动是高尚的、合法的、充满正义的，至少在理论上应该得到所有马克思主义国家的支持。当然，某些特定斗争是否属于解放战争还存在争议，并非每一场斗争都是正义战争。还有的国家受国家或战略利益驱使，而尝试与敌对国家政府保持良好关系。[1]

前面简要讨论游击战和解放战争的基本概念，旨在为本章讨论战争中的情报问题做好铺垫。绝不能说美国在过去十几年中没有学会游击战的任何皮毛——美国至今已出版不计其数的关于越南战争及美方教训的著作。公开论坛中有相当一部分著作涉及特定情报问题，比如因为人员和物资都

[1] 原注：在本书写作之际，苏联一方面全力以赴地推行与美国的缓和战略，另一方面更加坚决表明理想信念不能与西方缓和。有明显迹象表明，苏联当时反对河内方面继续在南越作战，并试图促成停火。尚不清楚的是，苏联是否真正到了威胁将切断其对北越的军事或经济支持的程度。至少在当时，貌似为了改善与美国的关系，苏联比过去 30 年间更为克制。这种情况能持续多久，无人知晓。

源源不断地从所谓的“胡志明小道”涌入，因此很难确定敌对部队的真实实力和援军数量。本章接下来将探讨发生此类战争时我们可能遭遇的一些情报问题。

基本的情报问题

情报搜集者的对象极少会像游击战那样令人难以捉摸。游击战领导人自身通常都不为人知，或者几乎无人知晓。他们的藏身之处偏僻且经常变化。多数情况下，游击队员来自当地民众，混迹其中难以辨认，合作者也是如此。（谁是北越游击战嫌疑人？）传统战斗序列分析往往难以了解这些部队的整体军事实力。其军事战术重点包括：运动战（hit-and-run raid）、伏击战（ambush）、夜战（night operation）和突袭。如果有选择，游击队当然会选择复杂的地形作战，部队可以隐藏在丛林中，或者在其他自然掩体下。其后勤补给是最原始的，通常依赖于当地搬运工或者小型交通工具，而非重型装备。指挥控制设备是原始而零散的；通信网络，包括无线电在内，都非常有限。几乎没有出现常见的高级情报搜集手段。这个几乎密不透风的系统部分是因为环境所迫，部分是由游击队员精心设计的：

> 游击队情报网络组织严密，分布广泛。在游击区，每个人毫无例外都是间谍，无论是老人还是妇女、牧童、牧羊姑娘、农民、杂货铺主、教师、牧师、船工、拾荒者。当地负责人把“热情”传递给每一个人，不论性别和年龄，从而获得所有信息。他们甚至生产情报。
>
> 理所当然，游击队不会让敌人接触自身信息，从而使敌人陷入难以穿透的迷雾。日本在中国以及法国在印度支那和阿尔及利亚战场上完全无法得到信息。这是所有游击战的典型特征。敌人就像站在灯火通明的舞台上，而在他的四周，数千双看不见的眼睛认真研究他的一举一动、一招一式。当敌人攻击时，只能扑个空；他的对手虚无缥缈，就像月光下转瞬即逝的影子那样难以捉摸。

凭着信息优势，游击队常常能够在他们选择的战场条件下作战。因为熟悉地形，他们能够扬长避短。只有有较大胜算时，游击队才发起进攻；当战场形势突然转为不利时，他们就撤退。他们依赖富有想象力的领导层，实施干扰战术，开展突袭，实施机动等，从而在开战前创造制胜环境。敌人一而再、再而三地被欺骗。进攻往往是突然、猛烈、强烈和急促的。许多进攻带有干扰性质，其他行动意在扰乱敌方计划，刺激和迷惑敌方指挥官。敌方的思想及其领导人的意志是比敌军部队本身更为重要的目标。[1]

精准预测游击队的进攻时间或地点，是军事预测中最危险的事。报告敌军行动计划的情报来源总是让人半信半疑。如果敌军的计划因某些意外情况而改变，并对特定目标的安保措施增强，游击队可能就会推迟或取消进攻，或者转而进攻其他目标。大范围保护脆弱的目标免遭游击队的突袭，显然需要大量且高度警觉的安保部队，即使如此也常常会发觉防护力量不足。任何关于敌人何时可能试图发起袭击的预测，即使只存在相对少的潜在目标，都基本上靠猜。针对对手每次试图攻击美国驻泰国基地这一情况，至今为止，存在许多错误或者不成熟的情报报告。对一次进攻行动的预测，即使理由看似充足，最终也很可能发现是错误的。

在直接对抗区域背后，可能存在另一个更为隐蔽的游击战区域。有许多训练基地和后勤补给线在支撑这类运动。训练区域往往远离作战区域，通常位于邻国，以便支持作战行动。而我们几乎不可能到达这些区域。众所周知，泰国共产党游击队在北越和老挝开展训练，但这些训练设施如何，受训人数几何，却鲜有人知。延伸至老挝和越南的泰国游击队后勤补给线多次被发现，却从未被切断，部分原因是这些部队对外界支援的现实需求有限，但毫无疑问，敌对国家正在准备着为更大规模的军队提供更多支援。几乎可以肯定的是，他们在老挝西北部修路至少部分是为了这一目的，在某种程度上，这些道路已经被用于向泰国输送更多的人员和物资。

[1] 原注：Samuel B. Griffith, *Mao tse-tung on Guerrilla Warfare* (New York: Praeger,1961), pp.22–23. These words are General Griffith’s, not Mao’s.

更加难以捉摸的是游击运动背后的决策过程。游击队领导人定期前往友好国家咨询其精神导师，并与其就该运动的未来计划达成共识。有关这些行程的信息通常很少，能够获得的是少之又少，更不要说相关计划或决定的性质了。除非极少数情况，否则外界人士不会见到游击队领导人。除非他们自身选择发布信息，否则不会有任何新闻报道，也不会出现任何有关此事的独立观察报道。

随着游击运动规模扩大，或者演变为常规军事行动，情报搜集的机会就会增加，虽然不一定与日益壮大的游击运动相称。为满足其对后勤补给和武器装备的需要，游击队必须建造新的道路，使用卡车或大型船只；大型部队比小型部队更容易被发现；军事行动的筹划变得更为复杂，需要更多人的智慧，知情人就会更多；在特定区域集结兵力虽然不会提供精确的攻击地点和时间，但也为判断攻击的发生提供线索。同时，被进攻对象很可能也采取了一系列措施，来提升其情报搜集能力，但这需要一定时日才能实现。毫无疑问，随着越南战争的推进，美国针对北越军队及其在南越的兵力部署方面的情报搜集和分析能力，已经有了重大改进。虽然配备了昂贵、复杂的传感器系统，并且拥有其他情报搜集手段，但我们仍然很难确定，最终到达南越的北越补给船只到底有多少。尽管到最后我们可以信心十足地断定在什么时间补给船数量正在大量增长，但对于最后到达南越船只的具体数量，我们依然没有十足把握。在许多情况下，新武器甚至如坦克等重装备都在南越出现，而我们事先却未发现。毋庸置疑，事实证明，关于越南和老挝发动进攻的时间一直是最难预测的（见第 28 章）。

筹划革命战争时，有一个环节经常会给我们提供有关其意图的征候，那就是针对部队和民众开展的密集政治教育。革命者、共产党人很少掩盖其总体目标，虽然可能在具体计划上会有所隐藏。某些国家还起草了打算如何实现其目标的实质性蓝图。

越南战争期间，关于河内方面相关计划最有效的情报来源之一，就是北越劳动党发布的指令，以及其他北越团体有时发布的信息。虽然其具体内容几乎是完全保密的，但这些指令会迅速传达到位于南越的南越中央办公室。该机构通常会根据实际情况做出细微修改后，以指令的形式重新发布。这些指令虽然也是高度机密的，但当南越各地高级干部被召集起来传达指令基本精神时，我们得以窥见其内容。通常，在数周内，大量来自秘密手段或叛逃者的情况报告将提供关于该指令足够确切的信息，这样就可以摸清该指令的基本内容。在某些情况下，我们能够了解这些指令的准确内容。北越是战争史上文山会海最严重的国家，这一点几乎是众所周知。我们将缴获的成千上万份文件逐一翻译，仔细审查，以便找出能够反映河内对南越总体意图的有价值信息。事实证明，这些文件是有关北越军事计划的可靠晴雨表，似乎北越从未利用这些文件开展蓄意的系统性欺骗。

河内的惯例是每年至少要制定一次南部作战总纲要，因此这些指令经常为我们提供有关其总体军事计划的早期预警。无论是 1968 年的“春节攻势”，还是 1972 年的“复活节攻势”，在战斗发起数月前的文件和简报中都有体现（虽然并非是具体行动细节或时间）。事实上，河内方面一直在准备开展规模空前的进攻行动，通常被称为“总攻和起义”。 我们从“春节攻势”中吸取的如何理解河内意图的教训，对我们随后几年的情报工作大有裨益，尤其有益于 1972 年“复活节攻势”期间的情报工作。

与此类似，1972 年缴获的数份文件显示，河内方面希望停战，几年前的“春节攻势”是其蓄意为之的，事实上河内方面在为开展有利于自身的停战谈判创造条件。同时，此后的一系列指令强调，当下要加强“政治斗争”而非大规模军事行动，这也显示了北越方面在实现停火后的意图。

河内方面总体战略计划与其发布的系列指令之间密切相关的事实，揭示了革命战争的一个基本要义：向军队和民众灌输与敌斗争的整体目标和目的至关重要。显然，在越南，我们之所以能够获取河内方面刻意保密的一些信息，是因为多种因素，包括：这些信息必须最终通知给那些被派往南越的大量干部；美军数量巨大；美军加强了信息搜集和分析，其中包括大量秘密情报搜集手段；冲突的长期性使情报搜集系统日益完善，我们也能够更好地理解搜集到的材料。在未来的战争中期望出现如此大量的政治战略情报，简直是痴心妄想。但我们能得出一条规律，敌方对高层干部的教育及发布的长期有效指令，是我们了解其总体意图的很有价值的指导。

指挥时间问题

游击战是所有战争形态中演变最慢的一个，对其筹划者和领导人而言，最基本的一个要求就是耐心。如果真能实现最终的胜利，也是在遥远的数年后，而且只有那些狂热致力于这个事业的人，才有可能愿意倾其一生来追求这一遥不可及的目标。本书写作之际，北越一直试图控制整个越南，这一时期战火不断，持续将近 30 年。他们当前侧重于政治斗争而非军事斗争，这几乎肯定是个权宜之计，根本不能表明其已经放弃了自己的目标。

泰共起义运动进展缓慢，即使最狂热的支持者也一定会时常感到沮丧。1942 年 12 月，泰国共产党正式成立；1952 年，决定把武装斗争作为夺取政权的方式，那时泰国当局禁止该国共产党领导人流亡中国和老挝。1961 年，该国共产党将毛泽东人民解放游击战理论作为官方指导理论，开始在西北部建立革命基地。随着泰国独立运动（Thai Independence Movement）和泰国爱国阵线（Patriotic Front of Thailand）分别于 1964 年 11 月和 1965 年 1 月成立，这场革命运动被进一步推向高潮。在之后数年中，泰国解放运动不断得到支持，训练泰共起义领导人、增加资金及其他援助等一些项目也开展起来。1965 年中期，泰共开始积极开展起义运动，并在之后 8 年中有所发展，但远远没有实现质变。泰国的革命前景依旧渺茫。泰共起义运动最终的成败不仅取决于本国运动的发展，而且可能更加取决于相关运动在越南南部及老挝的进展，以及美国等国的态度和举措。

共产党起义运动给美国的情报搜集人员、分析人员及政策官员带来了许多挑战性难题。这些难题包括：如何搜集足够可信的证据来生产预警情报，何时发出预警，需要提早多久发出预警才能发挥作用或满足相关需求。

绝大多数游击运动进展极为缓慢，这似乎为其对手的情报机构提供了足够时间，使其不仅能够了解游击运动的总体趋势和目标，而且可以从理论上获得包括战斗序列、训练设施、后勤补给、领导层情况等等诸多细节。虽然前文所述的游击运动复杂多变，常常会在相当长一段时间内妨碍其对手获得此类信息，但如果时间充足，可能事实真会如此。此外，能否获得这类信息很可能取决于能否抓获一批俘虏，因为其他情报搜集手段往往在游击运动中失灵。

越南战争期间，在获取部署在南越的北越军队的作战计划、后勤补给及战斗序列等方面，存在大量消息滞后的例子。越南战争后期我们的情报能力大大改善，使我们绝大多数人忘记在战争初期我们一无所知，也忘记我们花了多长时间才学会如何获取情报。其中可能最有趣也最鲜为人知的例子，就是我们究竟花了多长时间才弄清，河内方面已经彻底改变其整体政策，决定通过直接军事干预来实现最终目标。

1959 年初，北越领导层认为，政治手段及开展小规模游击战的方式，不再是实现越南统一的可行途径。河内方面做出一个指导其之后数年行动的根本性决定：重新在南越公开开展大规模游击战；通过从北越派遣渗透部队支持作战；建立一个更加完善的后勤系统，为部队运输军事装备和补给。他们建立了一个后勤机构，以改善通往南越的运输网络，为部队建立沿途驿站；建立一个简单、高效的系统，向南越战场大幅增加补给。这个组织名为第 559 团队（如此命名因为其建立于 1959 年 5 月），最终扩张成为一个大型后勤服务机构，下辖成千上万的部队、大量军事驿站、公路建设和维护机构、卡车货运及其他运输机构，以及防空部队等支援部队。河内决定改变其在南越的战术，并通过后续军事行动来执行这些决定，从而为越南战争带来了最为关键的转折点。转向军事行动的决定不仅迅速传达给越南全国的干部，而且传达给了老挝的“巴特寮”（Pathet Lao）领导层，后者受命加紧征募新兵，在老挝发动解放战争。

这些决定高度保密，北越的战术变化也很不明显，直到 18 个月后，有关河内方面的决策意图才显现出来。直到 1960 年 12 月，北越军队直接通过支持贡勒（Kong Le）上尉（他曾于 1960 年 8 月在老挝首都万象成功发动军事政变）插手老挝战争，至此河内方面希望通过军事手段实现其在印度支那地区目标的意图才变得众所周知。1960 年 10 月初基于一系列征候（其中有的没有说服力，有的有说服力）起草的一份预警报告指出，北越方面正准备支持贡勒上尉。报告还强调存在其他迹象，表明河内正着手准备在越南南部发起军事行动。但这份报告在情报界支持者甚少，有时甚至遭到公开嘲讽。一位老挝专家看后回复称，老挝的未来不会受到影响。

当然在事后回顾时人们才清晰地发现，大量证据曾经唾手可得。早在 1959 年春天，我们就应该发出关于河内方面长期意图的重要预警，但在之后数月中，情报界在基于现有各种征候做出正确评估方面动作缓慢。在事后回顾时，我们多么渴望曾得到这样一份情报产品，但值得怀疑的是，如果在 1960 年秋天前情报界能发布这一预警，是否会得到足够的认可，或者能否发挥任何作用。决策者一定会问是否存在一些切实的证据，表明北越的军事实力在明显增强，且有意发动战争。那样的话，这就是一个预警发布过早的例子了。

另一个相似的例子发生在 1964 年初的越南。1 月份北越权威杂志《学习》刊登文章，称对于美国在南越采取的任何行动，别国都会做出反应，暗示美国在南越的任何军事扩张行动都会导致其他国家开展相应的援助，就像此前在老挝支持叛乱分子一样。文章还强调，和在老挝时一样，北越通过派遣军队进入南越是正义的。这篇几乎无人关注的文章被一些征候分析人员解读为一个预警信号，即北越事实上正准备利用自身部队，加紧在南越开展军事行动。甚至，有一份征候分析报告基于对此前中国出兵朝鲜和北越介入老挝战争前所发出警告的分析，断定一场军事行动即将在南越展开。

这个判断总体是正确的，但是时间不对。数月之后，我们才得知，1964 年 3 月，第一支渗透进南越的北越常规军已被重组并开始渗透训练。4 月份，另一支常规部队（也是第一支来自第 325 师的部队）被从老挝调回并开始渗透南越的训练。北越权威杂志《学习》刊登的文章是一个真实预警，能够反映河内在南越使用常规部队的意图。当我们确认这一真实意图时，已是一年之后，那篇文章早被人忘记，事后这么久也很少有人再有兴趣琢磨此事。

上述例子表明，当我们在处理有关游击战的长期筹划、部队训练和支援等问题时，我们在就对方的意图发出征候预警方面存在一个根本性的情报问题。如果我们有幸获得（尤其是当游击队或其领导人事实上公开其意图时能够获知）这些计划或项目的早期征候，大多数情报用户也会因为预警过早，而以“仅仅是宣传”或“太异想天开”等理由拒绝相信。而当数月后确认时，最原始的预警已经被完全忘却，最初提出这一假设的征候分析人员也是徒劳无功。事实上，他们手头掌握了反映敌人能力正在迅速增长的一些征候，并基于这些征候发布了一系列不成熟的预警，却被人们视为喊“狼来了，狼来了”的杞人忧天者。

关于预警报告的这一问题似乎没有令人满意的解决方案。在大多数情况下，游击队的壮大极为缓慢，只有一些重大的新动向才可能引起更多的关注，或者只有涉及一些确切事件时预警报告才会关注这一地区。大多数情况下，关于游击战渐进变化或趋势的报告都留给动态情报或动态评估来完成。

虽然目前在预测此类运动意图或能力方面存在“各种失误”，但从预警角度而言，其导致的结果很少是灾难性的。也就是说，情报工作的缺陷不会导致一场类似于珍珠港事件或“春节攻势”那样的灾难。游击队的壮大非常缓慢，给决策者留有足够时间来察觉这一威胁并且试图做出反应。通常，在形势变得不可收拾之前，情报界有足够时间来重新修正对敌方计划及能力的重大错误判断。掌握游击队的作战能力或意图并不难，但找到足够管用的方法来应对这种威胁，往往比较困难，而且比应对常规战争要难多了。美国和其他国家遭遇的另一种国家灾难，常常是由政策失误而非情报失误造成的，比如不承认潜在的意识形态力量和叛乱运动的最终获胜方，而是支持了另一方（也就是失败的一方）。例如，在法国与胡志明对阵时，我们支持了法国，而在巴蒂斯塔与卡斯特罗对阵时，我们支持了巴蒂斯塔。

第三方对游击队的支持

一个广为人知的原则是，只有得到他国或者多国外部力量支持，游击运动才能取得成功，而陆上邻国的支持是取胜最关键的因素。这方面一个重要的例外，就是卡斯特罗领导的运动——几乎没有外援，没有毗邻的基地，且在其当权后才被共产党国家公开接纳。（在此我们不考虑卡斯特罗是否为“地下党员”，这是一个不解之谜。）有些人甚至言过其实，说游击运动只要得到一个友邻国家包括军事补给线、避难所及训练基地等在内的主动支援，就不会失败。换句话说，如果没有来自邻国的主动支援，这些游击运动几乎都会失败（卡斯特罗除外）。这个论断最终得到数个东南亚国家及其他地区革命实践的检验。毫无疑问，这种外部支援至关重要，常常对游击运动起到决定性作用。很显然，如果不是与北越相邻，南越和老挝的威胁都微不足道。相应地，在美国作战部队参加越南战争后，河内之所以有能力在南越继续战斗，至关重要的一点是来自邻国的陆上援助。

对游击战而言，来自外界的后勤支援和避难所是如此重要，因此大部分征候工作都集中于搜集和分析与此相关的信息。从预警角度来看，这可能是这一问题最重要的方面。越南战争期间，预警情报最优先关注的不是北越何时何地会在南越发动攻击，而是北越在交通补给线上正在投入或打算投入多少渗透部队和补给力量。更为关键的问题是，中国或苏联是否会通过出动部队（或志愿军）的方式主动支持这场冲突，如果支持，将以怎样的规模支持。1965 年，据称中国的后勤和防空部队被调入北越，这一事件可被视为越南战争期间最重要的预警情报问题。直到后来，事实才逐渐表明，没有部队被派往南越参与越南战争，即使在北越，中国也没有派遣地面作战部队。

越南战争期间，多次出现的苏联军事介入问题也占有相当分量，尤其是有关苏联将提供何种武器装备（防御性或进攻性的）以及中国是否允许苏联穿越其领土给北越提供何种援助等。当时，苏联的一些行为引起了高度关注，包括：首次在北越部署 SA-2s 地空导弹（surface-to-air missile），这种导弹最初被认为是一种更具杀伤力的武器，但实际上并非如此；反复谣传苏联及其他华约缔约国可能派遣志愿军支持北越；1966 年 1 月苏联战略火箭军（Strategic Rocket Troops）副司令访问河内，其目的至今仍然成谜。整个越南战争期间，北越军队在南越战场上使用的绝大部分重装武器（坦克、大炮、防空炮）都是由苏联提供的。军援船只和苏联高官访问的具体时间也具有征候意义。例如，1972 年 3 月，苏联防空部队（Air Defense Forces）司令对北越开展了为期 10 天的访问，访问恰好是在北越发动“复活节攻势”的前几日，这一动向使人们对苏联声称不知河内意图产生了怀疑。

通常，共产党国家公开否认出兵援助他国的解放战争。至今，北越也从未承认过其在老挝存在部队（尽管事实上所有与老挝政府军开展的战斗都是越南正规军在打），且数年来河内方面也否认其在南越有任何部队，虽然在后续冲突过程中其心照不宣地默认了。在朝鲜战争中，苏联试图隐瞒其空军及防空部队参战的事实。1972 年 7 月埃及驱逐苏联顾问之前，只有埃及和西方的线人提到在埃及有苏联部队，而苏联人自己却缄口不言。

在共产党国家眼中，“不干涉”政策至少可以达成以下四个目的：首先，这证明游击战和解放运动是真正自发的，且代表“民众意志”，这也符合这些国家的立场。其次，这表明共产党国家是非侵略性的、爱好和平的，只有帝国主义国家才通过武力干涉他国内政。再次，从来不报道有关自身部队的兵力、位置及动向的任何消息，有利于其提升军事安全，这也符合共产党国家的一贯做法。最后，“不干涉”使其政策具有更大灵活性，降低了战争升级或招致报复的可能。这些国家的政策就是简单装作他们的部队不在他国，他们也从来不提参战或遭遇的伤亡情况，即使遭遇重大伤亡也默默忍受。从预警角度而言，正如我们无法了解这些国家本土的军队情况一样，这种官方几乎对所有对外援助严格保密的做法给我们带来了本质上相同的难题。在我们没有情报侦察人员的情况下，要想确定对方部队是否穿越遥远的边境，是个非常棘手的难题，尤其是当对方采取了特别的保密措施，甚至还运用了欺骗手段。

在最理想的情况下，即使已经明确知道存在某些类型的部队，在侦察所涉及部队动向，尤其是在确定该部队类型和规模的过程中，也常常会存在一些延迟的现象。“不干涉”的官方声明对情报界而言当然具有某些分量，但或许对决策者而言更为重要，因为决策者只有在得到某些十分完美的证据后，才会否定“不干涉”声明并将其当作欺骗。（我们在印度支那的经验表明，这方面的情报问题已经大大减少了，当存在其他相反的证据时，大家现在都意识到对方的一些声明事实上是毫无意义的。）总之，我们有关外国干涉的原始情报很可能是支离破碎的，我们可能会低估其干涉的程度（至少偶尔会这样），当这些部队正在撤离时，我们可能也不能马上知道。

同时，虽然这其实不是一个情报问题，而是一个作战问题，应对这些秘密渗透部队的行动风险或许比我们想象的要小得多。因为不牵扯到国家声誉，所以对这些“不存在的”部队开展攻击也无人知晓。除非当事国已经下决心希望扩大该区域的冲突，否则也不会存在导致冲突升级或者遭到报复的严重风险。

第 32 章
第三次世界大战的假定

我很不愿在本书中讨论这个话题，在此讨论只是因为绝大多数情报用户认为有必要讨论。事实上，在许多人看来，预警问题等同于第三次世界大战前夕我们可以观察到的一系列征候。他们还认为，所有我们过去一直关注的规模稍小的各种冲突，以及我们未来可能关注的冲突，都不值得“大战略家们”关注。我们应该只关心苏联（近年来也包括中国）的战略部队正在干什么，以及他们可能如何攻击我们。如果审视这些部队的事实证据后，并没有任何征候表明他们正在准备开展攻击，那么我们的工作就完成了。我们应该转而去关注那些很少人关注的其他事项，例如，“春节攻势”、苏联出兵捷克斯洛伐克、朝鲜战争，以及中东新兴冲突的威胁。

有关预警情报职责的狭隘看法从未得到政策官员们的普遍认可，也没有被情报系统中最终负责预警问题的绝大多数人所接受。毫不奇怪，如果出现一场针对我军、盟军或者他国的突袭，被搞得措手不及的政策官员和指挥官们，都会怪罪称这是一次预警失误。例如，他们通常认为，预警情报的职责不限于判断出，苏联部队不会在 1968 年夏天进攻北约。他们感到十分震惊的是，捷克斯洛伐克事件迫在眉睫时，他们却没有得到更加有效的预警。因此，对在随后数周苏联会不会入侵罗马尼亚，情报界格外重视，这清楚表明决策者也希望在类似行动上得到预警。

在此讨论上述观点仅为了强调，无论基层情报人员如何想，在可预知的未来，预警情报不可能仅仅为决定性战争服务。它仍然要为大量潜在的各种冲突提供预警——这些冲突规模虽小，但直接或间接影响我们的战略利益。这就是说，有一点必须确信，无论在形势紧张时期还是缓和时期，尽管任何敌对活动都不可能立即出现，预警情报还是要一丝不苟地审视有关我们主要对手潜在敌对意图的所有征候。预警情报部门既无法忽视这一重要的职责要求，也不应该分散精力，在那些对我们国家利益不构成潜在军事威胁的领域或议题上过度浪费其有限的资源。至于众多可能威胁我们战略利益且比较棘手的政治和经济难题，以及那些我们主要对手完全不可能参与的军事局势，将由情报界其他部门负责处理。

值得一提的是，美国绝大部分以“预警”名义花的钱，要么被用于战略情报搜集系统，要么被用于电子设备或传感器，而配置这些的最初目的是为了警示我们核突袭发生的可能性，或者当此类攻击发生时为我们提供战术预警。当前相当一部分情报预算被用于复杂而昂贵的情报搜集系统上，这一点是理所应当的，不仅因为它们可以改善先期预警的能力，而且因为一旦美国遭受核攻击，它们可以为我们增加哪怕是短短数分钟的战术预警时间。因而，当第三次世界大战来临，预警情报应该受到重视，这一观点毫无疑问在情报界和政府领导层中得到广泛认可。

我说过不愿讨论这个问题，并非因为高层对此议题及其潜在重要性不够关注，也不全是因为第三次世界大战不可能发生——尽管这让人感到，任何关于这些问题的讨论几乎都没有实际用处。我之所以说讨论这个议题是白费力气，主要有两点原因：一，对于第三次世界大战将如何来临以及来临时可能会出现哪些征候，目前尚无答案，只有各种截然不同的观点；二，可以肯定的是，将来若真出现核灾难，事实上无论我们是否“得到预警”都已无所谓，到时几乎任何事都已无关紧要了。

当然，在第三次世界大战前夕，情报可能会最大限度地发挥作用，通过正确预测敌人的攻击意图，决策者可以采取一系列措施避免大灾难。

在这种情况下，我们是否得到预警就显得至关重要。无论有关第三次世界大战的预警信息多么不充分，此类预警本身所具备的预防价值仍值得讨论。

建构情景

当我们试图通过建构一个貌似真实的场景来解释未来将要爆发的冲突时，我们明显感到有关第三次世界大战的场景是极不真实的。军事演习和相关情报问题的假想场景都曾描述过战争将如何来临，包括从没有明显战争准备的全面战略突袭，到开展全面动员、部署主力部队后再开战，一如第一次世界大战的模式。对那些熟知战斗序列、后勤工作及军事演习知识的人而言，构想双方一系列合理的军事动作（无论是相互独立的还是相互作用的）都不是一件特别难的事。难点在于构想出一种政治氛围，在此氛围下双方会采取一系列动作——包括误判对方的意图，或者为了攫取权力不顾一切——进而采取许多非理性的措施，最终导致重大战争。在建构第三次世界大战来临时逼真的场景过程中，这些固有的难题既困扰着我们，也困扰着我们潜在的敌人。在我们所了解的华约组织军事演习过程中，苏联总参谋部明显与我们一样，在预测战争真正的爆发方式上也存在难题。最终，或许为了自我辩白，或许因为双方都深信自己不会打响第一枪，双方都将对方描绘成侵略者。在典型的欧洲战争场景中，战争通常是在一系列完全不理智的政治运动之后爆发的，在此期间双方都没有表现出自我克制或希望避免战争的意图，过去几十年美苏之间少数几次潜在的危险对抗就是这样。

因为众所周知的原因，人们普遍认为美苏两国最严重的冲突将发生在欧洲战场。无论是两次世界大战都发源和主要发生于欧洲这个历史因素，还是两大军事集团直接对抗带来的潜在威胁，都使欧洲成为第三次世界大战最可能爆发的区域，大多数军事演习都是基于此开展的。

第二种导致超级大国之间爆发战争的情形是，在其他地区爆发的冲突中，超级大国虽然都没有直接参与，但在该地区都拥有战略利益或者对各自盟友存在承诺。虽然很少有军事演习以此为背景，但由此类情形引起的与对手的潜在对抗，要比欧洲局势引起的对抗多得多。1973 年 10 月爆发的中东冲突使我们强烈意识到一个事实，即美国对以色列的承诺和苏联对阿拉伯国家的承诺以及两个超级大国在中东的战略利益，很可能会导致两国在此区域发生冲突。苏联威胁称将单方面介入中东以“维护和平”，我们现在还不确定，未来似乎也无法确定，其为此准备介入到何种程度？双方的新闻发言人都暗示，局势表明两个超级大国发生直接冲突的危险远比人们想象中要严重。

此外，无论是通过海运还是空运的方式，苏联很明显正在提升其在全球更遥远地区投送有效军事力量的能力，并表现出此方面的意图。因此未来前景似乎是：在第三世界国家爆发潜在冲突的危险在增加，而至少目前而言，欧洲的危险在减少。虽然这不意味着，如果双方在某些周边次要冲突中发生了对抗或动用了武力，就必然会或者甚至可能会导致第三次世界大战；但这确实意味着，超级大国在更多区域发生对抗的危险比以往增大，后续冲突升级的风险也在增大。因此，战略预警情报分析人员需要关注的区域逐渐变大。例如，如果苏联试图在印度洋扩展其海军力量，那么印度洋周边国家就理应成为预警情报关注的重点。

战争计划制订者和演习规划方须考虑到“突发事件导致战争”的可能性。这种可能性事件包括：一次意外的核武器爆炸；雷达屏幕显示光点误报敌军将开展一次紧急空袭；某些通信设施或者警报器故障导致发出敌人炸沉我方潜艇的错误报告；异议团体发起的挑衅行动；战斗机意外闯入领空导致的一系列连锁反应。我们不能认为上述这些以及其他意外事件、误解、误判等因素完全不可能触发第三次世界大战。事实上，核大国都意识到可能发生的这些意外事件所存在的重大危害，并且已经通过达成单边或者双边协议的方式来减少其发生的概率。显然，在形势紧张期间或者部队已进入警戒状态后，这些意外事件或者误解造成的危险更大，从某种程度上说，认清这一点也可以起到一定的约束作用。

现在对我们而言，许多有关第三次世界大战来临的假想场景，似乎不切实际，甚至是荒诞的，因为我们都相信大国领袖们都是理性的人物，他们会努力寻求避免战争，而非刻意制造战争祸害百姓。我们之所以坚信此类战争不可能爆发，从某种程度上讲，还因为另外一个推论，即现实的“恐怖平衡”（balance of terror）将会延续下去，其中任何一方都不具备绝对的军事优势。尽管如此，我们无法完全排除这些可能性：另外一个像希特勒一样的疯子可能会当权，或者世界上发生的其他重要变化将会导致爆发大战的风险显著增加。为了便于进一步开展讨论，我将假设此类变化将会出现，从而导致第三次世界大战极具现实可能性。那么，尤其是在预警领域，我们最关键的情报问题是什么？当任何人都没有现成答案时，有些东西已经不言自明了。

与军事演习将大不相同

各国逐步走向相互毁灭的冷血场景将不会普遍存在。剧情会更像电影《奇爱博士》（*Dr. Strangelove*）中那样。当各阶层的人们都开始意识到核战争爆发的可能性时，就会导致全面混乱甚至恐慌。或者，他们会否认这种可能性，认为其不可思议并会否定手头已有的证据。当角逐中的大国领导层苦思冥想这一不可思议之事时，他们往往就不再客观和理性了，因为他们也是人。（还记得赫鲁晓夫在 1962 年 10 月的举动吗？[1]）敌军不会像我们所期待那样开展行动。情报不会一股脑儿来得如此完整、符合逻辑且具有连贯性。相反，它们将是相互矛盾、前后不连贯和模糊不清的。大量的情报报告几乎会把我们淹没，其中大部分是不切实际的或者可能是假的。在知识最应该完备的领域我们往往存在巨大的空缺。某些看起来最可靠和明显的“事实”可能是错误的；某些最不合逻辑和不着边际的报告将是正确的。到时候，我们自己最自吹自擂的情报搜集系统，怕是会辜负了

[1] 译注：指赫鲁晓夫在处理古巴导弹危机期间的强硬态度和举措。

我们的期望，而过时且有时被人们轻视的情报来源（例如人力情报）将会出人意料地高产。有时将会出现无法解释的通信中断以及信息分发过程中莫名其妙的延迟。

战备是为了“不可避免的核战争”

苏联军事学说如何论述在欧洲打传统战争及核战争？对这个问题我们一直极为关注。很明显，多少年来苏联都深信在欧洲的战争将是“不可避免的核战争”。苏联开展的军事演习及军事领导人发布的声明都认为，面对苏联常规力量优势，北约在历经一场短暂的常规战争后，将会开展先发制人的核反击。为支持这个理论，苏联驻欧军队似乎主要是为核战争打造的（尽管其核力量处于下风），而且都认为战争爆发后在欧洲的其他华约组织军队将会从苏联那里得到核武器。此外，苏联的军事学说清楚要求，针对北约任何部署战术核武器的行为，都要做出全面战略核打击反应，而非仅仅是以牙还牙地逐步开展核打击。

近年来，苏联军事学说已经发生了一些明显变化，目前苏联似乎设想可能在欧洲开展一场更大规模的常规战争。这种观念上的改变（至少目前已经发生了改变）主要出于两个因素的考虑：一是意识到需要有更多的军事手段或者“灵活应对措施”可供选择；二是逐渐意识到北约最终也极不情愿诉诸核武器，而事实上可能会在此类行动中拒绝支持美国。苏军在德国大量增加常规炮兵和装甲部队的部署，似乎印证了这一假说，即苏联现在很可能考虑在欧洲开展一场长期的常规战争。这一点是存在争议的，我们的目的也不是试图在此解决这一问题，尤其是它与预警问题几乎毫不相干。

有一个不可避免的事实就是，只要有任何可能性使在欧洲的战争突然演变为核战争，那么交战双方都必须准备应对这一意外事件，我们预期他们一定会这么做的。不可思议的是，如果我们预计华约组织国家将发起一场常规武器攻击，无论我们原本是否打算以核打击的方式进行报复，我们都不得不将所有的核部队升级至最高战备状态。对方也会是相同的逻辑。双方都会感觉是被迫进行准备，以紧急应对另一方发起的核打击。如果确信对方正准备开展一次快速核打击，苏联的军事学说实际上是要求实施先发制人核打击。只有从欧洲战场完全移除核武器，似乎才能免除这些战备活动，即使这样，双方还可能会怀疑对方秘密藏匿或者秘密部署了核武器。

因而，即使拥有最好的情报搜集手段，情报界也很可能无法区分哪些是为常规进攻开展的战备活动，哪些是为核攻击开展的战备活动，因为这些准备活动实际上是一样的。在现实中，有限的搜集能力将可能导致我们对敌方核部队的真实战备状态存在深深的怀疑，特别是，我们会怀疑下列问题：敌方激活的核弹头是否已被装载到导弹上？是否存在其他具备核能力的部队？规模如何？关于如何使用这些部队已发布了哪些命令？另一方面，即使我们实际的军事准备情况或许对另一方而言是显而易见的，他们也会怀疑我们的意图。

因此，情报界可能会发现自己所处的位置很尴尬——不能对对方是否打算运用核武器挑起一场冲突做出任何肯定的回答。我们将被迫依赖于情报评估而非实实在在的证据。

如果战争在其他区域（例如中东）爆发，我们对大范围介入冲突的战备活动的侦察能力很强，因为这种介入需要在传统作战区域之外开展一系列军事部署。但核武器问题可能也是这样。即使我们侦察到了核武器的移动情况，也并不意味着对方打算使用它们（例如 1962 年的古巴）。

上述讨论无论如何都不是为了贬低侦察核战备活动的重要性，而事实上这些侦察活动可以为我们提供最可靠、最独一无二的证据，来表明敌方实际上已着手开展重大军事准备活动。由于我们从未见过这些军事和民事异常战备活动，因此，它们能够给我们提供最可靠和最有效的征候，表明敌军正在为第三次世界大战做准备。

与较小规模冲突相比，无论在数量上还是质量上，有关第三次世界大战来临的征候都应该要更加证据充分、更加非比寻常、更加有预警性、更加全面。否则，敌人就能通过出色的安全保密措施掩盖或者伪装其军事准备活动，并通过熟练的政治和宣传手段及精心策划的欺骗计划使美国误判其意图。

其他军事准备活动的范围

本书其他章节已经对重大军事准备活动进行了详细讨论，包括军事动员、战斗序列、后勤工作及其对预警的重要性。对于我们当前的主要对手苏联及其他华约缔约国而言，毫无疑问，一旦面临重大敌对行动的威胁，他们必然会制订最翔实和最精心的计划，来开展最广泛的军事力量动员和国民经济动员以及所有可能的全方位战备活动。此外，苏联的军事学说通常要求全面使用武力和采取大量的战备措施。在这种情况下，我们必然马上得知其已经着手开始此类战备活动了（尤其是在东欧地区）。从逻辑以及两次世界大战在欧洲爆发的历史经验来看，我们将淹没在大量的预警信息中，但毫无疑问，关于战争危险迫在眉睫的消息会变得众所周知。不管核武器及远程导弹是否出现，和两次世界大战前一样，双方开展的全面战备活动还是至关重要的。事实上，我们可以理直气壮地说，这些战备活动在战争爆发前更为重要，因为核战争威胁迫使我们开展更高强度的初期准备工作，而没有一个国家可以奢望在战争爆发后还有时间来采取这些措施。

我自己认为未来很有可能是这样的：我们花了大量时间用于写战争剧本和评估我们的“预警时间”，最终发现这些在实际中是不需要的。虽然如此，人们在这个问题上看法各异，本章讨论的目的也是展现一些与此观点相反的理论和思考。

有人认为我们的潜在敌人不会开展全方位的军事准备活动，支撑这一观点最具信服力的论据就是，由于突然性是成功实现初袭的一个重要因素，因此，敌方为达成突袭会有意掩盖其军事准备范围，无论其在战争初期使用核武器还是使用常规武器，情况都是如此。如果是核武器，就没有必要开展全方位的常规军事准备活动，否则就会警示对手危险即将来临。如果是常规武器攻击，要想开展突袭，就要将战争动员限制到一个与重大演习相当的水平，避免随意部署部队，在最后时刻再开展突袭，等等。人们通常设想上述场景出现时，敌人已决定在一个局势相对平静的时期蓄意发起敌对行动，这犹如“晴天霹雳”，因为没有明显的理由，甚至毫无理由。这些当然不可能是所有的场景。根据相同的逻辑，更可能发生的情形是，局势日益紧张，双方都看到战争爆发的可能性与日俱增，因此采取了有限的战备活动来应对这一意外事件。这些战备活动看起来是预防性的（正如我们在 1961 年柏林危机期间采取的措施），同时意在警告对方不要采取任何错误举动。在这种情况下，一方或者另一方可能会出于其战略利益或国家安全的需要立刻采取行动，或者可能将敌方防御性措施误解为进攻性措施，并随后在没有开展全面军事准备的情况下发起一场进攻。显然，我们完全可以想象出许多潜在的战争场景，在这些场景中所开展的不同规模战备活动都没有按要求实施全面动员计划。

也可以想象一种情形，即双方都非常了解彼此的意图，并已经为潜在冲突做好最充分的准备，但都无意首先挑起冲突。在这种情形下，战争威胁将更加严重，至少比实际上更为迫在眉睫。在这种情况下，有时战争还未发生，双方或多或少都已进行了全面动员或者做了充分准备。最终，这种情形只能通过战争解决，或者通过双方减少战备活动和回撤部队来缓解危机。这种情形在小国之间或者在危险程度相对较低的情况下十分常见。例如，最近中东停火后，双方仍然保持数周的高度战备状态，战火随时可能在没有任何预警的情况下重燃。很显然，在这种形势下，洞察对手的政治态度和决策过程对于评估其意图而言至关重要，因为此时此刻，所有的军事征候都是肯定性的，由于误解或误判对方意图而导致战争爆发的概率很高。

核战争爆发的可能性，及当前超级大国爆发一场重大冲突可能带来的潜在危险，都对大国的军事准备活动构成约束，而在以往时期或者在小国之间，这些战备活动可能会以军事演习的方式开展或者被当作一种施压手段。不管过去是否开展过重大动员，也不管是否曾经为了达成政治目的而展示武力，如今，美苏双方对彼此采取这种行动都是一件非常危险的事。（这一点当然不影响他们在风险相对较小的情况下，针对一个小国，例如与苏联对抗的一个东欧国家，采取此类措施。）在没有引起对方高度疑惧己方意图，也没有引发对方被迫发起先发制人进攻的情况下，无论华约组织还是北约组织都无法开展一场大规模的动员活动，并将军队部署到东欧去。影响和平时期试探性采取各种战备措施的，不仅仅是经济因素——虽然这可能也是原因之一。但事实上，真正的原因是怕对方严重误解这些措施。值得注意的是，即使美苏在危机期间（例如 1973 年 10 月 25 日）相互对抗所产生的所谓武力威胁，也没有导致重大的军事部署变化。

只有在最极端的环境下（要么准备开展蓄意攻击，要么为应对敌方的军事扩张而采取防御措施），超级大国才可能会采取如此重大而具威胁性的军事措施。这意味着，作为第三次世界大战来临的征候，大规模传统军事准备活动（包括全面动员、陆军和空军的重要前置部署、大规模征用民用经济资源来支持军队，等等）应该被看作比以往更危险而真实的征候。当然，只是说明这一点，依然没有解决一个无法回答的问题，即是否会开展此类传统军事准备以及规模有多大。

预警时间问题

预警时间问题主要与在欧洲爆发的战争有关，有时也与假想中在没有任何欧洲战争威胁情况下苏联对美国实施的核突袭有关。无论如何，这是军事和政治决策者最关心的问题，也是北约发展规划及其欧洲各级部队发展计划中的重大问题。尽管这个问题非常重要，也有大量相关的著作论述，但是事实证明，我们不可能就预警时间得出任何确切的判断。看似大家意见一致的评估结果，实际上只反映了我们对在不同假想情景下可能拥有多长最短预警时间的一个最佳猜测。这些评估是基于“最坏的情形”形成的，必然反映了一个相对过分简单甚至可能不太真实的情况。

有一种极端的假想情况，就是使用战略核武器对美国或者欧洲无缘无故实施突然袭击。当前，几乎每一个人（但不是所有人）都认为这种场景太过荒谬，因此不需要考虑。在这种最坏的情形下，人们通常认为可以实现完全成功的突袭，因为火箭军部队的战备活动可以被完全隐藏——只有很少一部分战备活动（可能伪装成演习活动）需要战略海空军的配合。那些认为这一情景构建过于简单化的人认为，即使要寻求实现最大效果的突袭，苏联也毫无疑问会将其防御部队提升至最高战备等级，并将采取超乎寻常的措施，确保其经济和文职领导人的生命安全。

谈及在欧洲爆发的战争或者由欧洲危机导致的战争，也很有必要根据不同类型的攻击来考虑预警时间，这既包括遭受“晴天霹雳般”的突袭，也包括双方面临长期政治危机时，完成大规模动员和部队部署后，最终才爆发战争。有一点大家可能毫无争议，我们在东欧拥有的“预警能力”比在苏联要强许多，而且在可预见的未来仍将如此。因此，我们普遍自信地认为，该地区任何明显的动员活动或者大范围部署陆军空军的情况，都能被我们发现，而且苏联对欧洲的重要增援活动也不再可能被隐藏。如果假设苏联在没有事先增援的前提下不会进攻欧洲（长期以来绝大多数专家也是这么认为的），那么估计我们至少拥有数天的预警时间。在写作本书的时候，关于当下苏联如何增援欧洲的理论问题已经提出，但仍没有得到解决。

无论如何，“最坏的情形”通常是假设存在一种可能性，即苏联等华约缔约国会因为这样那样的原因被迫通过已经部署在前沿区域的部队挑起战争。如果除了最后将部队部署到进攻位置以外所有战备工作都已经成功秘密完成，那么最短的预警时间只剩下一两天或者几个小时了。完全悲观主义者甚至会认为这种情况下已经“没有预警”可言。

各种各样的评估都没有考虑到的是，在怎样的政治环境下才会做出发起战争的决定，或者双方军事和政治动向如何相互作用。对于我们绝大多数人而言，几乎不可能预测到第三次世界大战的到来，当然也不可能预料到它会是一场长期而深刻的政治危机的结果。尽管如此，我们也不期待像二战那样，持续开展六年的预警工作，我们坚信，各种政治及军事动向将会给我们提供有关另一场重要战争来临的预警。显然，对严格意义上的军事计划而言，一方需要为最坏的潜在突发事件做好准备，但这并不意味着战争会在政治环境没有明显和持续变化的情况下突然在欧洲爆发。

还有一点非常关键，就是要理解有关预警时间评估中“预警”的含义。征候分析人员常常指出，我们不应去猜测情报界在某些假设情形下会对敌对事件爆发的可能性做出怎样的判断。他们警告称，我们在这些情形中所说的“预警”，就是我们估算运用各种不同搜集系统来确定相关动向的时间，或对方实力发生重大变化所需的时间。当我们表示在欧洲拥有一周的战争预警时间时，我们通常是指当前的评估认为，如果苏联开展重大动员活动或在欧洲增兵，我们可以在其发生后的一周内发现这些情况。有时，“一周的预警时间”通常用于泛指一种设想，即：由于在东欧发动战争需要开展全面的军事准备活动，因此，我们能够在对方发起进攻前一周发现某些正在发生的不正常动向。我们所谓的预警是意识到敌方某些军事实力的增长变化，而这些变化需要我方采取相应的应对措施。预警并非是一个预言，不是情报界做出一个判断，认为华约组织有意在一周内发起攻击或者已经发起了攻击，有征候工作经验的人很少会在不考虑政治氛围的情况下，判断军事动向所具备的情报评估价值。

共产党国家预期的战争

根据马克思主义追随者的解读，马克思主义的一个基本教义就是认为，资本主义将自食其果，并最终走向灭亡，社会主义必然胜利。马克思主义认为，存在一个严重威胁，即资本主义及帝国主义国家将通过对社会主义国家发起战争来避免自身走向不可避免的失败。有关这场战争是否真的“不可避免”存在不同的说法，但无论如何马克思主义者都认为战争是由资本主义国家而非社会主义国家挑起，虽然后者也会支持正义战争或解放战争（见上一章）。

尽管共产党国家宣称，他们不认为资本主义对手会在毫无预警的情况下向他们发起突袭，但出于国内因素考虑，为了应对“帝国主义的进攻”，他们必须维持高额军费开支，并让部队保持警戒状态。这些国家的领导人认为，如果世界大战必将到来，那么将是资本主义逐渐走向衰弱的结果，而共产主义的影响将不断扩展，越来越多的“人民革命政府”会上台执政。他们有意推动这些革命运动，但因为这样做可能会涉及其更长远的目标，所以他们非常谨慎。

如果西方国家准备进攻共产党国家，后者预期将能够得到预警。不同社会之间存在的差别，直接导致西方国家和共产党国家在情报搜集能力方面存在差异。美国对自身能否得到预警毫无把握，而苏联等国却确信其会得到政治预警和军事预警，这反映出情报搜集能力方面的差距。目前大家都坚信，苏联的战略部队没有为随时开战做好准备，只有一小部分弹道导弹潜水艇在巡航，这意味着苏联认为其有充分的预警时间来准备核打击力量。苏联还有足够的理由认为，其能够获取北约内部动向及部队真实战备状态的充足信息，从而可以判断这些部队是否已经进入警戒状态，正在开展哪些战争活动。鉴于华沙条约国家间谍可以在西欧自由活动，并且可以利用其他的情报搜集手段，毫无疑问，他们对自己的搜集能力相当自信。

因此，西方国家实际上应该认识到，其在短期情报搜集能力方面可能常常落后于共产党国家，包括搜集那些对决定敌人意图至关重要的动向。如果我们认可先发制人理论的有效性，则意味着我们的敌人常常比我们更具优势。例如，他们更可能知道我们正在计划发动一次攻击，因此将先发制人地开展攻击。

从预警的角度看，前面所述听起来并不那么糟糕。因为它实际上暗示，我们应该可以在战前看到苏联主力部队活动轨迹中一些不寻常和明显的变化。而且，它暗示我们密切关注这些国家的情报活动和反情报活动，尤其是情报系统的渗透活动和双重间谍的使用情况，这些都是战前征候情报的主要来源。我们现在知道，即使很小的危机，对方的间谍也会接到许多非同寻常的情报搜集需求——他们在美国的搜集系统中就是这样开展活动的。如果苏联正准备发起第三次世界大战或者预期其来临，情报机构和反情报机构将受到重大影响。

突袭与欺骗

毫无疑问，敌对国家会寻求通过使用保密和欺骗措施来实现战术突袭。无论他们是否也通过隐藏或者掩盖其最初的战备活动和增兵情况，来实现战略突袭的目的，上述这一点都毋庸置疑。我们应该相信，最复杂、最精致的欺骗手段和最严格的安全保密措施，都会被用于与西方国家之间可能爆发的重大冲突。根据情况需要，欺骗措施可能是长期的，也可能是短期的。如果欺骗是短期的，目的是隐藏最终战备情况和进攻时间，那么毫无疑问，它将包括一系列政治措施，用于缓和紧张关系，寻求解决问题，并制造部队正放松戒备或从前线撤回等假象。如果欺骗活动志在长远，将隐藏为期数周的军事准备活动的范围和目的，并通过一系列虚假的演习活动来掩盖其增兵活动。根据具体形势，它还可能运用长期的政治欺骗措施，来降低问题的重要性，制造一种近期没有计划开展攻击行动的假象。无论我们在欺骗领域的经验多么丰富（实际上我们还有许多有待改进），几乎可以肯定，我们会成为某些欺骗伎俩的受害者。

阿拉伯国家为 1973 年 10 月中东战争所做的准备活动，再次彰显了短期和长期欺骗活动的效果和魅力。对于苏联在这些活动中施加了多少影响，有没有直接卷入其中，人们无从得知或者永远不会知晓。回想起来，阿拉伯国家的欺骗活动显然在战争发起几个月前（可能 5 月份左右）就开始了，当时其通过各种演讲、其他公开声明以及外交和情报渠道，采取一系列措施，故意弱化攻击以色列的可能性。其他导致突袭成功的诸多因素至少还包括：我们一直先入为主地认为阿拉伯军队完全不可能战胜以色列，因此不敢向以色列发起进攻。尽管在攻击发生前约一周时，有大量不同寻常的阿拉伯国家军事准备活动，但是人们还是坚信阿拉伯国家不会发动进攻，而不相信与之相反的军事证据。显然，苏联的政治欺骗成功地让我们相信阿拉伯国家不可能发起进攻。

当敌对国家正在准备进攻我们时，如果我们还认为这个问题不那么复杂，就真是愚蠢至极。

亚洲与二战

这里所讨论的仅限于各种显见原因导致的美国与华约缔约国之间的战争。首先，中国和美国军队之间不存在像在欧洲那样的对抗区域。随着美军从越南撤出，美军唯一一个与共产党军队在亚洲直接对抗的区域就是朝鲜半岛。虽然朝鲜半岛存在美军可能需要立刻介入的战争风险，但是中国（或苏联）直接介入冲突的危险微乎其微——除非他们为此做了相应准备，但我们自信能够发现这些准备。换句话说，这里爆发战争的危险与欧洲甚至中东都不可同日而语。

其次，中国的战略攻击能力虽然一直在增强，但与我们相比仍然差距较大，其核攻击还不算一个现实的威胁。与中美相比，当前中苏之间存在更严重的危险，在未来某个时候将会爆发一场重大冲突。但是，中国的战略部队对美国构成潜在威胁的一天总会到来，到时无论何种政治环境都无所谓了。虽然很难预测在何种情况下中美之间将会相互开展核打击，且这个概率仍然微乎其微，但不能排除这种可能性。在这种情形下，我们很难想象自身的情报搜集能力和分析问题能力将会怎样。但可以肯定的是，我们洞察苏联在欧洲意图方面可能遇到的问题，在涉及中国时也会出现。到目前为止，这是一个比苏联问题更难捉摸的情报问题。此外，由于地面部队没有直接接触，我们在预警时更依赖那些难以捉摸的搜集目标，尤其是战略部队的战备状态，以及我们对某些决策过程的了解。本章讨论的所有假设性问题中，当前这个问题仍然是假设程度最高的。只有寄希望于我们针对中国的情报能力有所改善，这个问题才不会像现在这么难。

信息隔离的高风险

在我们与另一个超级大国爆发冲突前，没有什么问题比信息隔离更严重了，这包括对情报数据、军事作战计划、军事动向、政策方针及外交磋商活动等信息的隔离。在某种程度上，这个问题已经困扰情报系统好多年，但是它可能在近十年成为一个至关重要的问题。即使是在距今最近的朝鲜战争中，情报人员也很难回想起，当时是否存在相对自由的信息交流——不仅是情报信息的交流，也包括政策和各种计划的交流；情报人员也不记得是否普遍感到自己可以合情合理地获得需要知道的各种信息，以完成本职工作。最近几年的趋势是：情报分析与政策制定的隔离程度比过去更为严重，情报分析人员不知晓我们自身的军事行动信息，甚至包括常规演习活动信息。在情报界内部，自由交流信息的限制也不断增加，越来越多的资料被设置了专门密码或者其他限制。

这些措施的后果之一，就是许多议题不能完整地出现在情报出版物里面。这些限制措施甚至阻碍有权限接触到这些数据的分析人员，让他们无法自由地讨论手头现有的情报，因为团队里与之交流的某些人可能没有权限看最新版的“作战计划”或者其他绝密信息。最糟糕的是，在这种环境下，很有可能没人能真正了解与敌人计划和意图相关的所有信息。而理论上“需要知晓”所有最高限制级信息的高层人员，却因为太忙而无暇查看这些信息，更不用说花时间进行深入分析或者研究了。那些在基层的人员可以收到相当多的信息，但仍然缺少一些可以明显改变其判断结果的关键资料。况且，他们不知道决策者正在干什么，包括其间接收到什么信息、与他国元首的高层联系如何，这些当然都是最高决策层的情报资料来源。同时，我们自己或者盟军正在进行的作战行动准备，可能会显著影响敌人行为（甚至会导致敌人拉响一个高级别警报或者重新部署部队），但情报分析人员却无法确定对方是否知晓我们的行动，并可能会因此误解对方的反应。

这些问题并不是凭空想象的。它们在一些现实冲突和对方威胁的冲突中真实存在。造成该问题严重性的原因无非也就那些，我们必须认识到自己已经非常幸运，因为迄今为止美国还没有遭受过任何全国性灾难。但是事实证明，信息隔离是导致某些预警失误的重要原因，虽然这些预警失误并非事关美国国家安全的重要事件。

关于情报界在为第三次世界大战提供预警方面扮演何种角色，人们有很多猜想。如果第三次世界大战真的爆发，这些猜想可能都会被证明是错误的。原因有很多，相互隔离就是其中之一。情报界很可能会发现，出于政策和作战原因，政策官员和军事指挥官占有越来越多的新信息，而情报界自身却被排除在大部分分析过程之外。面对其人生中最艰难、最重大的决定，政策官员当然希望能够掌握最详细的细节，并就这些信息的意义做出自己的判断。所谓的“只限收件人阅读”（eyes only）或“秘密渠道”（back channel）这些规则，将不可避免地用于关键信息的获取与传递，无论是作战资料还是情报资料都是如此。各国首脑间的热线将传递最高级别的看法和评估，包括那些不会流入常规渠道的重要情报资料。我们自身的计划和应对措施都严格限制知情范围，只有那些绝对必须知晓的人才会知晓，而情报分析人员可能完全被蒙在鼓里，不知道敌军的某些动向究竟是对我方行动的回应，还是另有原因。与此同时，计划制订者可能需要涉及敌军部署情况、兵力情况、武器装备及其他相关事项的大量基础性信息，其会对情报界相应部门提出越来越多的情报需求，而不会关注预警情报部门。

上述假设的前提是，我们已经认识到威胁，危机已经存在。另一种可能性就是，敌军成功地实施了战略欺骗，且正准备发动突袭，情报分析人员意识到这一可能性，却发现没有几个同事或者上级认真看待他们的警告。他们被指控为好战者，进而对自己的判断也是满腹狐疑。在强大的压力下，情报分析人员不得不屈从主流观点，认为难以想象会发生一次迫在眉睫的攻击。

归根到底，什么样的征候或者军事和政治动向，能真正使我们相信灾难迫在眉睫呢？谁又会相信核屠杀灾难呢？

第八部分

达成和汇报判断结论

第 33 章
预警判断的重要性

本书前面多次提到，预警情报的最终作用是对敌人最可能的行动路径做出评估，并为决策者提供关于敌人意图的判断。这使预警情报区别于其他类型的情报：战斗序列和军事能力评估通常避免对将发生什么事进行判断；动态情报通常被大量的日常情报需求和情报报告占据精力，只有一小部分可能与征候和预警相关；评估情报可能最接近于预警情报，但评估情报需要更长的周期，某种程度上比预警情报更接近于敌人真实的行动路径。

本书的后续章节将探讨判断过程的各个方面，而不限于决策者事实上希望收到何种预警判断这个问题（见下一章）。在介绍这个最重要的议题时，我们将集中探讨为何判断对手的意图如此重要，为何仅提供“事实”或者说明对手军事实力远远不够。

一个很明显的答案当然是，人们期望预警情报能够直接、明确地对意图做出评估。判断对手的意图，既是预警情报部门的应尽职责，也是上级的要求。在这件事上它真的毫无选择。千真万确。但这并不能解释为何事态注定如此。

事实并非都“不言自明”

情报由多方面、多类型的信息构成，一些信息简单，一些信息复杂，一些信息非专家人士也能马上理解，一些需要详细的研究和分析才能让许多用户读懂其意义。如果情报的功能只是单一地堆砌“事实证据”，就不需要开展任何类型的分析了。那样的话，情报流程将几乎完全等同于搜集原始资料，分析人员在鉴定其准确性后，无须进一步说明或者分析，就可以直接传递给政策官员。[1]

当然，事实上，情报流程各阶段都在不断地做出判断，基于判断采取行动，或者以各种出版物或者简报的形式上报这些判断结论。身处前线的武官选择将一些信息片段回传或不回传给本国办公室，就是一个做出判断的过程。如果他选择电子途径而非外交信袋发送信息，他就是对信息的重要性或者紧迫性做出了另一个判断。动态情报分析人员是否决定撰写一份特定信息，也是对其做出的判断。其撰写情报时采用的方式，强调这个或者那个方面，也构成一个判断。他的顶头上司选择将哪些信息纳入向该机构或部门更高层官员汇报的简报中，则是另一个判断。如此等等。

简而言之，如果情报流程没有始终把做出判断当作其不可分割的一部分，情报系统就不可能发挥作用，其对政策制定者而言也将完全毫无用处。当前情报部门所搜集的材料之多，不仅要求情报人员必须做出判断，还赋予许多低层级、名不见经传的情报系统成员（不限于一线原始材料搜集人员）更重大的责任，要求其做出明智而有预见性的判断。

情报系统选择向更高层官员上报哪些信息，这其中就包含一个最重要

---

[1] 原注：对于那些了解情报流程的人而言，这是最基本的知识。我曾经与一个负责“调查高层官员情报需求”的临时委员会交流，其中一名委员郑重地建议国防部长应该简单地接受原始情报材料，包括中央情报局搜集的所有信息、武官及其他军事渠道搜集的全部信息、所有外交信息等等，每个情报机构都只需要简单地将其自身“所获”发送给内政官员，而不对这些外来信息做任何解读或者分析。

的判断过程——即使他对信息只做了很少解释，甚至没做任何解释。官员级别越高，担负的责任越大，就越没有时间关注大量细节，因此对资料的遴选就越发重要。

与此同时，上报具体信息的数量与对这些信息做出解读或判断的需求，往往成反比。一个对形势、细节烂熟于心的官员，一个在某领域公认的专家（例如负责世界某一特定区域的助理国务卿），当然希望接收其负责领域的大量信息，并自行判断这些信息。担负更多责任的更高层官员，显然不可能对全球范围许多局势的细节了如指掌，他们只能依靠低层官员和情报系统做出判断，而非靠自己对数不胜数的事项开展调查研究和分析。

判断对情报流程的价值

与为了满足决策者需求这一最终结果不同的是，对于情报系统自身而言，形成判断的过程极具价值，对预警部门尤其如此。然而这一流程的价值往往被忽视。

如果许多事实对政策官员无法做到不言自明，其对情报分析人员及其上级必然也是一样的。或者，即使事实似乎已经不言而喻了，但人们经过进一步分析后通常会发现，不是所有人都听到同一个神谕。即使事实极其简单，本身也毫无争议，但同样的信息竟然存在不同的解读（有时几乎是完全相反的），那些最初不是情报系统出身的人可能会对此现象感到惊奇。本书其他章节详细讨论了同一条信息存在的不同解读及对预警的不同影响，在此我们不再赘述，但要再次强调，这是预警问题中最关键的部分之一。

总之，从搜集原始材料到对敌人的行动方案做出最终判断，一个人在征候处理流程中参与的程度越高，其观点或解读意见传播的范围就越广。也就是说，“一定数量的上报信息可以构成某些征候或者潜在征候”，针对这个问题人们比较容易达成共识，而对这些征候各自代表什么含义，人们往往很难达成一致意见。更难达成一致意见的是，这些事实或者征候是否都意味着敌人即将发起敌对行动或者其他损害我们利益的行动。或者，我们举一个具体而简单的例子：

- 大家都普遍认可：X 国边境地区的某个高强度军事活动可能是一个明显的征候，因此情报界应该密切关注和及时上报相关情况。
- 与当前情况相比，在没有获得更多优质信息的情况下，人们可能会对以下问题达成一个相对一致的意见：已观察到的敌人活动是否意味着敌战斗部队正在开展一次真实的动员或者增兵活动，而非开展一场演习。
- 人们很难对以下问题达成一致意见：如果 X 国开展了某个看起来规模很大的活动，这是否意味着 X 国有意进攻其邻国 Y，或者 X 国只是为了向 Y 国施压，而开展了一场异常逼真的军事演习，或者暂时未做出决定。
- 三个问题或者三个判断中，最后一个当然是最重要的，是决策者最需要知道的，也是在这种环境下预警系统必须给出的最终判断。

让我们假设一下，负责预警情报的团队或者负责生产“预警报告”的人员，没有完整走完分析性流程，包括：审视筛选征候，解读其背后意义，以及最终对敌对行动是否迫在眉睫做出一些判断。相反，他们只走完了部分流程。他们仅仅讨论了部分征候或可能性征候，却没有达成任何一致意见，或事实上没有真正讨论过这究竟是一次动员还是一次演习。或许因为这个议题非常“热门”，最后他们心照不宣，并没有认真对待敌人意图这个关键问题。这样得出的最终情报产品是毫无争议、软弱无力的，例如：“X 国与 Y 国边境高强度的军事活动仍在继续，局势依旧紧张。”显然，每个人都赞同这一点——这并不能说它是“错”的。但是这对决策者而言毫无作用，它也意味着情报系统没有走完情报分析这个严格的智力流程，没有对手头资料的含义开展严谨分析，没有试图解读其真正含义。达成预警判断的整个流程是短路的。有些模糊却可能非常重要的征候根本没被拿出来讨论。已经存在但没有明确表达的不同意见被掩盖起来，没有拿出来做出公开讨论或者公开澄清。那些已经打定主意的人听不进不同意见，看不到那些可能让其形成不同观点的证据。那些主意未定的人又对这些能帮助其决策的新动态知之甚少。对于整个团队的真实想法，这两拨人各自得出了自身的结论，或者都没有得出结论。

预警情报流程因此没有发挥应有作用，决策者对此却蒙在鼓里。如果有足够时间关注这个问题，并付出足够的努力，分析人员本来可以达成一个积极或者消极的协议，起码可以让真正的分歧浮出水面，并明确表达不同观点。在这一预警流程中，情报人员本可以对诸多事实及相关议题有更好的理解，从而向决策者提供更为详细的证据分析，使其在行动部署时有其他选择。

判断对政策官员的价值

上述讨论应该已经阐明了为何判断具有价值，以及为何其在某些时候对政策官员而言至关重要。由于下一章将讨论决策者希望接收到哪些类型的信息和判断结果，因此在本节，我们将集中探讨情报系统不能达成预警判断将会导致的一些后果。

我们在前面章节曾说，政策官员是非常忙碌的一群人，情报只是他们在决定行动方案的过程中需要理解和考虑的众多事项之一。那些一门心思钻研某些情报问题细节的人总是简单认为，其他人只要能接触到某些信息就会像他们一样理解相关问题。他们甚至认为，由于某个特定文件已经发给了某个副部长办公室（他是情报分发对象之一），因此他就会去读它。当然，这都不可能是真的。政策官员从来不亲自查看许多发送到其办公室的东西，而且对大部分材料也只能是一扫而过。分析人员最难弄明白的事情之一就是，那些在更高指挥层级的官员事实上通过何种途径掌握各种事实，以及他们是如何解读它们的。随着情报部门从二战后盛行的小型非正式办事处演变为一个大型且组织高度严密的官僚机构，这些问题开始日积月累。可以肯定地说，大部分分析人员从来没有机会与任何政策层官员对话，他们对这些官员知道什么和需要知道什么这一点的理解，很可能是极为有限的。

情报系统未能给决策者提供相关判断的后果之一，就是决策者很可能需要自己做出判断，他可能基于不完整信息，至少是在没有得到相关解读辅助的情况下进行判断。在预警环境中，信息量多于平时，且对信息的解读更加复杂，这些困难当然就会凸显出来。有些时候，正确的判断和决定可能至关重要。有些时候，情报机构可能会感到他们缺乏足够的信息，不能做出确切判断。或者，他们可能因为害怕出错而不愿这么进行判断，这一点我们将在后面章节中讨论。尽管如此，政策官员或者军事指挥官完全有权期望自己能够收到下属情报人员最好的判断，包括有关敌人意图的评估。如果他们认为情报判断是错误的，并希望形成一个不一样的评估，当然也是他们的特权。但不应该让他们猜测情报系统的观点，或者因为情报系统未能提供判断，而让他们自己判断。

未能提供情报判断导致的另一个同样危险的后果，就是当急需重要的判断结论时，政策官员也无法做出判断。在缺少某些肯定性情报判断（某些预警）的情况下，如果政策官员低估了危险程度，或者相信稍后还有时间做出决定，或者认为威胁并非迫在眉睫，这时应该责怪的就不是政策官员了。数年来，有很多原因导致政策官员一直对所获情报不满意。但是毫无疑问，导致最严重抱怨的原因之一，是没有得到足够的预警，进而无法对敌人将要干什么做出最终判断。

此外，这类情报失误往往最可能招致专门委员会甚至国会的调查。情报可能会在许多细小的事务上出错，其中一些错误事实上没有被情报用户察觉。但是在事关国家安全的重大问题上——包括对敌方发起进攻做出预警——容不得出错。这样的错误也从来不会无人察觉。

在这方面，疏忽造成的错误（完全未能形成判断）与“画蛇添足”的错误（形成错误的判断），后果一样严重。那些为“保险起见”一直不表态的情报官员最终会发现，他们这样做的后果相当于其没有预测到任何危险的存在。

第 34 章
决策者需要及想要知道哪些情报

本章可能不应该由一个情报分析人员来写，而应该由卸任或者现任的高级政策官员来写，或至少应该由天天与政策官员打交道的某个重要情报机构的前任负责人来写。想必此类官员能够轻而易举地解释，在各种各样事务中决策者需要或者希望了解什么，其中包括我们在此关注的事务——支撑预警的战略情报。他们能否做到呢?

可能是这样的，如果这个问题有一个简单单一的答案，就完全没有必要专门为它写一章了。如果将政策官员的需求以通俗易懂的语言准确、快捷地表达出来（相关需求或多或少是一成不变的），那么很可能我们都能够掌握它们。应该出台长期管用且所有人都能够理解的指令，从而可以让分析人员及其上级明白：应该选择将哪些情报材料上报给决策者，应该如何撰写报告，写得多详细，等等。类似应该有一个普遍准则，规定哪些类型资料应被存入计算机，或者哪些信息可以让大家随时获取，等等。

事实上，这个问题非常复杂，在那些我们还没有经历过的最危险、最重要的假想情景中，即使经验最丰富的政策官员也不一定能就需要知道哪些信息给出现成答案。随着核战争时代的来临，指挥和控制要求的增加，这个问题变得日益复杂。此外，更快捷的新型通信手段和情报搜集系统的发展，导致原始资料数量大幅增长，从而产生了大量信息，需要以某种方式筛选和整理，以便传递给政策官员或指挥官。大量经费被用在电脑系统、研发项目以及其他项目上，以解决以下问题：我们需要得到哪些信息，如何最有效地搜集、传输、整理这些信息，如何向那些需要信息的人呈现这些信息。未来数年，数百万经费将被用于提升作战中心和其他配套设施的能力，目标也是更好地满足高层需求，尤其是危机期间的需求。

与此同时，尤其是在学术界和政府支持的研究机构里面，越来越多人开始研究决策者需要知道什么以及如何做出决策这些问题。几乎所有稍具规模的图书馆都会存有相当数量被划为"决策"类的书籍，虽然其中很可能没有一本是"预警"类的。除了关于决策过程理论和实践的大量研究外，许多决策者自身也写了回忆录和其他著作，在相当程度上揭示了现实中高层决策者是如何思考和行动的。这些著作通常非常有趣且富有教育意义，例如关于古巴导弹危机不计其数的回忆录和研究著作。它们提供了一个视角，来洞察政策实际上是如何运作的，这比任何理论或者伪科学更加有趣，可能也更具价值。

本章已经由在本领域比笔者更具实际经验的人员审阅过。应该值得注意的是，此处讨论要解决的并非决策者希望知道的一切事物，而仅仅是关于情报的，更确切说是有关战略预警中的情报问题。本章讨论的战略预警也不会关注某些具体细节，尤其是不会关注那些出现在公告板上、闭路电视屏幕上、态势图（posture chart）中的各种军事数据——这些信息旨在呈现敌人的部署情况、兵力情况，确认关键目标情况，并为具体军事行动决策及执行过程提供所需的其他大量重要信息。本章采用更具普遍性的方法，同时也是一种更为哲学性的思考方式，来解决决策者需要知道什么这一问题。

任何曾在情报系统中工作过的人，无论工作时间长短，都早已明白一点，关于更高层官员希望接收哪些情报的指南和官方指令都是经常变化的。有关情报的需求每个月都不同，有时甚至每天都不一样。这些变化并不是完全由（有时甚至不是主要由）国际环境或者许多事件的不可预测性引起的——显然，某些地区的重要局势将会对特定议题产生更多的情报需求。这些变化也源自不同个人及其行为方式的不可预测性：他们希望了解多少信息，希望这些信息以什么方式呈现给他们。情报分析人员可能首先需要了解政策官员和军事指挥官的以下这一特点。

决策者喜欢我行我素

即使不曾在政府系统工作过的人也知道这一点。众所周知，各届美国总统对他们希望接收信息的数量和方式有不同的要求。有些总统（例如，杜鲁门和肯尼迪）亲自阅读大量情报，而其他总统（例如，艾森豪威尔）就严重依赖于参谋人员，只希望听取精华部分。有的在早饭前读三四份报纸，有的据称很少关注媒体。近年来，总统的外交政策顾问成为向其传递外国情报和外交政策事务信息的主要渠道，有时几乎是唯一的渠道。因此，情报必须根据总统个人及其下属的需要量身定制，而非直接为总统本人服务。国家安全委员会（National Security Council）及其他各种委员会或者相关专门团体，在支持国家政策过程中也会存在大量的情报需求，有的时候这些要求变化还很大。国务卿和国防部长（或者更宽泛点，包括其他某些内阁成员）、参谋长联席会议成员、主要情报机构负责人及其参谋人员的个人态度及工作习惯，都会深刻影响到情报生产什么产品、详细程度如何以及将以何种方式呈现。政府换届后，常常都会急切要求开展新的情报和政策研究，重新审视和检讨旧的研究成果，改变情报文档格式或者适用范围，或针对呈现多少事实证据或细节出台新的指令。关键的国家评估可能要大大增加细节，或者反过来，要大力精简且只聚焦决策者关心的重要议题。官员们对情报界观点的需要程度——即使是那些情报界能做出最大贡献的特殊外交政策问题——也可能波动很大。情报秘密参与政策制定的程度也是极不相同的。

当然，几乎所有种类的情报生产（可能除了长期的基础情报生产）都在某种程度上受到这类变化的影响，预警情报也不例外。多年以来，不同情报机构的负责人一直就应该生产哪类征候报告或预警报告存在不同的观点，他们的观点可能（当然也可能没有）反映了其上级的看法。有些人希望拥有相当一部分事实来佐证一个观点，其他人则只想要判断结果。总的趋势是：基础情报和动态情报文档篇幅较长，而预警情报文档篇幅较短，需要情报用户参考日常动态情报出版物来了解详情。大多数时候，这些都反映了国际形势的变化以及情报系统组织架构的变化。一场类似于 1962 年古巴导弹危机那样的威胁或其他因素，可能会改变这一趋势。

总之，如果想要制定详细指南，规定决策者应该从情报系统接收哪些信息、应该知道哪些信息或希望知道哪些信息，大部分努力都将徒劳无功。在很大程度上，每一位决策者自身以及每任新政府都会做出自己的决定。情报负责人对此能够做的也只有这么多，而在一线工作的分析人员对于改变当下的体系几乎无能为力。情报系统应该保持灵活，及时满足其用户需求。

心中有了这些警示后，我们就可以简要总结出涉及预警问题和其他关键局势时，决策者需要何种情报支持。

区分特殊和常规情形下的不同需求

我们国家及其元首显然对各种各样的情报（基本的、动态的、分析性的或者评估性的）有着持续的需求，因为这些情报与许多国家的现实活动、政策及目标密切相关。无论是友好国家还是潜在敌国，都是决策者需要应对的。当今世界上，几乎所有国家的政策和态度或多或少都会对我们产生影响。即使是最小的国家也可能在联合国投下关键的一票，或者能够出口某些关键生产原料。因此，决策者对某种特定信息或其他类型信息的潜在需求，实际上是永无止境的。当然，不是决策者需要的所有信息都将由情报部门提供。事实上，在许多情况下，无论是在提供信息还是在影响决策者行动方案上，对外情报发挥的作用相对微弱。除官方情报机构搜集和分析的情报外，政府还有大量其他来源的信息，其他因素也可能影响政策制定。

那些从事情报或更广泛外交工作的人，都可以坦然接受在特定问题上对外情报对国家政策微弱的决定作用。谢尔曼·肯特在一篇名为《评估及影响》[1]的文章中描述道，任何决策过程可能包括一系列与对外情报不相干的问题，尤其是国内问题，如国家决策者必须予以考虑的公众舆论及国会态度。肯特博士发现，那些致力于研究外交政策如何制定的书籍和研究论文，通常仅仅将情报机构视为发挥着相对次要作用的“一小撮势力”。

通常，如果某国政府正采取一系列行动，并可以在短时期内严重影响美国国家安全利益，此时对外情报可能会对相关政策的制定产生最重要的影响。在这种情况下，情报系统常常处于强势位置，可以提供制定政策所需的关键信息。如果威胁本身具有长期性（例如，对手核武器及其投送系统的研发），政策层面所需的就主要是关于敌人军事装备和技术能力的详细基础情报。搜集、分析这些必不可少的资料可能会占据大量情报资源，但通常这方面的信息获取没有紧迫性，完全有时间来开展全面细致的分析，进行各种研究，提供详细评估。

决策者可能需要大量详细情报支援的第二个领域，是国际磋商或者高层会晤。某国重要首脑出访，甚至是某国总统访问他国，都可能会产生情报需求。比如，要获取双方即将讨论话题的极其详细而具体的信息，至少某些方面会依赖于情报。一场复杂的国际磋商，尤其是当涉及某些复杂或者技术性战略军事问题时，可能需要得到详尽、持续的情报支援。一个明显的例子就是美苏之间的战略武器限制谈判（Strategic Arms Limitation Talks），如果没有关于苏联战略武器各个方面最全面详细的资料，我们就无法做出判断，而所有这些资料几乎都来源于情报。另一个复杂的军事战略问题，就是当前可能在欧洲开展的裁军谈判，这显然也需要来自情报部门持续而全面的支持。

无论和平时期还是战争时期，都会有一些问题需要我方采取军事行动

---

[1] 原注：这篇文章于1969年4月发表在《外事服务杂志》（*Foreign Service Journal*）上，该文章其他观点将在本章后面讨论。读者将会发现，这篇文章篇幅简短但内涵丰富，它对于理解情报对决策过程的影响非常具有参考价值。

或进行应对，此时决策者与军事指挥官都会有大量的情报需求。军事行动需要详尽而准确的军事情报支持，这一点显而易见，不必赘述。近年来，有一种不断发展的趋势是，最高层决策者开始直接监督看似渺小的行动或者决策过程，无论是政治事务还是军事事务。许多将官以及低层级官员曾经抱怨，二战期间他们担任一线部队指挥官甚至连队指挥官时肩负了太多的责任和决策权，比近期发生的冲突中高级军官所肩负的责任还要多。1961 年危机期间，肯尼迪总统在柏林高速公路上亲自检阅了美国护卫车队，关于柏林问题即使最微小的决定都由白宫来做出。在越南战争期间，美国轰炸任务也是经过政府最高层提前审核的，对如何定位目标、如何选择特定目标都有明确的总体政策要求。显然，与其他常规情况相比，此时国家最高层需要获得更为详尽的军事情报。

最后，在所有类型的危机情形中，决策者都对情报存在需求，尤其是在突发和快速多变的环境下，可靠及时的情报可能对决策者至关重要。这些关键重要的局势很可能会对情报系统提出各种需求，至少在短期内是这样。随着针对相关问题的情报搜集和实地一线报告的数量和频率日益增加，人们期望情报系统时刻拥有最及时的信息，以完成数不胜数的简报，满足无数高级官员的需求——虽然这些官员在相关问题上拥有的知识水平和经验各不相同，对信息呈现的方式也各有期待。对通过各种手段搜集动态资料的需求也没有限制。通常，高级官员很少关注详细的基本情况，但在危机中，他们会有这种需求。在基本情况简报上不需要任何图表，分析人员和简报撰写人员也不用准备演示文稿。至少就情报而言，当前关于“危机管控”问题的关注，大多集中在如何运用更好的方法来处理类似局势，尤其是来满足决策层的需求。

危机越严重，要求做出的决策越重大、越迅速，可能决策者对信息的需求就越大。此时情报界的声誉更是处于危险之中。无论公平与否，评判情报系统好坏可能很大程度上是基于其在危机来临前夕和危机期间的表现。正如我们前面所述，当一国面临生死攸关的重要关头时，如果情报系统能向决策者提供支援，如果决策者对这种支援表示满意，那么在很多问题上情报出错是被允许的（很少有人注意到这一点）。古巴导弹危机期间，在将近两周时间内，决策层对情报系统提出了前所未有的需求，许多情报系统及政策官员几近窒息。这一时期，为这一小群决策者所提供的情报支援公认很棒，情报搜集迅速，上报及时。在上述案例中，美国的政策最终被证明是正确的，甚至让人引以为傲。因此，曾经存在的此类情报失误，尤其是未能预测苏联行动的失误，就基本被人忘记了，至少在当时是这样的。

决策者需要可行动性证据

肯特博士在上述提及的文章中，探讨了对政策官员来说，通常最可信和最有用的是哪类情报。他的结论不仅来自作为国家评估委员会主席的长期个人经历，而且部分来自与罗杰·希尔斯曼（Roger Hilsman）的交谈，希尔斯曼后来成为国务院情报研究局局长。他们认为，决策者对三类情报——基础情报、动态情报和评估情报——的态度如下：

- 政策官员对基础情报最为信任，尤其感激情报机构在接到临时通知后，能生产出关于各种议题的既有深度又有广度的事实类信息。
- 他们时常对动态情报不太热情,往往不恰当地将其与日常新闻做比较。
- 他们对评估情报的信任度最低，可能因为他们认为评估情报至少部分是属于猜测性的，缺乏基础情报那样的权威和可信度，毕竟基础情报本质上属于事实型的，看起来非常可靠。同时，他们倾向于认为自己也能够像情报界同仁们一样做出猜测，甚至做得更好。（这些人显然没有意识到，决策者可能时常被事实上错误的基础情报误导，例如不充分的战斗序列事实信息或者已经过时的战斗序列信息。实际上基础情报并不比评估情报更准确或者更接近事实，虽然在形式上它可能看似如此。）

为何政策官员是这种态度和反应？情报界自身都倾向于将《国家情

报评估》视为最高级产品，而且它也是由情报界最权威专家花费最多精力和开展最广泛合作后才完成的。难道不是每一个基层的基础情报分析人员，都期望有朝一日自己能够被提拔为评估人员？这可是名利双收的好事。

答案可能不仅是因为有时评估会出错，所有政策官员都知道这一点。也不仅仅因为决策者认为自己更聪明，或认为他们自己能做出更好的评估。我认为答案是，危机期间决策者首先希望得到确切的情报，使其做出正确的决定。他需要可以让其自信开展行动的信息，而这主要是事实性信息（包括基础信息和关于对手正在干什么的动态信息），这些信息不能出错。尤其是当涉及战争与和平等重大问题时，政策官员更不喜欢依赖有关敌人可能做什么的评估，而是更希望了解关于敌人事实上正在做什么的大量事实性情况。

解释这个观点最好的例子莫过于古巴导弹危机。回头来看，9 月 19 日的《国家情报评估》里面有一些重要观点认为，苏联不可能将战略导弹引入古巴。毫无疑问，直到发现导弹为止，情报界的各项工作多少存在一些“失误”（但它的结论一直以来都符合逻辑）。失误在于它没有预测到苏联的做法，而事实上苏联这么做了。但万一情报一直“正确”呢？如果这份《国家情报评估》认为将战略导弹引进古巴的概率更大，具有很大可能性，甚至几乎可以确定呢？在没有证据的情况下，假设总统也相信了这一点，他又能够做些什么呢？事实上，如果没有可信的证据，表明那些战略导弹要么在古巴，要么在运往古巴路上，他就不能采取行动。无论情报如何“看待”这些都不重要。但是重要且必须要做的是，要搜集到相关信息，对导弹是否在古巴做出肯定性判断，从而为美国总统提供依据，使其可以应对苏联，并给美国人民和全世界人民一个合理的交代。

不可否认，很少有危机像古巴导弹危机这样如此戏剧化、如此依赖于一份特定的真实信息。在大多数情况下，敌人的增兵活动和意图察觉起来更为缓慢，可能允许我方采取军事上和政治上的多种应急或预备性措施。然而，不管什么情况，遵循的原则几乎都是相同的：决策者首先需要的是准确、全面和及时的事实性信息，这些信息是可信的，无论政策如何制定，决策者都可以基于这些信息自信地采取行动。

读过本章初稿的读者都会说，“干得漂亮，如果你真能得到这些信息的话”或者“你知道事情并非如此简单，在许多情况下，我们并没有坚实的证据，因而必须从征候中做出推断，或者对敌人将要做什么做出评估”。确实如此。情报机构很少能有足够坚实的证据，仅呈现简单明了的事实很难满足决策者的需求。在预警问题上，决策者的需求不止于此，他们通常都会要求情报系统提供一份情报评估，要求提供敌人可能采取的种种行动方案，以及支持各个方案的证据。决策者希望情报机构能够提供所有相关事实以辅助其决策，但这并不意味着决策者不需要来自情报界的最佳判断。这一点我们在本书已多次强调，下一章还将继续讨论。

情报是否支援政策

情报系统存在的作用主要是为了支援和服务更高层官员——决策者和军事指挥官——而不仅仅是搜集和分析信息，无论信息本身多么符合需要。如果政府高层和国会认为此类系统在维护国家利益中并非不可或缺，那么庞大且昂贵的情报系统就没有存在的意义。因此，情报部门的首要职责是根据上级意愿，提供其所需的情报支援。

这并不意味着情报是政策的奴隶，它的功能也不只是提供决策者认为自身所需的信息或者他们希望听到的信息。无论从短期还是长期而言，为了生产出能真正服务于国家利益的高质量情报产品，保持情报系统的独立性和智力的完整性都是非常必要的。许多国家已经明白，为附和政策官员观点而去量身定制情报，终究存在导致国家遭受厄运的危险。通过错误使用或歪曲情报数据的方式来获取更多的军事预算，会导致不良后果，这在近年来也受到了公众相当多的关注。

理论上，我们需要一个独立、毫无偏见的情报部门，不受高层官员意志所左右，且能够远离政治。很少有人不同意这一点，这一点无须更多讨论。

情报真正寻求服务于政策官员的过程中，如何确保其不被故意曲解呢？这一问题更为复杂，却少有共识。在此，本书会讨论其中一些潜在的陷阱，因为它们尤其可能在预警领域出现。

官员们通常的做法是，提出一个特定行动方案，要求情报部门分析该行动的可行性，评估其潜在后果影响。或者军事指挥官审视自己的可选方案，要求其下属情报官员总结上报手头可以支持这个或那个行动方案的信息。可能不会有人有意去扭曲事实真相，但情报系统总是从大量信息中选择与拟定行动方案相吻合的信息，或者让该方案看起来更可取的信息。而是否存在否定性数据或相反的信息，可以让另一种行动方案看起来更具可行性或更可取呢？可能不会有人问及这个问题，情报机构当然也不会自己去问。它也不会去评估失误可能造成的潜在成本，因为没有人要求开展这样的评估。因此，自然而然，遴选事实的目的，主要是支持一个已得到人们认可的政策，而其潜在的不足却从未真正让政策官员知晓过。

情报系统研究者及历史学家托马斯·贝尔登（Thomas Belden）博士，曾把这一过程称为引证（adduction），它来源于动词**引证**（adduce），指提供事实、依据、例子等作为证据来支持某所述事物。他认为，此类分析或者推理对保持情报流程客观性而言是一种危险，将导致情报系统和政策官员得出错误的结论，即便他们真心寻求保持客观，且希望选出最可取的政策。

一位预警和决策问题著名作家也得出了这样的结论：“官方政策或假说的出台，往往会模糊其他的假说，并过度强调支持该政策或假说的数据，在局势日益紧张、想要维持现状时尤其如此。”[1]

现在已经清楚，如果事实不那么简单或不那么容易解读，如果存在真正的不同意见，政策层面正在寻求为其已经决定的某项行动辩护，上述此类错误所带来的危险将是最为严重的。一个最好的例子就是，人们一直都对下列问题充满争议：谁正确解读了越南战争的进程？是否有人误用数据，为美国的行动辩护，并以此来“证明”我们一直在赢得战争？先将

[1] 原注：Robert Wohlstetter, “Cuba and Pearl Harbor: Hindsight and Foresight,” *Foreign Affairs* (July 1965), pp. 691–707.

解读中所存在的偏见搁置一旁，问题根源大部分是由于“数据”本身的价值过于薄弱，不足以用来说明任何一个案例。即使能够准确了解北越军队的伤亡人数和损失情况，面对河内方面不惜一切、坚决要将战争继续到底时，这些数据也都毫无意义了。数据通过情报系统逐级上报给美国总统，如果这些数据被用来证明美国决策的正确性，那么，这些在搜集层面看起来极其薄弱的数据或事实就会显得可信、可靠，而且其可靠程度与其证实美国政策正确的程度成正比。这种情况确实可能存在，至少有一部分情报流程的观察家和批评家都曾经承认这一点。此外，无论是在情报流程还是在政策环节，还有人可能在故意曲解证据。

于是情况变成：一开始没有足够或者相关的证据来从事分析，解读证据时过于简单化，还有些人倾向于告诉上级其希望听到的信息，甚至不告诉其不愿意听到的信息。

某位研究古巴导弹危机的学者对著名的9月《国家情报评估》评价道：

中央情报局最不情愿如实说出的，就是总统最不愿听到的消息。8月22日，中央情报主任约翰·麦考恩与总统私下会晤，并声称怀疑苏联正准备将进攻性导弹运往古巴。肯尼迪总统听到此消息后，将其当作是一个鹰派人物的怀疑言论。美国情报委员会一致通过了9月的《国家情报评估》，这也反映出类似的敏感性。9月13日美国总统声称在古巴没发现苏联进攻性导弹，并承诺一旦发现进攻性导弹美国政府将采取行动。在国会众多委员会面前，政府官员一直否定，称不存在任何证据表明在古巴有进攻性导弹。这份说明苏联未向古巴运送进攻性导弹的《国家情报评估》，对美国最高级情报机构的成员产生了很大影响。[1]

---

[1] 原注：Graham T. Allison, “Conceptual Models and the Cuban Missile Crisis,” *American Political Science Review* (September 1969), pp. 712–713. See also Allison’s detailed analysis of the crisis in his book *Essence of Decision: Explaining the Cuban Missile Crisis* (Boston: Little, Brown, 1971).

上报令人不快的事实或者判断

对情报系统而言，最困难的事莫过于得出决策者不愿意听到的判断，尤其是当这些判断可能与当前某些现行政策精神相悖时。如果需要政策官员做出艰难而危险的决策，尤其是对这种决策还存在质疑声音的时候，那么，他们就很不情愿提供这些证据或征候。如果没有必要，人们自然不愿去触动警报（详细讨论见第 38 章）。

很不幸的是，对决策者而言，大部分预警都是坏消息。至少，构成威胁的行动即使对我们自身毫无威胁，也会影响我们与某些国家的关系，可能还会导致发生更糟糕的事。最严重的是，我国可能会面临一个严重而迫切的威胁，需要做出重大而非常危险的决定。在这两个极端之间，还有各种潜在令人不悦的情况。无论发生什么事，即使危机在没有发生军事行动或其他危险的情况下消退，接收到预警的政策官员通常也需要做些什么。如果他们收到清晰的预警，就应该做出某些决定，并采取某些行动。即使预警不清晰但可能引发某些危险，他们也必须制订一些应急计划。

如果有些信息非常重要，会影响到国家利益，那么即使其真的令人不快，决策者不想听到，情报界显然也有责任不要将其抛置在一旁。在上报坏消息前，情报界有时应该去寻找更多的信息或对此做进一步的确认，但不能将其长期搁置。

充分的早期预警带来的可能结果是，决策者能够及时采取行动，先发制人地阻止对方迫在眉睫的军事进攻或者其他威胁行动。在这种情况下，情报将最大限度地为国家服务，它不仅提供了准确的信息，而且在制止灾难中也发挥作用。但具有讽刺意味的是，这种情况可能永远无法得到证实，至少在可预见的未来当有人还关注此事时，不会得到证实。因而，在情报界最辉煌的时候，它提供的服务得不到认可，也没有奖励，有些人甚至可能会说，警报完全没有必要，根本不存在什么威胁。这就是情报工作的风险所在，也是情报工作的魅力所在。

“早期预警”有多早

回顾几年来的危机可以发现，在大量案例中，某些预警本应该更早被发布，在某些情况下，预警发布的时间还应该提前。在大多数情况下，这种预警本质上没有什么说服力，有时，预警只比一个经验丰富且具有洞察力的分析人员的“并非所有都正常”的不安感稍微强一点。1962 年春天，在没有任何明确征候表明苏联正策划在古巴开展任何异常活动之前，某些情报分析人员脑中就有这种不安感，认为苏联肯定会有所动作。在 1950 年春天朝鲜战争爆发的数周前，这种不安感可能更加普遍存在。

决策者或者指挥官是否对这种早期预警感兴趣呢？他们是否希望了解敏锐、富有经验且充满想象力的情报人员什么时候开始感到不安呢，即使后者无法提供证据确凿的文档材料来支持验证这种预感？这一点很难说，与其他问题相比，政策官员在这一点上可能分歧更大。他们对个人感兴趣的特定事物或领域会有自己的答案和判断，而非泛泛而谈。如果某个主要对手开始生产一种新型轰炸机，空军将领会对这一信息很感兴趣，哪怕其支离破碎，而陆军指挥官可能就没有此番兴趣。曾在香港工作过的政治官员可能乐于接受有关中国问题的预测性分析，但在罗马尼亚问题上，他们可能不愿意使用这种方法。

总之，情报界倾向于谨慎对待这类推测性报告，这至少有两个原因。第一，这些空洞无力的“灵感”往往是错误的，预警人员确实没有足够的信息来生产任何有意义的预警。第二个原因是，情报界知道（或者说害怕）政策官员会要求得到“证据”，或至少得到某种支撑性的证据，而非其个人的理解或者直觉判断。

无论如何，即使没有被传递给政策官员，此类“早期”或者推测性想法也可能非常有用。它们至少可以在情报界激发更多富有想象力的分析，也可以促进开展更有效的情报搜集活动；可以让相关信息浮出水面，否则它们将被遗忘。笔者个人觉得情报机构应该多做此类工作，而且这项工作应该得到上级的支持鼓励而非批评。至少，它可以帮助人们审查相关数据，并将其以类似于大事表的方式，合乎逻辑地呈现出来。

如果能够对此进行归纳的话，政策官员可能乐于接受这些虽然微弱但提前发出的预警，这样他们就能采取一些预防措施，如启动某些外交行动，而不用冒巨大的风险或者动用大规模资源。但是，如果他们需要重新部署部队，征召预备役部队，尤其是如果他们相信威胁并非迫在眉睫，或者认为我方采取的行动可能会激起敌方的反应、导致局势升级，那么他们对预警的反应就不可能如此积极了。他们可能不希望因那些看似仍遥遥无期的潜在危险而“被预警”，因为这可能需要对近期刚制定的国家政策做出重大调整。

全体一致还是保留个人意见

这也是一个充满争议的话题。理论上，所有的情报机构首脑都可以对所有的国家评估或者机构间报告自由保留个人意见，或者表达与大多数人不同的观点。理论上，政策官员们通常也都声称希望听到情报界针对重要议题提出最直言不讳和最全面的观点，包括提出异议。事实上，尽管如此，情报界总是强烈倾向于在关键预警问题上寻找共识，在许多情况下，政策层面一直鼓励这种倾向，并要求得到情报界的一致立场。

支持共识的理由并非无足轻重。这个假定是这样的：如果罗列出所有掌握的事实，并由思维缜密的分析人员进行全面审视（而且他们所有人都愿意聆听他人观点），那么分歧就能真正得到解决，并可以达成一个真实的一致意见。因此，最终达成的一致意见实际上被认为是目前最好的、最准确的，也是所有人都赞同的意见。还有人认为，在决策者真正需要的时候，相互冲突的观点对其决策没有帮助。在需要国家层面采取行动的关键问题上意见不一，并不能帮助计划者找到最佳行动方案。如果情报界都没有对证据的具体含义做出肯定性判断，决策者又如何能做出有意义的决定呢？因此，决策者要求情报界做出“最佳判断”，是理所当然的。

当全体一致通过的立场最终被证明是正确的，而且一致选择的政策举措最终被证明是成功的，那么最初支持这些争论的论据当然就是既有说服力，也合理有效。这一点可能在大多数时候都正确。情报判断几乎很少是完全错误，即使部分错误，其结论也不会严重影响到决策或者行动方案。

显然，如果意见一致或主流的情报观点被证明是错误的，并因此导致政策上的严重错误，那么追求意见一致这种做法的缺点就显而易见了。那些并非真正认可主流观点但被迫附和的人，事后回顾时会非常后悔当时没有更强势地为自己的观点辩护，也没有坚持自己提出反对意见的权利。在这种情况下，显然，决策者也希望自己曾经征询过少数派观点，尤其是询问过那些持异议者的反对理由，这样就可能避免做出一个错误的决定。

尽管人们都希望在可能的情况下情报能够达成一致意见，但如果存在不同声音，达成一致几乎肯定是弊大于利。意见一致的判断常常都只是用来掩盖那些真实存在的严重分歧意见，如果没有书面上报这些意见，决策者就可能完全不会注意到这些。况且，当相互妥协后达成此类全体一致时，这些判断往往空洞无力，往往会使用模棱两可或限制性的声明来表述，从而无法准确地表明局势的严峻性。分析人员可能会用下列中性语言来表述："很可能敌方正在考虑发起一场进攻"，"如果需要，这些部队具有很强的武装干涉能力"。这样，那些认为敌方不可能发动进攻的人与那些认为敌方很可能发动进攻的人都会赞同。在这种情况下，如果上报而非压制那些真正的不同意见及其反对理由，那么决策者就可以得到更全面的信息，也就能够享受更好的情报服务。

沟通是双向的

本章几乎从情报界的单一视角看待这一问题。本章试图让情报分析人员理解决策者想要什么，以及如何更好地满足其需求。当然在此阐述得还远不够全面。但是，这只是问题的一个方面。问题的另一方面，甚至可能更为重要的一方面是，政策官员要理解正常情况下情报界能够为其提供哪些信息、无法为其提供哪些信息，而且需要与情报系统就此一直保持沟通。

我们早就指出（见第 6 章中的“如何管理才能保障好预警情报工作”），管理层和政策层必须与情报界一线工作人员开展富有意义的交流，否则他们之间不可避免会产生误会。为确保得到情报界最全面且最精准的支援，决策者至少应该做到如下几点：

- 询问少数派和异议者的意见，及不同意见背后的事实根据；
- 如果可能，对为何需要这些信息及其用途提供一些解释说明；
- 确保包括情报和作战资料在内的信息不被无缘无故地隔离，也不对情报人员隐瞒；
- 提出正确的问题。

在后续章节中，我们将会从几个不同方面探讨如何做出预警判断，以及如何最好地将其传递给决策者。

第 35 章
如何撰写征候或预警报告

本章将尝试指导大家准备口头和书面的征候报告，使它们能够：(1) 真实反映我们对局势的了解，包括我们掌握哪些情况，还有哪些情况不掌握；(2) 向读者提供我们对信息含义的评估；(3) 可能的话，针对对象国最可能采取的行动方案或对象国的意图，提供一份判断意见。

在此再次强调，传递预警信息有多种途径和方法。撰写征候报告和观察报告只是其中的两种，但在很多时候这还不是最重要的途径。日常上报的情报材料，通常以动态情报出版物和简报的方式上报，它们为情报用户提供了绝大部分预警相关的信息和判断意见。总之，与那些所谓的预警情报文件相比，这些情报材料更容易对更多情报用户产生更广泛的影响。评估，尤其是特别评估及深度简报，也属于预警情报传播载体。即使是基础情报研究和相关文档也能提供材料支持。虽然本章将着重强调那些与预警密切相关的报告和情报出版物，但是同样重要的一点是，其他情报材料的撰写者也费尽心思地想以一种特别的方式来呈现材料，从而能够真正传递撰写者希望用户理解的相关内容。

判断与事实

正如前几章所述，情报界在预警问题上得出判断非常重要，决策者完全有权要求得到有关对手意图和能力的评估。同时，他急需大量事实，尤其是身处关键形势下需要采取行动时，他会更加看重基本事实，而非传递给他的诸多判断意见或者评估结果。在这看似相互矛盾的情况下，决策者对情报产品有什么期待，我们应该如何将情报产品呈现给决策者呢？

这个问题曾经一度在“预警界”存在相当大的争议，对这个问题的指导意见也各不相同。几年前一个被分配到征候中心的分析人员坚持认为，一份观察报告不应该包括任何事实依据。他辩称，这要求分析人员做出判断，不能只报告或多或少的事实性动态情报，而不评估其重要性。就纯粹的预警报告而言，许多人会赞同他的观点。当事实相对清楚，且大量事实已经出现在情报用户可以接触到的各种动态情报出版物中时，确实可以如此。

另一方面，一些人认为上报事实依据及结论都很有价值，事实对得出有意义的结论不可或缺。他们的论据如下：

- 如果不上报任何事实，那么那些撰写报告的人员在得出结论前很可能也不会考虑所有的事实，反而还会忽视对征候的分析。经验表明这是真实可能发生的危险。
- 因为长期分析可能更具有推测性，需要对诸多征候开展深度而持续的分析，而不只是简单的判断，因此，预警系统往往倾向于短期判断（只预测下一周或者数周的情况）。它会忘记其职责是提供尽可能早的预警，而变得只钟爱动态情报判断。经验表明，这也是真实的危险，确实可能发生。
- 如果在情报报告中不呈现证据，结论就会压缩成一些“陈词滥调”，每周都在重复同样的判断，情报用户对情报报告失去阅读兴趣。这一点通常出现在否定性判断中。

- 许多情况下，事实对于理解某个判断至关重要，即使得出的判断比较肤浅，缺少说服力。另外，呈现事实本身就具有预警意义。当某些潜在军事实力明显增长时，这一点尤为明显。

事实上，这些相互矛盾的观点并没有像它们看起来那样大相径庭，哪种观点会得到广泛认可在很大程度上取决于局势（当然，也取决于情报主管或决策者的需求）。最关键的问题是判断的本质。如果判断是否定性的，且得到了所有人的认可，没有出现什么新情况，甚至长期以来对于否定性判断的合理性也没有什么质疑，评估就基本可以限定为一种老生常谈，不需要什么事实支撑。反之，如果诸多征候表明存在敌对行动的可能性，完全否定的判断不再成立，以某种方式呈现事实性证据就非常必要了。我个人的看法是，无论支撑性信息是否被写入其他文档或简报，预警报告中都应该对其进行综述。其他人则有不同观点，即使在这种情况下，他们也倾向于将阐述事实性依据的功能留给动态情报出版物。在我看来，当动态情报出版物没有体现支撑性证据或者在这方面做得不够时，当负责预警判断的团体得出的结论与主流观点不同时，呈现证据似乎尤为重要。如果不提供事实性证据，决策者可能会质疑有些结论并不是基于他自己了解的证据，就会要求得到支撑性信息，而这些信息应该在首次就上报的。

报告的撰写者在行文时应该避免过于简略或过于模糊，以免所提供的材料不能说服情报用户。选择词汇时最好小心谨慎，言简意赅，但是必须有足够篇幅和内容让读者理解其含义。决策者应该能了解该文档真正试图表达什么内容，或者这个段落讨论了哪些内容才得出相应结论，而不用提出要在文档以外附带一份简报的要求。（我想起某个情报机构常常为其负责人提供每周预警材料，同时附上一份相关事实的简报，这样他才能够理解。但如果最初就在这份文档中附上更多材料，岂不是更好？）报告中的项目也应该包括足够的信息，这样当一个月或一年后重新查看它时，读者至少能够了解这些判断是依据什么事实做出的。

重点突出判断

不要将结论或者判断淹没在有关事实的长篇大论中，这一点非常重要。某些读者不会读完长篇大论，即使他们读完了，这些判断或者解读的重要性也含糊不清。出于同样的原因，不时重复已有的结论是非常必要的。不能认为用户会记住其一周前甚至是一天前接收到的信息。当得出一个不详的结论时，情报上报人员尤其应该努力，确保信息不会被淹没在一系列信息中，也不会因为其上周出现过但这周没有再重申而被忘却。令人惊奇的是，征候报告撰写人员常常都需要查询档案文件，才知道自己什么时候曾上报过什么内容。他们自己都已忘记了内容，又怎能期望读者能够回忆起两个月前被告知的信息呢？

情报报告撰写人员不能只陈述已有事实，而实际上没有做出任何判断，这是他们应该避免的。他们通常无意识地使用这个策略，从而避免必须对证据的含义做出某些有意义的解读。例如，某条信息可能以这样的事实性陈述开头：“北越已向老挝地区增派了防空部队。”从可能重启军事行动这一角度来说，这意味着什么？尽管进行了讨论，但预警人员没有对此达成一致意见。在查看了更多关于防空部队部署的实际细节后，某些人建议该信息应该这样下结论：“当前的动向表明，北越正在改善其在老挝地区的防空能力。”幸运的是，这样的“结论”通常在其变成最终书面材料前就“原形毕露”了，但令人惊奇的是它们在讨论过程中竟然被多次提及。

无法做出判断时事实的价值

许多时候，仅凭现有的证据无法对敌方意图做出判断，前面所引用的例子就是很好的说明。这是否意味着，仅仅因为我们不确定它可能代表什么含义，就不应该在预警报告中上报此类信息（尤其是有关敌方实力增强的信息）呢？

近年来，突出判断意见或者结论更简短的预警报告成为一种趋势，同时也出现了另一种趋势，即人们不重视上报那些暂时还难以得出确切结论的动态，无论其重要性如何。例如，自从 1973 年 1 月停火以来，北越在老挝地区的后勤补给能力已经稳步增强。建设全天候双向公路，储备后勤物资，向南部快速渗透的能力与过去相比大大增强，这些对于判断河内意图而言意味着什么呢？因为我们还说不清河内方面是否或者何时可能会发起另一场进攻，所以这些是否不应该被当作征候记录下来，也不应该出现在预警报告中？或者，它们是否应该被当作北越方面实力明显增加且最终可能在南部重新发起大规模战争的证据呢？

我相信，普遍观点认为（虽然也可能存在某些不同意见），这样重要的趋势或者动态应该时刻得到关注并且定期汇报。否则，预警范围就会局限于极其短暂且最为明显的现实动态，而那些更长期且最终可能更为重要的趋势就无法得到应有的关注。

阐释我们知识的局限性

在前面章节中，我们讨论了认识到自身知识不足的重要性。同样，在撰写预警情报过程中，也很有必要传递这种信息不足的理念，以免用户误以为我们知道得远比我们现实上报的多很多。某些分析人员及其上级很不情愿告诉更高层官员，他们也不了解某些事或者不知道某些事为何发生。他们会尽可能避免谈及这些，有时甚至还会因为未能明确其重要性而故意忽略某些潜在重要的信息。坦白承认我们知道和不知道哪些事实，可能会更好些。有很多组织文字材料的方式可以较真实地表达我们对事实的了解程度。

有个例子可以很好地解释这一点。让我们假设，有数份报告表明中苏漫长边境上的某处爆发了一起严重的军事冲突。经过多次请求，美国驻莫斯科国防武官获准前往中亚地区旅行，但只限乘坐飞机。两位武官走访了一些城市，但是像往常一样，他们被限制接触军事和后勤设施，他们可以交谈的几乎都是国际游客、旅馆服务员或者疑似安全情报人员（这一点并非不正常）。分析人员对这份旅行报告的解读如下：

媒体绘声绘色地宣称存在一场边境冲突，但中苏边境苏联方面的军事态势仍然平静。美国驻莫斯科武官上周游览了苏联中亚军区司令部驻地阿拉木图市和伏龙芝市，发现一切军事活动正常，没有证据表明上述城市出现军事紧张或民众紧张的状况。此外，被武官询问的当地民众没有明显表现出对这一冲突的关切。

而更符合实际和更为准确的解读为：

美国驻莫斯科武官上周最终被允许乘飞机，前往苏联中亚军区司令部驻地阿拉木图市及伏龙芝市参观。上述城市日常活动貌似正常，没有明显的军事或民间紧张状况。然而无法查看通往当地军事营区的火车站情况。他们有限的观察结果表明，这段边境近期没有发生重大冲突。然而，在中苏漫长边境的其他地段可能已发生类似冲突。

上述两种解读的语气截然不同。第一种解读给人的印象是，在延绵数千里的边境上军事态势平静，且暗示武官的观察结果证实了这一点。第二种解读至少让读者对“武官的观察结果非常有限”这一点有一定理解，而且也在提醒用户，我们完全不了解其他地区是否存在类似冲突。第一种否认整个边境存在任何现实危险，第二种则对此采取开放态度。这个案例相对简单，但其阐述的撰写征候材料的原则，同样适用于包含多种来源信息的更复杂案例。

此外，不能仅仅因为还没有得到关于其目的的信息，就将一个潜在重要的动向当作毫无意义的举动，这是第二个需要避免的习惯。这是一个非常容易误导且不诚实的写作方法。苏联国防部长 1969 年 11 月访问古巴就是一个很好的例子，除了苏联和古巴媒体所报道的事实以外，外界对其他内容一无所知。一位分析人员被要求评论此次访问的潜在重要性，他写道："此次苏联国防部长访问古巴之行不具备征候价值。"在对所讨论话题缺乏任何信息的情况下做出这样一个声明，当然是荒唐的。此次访问可能意味着苏联正着手重新将战略导弹引入古巴。如果确实如此，那么此次访问可能与苏联着手在古巴建设一个潜艇基地或者至少是潜艇补给站等后续行动相关，因此这几乎不可能是一个没有征候意义的动向。

另外一个忽视信息的方法——一般人不会考虑使用，分析人员也不会同意使用——就是运用所谓的"无归属否定"，例如"报告称华沙组织将在罗马尼亚开展一场演习是完全可以不理会的"。谁不理会这些信息？可能是撰写此报告的作者不理会它们，可能因为除了其个人看法外，没有与此相关的证据或者判断基础。近年来为了避免得出无归属结论（通常是消极的语气），这些情报刊物倾向于用"我们相信"替代"据信"。即使是这个"我们"，都经常不清楚所指究竟是谁，但这至少比完全匿名有了较大的进步。

选择词汇

在撰写征候项时，选择词汇是最重要的。这当然是指选择最能够精确表述事实的词汇——"实事求是地说"——避免使用可能导致意思模糊不清或模棱两可的词汇，或者可能向读者传递错误印象的词汇。情报人员应该非常谨慎地考虑这些词汇可能对用户造成的影响。

撰写预警或征候情报时，我们很可能大量运用各种形容词或者其他有效的词汇或短语，当我们处理不够可靠或者不完全可信的信息且对信息的解读极不确定时，大量运用这些词汇的做法是必要的。有些事情很不确定，你却把它写得像是事实，这显然是不正确的。英语词汇很丰富，通过它可以表达不同程度的质疑、怀疑或者不信任态度，以及表述各种程度的可能性。

（一）评估事件可能性的词汇

以下这段话来自谢尔曼·肯特，他在 20 多年前就开始研究类似于“**可能**”（possible）、“**很可能**”（probable）、“**可以相信的**”(conceivable)、“**不可能**”（unlikely）等词汇，看它们在精确描述事件不同可能性时到底对不同人而言意味着什么。让他惊奇甚至惊慌失措的是，人们对这些词汇和其他类似词汇——包括修饰各种不同可能性的词，例如“只是可能”（just possible）或者“极其可能”（distinctly possible）——的解读完全不同，甚至连那些共同准备《国家情报评估》的人对此都存在曲解。因此，他试图用一系列词汇和短语来表达不同程度的可能性，并将这些词汇作为同义词归纳到一起。正如他自己所言，这些最初的努力并没得到广泛认可，尤其是没有得到那些被他称为“诗人”的人们的认可，他的提议也没有被《国家情报评估》正式采纳。然而在实践中，它们却得到相当程度的认可，实际上，国防情报局在其所有评估报告前都附了一个图表，其精简版如下：

评估性术语	表达的可能性百分比
几乎完全肯定（near certainty等词）	90—99
很可能（probable 等词）	60—90
都有可能（even chance等词）	40—60
不可能（improbable等词）	10—40
几乎完全不可能（near impossibility等词）	1—10

还有一个需要补充说明的是，“或许”（perhaps）、“也许”（may）、“也许”（might）等词表达的可能性更低。在没有进一步修饰的情况下使用“可能”（possible）一词，通常描述某个判断非常重要，但其可能性无法精确描绘。

几乎可以说，大部分参与撰写征候和预警情报的人员都很熟悉上述内容，在预警评估中使用上述词汇及其同义词，常常能够表达不同程度的事件可能性。在预警报告中表述高低程度不同的可能性时，最频繁使用的词汇如下：

可能性高的	可能性低的
我们相信（We believe）	我们认为……不会（We believe…will not）
我们断定（We conclude）	我们不认为会（We do not believe that）
很可能是这样（It is probable that）	不可能（It is unlikely）
很可能将是（It probably will）	不太可能会（It probably will not）
非常有可能（It is likely）	

因为某些原因，征候情报的作者从不喜欢使用类似于“都有可能”（even chance）或者“概率大致一样”（odds are about even）的短语，来表达 50% 对 50% 的概率。他们大概是认为预警情报报告应该要做出判断，而不是抛硬币般靠运气。征候撰写过程中人们大量使用“**大概**”（possibly）、“**也许**”（may）、“**也许会**”（could）以及“**也许**”（might）和“**可能会**”（would）等词，但很少尝试界定其意在表达的可能性或不可能性的程度。与谢尔曼·肯特博士的建议和国防情报局的评估图表相比，预警情报报告通常很少使用“大概”（possibly）一词来表达没有明确程度的可能性，至少我是这样认为的。“**可能**”（possible）和“**大概**”（possibly）通常似乎用来表达较低的可能性——基本相当于“或许”（perhaps）或者“也许”（may），或者常常用于表达对信息可靠性的不确定或者质疑，例如“苏联大概（possibly）正在向伊拉克输送米格 –21 战斗机”。

选择合适词汇来表达可能性只是撰写征候项时遇到的众多问题之一。还有很多注意事项需要撰写者谨慎对待，下面这些大多都是需要避免的问题。

（二）避免语言表达含糊不清和模棱两可

这个写好文章的基本原则在撰写征候过程中极为重要。在此过程中，如果确切含义不够清楚，人们往往寄希望于在某些措辞上达成一致，这会导致征候报告隐晦难懂。我记得有一次在情报机构内部会议上讨论某些语句时，一位与会人员称其所在情报机构喜欢使用这个句子，但他们并不确定它的含义。对此，另一名与会人员回答称："就是因为这样才能使其成为一个完美的情报短语。"不幸的是，这并非完全是一句玩笑话，的的确确，多年来征候报告撰写人员都被这含义模糊所困扰。美国之所以总体上倾向于模糊性写作，主要是受到各方面的影响：成千上万的官僚词汇和短语，以及其他来自商业市场、广告界、技术界以及学术界的词汇和短语（尤其是来自社会科学的新语言）慢慢渗入了语言系统。

（三）避免使用委婉语

这只是蒙昧主义的一种形式，旨在掩盖事实的严酷性乃至真相本身。正如官僚语言和广告语那样，使用委婉语在美国变得极为普遍。它们出现在书面报告尤其是预警情报中，则显得格格不入。

（四）谨慎使用"文化内涵词"

语义学中有一个有趣的现象，对某人而言带有某些情绪含义或者存在偏见的词汇，对于另一个人而言就不一定如此。尽管这样，某些词汇与其他词汇相比不够中性，除非你希望向你的听众传递你个人不相信或不接受某事物的意思，否则还是多用更为中性的语言比较好。例如，"声称的"（alleged）一词似乎有种不相信信息来源可靠性的意味（无论其字面意思如何），而"报告称"（reported）甚至"谣称"（rumored）则没有这种意味。"貌似的"（ostensible）一词有一种明显怀疑或者不相信其真实动机和目的的意味，暗示其并非是看起来那样，而"显然的"（apparent）和"明显的"（evident）等词则常常意味着相反的意思。运用这些词汇以及其他类似词汇对于读者而言意义非凡。在 1968 年捷克斯洛伐克危机期间，一位征候报告撰写人员将苏联部队 6 月份进入捷克斯洛伐克（随后苏联声称将在那里举行一场华沙组织演习）称为"貌似是为了开展一场华沙组织演习"。他非常谨慎地选择这个词，表示其不相信这是苏联的真实目的，但在最终报告中这个词被删掉了，意思就变为"苏联只是例行参与了华沙组织的演习活动，而非将其作为对杜布切克政权进行军事施压而开展的掩护行动”。英语中还有其他许多词汇在含义上存在细微区别，但会对读者产生实质性影响，因而我们要谨慎使用这些词汇。当然细微区别也不能过分强调，因为不是所有的读者都能读懂这些差别。

（五）准确运用形容词

部分高水平的作者反对过分使用形容词和副词，这点也有道理。如果不使用形容词也能表达意思，那最好就这样。尽管如此，过去有无数成功使用形容词的案例，征候写作过程中的大量时间是花在选择使用合适的形容词上。某些事物是否异常、不正常或者是不祥之兆，很大程度上与我们对某些敌对行动是否迫在眉睫的评估相关。当形势确实出人意料时，例如该地区出现以往从未有过的大规模增兵行动，或者敌方最大范围出动飞机，或者敌方发出最广泛的军事警告等等，使用“前所未有的”等类似形容词不仅是恰当的，而且是必需的。实际上，你是在对读者说：“小心，他们当真是这个意思。”用于描述某事物程度很高（“主要的”“大规模的”等等）或形容灾难迫在眉睫（例如“不祥的”或者“危险的”）的形容词，在征候写作中都具有价值，但只有在关键时刻才能使用它们。有时，也可能存在高度异常但无关紧要的情况，那就没必要通过使用夸张的语言来描述以抬高它们。

（六）避免使用多余修饰语

我本人最大的一个烦恼，就是过分使用可能贬低某事件和征候重要性或者可能性的词汇，被使用最频繁的此类词汇包括[1]：may、might、possibly、could、suggest、may be。短语“可能意味着”（may suggest）是冗余的，“或许可能”（may possibly）更是糟糕。通常我们会发现在一个句子中出现三个以上此类修饰词。例如，下列内容选自一个征候报告草稿：“北越军团从老挝的查尔平原撤军，或许可能意味着该部队大概会返

[1] 译注：以下词汇都可以译为“可能”。

回北越。”当然，作者试图表达其相当怀疑此事是否会发生，但没有直接说出来。更好的表达方式可以是：“虽然这可能表明该军队将会撤回北越，但目前我们还缺乏足够证据来下此结论。”或者说：“此举可能是为部队撤回北越做准备，但我们认为在近期它不可能撤退。”

（七）解读对手的模棱两可之语

在对语义问题的简要探讨中，我们提出的最后一项警告就是：我们共产党世界的对手习惯于使用委婉语、辩证法以及其他模糊或者欺骗性语言，来伪装其真实意思。在某些情况下，分析敌方宣传、解读此类模糊语言，是一个复杂的问题，可能需要得到该领域专家的协助（见第 21 章）。在其他情况下，办公室分析人员要么基于经验了解敌方真实意图，要么能直接解读敌方真实意图。例如，在整个印度支那战争过程中，北越一直将南越称为“前线”，而将北越称为“后方”。最早期的征候显示，他们反复呼吁成千上万男性“前往前线”，这显示他们意在将大量部队派往南越。经验丰富的分析人员应该小心解读此类语句，而不是仅仅逐字逐句重复敌人的声明，好像其所述同其所做完全一致。另一个我们前面提到的例子是，苏联在入侵捷克斯洛伐克前将其部队移动称为“演习”。如果分析人员小心谨慎，解释一下这只是苏联方面的表示，并不意味着我们把这些活动当成一场真正的演习，那么，关于苏联这种简单欺骗的误解大部分都会避免。

深度征候报告

行文至此，对于我的主张——对征候开展深度、持续的整编或分析是呈现事实证据最管用、最有意义的方式——许多读者也许都已厌倦。但经验一再表明，未能将所有证据都整合成一个连贯的模式，没有确保需要知道此信息的人们关注到所有的事实，才是导致信息分析和解读不充分的根源。1973 年 10 月爆发的中东战争就是这样的例子。预警失败的原因之一就是分析人员考虑的多是现实动向情况，没有充分考虑那些更长期的征候，尤其是1973年春天出现的与阿拉伯国家计划和意图相关的证据。

我们反复强调，分析人员不应该期望每个人都会牢记数月前的报告内容，并主动将其与现实动态相联系。除了这方面的专家外，几乎很少人会记住早期报告的内容。此外，分析人员很可能发现自己都已经忘了大部分内容，除非他回头去查阅那些报告。他可能惊奇地发现，其手上的现实动态情报证实了早期情报报告中关于敌人正在为战争部署部队的计划，且事实上也强化了一个判断，即目前敌方正在开展的部队部署是为了战争目的。

深度征候分析通常应该回溯到数月之前，甚至更早，因为这是平时而不是准备爆发冲突的非常时期。根据具体情况，我们可以通过不同方式来书面总结证据：用大事表叙述问题的来龙去脉以及冲突前的准备过程；深度探讨某种特定类型的证据（例如，政治、军事等等）或者某个特殊话题；用大事表列举证据和动向情况，并介绍和讨论关键的要点。对于分析人员以及那些有时间详细审视相关问题的人而言，没有什么比详细的信息大事表更管用了，因为这是解释性分析的基础。对于那些时间紧迫的用户而言，可能很有必要在相当程度上精简事实，并以叙事的方式对其进行概括总结。

界定“征候”

最后需要留心注意的一点，同样是来自最近一次中东战争的经验。分析人员在思考问题和撰写材料时都必须注意，不要将某个征候定义成某个动向情况，也不要将征候等同于自己对敌方将采取什么行动的认识。在危机或者冲突期间，总是存在以下情形：某些征候或者动向表明敌方正在改善战备状况，某些报告表明或者暗示某个冲突即将爆发；存在某些我们目前还不能对其做出清晰解释的异常动向。只有当肯定性征候比否定性征候要少，或者对时局变化影响很小，或者几乎只能在很小程度上提升敌军战备水平时，我们才能得出结论：这一系列征候没有表明可能发生敌对行动。但还有很多征候不应该被分析人员忽视，尤其是当存在大量潜在不祥动向情况时。基于所有手头证据判断战争不会发生，并不等同于不存在任何关于战争的征候。分析人员应该避免将那些支持自身论点的报告和动向情况定义为征候，而断定那些与其假设相反的证据不具备征候价值，因而将其弃置一边。这不仅是一个自我欺骗的行为，也是对用户的严重误导，在事后分析中将暴露无遗。

第 36 章
概率评估

在前面章节（第 3 章）中我们列举了哪些属于“预警”（相对于非预警而言），其中一项就是“预警是对概率的评估”。之所以在前面章节强调这一点，是因为有些人认为预警是一个非此即彼的命题，认为情报界应该能够对敌人是否发起进攻得出直截了当的判断。这就提醒决策者等用户，我们无法期望从预警中得到完全确定的结果，如果某个判断指出可能发生，或很可能发生，或几乎肯定会发生进攻，这个判断事实上就是一份十分有效的预警。这是因为在预警流程中我们的搜集系统可能力有不逮，即使搜集能力超强，信息传输也不可避免会出现延迟，而且还存在大量分析方面的问题。

在第 35 章中我们曾讨论过，多年来情报界一直关注为决策者提供更准确、更有意义的判断。由于人们对 might、could、possible、probable、not unlikely[1] 等词的含义有不同理解，情报界做了很多努力，用算术或百分比来定义这些词汇，从而使每个人都能以相同的方式理解它们。尽管我们已充分探讨了用百分比表达事件可能性的优点，但仍然值得注意的是，

[1] 译注：上述词汇都可译为“可能”。

这种表达可能性的方式还没有被广泛接受，大多数判断结论仍然是用文字表达的。这里面就包括预警判断，与其他类型判断相比，预警判断往往更不精确，因而很少以数值的方式来表达。

我们可以基于每个人对单词的理解，直接把文字表达的可能性转化为百分数，这比较容易理解，也易于接受。相比之下，另一类方法被认为更加复杂（有些人可能会称其更加科学），涉及具体的方法论，应用被人们广泛接受的技巧来分析信息，旨在得出更加有效和可靠的概率判断结果。近年来，这类方法，特别是所谓“概率信息处理”（probabilistic information processing）方法，已经得到了一定的研究和实验。大部分研究和实验工作都在学术界进行，但情报界也进行了数量有限的实验。这些方法还被用于回顾情报问题，以判断这些方法在情报分析（包括预警分析）中能发挥怎样的作用。尽管这类方法前景无限，但迄今为止进行的实验为数甚少，因此还无法证明其是否优于那些凭直觉预测将要发生何事的方法。

本章主要致力于探讨这类概率评估的方法。首先，必须强调本讨论不涉及数学上的概率理论，即使是其最初级的形式也不涉及。它也不涉及构建概率和“决策树”（decision tree）或者其他特殊方法。那些对概率评估方法感兴趣的人可以找到相当多的文献，无论是涉密还是非涉密的。与我试图呈现的内容相比，这些文献可以为其介绍更为全面、更加专业的方法。我们主要专注于以更为寻常的方式解释这些方法，尤其是详解这些方法专门用于预警情报分析时所存在的明显优缺点。

和其他方法一样，对于情报分析人员和情报用户而言，情报分析概率理论是一个辅助工具。从本质上讲，它主要为了达到两个目的：

- 通过运用一定的概率分析方法对手头信息进行分析，从而辅助分析人员得出更加精确或有效的判断结果。
- 以更加准确、更为清晰和更易理解的方式将这些判断传递给用户。

在情报尤其是预警中运用概率评估的复杂性

显然，情报问题与那些通常运用概率分析的问题之间存在很多区别。绝大多数在情报分析中存在的问题，在预警问题分析中都同样存在，甚至更甚。虽然绝大多数差异都很明显，但在此还是列举一些比较好：

- 绝大多数概率评估都是在相对简单的情况下进行的，且通常都基于一定规模的数据库，例如，天气预报、保险精算表，甚至赌马记录表。情报预测，尤其是预警，通常基于更多种类的数据，大部分数据更为复杂，在某种程度上，每个事件都是独一无二的。
- 在很大程度上，主要基于简单数据或者统计学数据的概率评估都是客观的，不受个人偏见的影响，但情报判断是高度主观的。
- 虽然一些统计数据或者历史档案能为我们做出预警判断提供更客观的基础，但由于这项工作至今还没人在做，因此分析人员目前基本上还依赖于对历史先例的不准确回忆或者主观感受。这是一个非常值得研究的领域。例如，X 国是否经常增加到三倍于某个敌国的兵力并开展一次军事行动?
- 情报判断，尤其是预警判断，往往是基于不完整的资料以及未知或者可靠程度不同的信息，而在相对更简单的概率评估中情况往往不是这样。
- 情报预测，尤其是预警判断，通常大部分基于我们对人为决定的评估。这些决定可能已经做出或者没有做出，但不管怎样都是极其复杂、多变，在某种程度上是不可预知的。

概率理论家意识到了情报判断的主观性本质，因此不会试图运用客观性概率方法来从根本上判定某个事件发生的概率。相反，他们会运用 18 世纪初发源于最早期概率理论的主观性概率（subjective probabilities）理论。

主观性概率是指个人对某事物相信的程度，或者其认为某事物真实的程度。从这个意义上来讲，概率理论可以被情报分析人员用于情报判断。

概率评估的优点

无论利用何种分析方法或者最终如何表达结论，试图做出概率判断对情报分析人员都非常重要，有许多原因可以解释这一点。无论最终是否以数值、百分比或者口头的形式表达某个事件发生的概率，概率评估方法的某些优势都能得以体现。绝大多数认可概率分析价值的人都提倡开展数值评估。在我和这些支持者看来，这个方法的优点包括：

- 分析人员或者情报预测报告撰写人员被要求对可能性做出某种判断——具体来说，当涉及预警情报时，要对意图做出某种评估。因此，他们不会犯以下最常见的预警分析“错误”：提出许多敌方可以选择的行动方案，却没有指明哪种方案是敌方最有可能实施的；或者只是简单报告“事实”或者陈述敌人的能力，却没有对其可能采取的行动做出任何判断。
- 决策者或者指挥官得到关于相对可能性的评估报告，这有助于其做出最佳行动决策。因为判断结论更为清晰，分析人员与政策官员之间的沟通也更加有效。
- 这个方法能确保重要信息不会被忽视，不会因为与某人的假设不一致而被搁置。
- 这个方法将推动产生更加清晰、逻辑性更强的指导思想，从而改进工作组织方式，推动具体问题或空白领域的研究。
- 这个方法要求分析人员核实其自身评估的一致性，要求其阐述得出相关结论的过程，从而有助于提升其对结论的信心。
- 当大家都着手研究同一个假定的意外事件时，这个方法有助于得出更为清晰明确和更好的假设。

由于分析人员必须充分考虑与所有假设（并不只是他们所支持的那个假设）相关的信息，因而这个方法会减少分析人员的偏见，而且有助于避免其对新信息产生先入之见。

- 分析人员可能会考虑更多潜在的相关信息。
- 研究表明，这个方法有利于克服可能性或概率评估中的保守主义。当分析人员收到强烈的肯定性（具备诊断价值的）证据时，这种方法有助于分析人员对相关概率做出更好的修正。因此，他们会得出一个更高的概率，有时比直接凭直觉得出的结果要高得多。这对于预警而言显然相当有用。
- 这个方法将使那些逻辑上前后矛盾或者独持异议、对数据予以负面解读的人无处遁形。
- 得出概率判断的过程将凸显意见分歧，反之，这些分歧将不被察觉，或者为了实现表面的“全体一致”而在书面表达时用含糊语言一笔带过。
- 当此类分歧变得显而易见时，相关团队就应该尝试逐个分析存在这些分歧的原因，从而弄清为何某人认为某行动方案极可能发生（概率为60%—80%），而其他人却认为不太可能发生（概率为35%—45%），甚至有人认为完全不可能发生（概率为10%—20%）。顺便说下，此类观点各异的情况在征候与预警问题中极其常见。
- 试图统一分歧的过程将迫使人们努力解释他们为何这么认为，或者他们是基于什么证据、先例、成见或者“直觉”才得出这样的观点。（正如本书其他章节所述，先入为主的看法影响我们的思考，是开展逻辑性预警分析的严重障碍之一。）
- 重新审视我们的观点依据，也促使我们重新审视现有的证据和征候。前面其他章节多次强调，细致审视现有信息对于预警至关重要，未能审视所有证据是导致预警失误的主要原因之一。在讨论过程中我们可能会发现，“某些人在形成其判断意见过程中完全忽略了某些特定的信息，而其他人认为这些信息是至关重要的证据（这在预警中也不罕见）”。

概率评估的潜在缺点

为免读者相信概率评估就是我们情报界苦求的答案，且会为我们提供众所周知的“水晶球”[1]，我们应该意识到此类方法的局限性甚至明显的缺点。

- 没有哪种方法可以替代充足的信息和该领域能力出众的专家对这些信息开展的分析。解决方案并非将原始数据提交给概率理论专家去分析。分析工作必须由该领域名副其实的专家来开展。
- 过度关注概率理论和分析中数学方面的内容往往适得其反。初始信息不充分、不准确，无论数学公式多么精巧，评估结果也不可能得到改善。统计技巧只是使信息看起来比实际上更为精确而已。
- 如前所述，只有具备足量的零散证据，这一方法才管用。
- 在情报分析中应用概率理论并不会消除评估的主观性。虽然这一程序可能使评估过程变得不那么主观（或者说，更为客观），但在评估的各个阶段，情报人员的判断并不能通过经验验证，而是他本人经历、态度和在本领域专业知识的综合产物。
- 要得出诚实、富有意义的结果，关键是充分选择参考资料——或者更理想一点，囊括所有与问题潜在相关的资料。学院派概率理论或回顾性分析中存在的难题，是未能将情报分析人员实际掌握的全部资料整合在一起，这导致分析结果非常离谱，产生的印象与实际情况完全不同。
- 如果要与传统分析方法开展更为鲜明的对比，应该将这个方法实时应用于现实危机中。对数据开展事后分析或回顾性分析，往往能形

[1] 译注：此处指可以解决现实难题和满足现实需要的魔法球。

成一个比实时分析更为准确的概率评估，但却无法再现分析人员当时所处的环境、面临的不确定性和身负的压力。所以，这种赤裸裸展示概率分析方法比直观分析判断方法优越的行为是错误的。有时，回顾性研究在理解问题时对问题进行了简单化而非复杂化处理。

- 在现实危机中，除了实时跟进源源不断的信息流和满足上级的需求之外，时间上根本不允许分析人员去从事任何其他额外任务。如果时间充足，即使没有经过概率评估方法的训练，分析人员自己也能得出更好的分析结果。
- 运用这些方法，分析人员并不能有效解决情报机构之间沟通不足、同一情报机构内部沟通不畅的问题，而这才是造成危机中情报分析不充分、不完整的主要原因。
- 对于尚未发生的事态动向的真实否定性征候，该方法可能忽视其（对预警而言）重要性。
- 可能与此密切相关的是，目前尚不确定运用概率理论来分析情报资料能让我们少受欺骗，事实上它可能让我们更容易受到欺骗，因为反欺骗过程会将所有一系列看似可靠的征候看作与问题无关或者含义截然不同。
- 最后，情报界目前还没有广泛运用数值概率预测方法来开展情报分析，这意味着这些方法在许多情报领域还没有被普遍接受。许多情报主管和高级情报用户可能还不接受这些方法，但人们对此已经越来越感兴趣。

通过对近年来某个重大预警问题开展回顾性分析，或许可以从学术角度解释上述某些观点，但出于简化和保密原因，该分析只能参考美国媒体的公开信息。由于与军事信息相比，政治类信息多是非涉密的并出现在各类报纸中（通常都是这样的），因此政治类信息在取样数据中占据较大比重。军事证据，尤其是大规模军事集结的证据，几乎很少被纳入考虑范围；而敌方宣传力度和辩驳力度的变化却得到了过度关注，并被当作重要征候。在危机时实际获取的大量信息，在回顾性分析中却没有被采用，从非涉密渠道获取的大量信息因某些无法解释的原因而完全没被采用。被情报专家看作关键征候的宣传声明没有被纳入考虑范围，而其他不那么重要的征候却被采用了。这个关于概率评估方法有效性的例子，展现了最重大、最肯定性的军事和政治动向出现时得出的（有关最终军事行动发生的）概率，以及当美国情报界可以做出最肯定的判断时（在事件发生前数周）得出的概率。最终，重新评估得出的最后时刻概率为 98%，而此前经验丰富的分析人员基于媒体公开材料评估的概率为 80%，当时分析人员认为这些材料没有相关性、**可能**存在某些欺骗活动（虽然这从未被证实过），认为它们是军事行动迫在眉睫的否定性征候。总之，旨在展示概率评估方法有效性的相关做法因为过于简单化而容易产生误导，有时候经验丰富的情报分析人员会对特定信息的含义产生完全不同的解读。

在我看来，其他（通常在回顾性分析中）运用概率评估方法来分析复杂征候问题的做法，即使已参考所有可获取的各种密级信息，也过于简单。与具体领域的专家不同，这些方法往往更重视政治类和宣传类征候。此外，人们倾向于忽视（或者更准确地说，是剔除）大量不相关、虚假、不确定以及误导性的信息，这些信息实际上浪费了分析人员大量的时间和精力。更有意义的是，在处理问题时，每一个信息碎片都应得到充分运用——这是分析人员实际上必须阅读和处理的，这一过程会让这些问题更具有现实意义。

破解这一难题

看起来，运用概率评估方法来开展情报和预警分析时，最有效的办法是将相关问题分解为不同组成部分（实际上是不同的征候）。这种办法有利于对现有信息开展深度分析，且能够避免当前最普遍存在的预警错误，即未能审视所有的潜在征候并对其含义做出某些判断，或未能判断这些征候对于敌人战备状态或政治计划和政治决定的意义。因而，对于目前盛行的很多趋势——忽视个别征候的重要性，以及为了迎合某人对某事物的主观“感受”而将某个或某些征候弃置一边——概率分析方法相当于给它们踩了刹车。由此，概率方法通过两个途径为我们提供帮助：一方面，鼓励对个别征候进行研究和细致审视；另一方面，提倡运用多种技巧，更加客观地进行分析和判断。对预警而言，这两种途径非常重要。

我认为更为重要的，是鼓励人们开展此类分析，而非如何运用统计学方法本身。最终结果显示概率为 75% 还是 65% 真的没那么重要，真正重要的是，更加系统地审视和解读证据，更加全面地交流对相关信息重要性的看法，以及更加清晰地理解真正分歧和差异所在。只有这样，最终得出的结论才会既符合逻辑又可靠。或许没有必要了解或使用任何先进的概率方法或者决策分析方法，分析人员也能得出基本相同的结果。但是，作为分析工具，这些方法确实具有某些优势。随着人们对这些方法越来越关注，分析人员对其有一定的理解是值得的。

贝叶斯定理

最广为人知也最常被应用于情报问题的方法，就是“贝叶斯定理”(Bayes’ Theorem)。简单而言，这个方法是指分析人员通过评估最新接收到的相关信息的重要性，不断对某个事件发生的可能性或概率做出新的判断。该方法需要首先设定两个甚至更多的假设，例如：X 国将使用武力攻击 Y 国；X 国将对 Y 国开展局部攻击：X 国将不会攻击 Y 国（这些是预警情报部门常常真正需要处理的突发事件）。同时也该做一些时间限制（例如，六周、六个月或者一年）。

该方法需要进一步对每个假设设定最初的发生概率，例如，发动武力攻击概率（20%）；开展局部攻击概率（30%）；不会发动攻击概率（50%）。理想状态下，设定这些概率时，可以不太费劲就达成某些一致意见，但现实未必如此。如果不同个体最初就设定了不同的最初概率，即使他们对之后出现证据的评估大体是相似的，他们修正后的概率也将是不同的。

然后，该方法要审核每一条新出现的信息，并评估：(1) 这些信息的可靠性如何（该信息是否是确切的事实）;(2) 如果其中一个或另一个假说为真，这些事件是否会发生的相对可能性怎样。分析人员得出可能性之比后，将通过简单数学公式的方式应用于此前的概率判断，然后随着新信息的不断出现，继续调整对概率的判断。支持者认为，该方法与传统评估方法相比有两大优势：一方面，较之于对一系列信息进行整体评估，贝叶斯方法能使分析人员更好地评估每一份信息的重要性或者相关性；另一方面，该方法允许分析人员或者分析团队在评估新证据时摆脱先前观点的影响，做出相对而非绝对的概率判断，把最终的概率判断交给数学逻辑去处理，因此该方法可以减少个人偏见（虽然它不能完全消除偏见）。与其他更为直接的方法相比，这种方法得出的概率评估结果可能要相对高些或者低些。

这个方法的关键步骤就是，分析人员必须系统评估每个信息碎片，并衡量其所具有的判断价值或说服力，简言之，就是实事求是评估征候。显然，运用“贝叶斯定理”开展复杂预警问题分析的过程并不可能像上述那么简单。首先，关于特定信息的可靠性很可能存在大相径庭的看法，因此信息是否重要取决于具体情况。我们在本书其他地方讨论过的关键战斗序列信息问题很适合说明这一点，在双边关系日益紧张和部队不断机动期间，与征候评估方法相比，运用传统方法评估得出的结果往往更为保守。其次，有些信息还没有得到“确认”，但预警分析人员希望将其作为重要的相关信息纳入考虑，而战斗序列分析人员很可能认为这些信息不符合其“采信”标准，因而不予考虑。只要存在主观性判断，那么在遴选和评估新信息过程中就还会存在许多其他问题，对这些问题，任何一个方法都不能轻易解决。最后，两个不同的分析人员或者分析团队（一个使用的方法比较传统或者保守，另一个则更富有想象力或者“以征候为导向”），在各自独立运用“贝叶斯定理”去分析问题时，很可能只能从统计学上确认那些已经显而易见的事情，也就是说他们的观点大都是众所周知的。需要指出一点，如果某个分析人员发现当其将概率分析表对应于某个现实动向而导致得出的概率高于其能接受的范围时，他就会简单地降低其评估值，从而获得一个与其真实“感受”更为接近的概率值。“贝叶斯定理”被大量应用于情报问题，通常被用于回顾性分析（而事后诸葛亮式的分析常常带有潜在偏见），偶尔才用于现实问题分析。据我所知，目前为止，还从未让研究方法或者研究专长不同的两组分析人员使用“贝叶斯定理”来分析某个现实预警问题。如果能够在现实环境中而非在事后回顾时开展这样的研究，看看会得到怎样的结果，那一定非常有趣。

由于预警分析工作本身就是审视和评估征候，因此，只要分析人员愿意以数值概率评估的方式进行思考，那么通过运用“贝叶斯定理”，他们至少可能可以得出与运用其自身征候整编和分析方法一样高的概率结果。运用“贝叶斯定理”对中国出兵朝鲜的相关信息开展回顾性分析表明，11月中旬中国开展大规模军事活动的概率为3对1。由于该方法从未被应用于现实危机中，也没有人在1950年尝试应用该方法来得出任何数值概率结果，因此不可能说清楚，当时个别人认为或者大家一致认为或者“人们普遍认为”该事件发生的概率范围是多少。但有一点可以肯定，这个概率范围相当大（因为许多人坚信中国不会介入），而且我认为，如果预警分析人员当时开展最详尽的征候分析研究，那么其得出的概率将会超过3对1，认为中国在1950年11月中旬开展大规模军事活动的概率可能高达5对1。

有关非情报问题的大学实验表明，如果分析人员在不断接收和评估一系列积极肯定的信息后运用“贝叶斯定理”开展分析，那么其判断某个事件发生的概率会更高，通常会高于其使用直觉推理得出的概率。换句话说，运用“贝叶斯定理”可以让他们在开展评估时变得不那么保守。将同样的理论应用于情报问题，分析人员将得出一个更符合逻辑和更加简单的结论。当大量非常可信且肯定的证据表明敌人正在大规模增强军事力量且存在大量肯定性的政治征候和宣传征候时，运用“贝叶斯定理”分析显然可以得出最高的概率。其他预警分析方法重视分析相关国家的以往表现，评估该国领导人的观点及其将采取的冒险行动，并分析其制造大量“肯定性征候”的可能性：是虚张声势，还是为了应急准备，抑或是为了炫耀武力。“贝叶斯定理”与此不同，它更有利于开展事实性、累积性的征候分析。

德尔菲法

还有一种方法——“德尔菲法”（Delphi Procedure）——可以使分析更加客观或者更为科学。这是一种运用团队分析的方法，但尝试避免出现几乎所有团队分析都会出现的趋势：在团队中衔职和官位较高、经验更丰富、性格更为强势或者更能说会道的某个人或某几个人主导整个讨论。它要求参与讨论者匿名发表意见，这一点很大程度上可以鼓励那些害怕其上级或者不敢发表自身观点的人做出独立判断。之后，匿名意见将反馈给参与讨论者，或者去搜集其他匿名意见，最初参与讨论者在经过进一步思考后可以修正自己的评估。该方法会尽可能使每一个人的观点接近一个标准，且避免基于权威意愿得出结论。从某种程度上而言，这非常有助于征候分析。同时，它不能消除团队统一意见的趋势，并且可能鼓励太多对问题分析不甚深入的人也参与话题的讨论。由于没有审视所有证据就做出即时判断，这一做法也是我们预警中的重大问题，因此在讨论过程中要谨慎使用该方法。通常，最优秀的预警分析人员提出的独立观点，事后被证明要比任何共识或对他人观点的审视准确许多。

低概率及关键危险

在预警工作中，我们为自己国家和盟友处理一系列潜在危险，其中有些威胁可能只是轻微损害我们的利益，另一些则是潜在的灾难。对我们利益造成相对较小危害的例子，可以是劫持一架飞机或者破坏某个军用仓库（虽然如果可能我们也希望对其进行预警）。显然，最严重的潜在灾难就是对美国及其盟友开展全面的核攻击。

抽象来看，拥有同样概率的不同事件，无论是以百分比数字还是用描述性语言表达，都具有同样的价值或重要性。因此，如果我们认为，中国部队在老挝修成一条通往泰国边境公路的概率，与同时期苏联进攻中国的概率相等，则意味着对决策者而言，上述两者具有同等的说服力和影响力。

当然，我们以这种方式仅仅是为了证明：两份相似声明中的概率虽然完全相同，但对于决策者而言代表了完全不同的含义。两者的明显区别来源于两个行动方案的重要性和潜在危险不同。如果有 50% 对 50% 的概率表明苏联将进攻中国，那么从潜在灾难性影响的角度来看，这种行为已经构成了一级预警。对于情报界而言，要想得出这样一个判断，无疑需要获取大量关于军事实力显著增长的清晰证据，以及有关这个关键爆炸性政治局势的大量征候。在某些情况下，甚至用肯定的语言提升某个事件发生的概率，也会构成最严重的一种预警。有的情报评估列举证据，解释其中的逻辑，说明对手不会采取敌对行动，但又说“尽管如此，它发动进攻的可能性仍不能被完全排除”——这类情报评估常常招致许多人的厌恶。大多数情况下，此类评估表明作者正在试图为所有的突发事件打包票，这样他们就可以声称，无论发生什么，即使只是很小的可能性，他们都预测到了。这种做法因而遭到了人们的反感。统计学家可能不会如此措辞，因为它不够精确——“不能完全排除”（cannot totally discount）代表多大的可能性呢？许多人会说这个表述毫无意义，因为它什么也没有告诉读者，我们也不能排除任何一个突发事件。

但是假设我们说“苏联对美国发动核攻击的可能性不能被完全排除”（可能下个月或者半年后或者一年后或者任何时间范围内发生），结果又怎样呢？仅仅提及这样一种可能性显然就能使其成为最可怕的预警，因为情报界对苏联意图是最担忧的。即使在古巴导弹危机期间，也没有出现这种情报判断（可能出于“保险”或者任何其他原因）。显然，任何有关苏联潜在意图的类似判断都会导致政策层面采取最紧急的行动。任何对核攻击做出较高概率的预测，即使远低于 50% 对 50% 概率（例如，使用“有可能，但不完全会”等词汇或者“80% 对 20% 的概率反对”)，都可能会促使一国采取一系列前所未有的军事准备措施。

总而言之，预警判断对决策者的重要性并不取决于事件概率本身，而取决于相关事件一旦发生所带来的潜在后果。虽然有些危险爆发的可能性极低，但决策者仍然应该给予最严重的关切并采取可能的行动。因此，与其他不太危险的局势相比，情报界在此类情形中更加关注证据的价值，更加注意预警或判断结论的措辞。与潜在影响较小的情况相比，在此情形下情报往往更加谨慎。

事实上，可以肯定地说，无论拥有什么样的证据，情报界都无法做出一个肯定的预测，称苏联对美国发起核攻击是个高概率事件。但如果情报界评估该事件发生的概率过半，它就会觉得自己已经发出了非常充分的预警。假如情报机构认为秘鲁进攻智利的概率极高，只要证据确凿，情报机构就不会对此高概率判断感到良心不安。至少，我们的预警经验表明，对于那些最不重要的冲突或者对我们影响最小的冲突，我们往往能得出最确切的判断。尽管此类预警心理学不那么流行（至少二战前夕没有流行)，但是当面临最严重危险时，决策者往往会认为自己可能没有得到充分的预警，而非得到过度的预警。

影响预警概率的其他因素

在我看来，运用概率评估方法开展预警时看似存在的某些缺点或不足，都可以通过综合运用本书其他章节推荐的其他分析方法来弥补。例如，第 25 章列举了在预警环境下评估证据含义的某些指导原则。概括来说，有以下五条基本原则：

- 国家领导层是否致力于实现既定目标?
- 目标是否具有可实现性，或者能否通过军事手段破解局势?
- 是否具备相应军事实力，军事集结规模是否达到发动进攻的理论标准?

- 是否所有的政治选项都已用尽？
- 风险是否够低，或者至少可以容忍？

如果目标国家的领导层一直遵循理智的行动方式，上述这些问题的答案应该能决定其是否选择军事行动。如果所有上述问题的答案都是肯定的，将要采取军事行动的概率就应该很高。与上述重要原则一样，分析决策问题时使用概率方法，将会考虑各种行动方案所带来的潜在损害或风险。即使所有其他问题的答案是肯定的，一个高风险因素也会降低采取军事行动方案的概率，除非领导层孤注一掷地希望解决这个问题，并承担相应的风险。或者，领导层可能低估了风险，就像赫鲁晓夫在 1962 年那样。

像我们现在这样，至少实验性地将“贝叶斯定理”或者其他概率评估方法应用于具体征候分析，将是非常有用的。用上述重要原则来分析每一份相关信息也很有必要。也就是说，我们应该对每一个相关的军事征候开展评估，看其是否增强部队实力和机动能力，是否满足开展进攻性行动的需求。我们还应该对每一个相关的政治动向开展评估，判断“领导层致力于实现既定目标”和“领导层认为其政治选项已经用尽”的可能性是增加还是降低了。

结　论

从我的有限经验以及我与其他经验更丰富人员的讨论来看，情报分析人员及其上级应进一步学习概率评估理论，并在预警分析中加以应用。前面论述过，这些方法最大的优点就是要求分析人员更深入、更客观地审视自己掌握的证据，更清晰地区分哪些证据与各种假设有关，哪些则没有关系。这种方法如果能被用于预警情报工作中，可能会更加富有成效，促使分析人员细致审视证据。最终能否得出精确的数值概率并不那么重要，重要的是能够促使分析过程尽可能摆脱先入之见和主观影响。通过数值概率形式表达最终判断结果可能非常有效，但这种做法还没得到普及，也不清楚政策官员是否乐于接受它。如果达成判断的过程草率而不精确，或者很少基于有意义的信息，那么最好不要做出精确的百分比判断。

基于某些回顾性概率研究，我们可以从逻辑上得出一个结论：当我们已经拥有大量肯定性证据，但未能对可能性做出确切判断时，概率评估方法有助于改进我们的情报判断。两个明显的例子就是中国参与朝鲜战争和苏联出兵捷克斯洛伐克。

当证据不充分或者我们缺少关键具体信息时，这些方法是否可以改进我们对概率的判断，对此我们还不能确定。我们运用“贝叶斯定理”对古巴导弹危机前夕我们手头可获得证据开展研究。该研究表明，这些方法并没有使我们对战略导弹已被运入古巴这个问题做出一个肯定的评估。研究表明，到 10 月的第一个周末（导弹被发现的前一周），有关“战略导弹是否被运入古巴”这一问题的概率是相等的。进一步研究表明，在之前的数周中这个概率逐渐上升。通过这个方法我们发现，9 月中旬认为“苏联运进古巴的并非战略导弹”这一假设的概率超过 3 对 1，这与同时完成的《国家情报评估》判断一致，从而反映出未来三周概率的剧烈变化。概率方法能否在评估作战行动时间上给我们提供很大的帮助，能否帮助我们抵御敌人的欺骗陷阱，我对此很是怀疑。在这些领域开展进一步的学习研究将会非常有用。最大的缺点可能是，在危机期间使用这些方法的优秀分析人员还要承担其他各种事务，而他们已经不堪重负。除非有办法不占用他们的大量时间和精力，否则分析人员很可能更愿意在相对轻松的环境中，而非在重大危机期间实际运用这些理论。

第 37 章
影响判断和报告的主要因素

预警情报当然不可能是在真空中生产的，不可能脱离情报流程的其他环节或者脱离其他重要因素。有许多因素会深深影响征候报告的本质以及关于证据的判断意见。至少在某些情况下，这些因素的重要性再怎么强调都不过分。它们决定了评估应由哪些内容构成，甚至有时候决定应该上报哪些事实。我们已在前面章节中提及其中的一些问题，尤其是在第 3 章（“预警是什么”）以及在讨论分析方法（第 10 章和第 11 章）时。某种程度上，那些阐述分析中具体问题的章节，尤其是在政治分析那章，也涉及这些问题。接下来的讨论不算详尽、彻底，只是为了列举某些能够影响判断结果的重要因素。

舆论氛围

舆论氛围是指任何国家关于任何重大问题的普遍态度，尤其是一方对其他国家和特定国际问题的态度和目的。政府内部有关此类问题的舆论氛围，不一定与公众观点完全相同。尽管任何时期上述两者大体平行，但在认知外国的态度或意图时（无论这些意图是敌对的还是友好的），政府系统中政策部门和情报机构往往要早于公众观点。此外，政府行政机构通过外交手段使本国处于有利位置，以影响、改变他国对我国的态度。尽管国家领导层最终需要回应公众舆论，但在很大程度上也可以塑造舆论，短期内甚至可以在国际问题上与公众舆论背道而驰。在此说明这一点，只是为了强调，政府及其情报机构不会像人们讨论该问题时暗示的那样，成为某个“主流舆论”的俘虏。在很大程度上，他们可以有一个独立的舆论氛围，而且可以很大程度上塑造公众氛围。同时，在民主国家，政府和民众在重大国际问题上的看法不可能长期存在明显分歧，情报机构对其他国家及其意图的判断，也不可能完全不同于公众媒体或者其他学者已公开发表的观点。

我们在第 20 章扼要讨论了如何认知与他国之间爆发冲突的可能性。对于他国在任何特定环境下可能采取何种行动，这种认知是我们开展评估的主要决定因素。自二战结束以来，我们对苏联的普遍看法发生巨大改变：从战争结束时对其感觉相对较好，到 20 世纪 50 年代和 60 年代初期冷战时对苏联意图深深的不信任和恐惧，再到两国关系缓和及改善的新阶段。关于苏联对美国及其盟友的军事意图，我们的态度深受国际环境变化的影响。尽管自 20 世纪 50 年代以来，苏联损害我们在全球多个地区的利益和直接攻击我国的军事能力大幅增加，但目前我们认为，苏联采取军事行动的可能性相对降低。我们对中国的态度也发生了相同的转变，许多人一度认为其在亚洲有称霸企图，但现在其将大部分精力用于应对国内问题和来自苏联的威胁。我并非试图暗示说，我们这些态度上的变化来源于我们对这些国家及其领导人有了新的深入了解，虽然在某种程度上是这样的。这些国家（尤其是苏联）即使没有改变其整体目标，也显著改变了战术。苏联对柏林构成的军事威胁并非只是看似减少，实际上也确实减少了。

我们对他国的印象或者先入之见一旦或多或少成型，往往就很难改变，而且需要他国采取一系列行动才能让我们开始相信，其政策正在发生变化或者已经改变。我们的评估也可能一开始就错了。二战结束时，美国的政策毫无疑问出了错。我们一直乐观看待苏联，认为战后斯大林没有扩张帝国的野心。在受到一系列震惊之后，我们慢慢接受了关于苏联意图更为现实的观点。如果苏联领导层在未来某个时候认为现有的缓和战略得不偿失，转而实施冷战策略，那么我们的感知同样会滞后——在舆论氛围上存在延迟。这个在认知上出现的滞后将很可能像以往一样，导致我们更不情愿接受那些表明敌对行动迫在眉睫的征候。而如果我们对苏联的动机一直抱着怀疑态度，则不会出现如此情景。

即使我们有意维持开放的心态，并客观评估证据，我们还是很难摆脱有关他人将会如何采取行动的先入之见。即使自身能做到这一点，我们在说服他人时也可能存在极大的困难。这种氛围很可能需要慢慢改变，它需要某些爆炸性事件，甚至一场全国性灾难，从而使修正后的舆论氛围能够得到普遍认可。即使有关这些观点的征候在数量和质量上都很充足，但在被人们接受之前其仍然会历经波折。

毫无疑问，在 20 世纪 50 年代，无论是在情报界还是在政策层都存在一种舆论氛围，即拒绝接受朝鲜会进攻韩国且中国会参战的观点。我认为不该将这种氛围归咎于我们对朝鲜、中国或者苏联意图的认知幻觉（认为他们是友好的或是敌对的）。这种氛围是其他一系列事项的综合产物，包括：当时对局部战争概念的认知局限；美国情报界在征候分析方面经验不足，情报机构间相互协作和共同分析的力度不够；负责中国方面的情报分析人员普遍存在先入之见，认为中国大陆将会攻打台湾地区而非参与朝鲜战争；不愿意相信中国会与美军对抗；在某种程度上，美国军政首脑不愿改变既定政策，因此不愿接受那些需要改变政策的情报，也不愿意情报机构告诉他们这些。（美国存在一个重大的指挥和控制问题：麦克阿瑟将军自恃过高，不愿接受来自华盛顿方面的指导，这显然是造成所掌握的情报未能对政策产生影响的主要原因。）因此，下面将简要讨论有关 1950 年朝鲜战争的舆论氛围问题。尽管这些内容已经被广泛引用，但值得在此重复论述，因为有关舆论氛围重要性的原则今天依然有效。[1]

---

[1] 原注：H.A. DeWeerd, *Strategic Surprise in the Korean War* (Santa Monica, CA: The Rand Corporation, June 1962).

尽管存在各种事前征候和大量有关敌军能力的情报资料，我们还是在朝鲜半岛遭遇了两次突袭。敌方军队通过这种循序渐进的方式成功突袭，使我们无法从自身情报搜集材料中得出恰当的结论。并非是因为缺乏情报导致我们陷入困境，而是我们不愿意从中得出不太令人满意的结论。我们拒绝相信情报告诉我们正在发生的事实，因为其与当时华盛顿和东京的普遍舆论观点相左。我们也拒绝相信它，因为如果我们相信了，它就会带来许多不便。我们必须对其做些什么。最终，当然，没有相信它带来诸多不便，但是那些熟悉治国之道和政治事务的人们明白，纠正一个因疏忽导致的错误，哪怕是付出巨大的代价，也比提前做出一个令人尴尬的决定要容易很多。

在 1950 年的政治环境下，人们不愿接受有关朝鲜将发动攻击的预警。这种反对态度源于人们坚信远东主要的共产主义威胁是颠覆运动，而且认为敌人将减少直接的军事对抗行动。在关于中国军队参与战争这一点上，对于那些表明其具有参与战争能力且事实上正逐步加强参与的情报，当时的军事和政治舆论环境都拒绝接受。这些反对态度来源于他们深知，如果这些情报是可信的，“联合国军”将不得不在 1950 年深秋开展一场完全不同的作战行动。

有了朝鲜战争的经验，大家就可以想象出，在人造飞船和导弹已诞生的时代，创造出能够侦获一场迫在眉睫核空袭证据的机制，将是多么困难。即使创造出这个机制并搜集到有关某个类似企图的某些微弱且模棱两可的征候，仍然存在三大难题。第一个难题，是从我们庞大系统所搜集到的海量数据中提取出有效的信号。第二个难题，是必须看到一点，日益增加的情报数据协调机构，并没有缓解对这些数据的评估和处理。第三个难题，是如何恰当回应这些评估。但是影响所有这些步骤的主要因素是当时普遍存在的军事政治舆论氛围。如果当时舆论否认敌方通过空袭发动一场全面战争的可能性，那么即使有再多的“战略预警”也可能无济于事。

重大危机或情报失误的近因效应

没有什么可以像一场重大危机那样提升预警情报的地位，或者让更高层政府部门乐于接受这些征候——在这场危机中，情报机构要么未能有效做出预测，要么没有对征候进行充分评估。我们几乎总是通过事后分析来确认错在哪里，通过指派特别委员会来重新审视证据，采用的方法就是征候情报分析。即使当征候不那么完美，各个征候相互矛盾，或者敌人的做法很不合逻辑，调查总能够充分利用各种各样的信息碎片。有些信息碎片预示敌人可能采取何种行动方式（而敌人也确实这样做了），但当时却没有受到足够重视。在这种情况下，我们没必要根据其自身的优点或者其与全局的关系对征候做出判断，而是要根据人们接受它的标准对其做出判断。如果预警分析人员提前预报了某个事件，或者将那些被人忽略的征候整理成一份令人印象深刻的征候表，那么他会沉浸在新获得的光环里。之前忽视他的人会接踵而至，他的评论文章突然变得洛阳纸贵，人们纷纷请他去开展事后分析或者其他研究。指标表将会被重新拿出来并得到完善修订，也会得到更多情报用户的青睐。管理层保证在情报流程中想尽一切办法，确保类似的情报“失误”不再发生，确保每一个征候都得到详尽审视。从此我们开始以一种“最坏的情形”的眼光来看待一切。

如果一直这样，将多么让人兴奋！只是它可能会稍纵即逝。尽管如此，在情报处理流程中将会出现一个非同寻常的变化。舆论氛围已经发生改变。真正令人不安的是，发起最近几次突袭的主谋可能正在阴谋策划更多的邪恶行为。不仅每个征候都比以前更受关注，而且之前被认为不值得考虑的征候现在也受到关注。我们将会开展更多的搜集活动以确保没有错过任何情况。其他突然被这个危机惊醒的国家也源源不断地向我们提供原始信息和初步分析。在国内，大家开始愿意接受预警。以前从未向更高层部门汇报过的情况，现在被认为值得引起他们的重视，唯恐其遗漏什么。

这些讨论并不是暗示情报部门在这些环境下已经失去理智，而只是表明变化的环境确实使人们对征候分析的价值形成新的认识。绝大部分新认识可能来自更高层的政策官员。有时，预警分析人员自己会被变化了的环境所震惊，并发现自己正在试图安抚人们的焦虑情绪。苏联出兵捷克斯洛伐克后，我们对苏联意图的看法发生彻底改变，这正是一个例证。许多人震惊于苏联这一行动，他们一直不愿接受相关征候，但此时突然对苏联目前是否也可能出兵罗马尼亚表示关切，对那些最微弱的征候和谣言都表现得极为敏感。一个高级情报官员发现，因为错在没有以“最坏的情形”的视角看待捷克斯洛伐克事件，所以我们现在必须以“最坏的情形”的视角看待罗马尼亚问题。奇怪的是，到目前为止，几乎没有证据表明苏联在罗马尼亚边境有任何增兵活动，也没有征候表明苏联正将更多部队派入匈牙利或者正向保加利亚派遣任何部队。像苏联出兵捷克斯洛伐克之前那样大规模军事集结的态势没有出现，因此完全没有理由像关注捷克斯洛伐克局势那样关注罗马尼亚局势，然而这一事实却没有排除人们对苏联有关罗马尼亚军事意图的焦虑。如果在苏军出兵捷克斯洛伐克前有这样的舆论环境，毫无疑问，分析人员将会对苏联意图做出更加肯定的判断。

这种现象是危机独有的特点。在古巴导弹危机高潮期间，正常情况下从未向更高层部门报告的支离破碎的信息，被直接报告给白宫。即使分析人员对这些花边新闻的重要性困惑不解，希望得到更多信息后再进行解读，然而上级领导却鼓励其报告所有信息，哪怕只具有一点潜在重要性。

显然，在这种情况下任何征候都不可能被忽视。当前的趋势与之前完全相反：我们赋予那些不太重要或不确定的信息过分重要的意义，并基于比平常情况更少的证据发布了可能的恶意动向的预警。这种情况下的结论往往是这样的：“尽管我们没有证据（或者明确征候）表明 X 国将会攻击 V 国，但它会在几乎毫无预警的情况下发动这样的攻击。”

情报系统自身的警戒状态

与舆论氛围和某个危机近因效应都密切相关的，是情报系统的警戒状态。显然，意识到某个危机存在或者某个危机可能迫在眉睫，是实施情报警戒最常见的理由。我们不仅会因为敌人的某些敌对行为或者相关征候就发布此类警戒令，还可以在下列情况下发布警戒令：我们将要采取的某些紧急行动会引发对方做出反应；或者我们意识到某些重大意外事件中存在不确定性，例如斯大林逝世或肯尼迪总统遇刺。

无论因为什么原因实施警戒，其对情报的作用通常都相当于某个危机已经存在。首先，我们通常会加强情报搜集，并频繁上报各种指标现状和动态信息情况。情报搜集机构高度重视此类信息，从而使其不会被忽视。情报系统中的数据用户将会越来越关注相关问题，有时会成立特别任务部队或者 24 小时值班小组，以确保及时审查和上报所有信息。越来越多有关这个议题的材料被上报给更高层机构，其反过来会对这个议题给予更多的关注，等等。如果局势足够严峻，美军或盟国军队也应该实施不同程度的警戒。短期措施当然是更关注所有具有潜在重要性的征候并及时上报，鼓励对敌方意图做出判断，即使相关信息不够扎实或者得出的结论必须附加限定条件。

长期而言，一旦情报警戒时间延长，就会存在这样的风险：情报人员将会开始疲劳且不堪重负，从而不利于开展深层次研究或者做出最好的分析。此外，如果什么也没有发生或者存在一系列错误、草率的预警判断（第 28 章讨论的“狼来了”现象），情报部门做出判断结论的意愿就可能大大降低。

情报负责人和决策者的态度

更高层部门的态度和需求，在决定什么样的情报该上报以及如何上报方面显然更加举足轻重。由于在第 34 章已讨论这个问题，这里只针对一些关键要点展开。

政策官员，如果其级别够高，几乎可以要求情报界对任何事物开展任何类型的研究（只要合理就行），而且通常会得到及时而恰当的服务。许多此类研究，尤其是那些旨在辅助军事决策的研究（例如，研究华约在东欧军事集结情况），都是长期深入的过程。其他的需求可以通过专门简报或者分析性报告来实现。例如，要开展机构间分析性评估，往往会通过专门的国家评估来进行。某种程度上，政策官员持续关注的某些特殊情况也会在日常情报出版物中得到体现。在预警的特殊领域，情报负责人和政策官员通常可以要求监视委员会或者类似分析团体召开专门会议，或者要求他们在其日常报告中对具体问题或领域提出建议——这不需要以作战部门的名义提出要求。为获取所需情报，政策官员能够做的最重要的事情之一，仅仅是提出正确恰当的问题。如果上级对具体研究方向没有提出明智的问题或者需求，一线情报人员再勤奋、再主动，也无法使其对某事产生兴趣。许多分析人员曾尝试通过情报系统向上传递某些分析议题或观点，但最后都徒劳无功，除非某些政策官员对同一事物表现出兴趣或者也提出同样的议题。毫无疑问，做了最大程度深度阅读（“家庭作业”）的情报高官和政策高官，通常能够提出一针见血的问题。那些对自身情报系统天生不信任的领袖（例如，温斯顿·丘吉尔），往往能最大程度上刺激这些部门做出最具创造性和想象力的成绩。那些对富有想象力和洞察力的分析判断积极回应的官员，以及当收到这些分析报告时不会感到反感的官员，往往最有可能得到有意义的预警判断。那些对证据有过高要求，或者除了确切“事实”外藐视其他一切的官员，很可能会打击通常对重要预警而言至关重要的分析方法或推理方式。即使政策官员自身不提需求或者相关问题，他的基本态度或者聆听新思想、新观点的意愿，往往在很大程度上决定下级向其报告情报的类型和性质。

公众认知或媒体探讨的范围

报纸或其他媒体所报道的内容会对情报报告和决策者产生影响，公众对局势知晓或关注的程度也不尽相同。如果没有意识到这些，任何关于这个话题的讨论都是不完整的。

从某种程度上讲，这是一个容易产生误导的话题，因为绝大多数时候，媒体代表着政府部门对任何特定问题的关注程度及其可获得信息的范围。如果国务院或者总统顾问关注中东爆发一场敌对行动的可能性，记者很可能就会报道这个问题，即使最后触发警报的可能是媒体通常无法获得的涉密材料。引人深思的文章、故意泄密的信息以及记者自身的调查和研究报告，是各媒体外交事务板块的主要内容。正如肯尼迪总统宣布在古巴发现导弹之前一周那样，政府只有花大力气加强保密才能防止被对手察觉，在美国这意味着要严防向媒体泄密。因此，如果媒体对某些未知国际动向（包括战争）感到震惊，美国政府包括情报界很可能也一样。数年来，有一种向媒体曝光越来越多机密情报的趋势，其中某些泄密对情报来源构成相当大的威胁，而近期关于解密政策的指令可能加剧这种趋势。在很大程度上，媒体报道本身不能证实政府部门手头的资料，而只能反映它。

尽管如此，媒体经常在国外有独立的消息来源，或者能对重大国际问题开展专门分析，这些极大丰富了相关议题的内容和内涵。当然，原始情报素材包括官方和非官方发布的公告、文件，以及动态事件基本情况，这些是情报部门所需处理信息的重要组成部分。与任何情报总结材料相比，在媒体头版位置对某些国际动态开展重点报道，能够吸引更多人的关注，也可能会促使决策者产生开展进一步分析和研究的需求。媒体对重要局势的持续关注几乎肯定能提升情报部门对该议题的关注程度，并且能够影响有关该议题的情报报告。确实如此，如果负责任的媒体能预测战争，就不需要情报部门为政策官员提供预警了。当全世界媒体对二战来临发出压倒性预警时，除了具体的军事细节及某些政治家的个人看法外，涉密信息发挥的作用着实令人怀疑。

第 38 章
情报判断和上报过程中最常犯的错误

本章将探讨情报部门在得出有关敌方意图的判断时，最常犯的几种错误。如果觉得本章的标题和讨论方式看似有些消极，那是因为强调什么不能做有时比告诉别人如何去做更具有启发意义。这并非暗示情报界在所有局势中都会犯以下一种或者多种错误。有许多例子说明情报界表现得相当好，而且避开了下文所述的各种陷阱，虽然有时是在费尽周折之后。但几乎在所有的预警情形中，或多或少都会有某些人或者某些机构发言人犯下列一种或者几种普遍存在的错误。理解这些错误有助于避免犯错。

没有充分审视证据

建议读者重新细读第 3 章“预警是综合研究的产物”那部分内容。再怎么强调这一点的重要性都不为过，即在做出预警判断前需要尽全力一丝不苟、详细彻底地审视所有现有的信息。正如此前强调的那样，我们不该错误地假设所有的研究工作在危机期间或者危机初期都能自然而然完成，也不该错误地认为在机构内或者机构间，现有的组织和分配机制必然能够实现上述目的。事实上，我们不仅需要更多的机构来处理日益增加的信息流，而且需要分配人员去关注那些可能曾被忽视的某些具体问题或者具体领域信息。指派一两名人员专门负责理解和思考这个议题并刨根问底提出问题，或者由其重新审视诸多假设，是非常有必要的——当然在只有少数办公人员的情况下，这是个非常奢侈的要求。

尽管如此，仅仅靠研究或者重新审视假说显然远远不够，除非这些结果已经初见曙光，或者至少上级监管层或者监管团队已考虑将要对此做出评估或判断，并打算将其传递给更上级部门。不幸的是，大部分有关征候和预警问题的优秀研究成果或者富有想象力的想法，可能都不会被书面出版或者受到太多关注，除非我们采取了积极的措施来确保这类想法能够为人所知或者得到重视。情报界中与之有关联的所有部门都对这个问题负有责任，主要责任在于每个分析人员的主观能动性。最大的责任在于监管层或者下列三个领域的主管官员：

- 基础情报部门，其主要责任在于解释现实动向的意义，尤其是解释军事领域动向的意义，包括：敌人的军事学说、战备流程、后勤能力、以往作战表现、战争计划，等等。
- 征候和动态情报部门，负责与基础情报专家密切合作对证据开展深入持续地分析。
- 预警委员会或者评估团队，负责审视证据以及上述两个部门提出的观点，并对其含义做出判断。

在情报委员会中，仔细审视证据，准备一份报告并得出一系列结论，是一个最为耗时的过程。即使上级要求做出及时判断并对其施加相当大的压力，召开一次专门情报监督会议耗费数小时还是极为寻常的。专门的评估，即使是匆匆忙忙完成的，也需要数天。写任何东西对于一个委员会而言都是非常困难的，大量时间都被用在考虑各种建议、草案以及如何修饰措辞上。

比措辞更为重要的事是对证据的分析。一流的委员会主席可以在以下几个方面做到与众不同：确保详细地审视证据，鼓励提出实质性意见，开展自由讨论。相关论坛也可为后期进一步开展情报搜集、分析和研究提供建议。在充分吸取不同情报机构专家意见后成立的下属工作组或者分委员会，应该有助于确保相关信息不被丢失。

再次强调，没有充分审视现存证据，几乎已经成为导致所有预警失误的一个重要原因，在某些情况下可能被认为是造成失误的主要因素。对预警而言至关重要的是，分配大量合适的人员开展研究；所有各级管理层都鼓励开展研究；人们在全面审视所有相关信息和假设的前提下才得出判断。

对证据或先例理解不足

这与前一点相关，但有更深的含义。人们或许能够审视所有的现有信息，但仍然不知道其对于理解敌人意图的重要意义。可能是因为这些信息是零碎、矛盾、模糊不清的，其可靠性或重要性是不确定的，在这种情况下，当然无法理解它，至少需要得到更多信息才行。但是或许也有人能理解或者解读这些信息，或者有见识广博之人了解敌人军事学说、程序、术语或者惯例中某些鲜为人知的细节。当今，一国在准备敌对行动（执行其战争计划）时会采取许多措施，其中一些措施曾在战争演习时被测试过，还有一些即使之前被发现过但也很罕见。在情报界只有很少一部分人能够像我们一样对这些战备活动有这样的一些认知和理解，其中一部分人是基础情报领域的专家，在解决动态情报问题时他们的经验通常派不上用场。某些相关信息很可能来自高度机密的来源，例如秘密获取的军事文档，因此这些信息往往被高度限制分发范围。某些动向情况可能含有很高的技术含量，只有少数人能理解，但解读这些信息并与其他信息进行整合，对理解事件真实情况至关重要。

对真正征候（那些真正意义上的敌对准备活动，而非演习或者其他和平时期的活动）的认知和解读，是高度依赖于这类知识和经验的。因此，能洞察到敌人正在实施军事欺骗，对于预警而言是极其重要的。在最需要时，尤其不能缺乏这类专业知识，这一点至关重要。在预警情形下，情报界在所有军事问题上得到专家辅助的需求会急剧增加，在政治事务上也如此，只是程度次之。

前面关于计算机在预警工作中潜在应用（见第9章）的讨论表明，开展这类基础数据（已有关于敌人将如何开战的信息）的整理和计算机化，可能是运用计算机支持预警工作的最有效方式。在危机中这当然不能替代基础情报领域专家的意见，但在时间如此紧张时，可以作为一种帮助专家和通才们更快恢复关键基础信息的方法。毫无疑问，要接受这个思想还存在严重的现实阻碍。但是这个原则是明确的。一旦敌人着手准备大规模敌对行动，我们就能依靠和平时期很少用到的一系列专业基础军事信息，来理解我们主要潜在敌人正在做什么这个问题。

过度关注动态情报

希望读者重温第3章“预警并非动态情报”那部分内容。可能关于预警最普遍的一个误解，就是认为最新的信息必然是最重要的，或者认为只要加快搜集和与更多的预警中心之间的情报传递，就能确保成功预警（或者至少更有可能实现预警）。战略预警分析人员通常悲观地认为，解决预警问题的方法就是派遣更多人员开展动态情报分析，并让他们24小时轮班，除非现实中有一个紧急危机需要短期分派人手过去。这种过分关注动态信息的做法，有双方面的影响：一方面，长期来看，这会在人员分配和情报声誉方面对基础情报和深度情报分析造成损害；另一方面，为分析战情室公告牌或者表格中的最新信息，人们往往会忽视对各种征候的持续分析。这导致人们逐渐接受这样一个观点，即认为敌人这分钟正在做什么是表明其意图最重要的征候，或者超过24小时的信息就毫无作用，至少对预警而言价值不大。

近乎实时的信息有它的价值，我并非试图贬低在类似“普韦布洛”号船被扣押或者当一架美国飞机遭受敌机拦截等关键战术环境下，对这种信息的迫切需求。当敌方已基本完成发动战争的基础性军事准备活动，且有证据显示攻击行动已迫在眉睫时，没人可以否认实时军事信息在这种情况下是至关重要的。但这不是战略预警。战略预警发生在：敌人已经开始着手大规模军事集结；敌方已经决定在未来某个不确定的时候发起攻击；敌方已经开始一场旨在掩盖其军事准备意图的战略欺骗；在敌方发动进攻的几天或数小时前，敌方通过展示其不精确的军事部署情况和虚假意图来误导美国。

在征候报告过程中，过度关注动态信息可能会弱化敌人长期战备活动的重要性，上个月注意到的敌军部署情况可能马上就被忘记了，因为到目前为止什么都没有发生；偶然获取的能表明敌人意图的指令也因为其是六周前的情况而被认为毫无价值；稳步推进后勤建设的规模及其所代表的真实含义，也被补给活动看似不断减少的最新信息所掩盖；重申的政治声明被当作否定性指标而没有受到应有的重视。总之，敌人在着手开展一场重大军事作战前数周或数月时间里所采取的所有一系列举措，以及所采取的支持其军事计划的政治和外交准备措施，都会被发动攻击前通常看似平静的假象所掩盖。在这种情况下，我们很容易误认为敌人改变了主意并取消了所有的行动。这就是所谓的“局势很平静”。

上周、上个月，甚至半年前采取的敌对准备活动只要没有被取消，就仍是一个有效的征候。三个月前部署到前线位置的部队与其刚部署时一样，是一个重大的威胁，甚至可能更加严重，因为他们的后勤补给可能一直在增加，而他们的存在不能再被当作是军事机动演习了（就像 1968 年苏联出兵捷克斯洛伐克那样）。看似平静只可能意味着敌人已经完成攻击前准备活动，正在等待开展攻击的最后命令。读者可以参照第 28 章关于各种进攻时间的讨论，以及关于延迟攻击行动对情报评估造成的心理影响和“狼来了”现象的讨论。预警是持续的，不是动态的。任何时候的情报报告都要确保让情报用户了解前前后后的背景，并让其理解最新的征候只是让我们深入洞察敌人可能采取什么行动的众多征候之一。增兵时间越长，战备活动规模越大，某些动态情况对全局而言重要性越低，除非其明显改变了全局。

在许多预警报告中，尤其是每周报告中，最大的缺点就是只关注本周的信息，并以为情报用户已经阅读和记住了之前报告中的所有信息。（连这些报告的撰写者常常都记不住上周写了什么，更不用说记住上个月的内容了。他们怎能认为那些要处理其他许多问题和担负其他更多职责的情报用户能够记住呢？）即使是上周发布的一个预警也可能被遗忘，而且因为其不再被重复，政策官员可能就认为它不再重要了。

预警情报要想更加高效，简单来说必须为用户提供全局情况，可能不需要每天都提供，但必须定期这么做。本书反复强调要深入持续地汇集各种征候，这仍然是确保研究人员和用户能全面理解敌人战备活动的最佳手段。有关敌人此刻正在做什么的最新动态信息，只是全局情况的一小部分，对其过分关注可能会产生完全误解。

先入之见掩盖事实

这个话题在本书前面部分也有所提及，尤其是在第 10 章“客观性和现实主义”那一节讨论分析方法时提到过，在某种程度上这也与宽泛意义上的“政治预警”相关。这个问题对于判断过程而言非常重要，所以需要再次强调。老话说得好，“不要再和我讲什么事实，我主意已定”，不幸的是这一观念仍然是许多人在特定环境下的第一反应，这可能会导致人们误以为情报系统中从来没有人担负过某些职责性岗位。这也并不意味着对情报领域的任何事务存在偏见都是错误的，这些事务包括：其他国家在某些特定环境下将会如何表现，以及无论如何我们都不可能避开哪些情况。每个人都有基于其经验的想法，大多数时候这些想法被证明确实是有效的。当一群人共同拥有这些想法或者概念时，就构成了前面章节所讨论的舆论氛围。正常情况下，某个观点越得到广泛传播和坚定支持，在任何特定环境下就越难以动摇，也就越需要更多的事实才能证明这个已被广泛接受的观点不准确或存在错误。只有列举出足够多无可辩驳的事实，一个新观念才可能由此形成。

经过一定的时间且拥有足够的事实后，这或许可以实现。然而在预警流程中，我们常常时间紧迫，也缺乏可靠的，尤其是可以消除我们对敌人意图疑虑的事实。因而，无论是时间上还是我们所拥有证据的性质，都让我们很难接受敌人新的行为方式，尤其是这个方式似乎严重背离我们期望时。事实上，即使不是主要或者重大的变化，我们也不太愿意接受，除非我们拥有与其他情况相比更多的事实。

正如本书在前面提到“预警不是对事实的堆砌”，更多的事实并不意味着能够产生更多的预警，事实上，事实冗余可能会起到反作用。经验表明，判断结论通常更多是基于先入之见，而非源于对事实证据的客观审视，这也是导致预警不充分的主要原因。解决方法在于，所有负责做出预警判断的个人和团体，应对所有证据进行一次细致入微的重新审视，并对所有假设或者可选择方案开展一次彻底的讨论。这种做法最不容易存在误解，参与者由此可能开始意识到，他们一直被允许用个人观点来推翻一个有关真实证据的现实考虑。至少，在这个问题上，我们听取了全面的意见。就是在这样的时候，拥有一个强势、消息灵通、耐心和客观的上级监管者或者委员会主席是至关重要的。

未能得出清晰的判断

这是预警流程中常见的不足之一，可能至少包括两类错误。第一，未能持续跟踪证据并就其真实含义得出一些符合逻辑的结论。第二，未能判断出，某些动向对于了解敌人可能采取的行动具有重要意义，也就是说没有对意图做出任何判断。预警判断是一系列重要性更低的判断累积的结果，每一个判断对于最后判断对手意图而言都很重要。在搜集到证据后，必须做出初步判断，即被上报的与敌人最终行动计划存在某些潜在关联的事实（无论是肯定性的还是否定性的）。它们应该与这个问题有些关联，而非仅仅是有趣的新闻。事实上，监视报告或者征候分析材料中的许多条目，本质上或多或少都属于动态事件，但它们表明我们正在关注潜在敌人的军队情况并知道他们将要做什么。比如，这些适用于大型演习。

在这种情况下，没必要得出明显的结论称该演习不能作为一个敌对行动的征候；对演习本身的重要性或其政治含义进行少许评论即可。没必要对所有上报情况的意图都做出判断。

类似地，仅仅表明敌方能力提升的动向情况往往值得上报，因为其具有长远意义或者具有潜在预警价值，即使不能对敌方意图得出具体的判断结论。大部分军事动向都属于这一类。因为我们无法就其最终目的或用途达成确切的结论，所以一年或更长的时间里没有理由不上报这些动向情况（见第 35 章）。在这种情况下，通常我们没必要声称，我们不知道这个动向情况是否预示着敌人明年或之后会采取某些行动。如果还不能得出其他有意义的判断，只汇报敌人正在做应急准备即可。刻意捏造判断结果是毫无作用的。

这些案例中我们所讨论的诸多事实，可以使我们得出某些具有潜在意义的结论，我们也需要向没有了解详细情况的读者解释它们的重要性。例如，北越军队在非军事区北部进行大规模增兵活动，并同时对南越开展高强度的渗透活动，在越南战争期间类似活动至少出现过两次。我们可以对此类动向做出许多不同类型的评论解读，并由此向读者传递不同程度的预警。下列措辞可用于表达最低到最高程度的预警：

- 过去一周时间北越军队继续向南越移动。
- 六周以来北越一直在向南越大规模部署部队，并且仍在继续。
- 北越针对南越开展了迄今为止规模最大的一次增兵活动，其中包括一支目前为止明确身份的常规作战师。
- 目前北越总共至少部署了五个师，随时准备向南越北部发起重大进攻行动。
- 过去数周北越部队不断增兵，表明河内正计划随时向南越发起一场重大进攻行动。

• 我们相信针对南越的重大进攻行动已经迫在眉睫。

一个团队可以很容易通过尝试综合不同的观点得出某些判断或者结论，但这些实际上对情报用户而言毫无新意，因为从战斗序列分析人员那里都可以得到这些判断。有时，我们完全未能对敌人意图做出判断，或仅仅对敌人实力或整体战斗序列做出一份解读声明，这可能是因为忽视或没有充分考虑到这些文字对读者的影响。但这样做也可能是为了掩盖我们对敌人意图的观点分歧，正如捷克斯洛伐克危机期间那样。用户或许没有意识到这一点，他收到的消息可能是：存在一支重要但并非占绝对优势的军事力量（可能只是在展示武力）；是否发动侵略行动的概率显然是相同的（因为他没有得到有关这两种可能性的任何判断意见）；敌人还没有做出任何决策，而是“保留灵活的选择权”（因而他还有时间）。

不愿意相信

那些从未处理过征候问题的人可能会对这种现象感到震惊：某些人似乎无法应对许多十分明显的事实，且不愿意去相信那些似乎让他们当场大吃一惊的事。这些人有能力为手头许多事实寻找可能的解释，却不能解释很明显存在的事实。实际上，当无法将太多的事实搁置一旁时，人们常常用这个方法来淡化预警判断。

最初本书目录中有一章名为“如何驳倒征候分析”的构思，写这一章的目的是提醒分析人员如何应对一些人对征候分析的反对，他们直到事件发生后都未“得到预警”，结果未能更好地做好准备。最后我觉得这章是多余的，因为这些策略大部分已在其他章节有所提及。但是在此，我们还是要特别关注所谓“其他解释”的方法。这并不是在暗示那些采用这种方法拒绝征候的人是故意不诚实，也不是认为他们在刻意使用某个技巧，因为其实他们大部分人并没有这样做。实际上，他们要么不相信与其固有观点相矛盾的事实，要么需要有大量能证明新信息含义的证据才肯接受它。

无论背后的动机或者思路历程如何，这种方法是比较简单的。除了敌人可能正在计划采取某些敌对行动这种不祥的解释之外，这种方法会为每一个征候提供其他不同的解释，无论这个解释多不合理。许多人通过运用这一“方法”寻找某些理由，来解释中国出兵朝鲜前为何在东北集结大量部队。除了为了防御在朝鲜半岛不断迫近的“联合国军”或美军（这当然在一定程度上是合乎逻辑的一种可能性）之外，为这些部队机动寻找的所谓“理由”包括：

- 这些部队正在返回营地（对于其中一小部分部队而言这可能是真的，但绝大部分并非如此）。
- 他们去保卫鸭绿江上的水利设施。
- 他们只是去“开展训练”——即使在朝鲜遭遇了首支中国部队后，还有人做出这样的解释。
- 这个增兵活动是一场“佯攻”，旨在掩盖他们即将对台湾地区的收复，分散美军兵力。

举另外一个例子，在越南战争停火前数周，苏联用货船向中国南部的湛江港运送了四艘 KOMAR 级导弹巡逻艇，因为当时的北越水域布满水雷，所以湛江一直被当作向北越输送物资的中转站。在苏联船只进入湛江港时，外界就确认了这些船只的身份。唯一合乎逻辑的结论似乎就是，这些装备将被运往北越，且苏联已经改变了其不向北越输送此类进攻性武器装备的政策。这个信息与这样的解释在上报的动态情报和征候文档中都有体现。尽管如此，持少数派观点的人还是提出了一系列“其他解释”，包括：这些巡逻艇可能实际上是运给中国、印尼或者印度军队的；来自符拉迪沃斯托克的苏联货船会调头将这些巡逻艇运往朝鲜；这是意图欺骗我们或者河内的“幌子”。随着越来越多的证据出现，这些人又反对任何有关这个事件的证据，但最终，其他人的意见得到了普遍的认可。仅仅数周后，这些船只在北越水域出现时被美国通过空袭炸沉或者炸毁。

当大量征候集中出现时，习惯于为潜在不利动向提供其他解释的做法，往往是最具有破坏性的，这些征候包括一系列来源可靠性不一，且其重要性或意图通常还没有完全确认的动向情况和情况报告。此类深度征候综合材料中的单个条目往往是单薄或者未经证实的，如果仅仅考虑其中部分征候则无法产生警报，只有将所有整合在一起才能就敌人意图提出严重质疑。当敌人拟寻求开展最大程度的突袭或者使用复杂的欺骗手段时，在最急需预警的情况下，这一点尤其明显。在这种情况下，单个征候可能面对“其他解释”理论时最不堪一击，因为只要一个个地找，人们几乎总能找到某些其他理由来替代“具有威胁的敌对行为”这一解释。确实，其中一些可能不是真正意义上的征候，之后也被证明是无害的行为，或者发现其是被错误上报了。但通常，这些日积月累的征候是反映迫在眉睫敌军行动的真实晴雨表，即便它们可能在某些具体细节上不那么精确。通过为每条信息提供某些其他解释来否认这类分析，将会毁掉预警流程，而这流程对于国家安全或者友军安全而言可能是最重要的。

预警有时是显而易见的，我们所有人都能够轻易感知到，但通常并非如此。它是微妙的，难以捉摸的，需要对现有信息开展最富想象力的分析，需要深入洞察敌国的思想。如果人们努力寻找，几乎都能用缓和或者非警告性的表达来解释这些征候。如果希望在我们最需要预警时能够得到它，我们必须确保，不能让那些最保守，或者最不愿意相信新信息，或者最不愿富有想象力解读信息的人拥有最后发言权，不允许其将征候破坏得支离破碎。

不情愿发出警报

毫不奇怪的是，如果相关问题在更低层能得到解决，人们相当不情愿（可能随着其在政府系统的职位越高就越是不情愿）打扰其上级，或者向其发出不必要的警报。一线基层分析人员没有责任对潜在险恶的环境做些什么，所以他们可以轻松地得出结论，认为敌对行动或者其他突袭行动已迫在眉睫。那些高层人员则不然，他们要么必须直接向政策官员发出预警，要么自身就需要主动采取行动。需要采取的行动越重大、越危险，决策者可能就希望得到更多必要的证据。另一方面，如果我们对于事态束手无策，或者也不应采取什么措施（有时就是这样的），在这种情况下，向高层政策官员发出预警就没有什么意义。因此，关于何时需要采取行动以及何时不需要采取行动，情报界都存在某些限制，这包括：发布的预警要么不能“被证实”，要么由于某些原因可能不够成熟；没有必要或者是多余的。如果情报系统发布了一个或者更多的假预警（“狼来了”），而政策官员批评这种行为并明确表示不希望再听到更多类似的情况，那么情报界受到的行动限制就更加严重了。

在这个问题上，情报和政策官员还存在着一个相互交流或者相互信任的鸿沟。我发现在与许多人（绝大多数是情报界以外人士或者情报界新人）讨论这个话题时，他们都觉得，出于安全考虑，情报人员往往危言耸听，发出不必要的预警。“被预警者”了解这个情况后，其得到信息的重要性往往被大打折扣。他会觉得自己一直被过度预警。在这一点上，政策官员通常在某些方面不相信情报，并非是因为其不称职或者缺乏想象力，而是因为情报通常会自我服务，为了证明自身作用和重要性而增加了许多不必要的点缀。

至今，这样的看法在许多政策官员心中普遍存在，但这种说法大错特错，是造成更多误解的潜在根源。根据我对此类问题的丰富经验，很显然，情报界在得出预警结论时往往非常小心，在措辞时十分谨慎，以免显得自己过于紧张或者不够专业。普遍存在的看法是，经验丰富的情报分析人员永远都不应该变得兴奋，从来都不能失去冷静，绝对不能用具有感情色彩的形容词或者其他情报色彩强烈的语言来表达其意思。相反，他们应该缓和局势紧张氛围，让自己看起来平静而超然。最大的罪魁祸首是危言耸听者，或者搅动局势的人。因此，真正专业的是含蓄的预警，其含蓄程度甚至到了这样的程度，即预警接收者需要读懂字里行间意思，或者需要获取更多的信息，才能意识到自己一直在被预警。我不认为这一点是夸大其词。查看任何一年多之前发给政策官员的“预警”报告，我们就会发现，这些报告大都论述保守，措辞谨慎，往往都避免对迫在眉睫的灾难做出直白的预测，而且在某些情况下已运用模糊、简略或者微妙的词汇来间接发出预警——这导致其中一部分预警可能没被传递给用户。预警的规则就是决策者必须知道他已经被预警了，在这一点上，他可能与情报撰写人员存在真实的分歧，后者会认为适度且合格的预警应该足以传递意思了。

情报人员可能不愿意承认，当他们认为决策者不会在这个问题上采取行动，或者他们认为决策者不应该采取行动时，他们往往会撤回明确的预警。针对朝鲜可能在 1950 年春天攻击韩国，美国发出了比较有限的预警，部分原因是情报界认为美国不会对这样的进攻采取任何行动，这一点几乎可以肯定。我们被朝鲜的进攻行动震惊了，但美国对此做出的反应更让我们吃惊。对政策官员感兴趣且计划采取行动的事件，情报界通常会做出强烈回应，但如认为不需要采取政策措施（无论这一种看法正确与否），对它的关注则会少许多。发出预警的级别与我们是否可能介入其中直接相关。如果情报界认为美国的行动存在风险，或者不太可取，他们在其预警判断结论中措辞可能更加谨慎。这其中存在的基本原理是：我方不需要采取行动，因此就没必要或者不需要过度警示政策官员。在某些情况下，因为担心政策官员可能会采取某些不必要的行动，情报人员甚至试图避免向政策官员发出预警。这个结论几乎确信无疑，这种态度导致情报人员不愿就苏联出兵捷克斯洛伐克发出确切的预警，他们认为如果美国或者北约采取军事戒备，效果可能会适得其反。许多人的态度似乎是任其自然，不要惊动政策官员，否则其可能会觉得必须对此做些什么。但如果威胁确乎针对我们，发出这种模棱两可的预警当然是不够的，美国情报界的态度也会截然不同。

害怕出错

本章最后要论述的导致判断不充分或者判断错误的主要原因，就是最常见的“害怕出错”现象，或者“假装一直正确”的需求。这是人类天性使然（谁希望自己是错的呢）；而对情报人员施加各种压力，要求其确保准确，不去误导其上级，也是产生这种现象的重要原因。在某些细小事实问题上出错是非常糟糕的，尤其是当这些错误被人知晓时，这种小错误也能从反面体现出一个情报机构的能力水平。显然，在那些对国家决策、军队安全或者其他重要事项有重要影响的事情上出错，就更加糟糕。无论是对情报界还是某个情报机构而言，几乎没有什么情报问题比预警问题更重要。预测也是最具不确定性、风险性的事情之一。毫不奇怪，这些因素结合起来，就使情报部门在判断敌人意图时异常谨慎，很难达成一个肯定的或者毫不含糊的判断。更好的做法是，含糊地表达观点，或者仅仅描述敌人的实力（我们往往认为对这一点有充分把握），或者灌输敌人尚未决定要做什么这个思想。无论局势如何演变，通过这样的方法我们能够看起来正确，至少不会明显出错。我敢保证，这是影响预警判断措辞的极为重要的因素，也可能是导致我们在判断敌人意图时过度谨慎的主要因素。它甚至严重困扰那些坚信敌人很可能采取行动并倾向于做出肯定判断的人。有时，在私下非正式交谈和非正式声明中，情报人员会表达一些（大胆的）内容，但如果要把这些内容写入一份正式的情报材料，他们往往会把这部分内容写得相对委婉。谨慎思维影响着全局。毕竟，我们有许多事情不够确定，而且敌人的想法经常改变。让我们稍微来一些“两面下注”，并且将一些“可能性选择”放入判断中。我回想起曾与一位杰出情报官开展的一场讨论，在 1968 年捷克斯洛伐克危机期间他担任某重要领导岗位。在军事冲突发生后，我问他：所有证据都已在手头，为何情报界却不能对苏联可能发动一场军事行动（不可避免的或者仅仅是可能的）做出一个肯定、积极的判断。他的回答是，害怕出错。我很认同。情报分析人员深知一个事实：画蛇添足的错误比疏忽大意的错误更应受到谴责。与积极预测某个事情将要发生但最终没有发生相比，未能预测某个确实发生的事件，往往更加保险而且也能少担责任。对于后者，你通常可以声称没有足够的证据来得出一个肯定的判断。谁又能“证明”这是错的呢？大部分专业预警分析人员都坚持认为，当敌对行动确实要发生时，哪怕数次错误地警示政策官员或者军事指挥官，也比未能对其发出预警要好。他们辩称，哪怕错误地预测中国将要参与朝鲜战争，也比部分因为预警失误而间接导致战争灾难要强。但这样的例子很少，而且它们往往会在危机之间的漫长间隔里被人们忘却。下次危机来临时，大家又会变得很谨慎，那些未能发出确切预警的人的职业生涯不会受到影响。毕竟，他们确实缺乏足够的证据。

第九部分

结　语

第 39 章
分析人员及监管层的几宜几忌

许多人都对以下这些感兴趣：有关预警问题和分析性技巧的简要总结，有关分析人员、监视部门官员和上级主管在危机期间可能参考哪些资料的简要概览。本章试图在某种程度上满足上述要求。实际上，本章主要是总结前面各章的内容要点，尤其是总结如何开展征候分析和征候报告，以及在上述两个过程中要避免做什么。

本章并不能代替全文，也不适用于那些急于理解预警问题的人。它其实是对本书阐述过的某些简单观点进行重新概括，适用于那些读过本书前面章节内容的人。因此，我试图强调的一点是，预警实质上是一种心境。在这份简要的总结中，我还不能够完全清楚地解释这一点，并通过各种例子证明其有效性，也无法列出哪些该做哪些不该做。但是，有许多陷阱我们可以尝试避免；有许多特定类型的信息值得分析人员特别注意；有许多技巧可以有助于整编和分析各种征候；有许多优秀或粗劣的方法可以用来上报征候并从中得出结论；上级监管层和管理层可以做许多事来确保情报界得到所有相关信息，并确保政策层真正接收到其所需的情报分析和预警。我们可以列举一些东西，提醒我们过去犯过的错误；也可以列举出一些方法，明显帮助我们在将来避免再犯这些错误。

理解预警及我们真正的问题所在，无论对新入门分析人员，或是经验更为丰富的分析人员，还是对其上级监管层乃至所有管理层和政策官员而言，这一点都非常重要。在这个领域需要开展持续的教育过程。

但这并不能确保，有什么教育项目或方法可以帮助我们在未来成功实现预警。在每一个新的预警危机中，我们仍然十分脆弱，且在不同程度上可能犯错。我们不能确保下次能“得到预警”。我们从不期望能够解决预警中存在的问题，只是希望在理解预警是什么这个问题上取得一些进步，争取下次不那么容易犯同样的错误。

在预警问题上，我们今天的处境与 1941 年 12 月 7 日的处境一样。我们在预测日本攻击珍珠港的可能性时所面临的问题，与预测阿拉伯国家 1973 年 10 月 6 日进攻以色列的可能性时所面临的问题是一样的。当然不是完全一样，但是类似。在这 32 年中，我们有过许多预警问题，大大小小，其中有些时候情报界有良好甚至优秀的表现，但有些时候情报界没能为决策者和指挥官提供必要的预警。从单纯情报立场而非军事后果来看，中东十月战争的预警失误与珍珠港同样严重。敌方战略和战术上的突袭行动都取得了完全成功，而且几乎没有情报或者政策官员可以声称其准确预测和预警了上述两次攻击。

每一个新的预警失误（无论是完全失误还是部分失误）都引发大量的事后研究，并产生大量建议，以改进我们的预警能力，防止我们下次再犯某些错误。除了在改组组织架构方面的建议有细微调整外，这些建议几乎都是老生常谈。关于如何改进预警工作的建议不可避免地包括本书反复强调的那几点。正如每个预警失误所犯的错误都是过去的老问题，改进预警工作的建议也一样都是老生常谈。

过去 20 多年间预警问题的复杂性日益增加，而且这个趋势并不可能改变。这些复杂因素是显而易见的，因为它们是武器装备和投送系统变得更为复杂先进而导致的，这不仅仅指的是核武器和远距离投送系统，而且也包括常规陆海空武器的改进。武器装备和技术的改进不仅使突袭在战争中变得更为重要，也使其对于预警而言变得更为关键，而且还产生了大量电子化装备，这些装备可以更好地促进和提升信息搜集和分析水平，并导致成倍的原始材料涌入情报系统。计算机成为处理、储存和读取绝大部分资料的必需品。展望未来，大量增加的数据有望由计算机系统和其他设备来处理，这里所说的其他设备旨在尽可能像人力和计算机一样，近乎“实时”搜集、消化、翻译和处理无穷无尽的数据流。

这些系统的巨额开支以及其他未应用项目的研究经费，绝大部分都以预警的名义列出了。如果要试图判断它们在将来某些预警情景下能给我们带来多大的帮助，恐怕过于草率。但可以肯定地说，我们在分析和上报征候过程中存在的绝大部分问题，以及我们在评估敌方意图上存在的困难，都与过去存在的问题基本相同。

无论是本书提出的建议，还是被人们当作某种万能药并寄予厚望的这些未来新系统，都无法消除预警问题中存在的“不确定性”。在没能读懂敌人思想的情况下，我们无法自信地认为我们的预警判断乃至拥有的许多“事实”都是正确的。即使拥有最好的搜集和分析能力，我们都无法确保能够准确地洞察敌人的意图，尤其是当其使用了复杂的保密和欺骗手段时。此外，可以肯定的是，每个人仍然会对某个证据的含义给出不同的结论，甚至是大相径庭的结论。正如我们过去曾遭受突袭那样，我们在将来还将遭受突袭。对于下列总结和建议，我们应该仔细阅读并牢记于心。

一般性预警原则

1. 大部分人对预警问题有一个过于简单的看法，就是倾向于将其视为是通过整编各种事实得出一个“非黑即白”的结论，或者能告诉我们该做些什么或可以不做什么。

2. 相反，预警是一个高度复杂的判断过程，搜集和整编现有证据只是其中一部分。在这过程中，我们的先入之见以及敌人欺骗和误导我们的措施，对预警判断同样重要。

3. 预警几乎从来都不可能以确定的方式呈现，其必须对敌人行动的各种可能性做出评估。决策者必须意识到他们不能对敌人意图做出绝对判断。

4. 除非分析人员能就敌人的意图形成一份判断，并提供给决策者，说服他们采取某些行动，否则这样的观点毫无意义。

5. 所谓的预警失误通常主要源于对现有信息的分析不准确、不充分，并非是搜集能力不足所致，尽管出色的搜集能力对于预警不可或缺。

6. 将更多人力投入到评估流程中，尤其是将那些并不熟悉现有信息的人投入到评估流程中，并不一定能产生最佳判断。最精确的预警判断通常是由少数人做出的。

7. 最严重冲突的准备时间之长，远远超过绝大多数人的想象，有关迫在眉睫危机的第一个征候通常在危机爆发前数月就能被接收到（即使没有被识别出来的话）。

8. 作为一个研究性问题，预警通常是一个对趋势和动向进行深入持续整编和分析的过程，而不是对最新动向或最近动态信息过度关注的结果，动态信息往往极具误导意义。

9. 预警最难的地方通常是确定对手的攻击时间，因为与对手的军事集结相比，对手的攻击时间比较灵活，而且随时可变，更易隐藏。

10. 我认为下列因素（无论是单独还是整体的）是导致预警失误的主要原因，当然这样表述可能过于简化，且可能有例外情况：

（1）未充分研究、核实现有信息，这主要是因为对问题理解不充分，时间紧张，研究者之间各自分散，以及信息隔离。

（2）我们认为敌人应该怎样做的先入之见或者相关观点，代替了我们对敌人正在做什么的细致审视。

（3）在达成判断过程中，没有充分关注少数异议者的意见，或者根本就没有征求他们意见。

（4）没有充分理解或者充分关注敌人的军事实力增长情况。

（5）敌人开展了欺骗活动。

（6）不愿惊动更高层或者害怕出错。

（7）未能就敌人活动背后的含义得出清晰的判断，取而代之是稀疏平常或不痛不痒的声明，从而无法向政策官员传递清晰的预警。

信息分发

1. 尽管大部分非涉密信息及其他不太受限制的信息都具有价值，但对预警至关重要的信息可能都来自敏感和秘密的情报来源。如果分析对象与我们的主要对手相关，如果我们面临第三次世界大战的威胁，那么，要分析敌人的意图，高度敏感信息可能甚为关键。

2. 管理层有责任确保分析人员能够获得敏感信息，以对其进行分析和解读。仅向上级官员和办公室主管分发敏感信息的限制性规定是作茧自缚，因为这些人通常没有详细的专业知识解读大部分此类报告，也没有时间对这些数据与其他信息开展研究、整编和比对。所以，必须把这些材料同时提供给分析人员，使其进行分析和解读。

3. 为了确保对此类信息开展独立而全面的分析以实现预警，征候预警专家以及相关领域专家必须能接触这些信息。

4. 如果要让情报界预测、报告敌人对我们的某些行动有哪些敌对反应，其必须提前了解我们自己的计划。再次强调，让搜集人员和分析人员得到这些信息，比让其主管得到这些信息更为重要。

5. 虽然让情报人员了解政治领域的计划和动向对预警不那么重要，但这类信息可以明显影响到他们对其他材料的解读。尤为重要的一点是，应该告知情报部门，尤其是预警部门，有关敌人政治态度的具体变化——无论是出于明显的原因导致其态度变得更为强硬，或者态度突然变得缓和，这些变化都显示可能存在欺骗。

6. 高层外交渠道和国家元首一对一专线是获取极端重要情报信息和开展政策协商的渠道。在正常情况下需要通过某些手段向情报界传递这些消息，而在敌对行动发生前这样做可能至关重要。几乎可以肯定，这些渠道会被敌方用于欺骗活动。

上级监管层的其他主要职责

1. 大多数情况下，上级监管层、情报部门主管和政策官员可以得到他们所要求的情报。如果他们要求开展细致的研究和分析，则可能获得预警。如果他们仅仅重视最新和最明显的信息，就可能无法获得预警所必需的深入研究成果。

2. 梯形管理结构通常会逐步导致，富有想象力和预见性的少数派观点越来越不可能被传递给更高层官员。鼓励自由表达少数意见，尤其是征候和预警专家的意见，确保这些不同意见能够在更高层得到关注而不是被压制，是上级监管层的职责。

3. 随着形势的变化或者新动向的出现，监管者必须采取措施，确保对新信息开展充分的研究。这并不会自然而然实现。如果不这么做，有些对预警至关重要的信息可能得不到充分分析，也不会被上报。

4. 在危机升级期间，如果可能，应该减轻某些经验丰富和能力较强的分析人员上报动态情报和值班的压力，从而使其更加专注于研究，更加长远地思考问题，并找出可能被忽视的信息。

5. 对于预警而言，上级监管层不仅应该了解这个领域的知识，掌握当前形势，而且应该理解征候和预警情报工作，熟悉最可能出现的分析错误。

6. 来自更高层部门的需求应该尽可能简单明了，最好对需要这些信息的原因及其用途给出某些说明。

7. 如果能够忽视官僚系统正常的繁文缛节，允许分析人员与更高层情报官员乃至政策官员直接对话，最佳预警就能实现。

8. 那些希望得到预警的人必须乐于接受预警。为了得到正确的答案，他们必须提出正确的问题。

分析辅助工具和方法

征候或者动态情报分析人员**应该做到**：

1. 原原本本地接收和阅读所有相关上报信息，即使这需要忽视某些动态情报报告和其他总结性材料。

2. 厘清动向情况和相关报告所蕴含的潜在或明显的征候价值（无论这些信息的最初可靠性如何），关注那些无法解释或者令人迷惑的动向情况和异常情况。

3. 以随时可恢复的方式总结归档征候或潜在征候，防止这些细节及其相关关系在一段时间后丢失或者被忘记。建议采取卡片归档和征候大事表的方式开展这项工作，尤其推荐运用后一种方式。

4. 就重要征候领域悬而未决的问题发出搜集需求。

5. 与其他办公室的同事（无论是搜集人员还是分析人员）始终保持联络，表达自己关切的事物，确保其他人不会忽略其所在领域的异常现象和潜在征候。

6. 密切关注关键征候（那些有时被描述为具有高度诊断价值的征候），这些征候要么展现异常的军事活动状态，要么旨在通过任何必要手段来实现国家目标。

7. 准备深度征候总结材料时，要突出一段时间以来最重要的动向和相关报告。

分析人员**不应该做**下列事项：

1. 过度关注动态信息，而牺牲对更长期趋势和动向的关注，尤其是忽视军事实力或政治动向的显著变化，而这些动向往往意味着敌人已经做出重要的决定。

2. 让那些忽视重要事实或者不愿意对证据再三审视的人的观点影响自己的判断。

3. 误以为大部分同事和上级都了解事实（实际上他们可能并没有），或者认为大多数人的意见就是正确的。

军事因素

1. 经验反复证明，与正常开展演习和政治“施压”不相称的大规模军事集结，就是企图开展敌对行动的最重要征候。

2. 军事情报研究人员，尤其是负责战斗序列、后勤及动态军事信息的分析人员，在预警流程中责任最大。一国可以在没有开展明显政治活动的情况下发动攻击，但是不可能在其军队没有做好准备的情况下展开军事行动。

3. 在涉及部队部署且快速变化的环境中，分析人员不能死板地局限于传统的战斗序列分析方法。历史表明，在这种情况下，情报部门通常都会低估敌方的军事部署规模，如果情报部门需要一定程度的“证据”，但在其乐于接受或准备报告此类活动可能性之前却无法获得这个证据，几乎肯定会犯这种错误。分析人员必须考虑最终报告中应包含哪些信息，以及哪些信息是可以确认的。

4. 实战往往比演习更需要加强后勤保障。明确后勤保障活动的规模和性质，可以帮助我们区分其是作战准备活动，还是演习或者其他非敌对准备活动，这一点至关重要。因此，这个因素对于评估意图而言非常关键，分析人员有特殊的责任需要确保在其报告中清晰表明这一点，这也是目前为止其力所能及的事。

5. 分析人员应该特别注意那些独一无二的动向情况，这些动向是为作战而准备的，在和平时期几乎很少出现。这些征候可能不像其他活动那样显而易见，或者看起来那么重要，但必须在上报过程中明确和强调这些特有的动向，否则人们就会忽视其重要性。

6. 如果事先采取的步骤明确了具体哪些措施或准备活动属于战争和国防动员计划的一部分，或者属于只有当国家安全面临风险的特殊情况下才会采取的措施，那么军事情报分析人员以及整个情报界都应前往支援此类分析。

7. 了解敌人的军事术语，尤其是那些有关军事动员、使部队进入全面战备状态、将军事设施向战时状态转换以及其他类似动向的术语。为正确理解实际发生了什么，这些术语至关重要。应该随时整理这类翻译过来的术语，或将其存在电脑里，一旦危机发生，时间将非常紧张，不允许开展此类研究。

8. 最明显的军事准备活动（例如大规模部署军队）可能在后勤和其他准备工作完成之前就已经就绪，如果这些活动出现某些延误，并不一定意味着敌人有任何优柔寡断。

政治或经济因素

敌人准备发动战争的政治决定绝对是预警指标，意识到敌人可能已经做出了这样的决定或者可能会这么做，对预警判断至关重要。

1. 与军事征候相比，表明敌人已经或者很可能做出发动战争决定的政治征候，往往更不具体且更容易被隐藏，但它们不会因为难以捉摸和不可预测而变得无足轻重。

2. “政治预警”基本上就是认知对手优先事项的问题：理解对手会为什么而战斗，不会为什么而战斗，是否志在实现某个特定目标，甚至是否最终尝试运用军事手段来实现它。获得个别的征候不如拥有这样的认知重要。

3. 受各种因素影响，在军事行动开始前可能存在也可能不存在大量明显的政治征候。这些因素包括：该国领导层是否相信其仍然能够通过政治手段实现目标，并因此希望公开表明这一意图；是否已经做出最后的决定，认为政治选项都已用尽；实施突袭的重要性；需要告知许多决策圈以外的人员尤其是外国盟友；需要让民众做好战争准备；需要提前让军事行动合法化；国家及其领导层开展政治保密和欺骗活动的意愿如何；我们的情报搜集能力如何；我们洞察敌方决策过程的能力如何。

4. 几乎所有国家都寻求达成最终的战术突袭，因而错误寄希望于出现最后时刻的威胁、外交通牒或者其他短期的政治征候。

5. 经济指标是关于国家目标和优先事项的重要晴雨表，因此通过它，我们可以高度可靠地识别出经济和工业建设领域为潜在重要冲突而开展的长期准备活动。在短期或者次要的冲突中，通常不会出现经济分配的重大变化。

6. 短期的经济指标，尤其是那些造成民众供应短缺，或者干扰民众生活和影响交通运输等基础设施的指标，都是开展重大军事活动的有效证据，也是表明对方敌意的征候。

7. 大规模开展的重大民防项目，尤其是大规模撤离和重新安置，成本高昂且极具破坏性，应该被当作是一个极具说服力的征候，表明可能爆发重大战争。

欺　骗

1. 欺骗一直并仍将是预警问题中最具难度、最难以捉摸和最难以预测的一个方面。

2. 美国各级情报人员和政策官员都没有做好应对敌人欺骗的准备，事实上几乎所有国家都是这样。

3. 尽管欺骗可以被用于任何类型的军事行动，但其最复杂的技巧往往会被保留用于重大的作战行动，这些行动具有很高风险，决定这些行动成功的最关键因素是实现战略和战术突袭。

4. 我们的主要对手肯定会采取某些欺骗措施，在攻击美国及其盟友之前很可能将会实施一个周密的欺骗计划。

5. 最有效的欺骗就是利用对手的先入之见或者强化其已经相信和愿意相信的事物。

6. 在很大程度上，我们是否受骗取决于我们是否相信，敌人的进攻行动充满理智、合乎逻辑、符合其过去一贯风格，且很可能会取得成功。

7. 我们判断军事活动的目的和意义，通常会受到我们所认知政治氛围的严重影响，我们并非仅仅基于军事活动本身做出判断。

8. 最简单的保密和欺骗手段就是政治欺骗，尤其是在封闭社会，其决策过程完全保密，媒体和宣传渠道完全被管控。

9. 从另一方面讲，敌方的重大兵力集结和部署活动几乎从来不可能完全被隐藏，因此，在很大程度上，欺骗取决于能否在目的上误导对手，而非在具体事实或者活动上。

10. 即使军事集结被察觉且对方也认识到攻击很可能发生，有关进攻时间、地点、兵力等方面的战术军事欺骗往往非常有效。

11. 学习欺骗历史和技巧将使所有情报人员及其上级监管层受益，虽然这或许不能使我们识破欺骗计划，但也有助于我们更好地认识到欺骗一直都在被使用。

12. 没有万无一失的防欺骗指南可以使我们免受欺骗，但是下列几点可能会比较管用：

（1）危机期间或者敌人军事实力正在大幅增长期间，要提防可能存在欺骗。

（2）提防敌人行为前后不一致或者相互矛盾的做法，尤其是当其一边重申政治声明一边明显开展军事准备活动时。

（3）不要因为反复出现错误警报或者敌军作战行动貌似出现不正常延迟就放松警惕。

（4）敌方的实力和战备情况是主要的情报问题，不要把注意力从这些方面转开，而去关注相互矛盾的谣言、不相关的动向，或者敌人声称爱好和平的安抚性报道。

情报判断和报告

1. 情报系统必须清晰地表达预警判断，并将其传递给政策官员，应该及时更新判断和常常重复强调它。不应认为到了这周，人们还能够记得上周发布的判断。

2. 情报部门的各种看法，以及少数知情人士在关键预警问题上存在的不同看法，都应该被全部上报给决策者。大多数人达成的共识也应该予以报告，但其篇幅不能盖过其他重要的不同观点。

3. 与许多情报人员的个人观点相比，决策者往往更希望得到各种事实和判断意见。涉及的问题越重要，决定就越重要，决策者就越需要详细的真实信息。对意图的判断必须基于足够的事实，从而允许更高层官员做出全面的决定。

4. 深入持续的征候分析往往对理解现实动态情况至关重要。预警报告过程中应该重点关注日积月累的证据，从而便于用户理解动态情况的全面意义。

5. 非常重要的一点是，必须客观独立地分析、上报对手的军备建设情况，并从政治方面考虑对手发动军事行动的可能性。不重视军事实力，或者未认清军事实力增长规模，是导致预警不足的主要原因。不应该用所谓的“否定性政治征候”来推翻有关军事证据的如实报告。

6. 某些特定动向虽然在全局中相对细微，但可能代表一个异常的战备活动，显示对手正在执行战争计划；或者其对于判断敌人意图具有高度诊断价值。这样的动向应该被挑选出来，否则它们就可能被忽略，导致我们误解敌人准备活动的真正意义。

7. 在所有预测项目中，估测敌人军事作战时间往往是最难的，而且常常会出现过早发布预警的情况，因此在情报报告中强调这一点至关重要。只要敌人还维持着军事实力，其军事行动看似出现延迟并不能被视为否定性征候。

8. 预警情报的职能并非夸大威胁，因此应该谨慎地呈现真正的否定性征候，即那些常理上应该在敌对行动之前出现但实际上却没有出现的动向。应该注意区分真正的否定性征候与缺乏信息的情况。

9. 情报报告撰写人员应该注意，不要暗示在敌对行动发生前很可能收到更多关于某些动向情况的信息。在不可能获得相关证据时，应该避免

“我们没有证据”这样的措辞。呈现我们对情况的掌握存在不足这一真实状态非常重要。报告也不该暗示，敌人对其未来行动还未做出决定。当事实上我们没有能力获得这类信息时，我们就不该声称未来会获得此类决定的证据，否则，政策官员会认为敌人仍然未做出关键决定，或者认为敌方做出决定后，情报部门会告知他，他还有时间来考虑应对措施。

10. 情报报告过程中应该努力避免做出“含蓄的预警”，即过度使用限制性、中性或者毫无感情色彩的词汇，从而不能向用户传递危机紧迫或者日益加剧的感觉。

11. 无论是做出预警判断的人，还是依赖预警判断的人，都应该尽其所能，加强相互间的沟通交流，这样大家才能够理解他人掌握什么和不掌握什么情况，也能够明白相互间的误解和隔阂。当前的官僚体制严重阻碍情报机构之间以及情报与政策官员之间自由地交换信息。随着情报搜集手段越来越先进，数量越来越多，成本越来越高，信息快速上报的设备日益多样化，以及情报界内部最新信息的交流日益扩大，我们必须注意不要忘记预警的真正内涵：当今最优秀的情报分析人员在充分客观审视所有现有征候的基础上做出深思熟虑的判断，并令人信服地将其传递给政策官员，说服其相信该判断真实有效，其可以据此采取恰当的行动来捍卫国家利益。

英汉对照表

［术语］

Abwehr 阿勃韦尔
active deception 积极欺骗
adduction 引证
Aeroflot 苏联民用航空总局
Air Defense Forces 防空部队
air raid drill 防空袭演练
Allied CinC 联军总司令
ambush 伏击战
Army Intelligence 陆军情报部
Automatic Data Processing 自动数据处理

balance of power 均势
basic indication 基础征候
basic intelligence 基础情报
Battle of Britain 不列颠之战
Battle of Dien Bien Phu 奠边府战役
Bayes' Theorem 贝叶斯定理
Berlin blockade 柏林封锁
BODYGUARD 卫士行动

civil defense 民防
clandestine and covert operation 秘密和隐蔽行动
climate of opinion 舆论氛围
Combat Readiness Number One 一级战备
combat readiness 战备
compartmentalization of information 信息隔离
Confidential 秘密
confirmatory data 证实性数据
contingency preparation 应急准备
counter-intelligence 反情报
cover 掩蔽
cry-wolf syndrome "狼来了"综合征
current analysis 动态分析
current intelligence 动态情报

deception 欺骗
deduction 演绎
defense allocation 国防分配
Defense Conditions, DEFCONS 防御等级

Defense Intelligence Agency, DIA 国防情报局
defensive or precautionary measure 防御或预防措施
détente 缓和战略
devil's advocate 魔鬼代言人
Dictionary of US Military Terms for Joint Usage《美军军语联合用法词典》
Director of Central Intelligence, DCI 中央情报主任
disinformation 假情报
doubled agent 双重间谍

Easter offensive 复活节攻势
espionage 间谍活动
estimative intelligence 评估情报

false alert 假警报
first-hand observation 第一手观察报告
Foreign Broadcast Information Service, FBIS 对外广播情报处
FORTITUDE 坚韧计划
full combat readiness 全面战备状态
full mobilization 完全动员

general mobilization 总动员
German Counterintelligence 德国反情报局
German-Soviet Non-Aggression Pact《苏德互不侵犯条约》
guerrilla warfare 游击战

hit-and-run raid 运动战

improvised bomb shelter 简易防空洞
indication 征候
indications analysis 征候分析
indications chronology 征候大事表
indications intelligence 征候情报
indications methodology 征候方法
indicator list 指标表
induction station 电磁感应站
induction 归纳
industrial or economic mobilization 工业动员或经济动员
inference 推断
Intelligence Advisory Committee 情报咨询委员会
intelligence analysis 情报分析
Intelligence Community 情报界
intelligence gap 情报差距
intelligence report 情报报告
internal security force 内部安全部队
Iron Curtain 铁幕

Joint Chiefs of Staff, JCS 参谋长联席会议
Joint Intelligence Indications Committee, JIIC 联合情报征候委员会
Joint Military Intelligence College 联合军事情报学院

KGB 克格勃

Language of War 战争的语言

mass urban evacuation 大规模城市撤离
M-Day 总动员日
militaristic expansionism 军国主义扩张
military ruse 军事谋略
Missile Gap 导弹差距

mobilization exercise 动员演习

national budget 国家预算
National Defense Intelligence College, NDIC 国防情报学院
National Indications Center, NIC 国家征候中心
National Intelligence Estimate, NIE《国家情报评估》
National Military Command Center 国家军事指挥中心
National Security Council 国家安全委员会
National Security 国家安全
need to know "需要知晓" 原则
night operation 夜战

Order-of-Battle 战斗序列
OVERLORD 霸王行动

Pan-American conference 泛美会议
partial or selective mobilization 非完全动员
Pathet Lao 巴特寮
Patriotic Front of Thailand 泰国爱国阵线
Pentagon 五角大楼
phony war 假战争
police state 警察国家
political deception 政治欺骗
political posture 政治姿态
political warning time 政治预警时间
positional warfare 阵地战
posture chart 态势图
Prague Spring 布拉格之春
Preconception 先入为主的想法
preemption 先发制人
preemptive attack 先发制人攻击
preventive attack 预防性攻击
preventive war 预防性战争
provocative action 挑衅行动

quantitative 定量
quasi-police state 准警察国家

R.A.F. 皇家空军
radio silence 无线电静默
raw intelligence 原始情报
redundancy 冗余
reserve depot 后勤仓库

Secret 机密
shelter 民防工事
situation room 战情室
Soviet General Staff 苏联总参谋部
Special National Intelligence Estimate, SNIE《国家情报评估》特刊
stockpiling 囤积
strategic intelligence 战略情报
strategic reserves 战略储备
Strategic Rocket Troops 战略火箭军
strategic warning 战略预警
subversion 颠覆活动
surface-to-air missile 地空导弹
Systems Analysis 系统分析中心

table of organization and equipment, TO&E 编制和装备参考表
tactical warning 战术预警
TASS 塔斯社
Tet Offensive 春节攻势

Thai Independence Movement 泰国独立运动
the worst case 最坏的情形
Tonkin Gulf incident 北部湾事件
Top Secret 绝密
total mobilization 整体动员
travel ban 旅行禁令
two-class callup 二级征召

ultimatum 最后通牒
United States Intelligence Board 美国情报委员会
US National Warning Committee 美国国家预警委员会

War Department 战争部
warning intelligence 预警情报
Warsaw Pact 华沙条约组织，也可称华约组织
watch report 观察报告

［地名］

Dover coast 多佛海岸
Gulf of Aqaba 亚喀巴湾
Pas de Calais 加莱海峡

［人名］

Alexander Dubcek 亚历山大・杜布切克
Barton Whaley 巴顿・惠利
Brezhnev 勃列日涅夫
Che Guevara 切・格瓦拉
Chip Bohlen 奇普・波伦
Cornelius Ryan 科尼利厄斯・瑞恩
Elie Abel 埃利・阿贝尔
Erwin Rommel 尤根・隆美尔
George S. Patton 乔治・S. 巴顿
Gus Hall 格斯・霍尔
Haile Selassie 海尔・塞拉西
Hans Oster 汉斯・奥斯特
John Masterman 约翰・马斯特曼
John McCone 约翰・麦考恩
Jorge Gaitan 豪尔赫・盖坦
K.M. Panikkar K.M. 潘尼迦
Louis Pasteur 路易・巴斯德
Lucius Clay 卢休斯・克莱
Matthew B. Ridgway 马修・李奇微
Moshe Dayan 摩西・达扬
Oleg Lyalin 奥尔格・利亚林
Paul Verlaine 保尔・魏尔伦
Roger Hilsman 罗杰・希尔斯曼
Sherman Kent 谢尔曼・肯特
Thomas Belden 托马斯・贝尔登
Va Nguyen Giap 武元甲
von Rundstedt 冯・伦德施泰德

国家安全与保密参考书目

策划人：朱策英
邮　箱：gwpbooks@yahoo.com

《美国政府保密史：制度的诞生与进化》　[美]戴维·弗罗斯特　著

本书论述了美国政府自建国前至今的保密史。作者以大陆会议、宪法制定、曼哈顿计划等各种历史事件为切入点，讲述了保密如何在维护美国国家安全中发挥重要作用，政府保密制度与文化怎样跟随历史不断演变。

《预警情报手册（完整解密版）：国家安全威胁评估》　[美]辛西娅·格拉博　著

作者通过回顾美国1971年前的预警情报工作，分析经典情报失误案例，总结经验教训，指导如何有效阅读、撰写和分析预警情报，以便更准确预判突发事件。本书为最新完整解密版，涵盖军事情报、政治情报、经济情报、民生情报等各领域，既涉及概念和范畴，也论及工具与方法，堪称预警情报经典之作。

《先发制人：国际冲突的先制与预防》　[美]迈克尔·多伊尔　著

一个负责任的政府是应采取预防措施，对潜在敌人发动先制战争以防患于未然，还是待冲突发生后再采取动作？为因应“9·11”恐怖袭击后的挑战，作者就近数十年来的国际冲突案例进行了深入浅出的分析，提出了自己的国家安全主张。

《突然袭击：被袭国的视角》　[以]伊弗雷姆·卡姆　著

本书系统分析了1939年以来的全球11个经典突袭案例，梳理致使一国遭受战略突袭的分析困难、判断偏见、组织障碍等，是研究战略突袭的经典之作。它告诉我们，突袭虽极难预防，但只要处理得当，并非完全不可避免。

《战略情报：情报人员、管理者和用户手册》　[澳]唐·麦克道尔　著

本书阐述了战略情报从生产到应用的整个环节，重点论述了战略情报的概念和原理，战略情报分析的流程和方法，战略情报管理思想和决策观念的革新，战略情报批判性与创造性思维的实践应用等，堪称战略情报的首部系统性研究著作。

《分析情报：国家安全从业者视角》　[美]罗杰·乔治　詹姆斯·布鲁斯　主编

本书从国家安全的视角，汇集美国情报界24位顶级专家的思想，深度阐释情报分析的20个核心议题，包括搜集缺口、认知缺陷、外国拒止与欺骗、分析与政策关系、不确定性、反恐斗争、国内情报等，是情报分析领域论述最为全面的书籍之一。

《情报分析案例：结构化分析方法的应用》　[美]萨拉·毕比　伦道夫·弗森　著

作者精选出17个经典案例，指导情报分析人员运用结构化分析方法处理实际问题。本书是《情报分析心理学》和《情报分析：结构化分析方法》的姊妹篇，与《情报分析案例•实操版：结构化分析方法的应用》是配套用书。

《情报分析案例•实操版：结构化分析方法的应用》　[美]萨拉·毕比　伦道夫·弗森　著

本书是《情报分析案例：结构化分析方法的应用》的配套用书，采用情景化示范的方式，论证了结构化分析方法的实际应用，为情报分析及其他行业的决策者和管理者提供有效的工作指南。

《情报分析：结构化分析方法》　[美]小理查兹·J.霍耶尔　伦道夫·弗森　著

本书采用结构化分析方法的新理念，将55种情报分析方法分成8大类，不仅阐述每一种分析方法本身的内容，还指出其适用场景、增加的价值、具体的操作步骤等，可有效提升情报用户的预测和决策能力。

《情报研究与分析入门》　[美]杰罗姆·克劳泽　原著　[美]简·戈德曼　改编

本书全面探讨了情报研究与分析的各个阶段，重点讨论了情报研究的规范程序和适用的分析方法工具、模型，优秀情报分析人员的必备特质，以及如何提升情报产品的质量，是情报研究与分析入门必备教材。

《战略情报的批判性思维》　[美]凯瑟琳·弗森　伦道夫·弗森　著

本书关注如何在情报工作中应用批判性思维，系统阐述了20个重点问题，介绍了其中的各种实用技巧与工具，以及简单易懂的解决办法。这是一部情报工作者高效思考力指南，情报分析的三大黄金标杆教科书之一。

《情报搜集技术》　[美]罗伯特·克拉克　著

本书是首部系统论述情报搜集技术的专著，集中讨论了各种技术搜集手段，情报搜集策略与管理问题等；重点探讨了搜集技术在国家安全领域的三大用途，让读者一窥美国情报界强大的情报搜集能力、发展动向及维护国家安全的最新思维。

《情报：从秘密到政策》　[美]马克·洛文塔尔　著

本书详细阐述情报的概念、历史、流程、搜集、分析、反情报、隐蔽行动等问题，重点讨论情报在美国国家安全决策中的重要作用。本作品享有极高声誉，多次再版修订，已成为全美外交、国关、国安、情报等诸多学科的权威教材。

《情报分析心理学》 [美] 小理查兹 · J. 霍耶尔 著

本书主要探讨了人类在判断不完整或模糊信息过程中的认知心理问题，以及这些问题如何对情报分析产生影响，而我们又怎样有效克服这些影响。本书既是美国情报机构培训员工的经典教科书，也是中情局情报官员的必备参考读物。

《情报分析：以目标为中心的方法》 [美] 罗伯特 · 克拉克 著

本书创造性地提出运用“以目标为中心”的情报分析方法，完善情报分析的逻辑过程，形成“确定目标—问题分解—建立模型—评估数据—填充模型—进行预测”的情报分析流程，称得上是一部名副其实的情报分析教科书。

《斯诺登档案：世界头号通缉犯的内幕故事》（修订版） [英] 卢克 · 哈丁 著

本书对“斯诺登事件”进行了全面介绍和解读。它详细追踪了斯诺登的泄密动机、获取机密文件的方式、媒体的报道过程及事件的后续发展，讲述了事件背后各方的博弈较量与攻防策略，披露了美英等国监控全球的手段和规模。

《二战后的美国对外政策》 [美] 史蒂文 · 胡克 约翰 · 斯帕尼尔 著

作者将美国置于全球背景下，系统讲述了 1945 年二战结束后该国对外战略的重大发展与变化，深刻剖析了其外交政策的决策机制，提示了其对外战略的形成过程与规律。通过本书，读者可以了解美国对外政策的根源和复杂性，深入理解其对外战略的全景图。

《谁来监管泄密者?：国家安全与新闻自由的冲突》 [美] 盖里 · 罗斯 著

通过美国政府历史上重大的泄密案例，作者探讨了未授权信息泄露背后的动机、代价、法律困境和解决之道，以提醒全美情报系统：对手如何获取美国情报，获得情报后会取得怎样的优势。本书是信息时代普及国家安全意识的必备佳作。

《情报术：间谍大师杜勒斯论情报的搜集处理》 [美] 艾伦 · 杜勒斯 著

本书作者以第一人称的视角展开，着重阐述了情报的实用技巧——情报如何搜集和处理，以及形成的结果怎样为制定国家政策服务。本书是“间谍大师”、中情局任期最长局长、美国现代情报系统缔造者杜勒斯的收官之作。

《骗中骗：克格勃与中情局的无声战争》 [美] 爱德华 · 爱泼斯坦 著

本书以美国反间谍头目詹姆斯 · 安格尔顿之死为缘起，追踪了苏联从建国伊始到冷战末期“欺骗对手”的各种行动，以及美国是如何应对和接招的。该书呈现了中情局与克格勃在情报与反情报上的较量，是国家安全研究的重要资料。

《全民监控：大数据时代的安全与隐私困境》 [英] 约翰 · 帕克 著

阿桑奇、斯诺登等的接连爆料警示我们，“全民监控”的时代已经来临。为了获得全方位的监控能力，西方国家利用闭路系统、窃听设备、身份识别技术、定位追踪装置等随时随地监视民众。本书是读者迅速掌握隐私与信息安全知识的必读之作。

《网络战：信息空间攻防历史、案例与未来》 [美] 保罗 · 沙克瑞恩 等著

通过梳理各种经典案例，本书系统探讨了网络战历史、现实和未来。以跨学科的研究方法，作者有机融合理论与实例，涵盖了从个人、组织机构到国家的网络安全问题，细致阐述了网络空间的生存之道。

《秘密情报与公共政策：保密、民主和决策》 [美] 帕特 · 霍尔特 著

全书讲述了美国安全情报的起源与演变，介绍了与国家安全政策制定相关的四大情报活动，穿插了一些情报利用、误用、滥用等的经典案例，并展望了情报和政策两者的未来关系。

《国家安全与情报政策研究：美国安全体系的起源、思维和架构》 [美] 伯特 · 查普曼 著

本书总结和收集了大量以美国为主的世界各国国家安全政策资料，重点介绍了美国国家安全思想和架构的起源和发展历程，以及作为其国家安全基石的情报政策的历史变迁，具有极强的资料性和实用性，是研究国家安全历史的重要案头书。

《恐怖主义如何终结：恐怖活动的衰退与消亡》 [美] 奥德丽 · 克罗宁 著

通过精心研究各种恐怖组织，本书总结出终结恐怖组织的六种模式，分别系统、深入地加以论述，辅以大量实际数据、案例研究和图表作支撑。本书极具历史性、实践性和经典性，论证严谨，是反恐领域的一部不可多得的标杆性读物。

《21 世纪犯罪情报：公共安全从业者指南》 [美] 理查德 · 赖特 等主编

本书全面、系统、深入地介绍了以美国为主的西方国家犯罪情报工作的过去、现在和未来，论述了犯罪情报工作的思想、流程、方法、工具和实践。全书在理论上揭示了犯罪情报工作的基本规律；在实践上提供了犯罪情报工作的方法工具。

《数据与监控：信息安全的隐形之战》 [美] 布鲁斯 · 施奈尔 著

在西方世界，大量的个人数据会被政府和企业监控，政治自由与公平、商业公平与平等，甚至隐私以及安全等都因监控岌岌可危。本书给出切实可行的建议，探讨如何才能有效应对监控，保护信息安全和隐私。作者被誉为信息领域的“安全教父”。

《金融情报学》 王幸平 著

本书探讨了金融情报的概念，金融情报的搜集、撰写和分析，金融情报人员的定位，金融情报机构与金融决策机构的关系，以及金融反情报等等。全书思想丰沛，案例多样，构建了一套专业情报学框架，对金融理论创新和国家安全研究均有参考价值。